Stephanie Barth

Existenzgründer in den neuen Bundesländern

Betriebswirtschaftslehre für Technologie und Innovation
Band 11

Herausgegeben von Professor Dr. S. Albers, Professor Dr. A. Drexl, Professor Dr. J. Hauschildt, Professor Dr. R.A.E. Müller, Professor Dr. R. Schmidt, Professor Dr. R. Wolfrum.

Geschäftsführender Herausgeber: Professor Dr. Klaus Brockhoff, Institut für Betriebswirtschaftliche Innovationsforschung, Christian-Albrechts-Universität Kiel

In der Schriftenreihe

Betriebswirtschaftslehre für Technologie und Innovation

werden Ergebnisse von Forschungsarbeiten veröffentlicht, die sich in herausragender Weise mit Fragen des Managements neuer Technologien, der industriellen Forschung und Entwicklung und von Innovationen aus betrieblicher Perspektive beschäftigen. Die Reihe richtet sich an Leser in Wissenschaft und Praxis, die Anregungen für die eigene Arbeit und Problemlösungen suchen. Sie ist nicht auf Veröffentlichungen aus den Instituten der Herausgeber beschränkt.

Stephanie Barth

Existenzgründer in den neuen Bundesländern

Psychologische Dimensionen und wirtschaftlicher Erfolg

DUV Springer Fachmedien Wiesbaden GmbH

Die Deutsche Bibliothek — CIP-Einheitsaufnahme

Barth, Stephanie:
Existenzgründer in den neuen Bundesländern : psychologische
Dimensionen und wirtschaftlicher Erfolg / Stephanie Barth. —
Wiesbaden : DUV, Dt. Univ.-Verl., 1995
(DUV: Wirtschaftswissenschaft)
Zugl.: Kiel, Univ., Diss., 1994
NE: 1. GT

© Springer Fachmedien Wiesbaden 1995
Ursprünglich erschienen bei Deutscher Universitäts-Verlag GmbH, Wiesbaden 1995

Lektorat: Monika Mülhausen

Gedruckt auf chlorarm gebleichtem und säurefreiem Papier

ISBN 978-3-8244-0250-2   ISBN 978-3-663-12110-7 (eBook)
DOI 10.1007/978-3-663-12110-7

VORWORT

Der Erfolg einer Volkswirtschaft hängt maßgeblich davon ab, wie gut es neuen Unternehmen bzw. Existenzgründern gelingt, sich am Markt zu etablieren. Ihnen kommt beim notwendigen Strukturwandel und Wirtschaftswachstum, bei den Innovationen sowie der Schaffung von Arbeitsplätzen eine wesentliche Rolle zu. Aktuell zeigt sich vor allem beim Aufbau der Wirtschaft in den neuen Bundesländern die herausragende Bedeutung der **Person des Existenzgründers**. Deutlich wird, es bedarf tatkräftiger, engagierter und risikobereiter neuer Unternehmer, um diese Aufgabe erfolgreich zu bewältigen.

Doch es stellt sich die Frage, wer von Ihnen ist erfolgreich, wer scheitert? Ist es eigentlich rein zufällig, ob der einzelne Existenzgründer erfolgreich ist oder nicht? Sind es wirtschaftlich und organisatorische Entscheidungen, die über Erfolg oder Mißerfolg bestimmen oder sind es Faktoren, die in der Persönlichkeit des Gründers vorhanden sind?

Mit dieser Themenstellung befaßt sich die vorliegende Arbeit, die im Rahmen des Graduiertenkollegs "Betriebswirtschaftlehre für Technologie und Innovation", unter Leitung von Herrn Professor Dr. Klaus Brockhoff, entstand. Sie wurde durch Stipendien der Deutschen Forschungsgemeinschaft gefördert und lag der Kieler Wirtschafts- und Sozialwissenschaftlichen Fakultät der Christian Albrechts-Universität zu Kiel im Herbst 1993 als Dissertation vor.

Die Industrie- und Handelskammern in Rostock und Schwerin lieferten mir nicht nur das dringend benötigte Datenmaterial, sondern standen mir als kompetente Gesprächspartner jederzeit zur Verfügung.

Ein spezielles Dankeschön möchte ich den an dieser Erhebung beteiligten Existenzgründern sagen, die neben ihrer sicherlich hektischen eigenen Arbeit noch die Zeit fanden, die recht umfangreichen Fragebögen auszufüllen und so die Grundlage für die Erkenntnisse dieser Arbeit zu schaffen.

Ein besonders herzlicher Dank gilt meinen Doktorvätern Professor Dr. Dieter Frey und Professor Dr. Jürgen Hauschildt, die mich mit viel Engagement bei meiner interdisziplinären Forschungsarbeit unterstützt haben.

Zu guter Letzt danke ich meiner Familie und meinem Freundeskreis für die Unterstützung, mit der sie mich über alle Höhen und Tiefen der Arbeit begleitet haben.

Stephanie Barth

INHALTSVERZEICHNIS

VERZEICHNIS DER TABELLEN IM TEXT

VERZEICHNIS DER ABBILDUNGEN IM TEXT

VERZEICHNIS DER TABELLEN IM ANHANG

VERZEICHNIS DER ABBILDUNGEN IM ANHANG

1 Allgemeine Zielsetzung

"There is nothing more difficult to carry out, not more doubtful of
success, not more dangerous to handle, than to initiate a new
order of things"[1]

Die Ergebnisse vieler Erhebungen belegen, daß das Neugründen von Unternehmen eine ausgesprochen risikoreiche Sache ist, denn schon in den ersten Jahren
stellen viele dieser jungen Unternehmen den Betrieb wieder ein. So verschwinden nach 5 Jahren zwischen 50% und 60% der Neugründungen wieder vom
Markt[2]. "Nach dem mörderischen Strickmuster Agatha Christies spielt sich auch
der Überlebenskampf neugegründeter Unternehmen ab, wenn auch nicht ganz
so schlimm: Viele Jungunternehmen scheitern jedenfalls über kurz oder lang im
rauhen Geschäftsleben."[3]

Leider liegen bisher nur wenige systematische und umfassende empirische Untersuchungen über die Ursachen dieser Entwicklungen vor, also Erkenntnisse
darüber, von welchen Faktoren der Erfolg oder Mißerfolg eines neu gegründeten
Unternehmen abhängig ist. Daß wirtschaftliche Faktoren eine Rolle spielen,
scheint unbestritten. Allerdings weiß man nicht, wie hoch ihre Bedeutung ist.
Ebenso allgemein anerkannt ist aber auch, daß psychologische Faktoren eine
wichtige Rolle spielen, nur wird meist recht wenig präzisiert, was genau darunter
zu verstehen ist.

Ein Grund für die fehlenden Erkenntnisse auf diesem Gebiet liegt sicherlich darin,
daß Informationen über Gründungen und Schließungen, begründet vor allem
durch die Datenschutzgesetze, nur unvollständig vorhanden sind. So gilt der Bereich der kleinen Unternehmen bis zu zwanzig Beschäftigten als weitgehend statistisch nicht erfaßt. Außerdem ergeben sich häufig erhebliche Verzerrungen der
Ergebnisse dadurch, daß zum Erhebungszeitpunkt, meist einige Jahre nach der
Gründung, bereits ein Teil dieser Existenzgründer wieder vom Markt verschwunden ist. Da deren Verbleib nur mit erheblichem Aufwand festzustellen ist, werden sie in Erhebungen meist nicht einbezogen[4]. Längsschnittuntersuchungen als
Lösung dieses Problems erweisen sich als sehr aufwendig.

[1] Bartlett (1988) S. 147.
[2] Untersuchungen siehe Kapitel 2.1.
[3] Maier (1992).
[4] Survivor-Effekte.

Ziel dieses Projektes im Rahmen der Existenzgründungsforschung ist es daher, herauszufinden, ob es bestimmte Eigenschaften eines Existenzgründers gibt, die den Erfolg einer Gründung positiv oder negativ beeinflussen. Es gilt festzustellen, ob sich die Persönlichkeitsstrukturen erfolgreicher und weniger so erfolgreicher Existenzgründer derart unterscheiden, daß schon zu Beginn einer Gründung mit Hilfe der Kenntnis der Persönlichkeit des Gründers Prognosen über dessen Erfolg möglich sind. Gibt es sozusagen unterschiedliche "kognitive und affektive Landkarten", die einen Erfolg oder Mißerfolg vorhersagbar machen, also quasi Prädiktoren für den Ausgang einer Existenzgründung darstellen? Kann man den Schumpeter'schen Unternehmer[1] anhand einer Reihe von psychologischen Variablen darstellen und quantifizieren?

Um in diesem Fragenkomplex einen Erkenntnisfortschritt zu erlangen, ist es wichtig, die Existenzgründer und ihre Projekte über längere Zeit hinweg zu beobachten. Bei dieser Untersuchung handelt es sich daher um eine Längsschnittstudie, um Fragen der Ursache und Wirkung besser klären zu können[2], als dieses bei einer Querschnittsuntersuchung der Fall ist. Dieses ist auch deshalb besonders entscheidend, da es nachzuweisen gilt, ob alle Variablen, die als Prädiktoren für den Gründungserfolg (in diesem Fall: Frühgründungserfolg) gelten sollen, im Laufe des Gründungsprozesses stabil bleiben. Wichtig ist es also, eine Stichprobe von möglichst "jungen" Existenzgründern zu finden, die in ihrer Persönlichkeit noch nicht von möglichen Erfolgen oder Mißerfolgen ihrer Unternehmensgründung beeinflußt worden sind.

Ein weiterer interessanter Ansatzpunkt dieser Untersuchung liegt darin begründet, daß die Erhebungseinheit aus Mecklenburg-Vorpommern stammt. So kann und soll analysiert werden, wie sich die Gründer im dynamischen Entwicklungsprozeß in den neuen Bundesländern bewähren. Dieses geschieht auch unter dem Aspekt, daß sie selbst Teil dieses Wandels sind. Die Situation hoher Unsicherheit stellt ganz besondere Anforderungen an die Existenzgründer, die es nur schwer möglich macht, bisher bekannte Ansätze und Forschungsergebnisse, die oft in einer relativ stabilen Umwelt gewonnen wurden, ohne weiteres zu übertragen.

---

[1] Schumpeter (1987) / zur Kritik vgl. Albach (1979).
[2] Streng genommen kann natürlich von einer Kausalität nicht gesprochen werden, da andere Variablen neben den gemessenen die Ursache für eine bestimmte Beobachtung sein können.

Daran schließt sich auch die Überlegung an, daß den Gründern in der ehemaligen DDR aufgrund von fehlenden Vorbildern und einer mangelnden Tradition der Selbständigkeit das Vertrauen in die Machbarkeit und Beherrschbarkeit einer solchen Aufgabe fehlt.

Im Einzelnen sollen folgende Teilziele mit dieser Untersuchung verfolgt werden:

1. Erörterung der wirtschaftlichen Bedeutung von Gründung und Gründerpersönlichkeit,

2. Darstellung des Standes der Existenzgründungsforschung unter dem besonderen Aspekt der Person des Gründers,

3. Beschreibung der mentalen Situation der Bürger in den fünf neuen Bundesländern,

4. Entwicklung eines Bezugsrahmens aus den Erkenntnissen der Psychologie als geeignete Darstellung von Einflußfaktoren auf Unternehmenserfolge in der Frühentwicklungsphase und Hypothesengenerierung,

5. empirische Überprüfung der hypothetisch abhängigen Variable "Gründungserfolg" von ausgewählten Beziehungen auf der Grundlage einer Stichprobe in Mecklenburg-Vorpommern.

Nach einer generellen Erläuterung und Einordnung der gewählten Themenstellung liegt die erste Aufgabe darin, einen Überblick über die Ergebnisse der Gründungsforschung zu geben. Es wird dabei nach einem allgemeinen Überblick über die amerikanische und deutschsprachige Gründungsforschung bewußt eine Einschränkung auf Forschungsergebnisse vorgenommen werden, die sich mit Fragen der **Person** auseinandersetzen und die damit im engen inhaltlichen Bezug zu dem zentralen Gesichtspunkt dieser Arbeit stehen. Anschließend soll ausgeführt werden, inwieweit psychologische Theorien eine Erklärung und Vorhersage für positive und negative Entwicklungen nach der Existenzgründung ermöglichen. Der Schwerpunkt dieser Arbeit liegt jedoch in der Analyse einer empirischen Längsschnittuntersuchung über Existenzgründer in Mecklenburg-Vorpommern. Es soll überprüft werden, inwieweit der Erfolg oder Mißerfolg der Existenzgründung sich durch die gewählten psychologischen Variablen erklären läßt.

2   Problematisierung und Bedeutung des Themas

2.1   Allgemeine wirtschaftliche Bedeutung der Existenzgründungen

Betrachtet man die ökonomische Situation der Bundesrepublik Deutschland als ein weitgehend rohstoffarmes Land, mit überwiegend qualifizierten, aber auch teuren Arbeitskräften, das sich unter den Rahmenbedingungen der internationalen Arbeitsteilung seine Wettbewerbsfähigkeit erhalten muß und daher auf einen dauernden Strukturwandel angewiesen ist, hat die Gründungsforschung eine herausragende Bedeutung. Die Gründe für die Notwendigkeit von Existenzgründungen lassen sich unmittelbar aus der volkswirtschaftlichen Zielsetzung, die, um die Vorteile der hohen Qualifikation der Arbeitskräfte und des vorhandenden Kapitals zum Ausdruck zu bringen, in einer höheren Innovationskraft zur Herstellung technisch hochwertiger und umweltfreundlicher Produkte bestehen muß, ableiten. Neugegründete Unternehmen leisten einen wichtigen Beitrag zum Wachstum, Strukturwandel, Wettbewerb und zur Beschäftigung einer Volkswirtschaft[1]. Ihre Auswirkungen zeigen sich weiter auf dem ordnungspolitischen Gebiet durch Dynamisierung und Erhaltung des Wettbewerbs und auf den sozialen Bereich durch eine Auflockerung der sozialen Schichten[2]. Dabei hängt das Ausmaß der Erneuerungskraft allerdings davon ab, inwieweit sich Existenzgründer erfolgreich durchsetzen können. Ihr Vorteil ist, daß sie schneller als bestehende Großunternehmen in der Lage sind, sich den wechselnden Anforderungen des Marktes anzupassen. "Aber nicht nur kreative, auch imitierende bzw. traditionelle Unternehmensgründungen tragen zum Abbau von Arbeitslosigkeit und wirtschaftlichen Wachstum bei. Indem sie in wachsende Wirtschaftszweige vorstoßen, helfen sie, den technischen Fortschritt zu verallgemeinern und Strukturprobleme zu überwinden. Darüber hinaus verschwinden die Vorsprungsgewinne der Pionierunternehmen, das Angebot dehnt sich aus und senkt die Güterpreise auf das Niveau der Durchschnittskosten."[3]

Viele Untersuchungen[4] belegen die wesentliche Rolle der neuen Unternehmen als Träger von **Innovationen**, da sie nicht nur zu einer Verjüngung der Volkswirtschaft beitragen und einen wichtigen Beitrag im Entdeckungsprozeß neuer Pro-

---

[1] Schatz (1984) S. 22.
[2] nach Kuipers (1990) S. 33ff.
[3] Körner (1990) S. 20 - 21.
[4] z.B. für kleine Unternehmen: Acs, Audretsch (1987) / Acs, Audretsch (1992a).

dukte und Verfahren leisten, sondern auch bei deren Durchsetzung am Markt[1]. Sie realisieren eher Produkt- als Prozeßinnovationen, ihre Erfindungen sind eher radikal als inkremental und werden bedeutend eher angewandt als bei Großunternehmen[2].

Aber nicht nur diese strukturpolitischen Überlegungen betonen die Wichtigkeit von Existenzgründungen. Eine weitere Bedeutung von Neugründungen liegt in ihrem Beitrag zur Schaffung neuer **Arbeitsplätze**, vor allem auch in High-Tech-Bereichen[3]. "Von Unternehmungsgründungen werden wichtige Impulse für die wirtschaftliche Weiterentwicklung und Neuorientierung erwartet. Ihr Wachstumspotential soll einen Beitrag zur Reduzierung der arbeitsmarktpolitischen Defizite leisten."[4] Untersuchungen im verarbeitenden Gewerbe zeigen, daß Beschäftigungsfreisetzung in den frühen 80'er Jahren im besonderen Maß bei Großunternehmen erfolgten, "während kleinere und mittlere Unternehmen die Beschäftigungsentwicklung verstetigten"[5]. So ist die "... massive Beschäftigungswirkung von neugegründeten Unternehmen unmittelbar sichtbar."[6] Auch in den USA[7] und Australien[8] durchgeführte Untersuchungen bestätigen die große Bedeutung der jungen Kleinunternehmen zur Schaffung neuer Arbeitsplätze und höherer Beschäftigungsdynamik.

Der Schritt in die berufliche Selbständigkeit hat in den zurückliegenden Jahren in Deutschland an Attraktivität gewonnen, nachdem sich die Selbständigenquote zwischen 1950 und 1987 fast halbiert hatte[9], was die Gefahr einer relativen Konzentration der Wirtschaft und einer Störung des Wettbewerbs heraufbeschwor. Mitte der achtziger Jahre wurde aufgrund der absoluten Zahlen ein Gründungsboom[10] diagnostiziert. Dazu stellen Hodenius und Michailow allerdings nach genauer Auswertung und Berücksichtigung statistischer Quellen für

[1] Schatz (1984) S. 22. / Acs, Audretsch (1992b).
[2] Schatz (1984) S. 21f.
[3] Kirchhoff, Phillips (1992).
[4] Müller-Böling, Graf (1988) S. 615 - 619.
[5] Albach, Dahremöller (1976) S. 31.
[6] Hunsdiek (1985) S. 24.
[7] Birch (1979) S. 26 - 42 / Birch (1981) / ebenso: Kirchhoff, Phillips (1987), zur Kritik siehe Albach, Dahremöller (1986).
[8] Williams (1989) S. 117 - 133.
[9] Körner (1992) S. 13 / nach Bögenhold (1989) S. 265: in 1950 liegt der Anteil der Selbständigen bei 16% einschließlich mithelfender Familienmitglieder bei 31,6%, in 1987 bei 9,3%, einschließlich der mithelfenden Familie bei 12,6%.
10)Bögenhold (1987).

die Bundesrepublik Deutschland fest, daß die Selbständigenrate aufgrund des Anstiegs der Erwerbstätigen in diesem Zeitraum weiterhin sogar leicht fallend war[1]. Die absolute Zahl der Selbständigen ist seit 1980 in etwa gleich geblieben.

Die hohe Zahl der Gewerbeanmeldungen und Unternehmensgründungen, die seit 1975 mehr oder weniger als steigend zu betrachten ist[2] und die in diesem Zusammenhang mangels anderer geeigneter statistischer Quellen als Zeichen für den Gründungsboom interpretiert worden war, könnte eher in einer anderen Arbeitshaltung und gesunkenen tariflichen Arbeitszeiten begründet liegen[3], was dazu führte, daß sich viele Personen neben ihrer eigentlichen Berufstätigkeit selbständig gemacht haben[4]. Damit zeigt sich deutlich, daß durch die Zahl der Unternehmensgründungen nicht die Anzahl von Existenzgründungen abgebildet wird. So ist bei allen Einschätzungen in diesem Bereich weiterhin zu berücksichtigen, daß das Gründungsgeschehen in der Bundesrepublik Deutschland bisher mangels statistischer Unterlagen nicht exakt quantifiziert werden kann[5], da zusätzlich auch sogenannte unselbständige Gründungen, die von bereits bestehenden Unternehmen vorgenommen werden, wie Betriebsstättengründungen, Fusionen und Umgründungen, erfaßt werden.

Doch zeigen die Jahresberichte der Deutschen Ausgleichsbank[6], die unter anderem die Aufgabe hat, öffentliche Fördermittel zur Begründung oder Festigung einer selbständigen beruflichen Existenz zur Verfügung zu stellen, daß wieder ein reges Gründungsgeschehen zu beobachten ist. So stiegen die Mittel für bewilligte Existenzgründungsprogramme von 823,1 Mio. DM 1982 auf 1402,2 Mio. DM im Jahre 1983, dieses entspricht einer Erhöhung der Zahl der geförderten Gründungen von 16.089 auf 24.535[7]. Durch die Deutsche Einheit kam es zu einer erneuten Steigerung. Die Ausweitung der Programme auf die jungen Bundesländer machte sich 1990 mit einer Mittelbewilligung von 4571,1 Mio. DM und

---

[1] unter Einbezug der mithelfenden Familienangehörigen liegt der Anteil in 1980 von 11,7%, in 1990 bei 10,4% der Erwerbstätigen; siehe auch Statistische Jahrbücher (1971-1991).
[2] aus Hodenius, Michailow (1991) S. 158.
[3] führte zu Mehrfach-, Neben- und Teilzeit-Selbständigkeit, oder auch zu Gewerbeanmeldungen, die tatsächlich nicht ausgeübt wurden.
[4] Hodenius, Michailow (1991), (Statistische Auswertungen des zitierten Artikels beziehen sich auf April des jeweiligen Jahres).
[5] Clemens, Friede, Dahremöller (1986) S. VII.
[6] Deutsche Ausgleichsbank (1971 - 1992).
[7] Lastenausgleichsbank (1984) S. 15.

1991 mit 10206,8 Mio. DM[1] bemerkbar. Während die Mittelbewilligung damit in den alten Ländern ungefähr in der gleichen Höhe wie in den letzten Jahren ausfiel, entfielen 1990 davon rund 3000 Mio. DM und 1991 fast 8600 Mio. DM auf die fünf neuen Bundesländer (siehe Abb. 1). Damit waren bis Ende 1991 nahezu 100.000 Neugründungen in den neuen Bundesländern gefördert worden[2].

Abb. 1: Mittel der Deutschen Ausgleichsbank für Existenzgründungsprogramme von 1980 bis 1991[3]

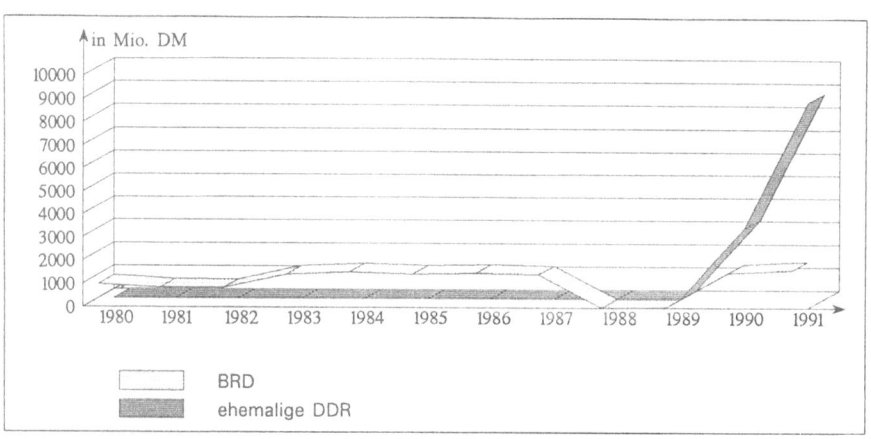

Diesen positiven Daten, die einen stetigen Trend zur Existenzgründung belegen, steht eine negative Seite gegenüber. So ist die Zahl der Insolvenzen seit Beginn der 80'er Jahre im Bundesgebiet erheblich angestiegen[4]. Ein Blick in die Insolvenzstatistiken zeigt, daß dieses vor allem ein Problem neugegründeter Unternehmen ist. So belegen die Zahlen, daß rund 75% der Insolvenzunternehmen jünger sind als 8 Jahre (siehe Abb. 2). Seit 1987 ist zwar wieder ein Rückgang der Insolvenzen zu beobachten, aber nicht der Liquidationen von Unternehmen. Der Saldo aus Unternehmensgründungen und Liquidationen ist jedoch sicher auch als Folge der positiven gesamtwirtschaftlichen Entwicklung positiv und steigt seit 1985 auf 91.695 im Jahre 1991[5].

---

[1] 1990: 38.396; 1991: 104.129 geförderte Vorhaben.
[2] Deutsche Ausgleichsbank (1992) S. 16.
[3] Deutsche Ausgleichsbank (1981-1992); ab 1990 auch Zuwendungen in den neuen Ländern.
[4] Statistische Jahrbücher (1971 - 1992).
[5] Hodenius, Michailow (1991) S. 158.

Abb. 2: Beantragte Konkurse und eröffnete Vergleichsverfahren (Unternehmen und freie Berufe)[1]

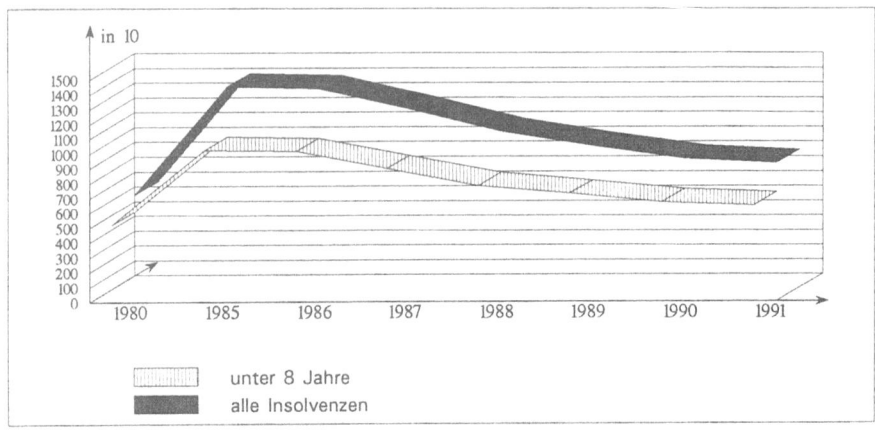

unter 8 Jahre
alle Insolvenzen

In Westdeutschland ist zu beobachten, daß rund ein Drittel aller Neugründungen nach drei Jahren wieder vom Markt verschwunden sind[2]. Eine Untersuchung des Institutes für Mittelstandsforschung[3] zeigt, daß beispielsweise im verarbeitenden Gewerbe die Überlebensquote der Unternehmen, die im Jahr 1979/80 gegründet wurden, bei nur 38,6% im fünften Jahr lag. Ähnliche Ergebnisse, nämlich eine Abmeldequote von 48,5% fünf Jahre nach der Gründung, zeigten die Untersuchungen der Soziologen Preisendörfer, Schüssler und Ziegler in einer Erhebung mit nahezu 100.000 Gewerbeanmeldungen[4]. Danach erfolgten die meisten Einstellungen nicht kurz nach der Gründung, sondern 8 - 12 Monate nach diesem Zeitpunkt[5] (siehe Abb. 3). Gleiche Erkenntnisse liefern Untersuchungen in den USA, Kanada und Australien[6].

---

[1] auch für 1990 und 1991 nur früheres Bundesgebiet; aus: Statistische Jahrbücher (1971 - 1992).
[2] May-Strobl, Kokalj, Schmidt (1991).
[3] Dahremöller (1987) S. 79.
[4] Preisendörfer, Schüssler, Ziegler (1989) S. 237 - 248.
[5] nach Brüderl, Schüssler (1990) "liability of adolescence" genannt.
[6] Audretsch (1991) zeigt für die USA, daß zehn Jahre nach der Gründung nur noch 35,4% der neugegründeten Unternehmen des verarbeitenden Gewerbes am Markt tätig waren. Phillips und Kirchhoff (1989) fanden, daß nach sechs Jahren nur noch 39,8% aller Unternehmen am Markt vertreten waren, je nach Branche lag die Rate zwischen 35,3% und 46,9%. In Australien (Williams, 1979) verschwanden im Verlauf von fünf Jahren 69,1% aller neugegründeten Betriebe. Ähnliches findet sich für Kanada bei Toulouse, Valée (1992).

Abb. 3:   Sterbewahrscheinlichkeit[1]

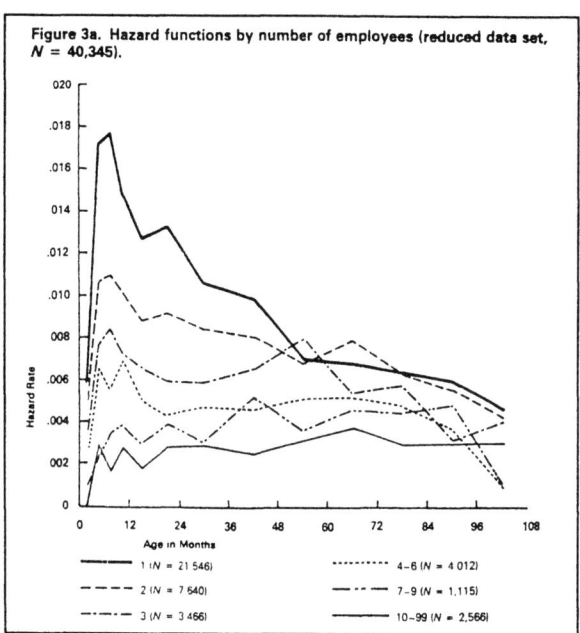

Figure 3a. Hazard functions by number of employees (reduced data set, N = 40,345).

Viele Untersuchungen der Gründungsforschung konzentrieren sich daher auf die betriebswirtschaftliche Seite[2] der Gründung. So werden Probleme und Fehler bei der Beschaffung, der Finanzierung dem Personal und dem Absatz festgestellt. Auch die Rolle der Gründungskonzeption als Quelle des Erfolges[3] wird untersucht. So zeigte sich bei einer Analyse der Gründungsdaten eingestellter Firmen, daß vor allem Firmen, die bereits klein gegründet wurden, also mit niedrigem Kapital oder wenig Mitarbeitern, nicht mehr wirtschaftlich aktiv sind. Daraus schließen die Autoren auf eine "liability of smallness"[4], eine sogenannte Zwergensterblichkeit. Diese ersetzt nach ihrer Ansicht das sogenannte Neulingsrisiko, die "liability of newness"[5], worunter ein monoton mit der Zeit sinkendes Sterberisiko verstanden wird.

---

[1] aus Preisendörfer, Brüderl, Baumann (1991) S. 91 - 100.
[2] z.B. Hunsdiek, May-Strobl (1986) / Szyperski, Nathusius (1977 a + b) / Kamp et al. (1978) / Weitzel (1986) / Meyerhöfer (1982) / Braun (1989).
[3] siehe Hunsdiek, May-Strobl (1986) S. 128.
[4] siehe auch Untersuchung von Audretsch, Mahmood (1991) / Cooper, Dunkelberg, Woo (1989).
[5] Übersicht zu den Ergebnissen bei Cochran 1981/ Carroll (1983). Erkenntnisse dazu: Birch (1991) / Freeman, Carroll, Hannan (1983) / Carroll (1983) / Aldrich, Auster (1986).

Aber auch gesamtwirtschaftliche[1], soziologische, psychologische, politische und rechtliche Gesichtspunkte werden in den Überlegungen als Fakten gesehen, die eine entscheidende Rolle spielen[2]. So liegen bestimmt wesentliche Probleme, das würde zumindest die im Vergleich zu den Liquidationen aus Konkursen oder Vergleichen weitaus höher liegende Zahl der freiwillig erfolgten Unternehmensschließungen erklären, in der Person des Existenzgründers selbst. Hier scheinen sowohl die fachliche und kaufmännische Qualifikation als auch die Psyche und das soziale Umfeld eine nicht unbedeutende Stellung einzunehmen. Doch dazu gibt es nur wenige gesicherte Erkenntnisse.

2.2 Besondere Bedeutung der Existenzgründungen im Rahmen der Deutschen Einheit

Durch die politischen Ereignisse und Entwicklungen bei Zusammenbruch der kommunistischen Regime sind Neugründungen von Unternehmen wieder in den Blickpunkt gerückt. Nachdem der Nachweis der hohen Bedeutung von kleinen und neuen Unternehmen[3] in funktionierenden westlichen Marktwirtschaften als erbracht betrachtet werden kann, werden diese Überlegungen auf den Osten übertragen[4]. Der Umbau der Planwirtschaft erfolgt dabei auf zwei Arten, wobei es einmal zu einer Zerschlagung der Kombinate kommt und außerdem parallel dazu ein Aufbau neuer Unternehmen erfolgen muß, um den Aufgaben des industriellen Strukturwandels und der Lösung des Arbeitslosenproblems gerecht zu werden.[5] Bei beiden Ansätzen spielt das Vorhandensein des Existenzgründers eine zentrale Rolle. "Innovationskraft und Mobilität unternehmerischer Menschen sind die Faktoren, mit denen wirtschaftliche Strukturkrisen bewältigt und Arbeitslosigkeit überwunden werden können."[6]

Doch der wirtschaftliche Neuaufbau und Umbau scheint noch nicht im erhofften Umfang zu funktionieren, denn mehr als zwei Jahre nach der Einführung der

---

[1] z.B.: Effekte von Arbeitslosigkeit und Wirtschaftswachstum auf das Gründungsgeschehen bei Bögenhold, Staber (1990).
[2] siehe auch Szyperski, Nathusius (1977b) S. 87.
[3] siehe Kapitel 2.1.
[4] zum Wissen über die Rolle von Kleinbetrieben im Ost-West-Vergleich: Acs, Audretsch (1990) / Thesen zum Gründungsgeschehen in den neuen Ländern: Liebernickel (1991).
[5] Acs, Audretsch (1990) S. 35.
[6] Albach (1979) S. 534.

marktwirtschaftlichen Rahmenbedingungen in Ostdeutschland ist der "Prozeß der schöpferischen Zerstörung" voll im Gange, die Zerstörung alter Strukturen erfolgt rasch, der Aufbau neuer jedoch nur schleppend[1]. Natürlich kann der wirtschaftliche Neuaufbau nicht nur durch neue Unternehmen und aus eigener Kraft gelingen, deshalb wird eine eigene Industriepolitik für den Osten gefordert, die vor allem aus einer Förderung der Standortwahl bestehen sollte[2].

Abb. 4: Leistungen des Mittelstandes[3]

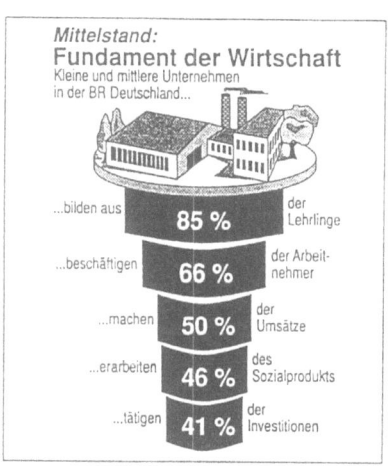

Mittelstand:
Fundament der Wirtschaft
Kleine und mittlere Unternehmen
in der BR Deutschland...

...bilden aus   85 %   der Lehrlinge

...beschäftigen   66 %   der Arbeitnehmer

...machen   50 %   der Umsätze

...erarbeiten   46 %   des Sozialprodukts

...tätigen   41 %   der Investitionen

Doch die neuen Unternehmen und Unternehmer besitzen vor allem in dieser Umbruchsituation eine hohe wirtschaftliche Relevanz, da ihr direkter Einfluß auf das Wirtschaftswachstum, den Strukturwandel und die Beschäftigungslage, aber auch die Versorgung und individuelle Bedarfsdeckung der Bevölkerung viel entscheidender ist als im bereits etablierten System des Westens. Es handelt sich dabei um die entscheidende Frage, wie schnell und wie umfangreich die Gründungen erfolgen, um Effekte auf die Strukturerneuerung und den Arbeitsmarkt in den jungen Bundesländern hervorzurufen. Die gesamtwirtschaftliche Situation[4] für den Gründer ist nicht gerade leicht. Die Industriestrukturen, die durch die Wiedervereinigung zusammengeführt wurden, erweisen sich nicht als komplementär, sondern als additiv, was einen Abbau der Firmen zur Folge hat. Die Produktivität vieler ostdeutscher Betriebe ist zu gering, die Belegschaft zu groß.

---

[1] Kieler Diskussionsbeiträge Nr. 178 (1991).
[2] Kieler Diskussionsbeiträge Nr. 190/91 (1992).
[3] aus Schwarz-Schilling (1992) S. 19.
[4] im folgenden aufgeführte Aspekte nach Meier-Preschany (1991).

Eine hohe Arbeitslosigkeit ist die Folge. Da die Märkte in Osteuropa größtenteils zusammengebrochen sind, muß, um das Volumen aufzufangen, eine Auseinandersetzung mit dem europäischen und internationalen Markt erfolgen, wobei die Kenntnis dieser Märkte eher als gering einzustufen ist.

Erschwerend kommt für ostdeutsche Produzenten hinzu, daß das Käuferverhalten im Beobachtungszeitraum noch eine deutliche Präferenz für westliche Waren aufweist, sicher auch als Ausdruck des Distanzierungsverhalten vom ehemaligen SED-Regime. Weiter zeigt sich, daß der Aufbau einer funktionsfähigen Verwaltung Zeit benötigt und noch nicht als abgeschlossen gilt, was als ein weiteres Hindernis auf dem Weg des Wirtschaftsaufbaus betrachtet werden kann.

Mut ist auch deshalb erforderlich, da die fünf neuen Länder durch die Umbruchstimmung eine schwer zu kalkulierende Umwelt darstellen. Für den Gründer, der in den meisten Fällen nur geringes Eigenkapital aufweist, kommt erschwerend hinzu, daß er meist nicht in diesem Wirtschaftssystem, in dem er sich nun bewähren soll, groß geworden ist, also quasi als Anfänger auf dem Gebiet der Sozialen Marktwirtschaft agiert. Dabei ist die Selbständigkeit Teil einer individuellen Lebensphilosophie, denn sie bedeutet Risiko und ein großes Maß an Verantwortung für sich, die Familie und die Mitarbeiter. Im Widerstreit steht der schnelle Gewinn mit der vertrauensvollen langjährigen Zusammenarbeit mit anderen Unternehmen und der Verantwortung anderer Menschen gegenüber.

Von den neuen Selbständigen wird erwartet, daß sie wesentliche innovative Impulse geben, einen spürbaren Beitrag für den wirtschaftlichen Aufschwung, die Beschäftigungslage und den notwendigen Strukturwandel leisten, aber auch soziale Mobilität und Mentalitäts- und Verhaltenswandel auslösen[1]. Weiter wird von ihnen erwartet, daß sie durch eine hohe Identifikation der Mitarbeiter mit ihren Unternehmen für eine entsprechende Arbeits- und Lebenszufriedenheit[2] sorgen, ein gutes nachahmenswertes Beispiel geben und Hoffnungsträger darstellen.

Die hohen Erwartungen, die sich an diese Neugründungen knüpfen, hängen mit der Rolle zusammen, die der Mittelstand in den alten Ländern bereits ausfüllt. Rund 2/3 aller Arbeitsplätze in den alten Bundesländern werden im mittelständi-

---

[1] Liebernickel (1991) S. 4.
[2] Schädlich (1990).

schen Bereich geschaffen, er bildet 85% der Lehrlinge aus, erzielt mehr als die Hälfte der Umsätze. 46% der Sozialprodukts wird durch den Mittelstand erwirtschaftet und rund 41% der Investitionen getätigt[1]. Kleine und mittlere Unternehmen zeichnen sich durch ein hohes Maß an Flexibilität und Anpassungsfähigkeit an Markterfordernisse aus. "Vergleiche mit anderen entwickelten Industriestaaten zeigen, daß kleine und mittlere Unternehmen Garanten für eine langfristige Beschäftigungssicherung sind und erfolgreich zur Überwindung struktureller Arbeitslosigkeit beitragen".[2]

Abb. 5: DDR-Selbständige einschließlich mithelfender Familienangehöriger im Verhältnis zu allen Erwerbspersonen[3]

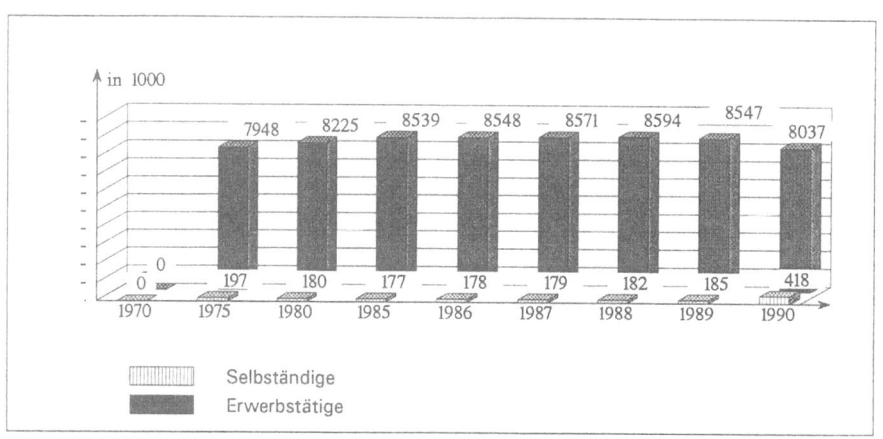

Vierzig Jahre hatte der Staat der DDR alles getan[4], um den Mittelstand zu vernichten, so daß über Jahre ein riesiger Nachholbedarf auszugleichen ist (siehe Abb. 5). Denn 1989 hatte die DDR einen Selbständigenquote von 2,2%[5], in der Bundesrepublik lag sie hingegen bei 10,7%. Nach Berechnungen verschiedener Institute[6] besteht daher ein Gründerpotential von rund 750.000 - 850.000 Personen in den fünf neuen Ländern.

---

[1] aus Schwarz-Schilling (1992).
[2] Schädlich (1990) S. 1296.
[3] Statistisches Jahrbuch (1971 - 1992) Anhang, Zahlen aus 1990 beziehen sich auf das erste Quartal.
[4] durch Maßnahmen, wie: Progressionssteuersatz von 96%; Mitarbeiterzahl auf 10 begrenzt.
[5] ungefähr 100.000 Selbständige.
[6] siehe u. a. Friedrich, Puxi (1991).

Auch die Unternehmer, die die Kommandowirtschaft überstanden haben, werden mit einer völlig neuen Marktsituation und ordnungspolitischen Bedingungen konfrontiert. Die bisherigen Selbständigen in der DDR, zu 2/3 Handwerker, ein weiteres Viertel war im Groß- und Einzelhandel tätig, müssen sich den neuen Anforderungen anpassen, da sie es bisher nicht gelernt haben, als Unternehmer zu handeln. So entsprechen fast alle unternehmerischen Aktivitäten dem Stand von Neugründungen.

Der Sachverständigenrat hebt in seinen beiden Jahresgutachten zur wirtschaftlichen Integration Ostdeutschlands die besondere Bedeutung der kleinen und mittleren Unternehmen und vor allem der Neugründungen für die strukturelle Erneuerung der ostdeutschen Wirtschaft heraus. Er wertet die Selbständigkeit vieler Bürger ausdrücklich als einen ersten Schritt zum wirtschaftlichen Neuanfang. Dabei spielt eine besondere Rolle, daß vor allem auf die Beschäftigungs- und Wettbewerbssituation positive Auswirkungen erhofft werden.[1] Denn die in der DDR vorgefundene Ausgangslage macht Anforderungen an Unternehmensgründungen recht deutlich. "Die Hinterlassenschaften der DDR machte den Anfang nicht leicht. Im Gegensatz zu den geschönten Statistiken war sie kein wirtschaftlich prosperierender Staat, sondern ein maroder Koloß, der dem Selektionsdruck des Systemwettbewerbs zum Opfer fiel."[2] Da ergibt sich besonders auch in Mecklenburg-Vorpommern aufgrund der bisherigen quasi monokulturellen Ausrichtung auf die Bereiche Schiffbau und Landwirtschaft die Notwendigkeit erheblicher struktureller Anpassungsprozesse.

In dieser Situation liegt ein sehr wesentlicher Aspekt der Existenzgründungen in der Schaffung von Arbeitsplätzen. Nach einer Studie des Instituts für Wirtschaftsforschung in Halle[3] hatten rund 25,3% der Erwerbstätigen im Februar 1993 keinen regulären Arbeitsplatz[4]. Schlußlicht vieler Erhebungen stellt das Land Mecklenburg-Vorpommern dar, in dem im März 1991 eine reale Arbeitslosenquote[5] von 24,6% errechnet wurde[6]. So werden große Hoffnungen darauf

---

[1] Sachverständigenrat (1990, 1991).
[2] Sinn, Sinn (1991) S. 128.
[3] zitiert nach Wirtschaftswoche (19.03.1993) S. 40.
[4] darunter fallen: Arbeitslose, Kurzarbeiter, ABM-Maßnahmen, Fortbildung und Umschulung.
[5] Arbeitslose unter Einbeziehung der Kurzarbeiter.
[6] Wahse (1991).

gesetzt, daß durch den Ausbau von Selbständigkeit in den neuen Bundesländern zusätzliche Arbeitsplätze geschaffen werden. Damit sollen vor allem auch die Arbeitsplatzverluste in bisher staatlich dominierten Sektoren der DDR ausgeglichen werden[1]. Denn "mit dem durch die Vereinigung Deutschlands einsetzenden ökonomischen und politischen Transformationsprozeß tritt zunächst einmal die verdeckte Arbeitslosigkeit offen in Erscheinung. Dabei wirkt es erschwerend, daß die notwendigen Strukturanpassungen nahezu unvorbereitet und extrem kurzfristig erfolgen müssen. ..."[2]. Sinn und Sinn stellen in ihrer Analyse fest, daß während des Anpassungsprozesses an die westdeutsche Struktur eine hohe Arbeitslosigkeit herrschen wird. "Die Summe aller Freisetzungen beträgt etwa 25% der ostdeutschen Erwerbspersonen."[3] Der Zusammenbruch des Absatzmarktes in Osteuropa[4] und die damit verbundenen Probleme im Exportbereich kommen erschwerend hinzu.

Die Entwicklung hat gezeigt, daß zusätzliche Arbeitslosigkeit durch zu hohe Lohnkosten, die in einem ungünstigen Verhältnis zur Produktivität der Mitarbeiter stehen, ausgelöst wurden. Durch Subventionen zum Anreiz der Investitionstätigkeit an diesen Standorten kommt es außerdem noch fast zu einer Halbierung der Kapitalkosten, was eher als ein Signal für Investitionen zum Aufbau einer kapitalintensiven und weniger einer arbeitsintensiven Produktion[5] verstanden werden könnte.

---

[1] siehe Friedrich (1991).
[2] siehe Wahse (1991) S. 118.
[3] Sinn, Sinn (1991) S. 137 - 138, weiter: "Im Vergleich zum Westen besonders hohe Beschäftigungsdefizite findet man in der Bereichen Landwirtschaft, Forstwirtschaft und Fischerei, Bergbau, Maschinenbau, Textilverarbeitung und Eisenbahnen. Auch im Westen haben diese Sektoren früher große Teile des Beschäftigungspotentials absorbiert. Unter dem Druck der hohen Löhne waren sie jedoch gezwungen, zu schrumpfen und zu kapitalintensiveren Produktionsweisen überzugehen."
[4] Köllermeier (1992) S. 46: betrifft 80% aller Aufträge.
[5] Überlegungen: Sinn, Sinn (1991) / Engels (1992).

Abb. 6: Erwerbstätige, Kurzarbeiter und Arbeitslose in den neuen Bundesländern (1990 - 1992)[1]

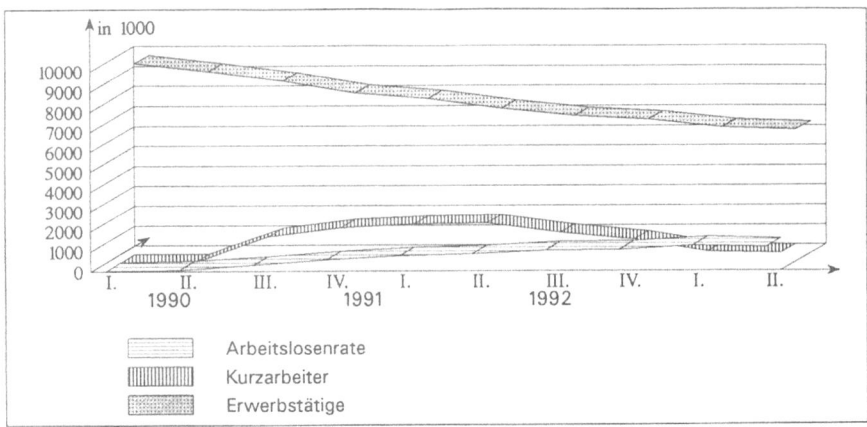

Insgesamt wurden in den neuen Ländern[2] zwischen Januar 1990 und Dezember des Jahres 1991 440.000 Nettoanmeldungen erfaßt[3], wovon aber vermutlich noch ein großer Teil als Umgründungen zu werten sind. So errechneten das Institut für Wirtschaftsforschung und das Institut für Weltwirtschaft für den Zeitraum von Januar 1990 bis Ende März 1991 eine Nettoanmeldung von 314.000, wovon sie allenfalls 100.000 als Neugründungen bezeichnen[4]. Gewerbeanzeigen überzeichnen also das Ausmaß der Gründungsaktivität erheblich[5]. Das Institut für Mittelstandsforschung der Universität Mannheim berechnet für das 2. Quartal 1992 eine Selbständigenquote von 7,2%[6] und bemerkt: "Zwei Jahre nach der Währungsunion scheint jedoch der Gründungsboom, sofern man überhaupt von einem sprechen kann, beendet zu sein. ... Das Gründungsgeschehen tendiert in den neuen Ländern bisher stark zum tertiären Sektor hin, insbesonde-

---

[1] Zahlen aus Kieler Diskussionsbeiträge Nr. 190/91 (1992).
[2] Die Selbständigenquote von Mecklenburg-Vorpommern war vor der Wende mit 1,5% am niedrigsten, auch die bisherigen Daten erweisen sich als unterdurchschnittlich. Zwischen 1990 und März 1991 weist das Land mit 33187 Nettoanmeldungen die niedrigste Gründungszahl unter den neuen Bundesländern auf, dieses gilt auch gewichtet mit der Einwohnerzahl.
[3] Kieler Diskussionsbeiträge Nr. 183 (1992).
[4] Kieler Diskussionsbeiträge Nr. 160 (1991) S. 25.
[5] Kieler Diskussionsbeiträge Nr. 183 (1992) S. 43 / Liebernickel (1991) S. 8: "Die statistischen Angaben erlauben nur in begrenztem Maße Aussagen über die Zahl wirklich neugegründeter Betriebe. Hierin eingeschlosssen sind sowohl potentielle Gewerbetreibende, die ihre wirtschaftliche Tätigkeit noch nicht aufgenommen haben, als auch eine nicht näher bekannte Zahl von Umgründungen, Ausgründungen oder Änderungen der Rechtsform.".
[6] Hauer, Kleinhenz, Schuttenbach (1992) S. 11.

re zu den konsumorientierten Wirtschaftsbereichen. Zu den wenigen Lichtblicken zählen die Bauwirtschaft und damit auch viele Branchen des Handwerks."[1]. Betrachtet man die Entwicklung der Gewerbeabmeldungen im Verhältnis zu den Anmeldungen, zeigt sich eine deutlich steigende Zahl, die von durchschnittlich 9,5% im Jahr 1990 und 32,1% im Folgejahr auf über 56% im Jahr 1992 kletterte[2] (siehe auch Abb. 7). Bezogen auf das 1. Quartal 1993 liegt sie bei 64%.

Abb. 7:   Gewerbean- und Gewerbeabmeldungen in den neuen Bundesländern[3]

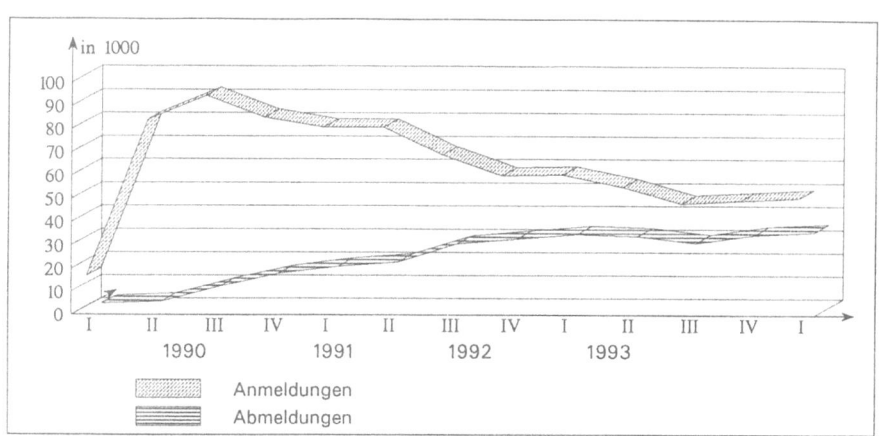

Trotzdem zeigen Untersuchungen, daß durch die Existenzgründer in den neuen Bundesländern ein nicht unerheblicher Beschäftigungseffekt ausgeht. Zwischen März 1990 und September 1991 sollen brutto rund 1,25 Millionen neue Arbeitsplätze[4] geschaffen worden sein. Nach einer Befragung der Deutschen Ausgleichsbank betrug Anfang 1991 die Anzahl der Mitarbeiter durchschnittlich 5,3 bei denen durch sie mit Eigenkapitalhilfe geförderten Unternehmen, während die-

---

[1] Hauer, Kleinhenz, Schuttenbach (1992) S. 30 / Liebernickel (1991) S. 15: "Insgesamt wird der sektorale Trend zum tertiären Sektor deutlich, aber es "boomen" insbesondere konsumorientierte, personenbezogene Dienstleistungen mit nur geringen innovativen Impulsen und mit sekundärer Bedeutung für den notwendigen wirtschaftlichen Strukturwandel.".

[2] Liebernickel (1991) S. 26: "Bedenkenswert ist weniger die absolute Zahl der Abmeldungen (auch die Quote liegt zur Zeit nur halb so hoch wie in den alten Bundesländern), vielmehr ist es das rasch zunehmende Tempo beider Steigerung der Abmeldequoten. Zum anderen stimmt die Tatsache bedenklich, daß die Abmeldequoten nicht bei der Kategorie "Würstchenbude" am höchsten ist, sondern, bisher jedenfalls, bei Handwerksbetrieben, denen eigentlich hohe Anteile bei der Arbeitsplatzbeschaffung zugedacht sind,...".

[3] Gemeinsames Amt (1991 -1993).

[4] May-Strobl, Kokalj, Schmidt (1991) S. 6.

se Zahl Ende 1991 auf 7,0 Mitarbeiter stieg[1]. Das Ergebnis des Berichts lautet abschließend, daß "... die geförderten Existenzgründer sich ganz überwiegend auf Wachstumskurs befinden und maßgeblich zum Aufbau in den neuen Bundesländern beitragen."[2]

Ein weiterer interessanter Ansatzpunkt dieses Forschungsgebietes ergibt sich weiterhin aus der Tatsache, daß bisher kaum wissenschaftliche Erkenntnisse des Wechseln von einer Planwirtschaft in eine Form der Marktwirtschaft, bzw. vom Kommunismus in die parlamentarische Demokratie, vorliegen. Dabei gilt es auch, Auswirkungen einer anderen Erziehung, einer 40-jährigen Bevormundung durch den Staat, sichtbar zu machen. Besondere Beachtung sollte dabei die Situation der hohen Unsicherheit finden, der sich viele Menschen nach der Wiedervereinigung mit einem dauernden Wandel und Anpassungsprozeß ausgesetzt fühlen, eine Unsicherheit, die auch im besonderen die Existenzgründer trifft.

Die Vorschläge an die Politik und Wirtschaft sind zahlreich, aber vielfach ist vor allem die Kritik groß. Die Volkswirtschaftslehre[3] liefert nach eigenem Eingeständnis nur wenig Handlungsanweisungen zur Transformation der Wirtschaftsformen[4]. Die Fragen des Übergangs von einem Wirtschaftssystem zu einem anderen hatte im Zweck-Mittel-Denken der Ökonomen bisher keinen rechten Platz. Sie wurde eher als eine von der Politik oder der Bürokratie zu lösende Problematik betrachtet. Die Frage der Übergangsproblematik scheint vor allem als Wechsel vom Kapitalismus zu einer sozialistischen Planwirtschaft in der sozialistischen Literatur behandelt worden zu sein. Bei den Ökonomen breitet sich ein gewisses Unbehagen aus, da ein Systemwechsel buchstäblich jeden Aspekt des Wirtschaftslebens betrifft und so zahlreiche aufeinander abgestimmte Maßnahmen nötig macht. Eine allumfassende Theorie des Systemwechsel scheint nicht möglich, da die Kenntnisse über Wissen und Wechselwirkungen zu umfangreich wären. Stattdessen sollte es darum gehen, eine Handlungsstrategie zu entwickeln, die es ermöglicht, schnell auf sich ändernde Situationen reagieren zu können. Nach Sinn und Sinn kann die Volkswirtschaftslehre hier vor allem auf Fehlentwicklungen und ihre Folgen aufmerksam machen[5].

---

[1] Deutsche Ausgleichsbank (1992) S. 20 - 33.
[2] Deutsche Ausgleichsbank (1992) S. 31.
[3] Ausführungen bezogen auf Watrin (1990) S. 24 - 46.
[4] z.B. Brezinski (1991).
[5] Sinn, Sinn (1991).

2.3 Begründung der Themeneinengung

Der Existenzgründer ist nach Albach neben der Gründungskonzeption und der Überwindung von Marktzutrittsbarrieren einer der drei Faktoren, von der die Geburt[1] eines Unternehmens abhängig ist. Ähnlich wird dieses auch in anderen Ansätzen der Gründungsforschung gesehen[2], die eine Gliederung in Merkmale der Person, des Betriebes und der Umwelt vornehmen. Auch die Einflußfaktoren des Erfolges werden ähnlich unterteilt[3].

"Die *Person des Gründers* hat in der Gründungsforschung eine zentrale Position, da sie im Gegensatz zur Unternehmung, die häufig noch gar nicht existiert, stets vorhanden sein muß, im übrigen wesentlicher Handlungsträger ist."[4] Dabei ergeben sich, bezogen auf die Person des Gründers, vor allem zwei Forschungsbereiche. Einmal sollen Unterschiede zwischen potentiellen und tatsächlichen Gründern sichtbar gemacht werden, um mögliche Einflußfaktoren der Gründung zu analysieren. Zum anderen kann die Bedeutung tatsächlicher Gründer für das Zustandekommen einer erfolgreichen Gründung einer näheren Betrachtung unterzogen werden. Letzteres soll in dieser Untersuchung geschehen, sehr wohl mit dem Wissen, daß hiermit nur **ein** möglicher Einflußfaktor des Erfolges einbezogen wird, der sicher auch nur einen Teil der Varianz des Erfolges erklären kann. Jedoch ergibt sich aufgrund des Umfanges einer solchen Erhebung eine prinzipielle Notwendigkeit der Auswahl und Beschränkung auf einzelne Aspekte. Aus der Vielzahl möglicher Einflußfaktoren werden in diesem Fall sozialpsychologische und psychologische Aspekte, die Sphäre der Person, sowie ihr sozioökonomisches Umfeld betrachtet.

Empirische Belege für den Einfluß der Persönlichkeit, vor allem der psychologischen Ausprägungen, fehlen für den deutschsprachigen Raum weitgehend. Eine besondere Rolle spielt hierbei auch, daß es kaum Längsschnittanalysen, die die Effekte der Veränderung, der Verzerrung und des Vergessens besser kontrollieren könnten, gibt. Der überwiegende Teil der Forschung bezieht sich daher auf erfolgreiche Unternehmensgründer, hervorgerufen dadurch, daß in Querschnittsuntersuchungen Gründer betrachtet werden, die nach einer bestimmten Zeit

---

[1] Albach (1987).
[2] bei Brüderl, Preisendörfer, Baumann (1991) S. 92.
[3] Übersicht zu Bezugrahmen bei: Cooper, Gasón (1992) S. 302, 325, sowie zu Untersuchungen S. 327 - 340.
[4] Müller-Böling, Klandt (1993) S. 145.

noch am Markt tätig sind. Diejenigen, die zu diesem Zeitpunkt bereits als nicht erfolgreich ausgeschieden waren, fallen in den meisten Erhebungen weg[1].

Der Aspekt der Persönlichkeit scheint auch besonders in den fünf neuen Bundesländern eine wesentliche Rolle zu spielen, da hier viele andere Komponenten zur Beurteilung der Erfolgsfähigkeit einer Gründung einfach fehlen. Unter Umständen erweist sich die Person als besser einschätzbar als die Marktchancen unter dem Einfluß eines möglichen Wettbewerbs, der vor allem in den jungen Bundesländern zur Zeit noch von einer hohen Unsicherheit geprägt ist. Die Erkenntnisse gelten sicherlich nicht nur für die Beurteilung durch andere, sondern auch der Gründer selber kann so bestimmte Aspekte seiner Gründung besser einschätzen lernen. Im übrigen zeigt die Betrachtungsweise eine durchaus typische und damit praxisrelevante Situation, da zur Einschätzung der Gründungsaussichten außer einigen betriebswirtschaftlichen Eckdaten ja meist nur die Person des Gründers als Realisierer der Gründungsidee und damit als Prädiktor des Erfolges zur Verfügung steht. Dieses gilt für Unternehmensberater und Fremdkapitalgeber, aber auch noch mehr für potentielle Mitarbeiter dieser neuen Unternehmen, zukünftige Lieferanten und Kunden.

Der Einfluß der Person auf den Unternehmenserfolg wurde schon früh erkannt, aber selten differenziert oder quantifiziert. So stellt Williams fest, " daß die Hauptbestimmungsgründe für ein erfolgreiches Unternehmen in persönlichen Merkmalen und im Führungstalent des Unternehmers liegen"[2]. Albach et al.[3] vermuten, daß die Daten der Insolvenzstatistik, die eine deutlich höhere Sterberate junger Unternehmen aufweisen[4], nicht durch das Alter der Unternehmen, sondern durch eine mangelnde Qualifikation des Gründers verursacht werden. So stellte Klandt fest, daß eine " ... differenzierte Untersuchung der Insolvenzursachen zeigt, daß die Person des Gründers bzw. Unternehmers, wenn auch nicht die alleinige, so doch primäre Verantwortung für die Insolvenz der Unternehmung trifft."[5] Auch die Ergebnisse der angloamerikanischen Gründungsfor-

---

[1] Ausnahmen z.B.: Plaschka (1986) / Kuipers (1990) / Brüderl, Preisendörfer, Baumann (1991).
[2] Williams (1975) S. 132.
[3] Albach, Bock, Warnke (1984).
[4] Verhältnis der Konkurse bei jungen und alten Firmen (über 8 Jahre) im Durchschnitt 3 : 1.
[5] Klandt (1979) S. 29.

schung belegen eindeutig, daß das Verhalten des Unternehmers die Entstehung und Frühentwicklung der neuen Unternehmen bestimmt[1].

Eine Untersuchung von Laub[2], die sich auf die Bewertung innovativer Unternehmensgründungen bezieht, zeigt, daß auch die Praxis diesen Einfluß würdigt. So stufen Banken, Venture-Capital-Gesellschaften und sonstige Kapitalgeber die Gründerperson als den wesentlichen Erfolgsfaktor[3] ein und sehen ihn damit als Kriterium ihrer Finanzierungsentscheidung an. Verlangt wird ein breites Anforderungsprofil des Bewerbers, das nicht nur aus ökonomisch und quantitativ meßbaren Kriterien besteht, sondern zunehmend auch Aspekte der Persönlichkeit umfaßt, die sich oft nicht standardisiert durch Meßinstrumente beurteilen lassen. Es gibt dazu jedoch kaum feststehende und nachvollziehbare Konzepte, sondern es sind vielmehr intuitive Entscheidungen mit den bekannten Problemen der Wahrnehmung und der Erfahrungswerte, aber auch der Subjektivität[4].

Andere Bewertungen aus der Praxis[5] sehen eine ähnlich hohe Bedeutung der Gründerpersönlichkeit: "Eine der häufigsten Ursachen für das Scheitern von Gründungsvorhaben liegt in der Person des Gründers selbst... ."[6] Ebenso zeigt eine Untersuchung der Deutschen Ausgleichsbank[7], daß die "... Persönlichkeit des Gründers der dominierende Einflußfaktor ..." ist." Dieser Einbezug der Person als Determinante des Erfolges stellt einen Ansatz zur Verbindung von Psychologie und Betriebswirtschaftslehre, die sogenannte verhaltenswissenschaftliche Betriebswirtschaftslehre[8] oder auch ökonomische Verhaltensforschung[9], dar.

Die klassische Betriebswirtschaftslehre und die traditionelle Volkswirtschaftslehre vertreten statt verhaltenswissenschaftlicher Ansätze eher die These des "homo oeconomicus": "Dieser "ideale Mensch" verhält sich vollkommen rational, ist bestrebt, den eigenen Gewinn bzw. den eigenen Nutzen zu maximieren, ist erschöpfend über alle seine Handlungsalternativen sowie die der anderen Personen

[1] Mayer, Goldstein (1961) S. 131 - 133, S. 157f.
[2] Laub (1991).
[3] Mittelwert von 6,96 bei einer Skala von 1 (völlig unwichtig) bis 7 (sehr wichtig) bei Laub (1991) S. 37.
[4] Laub (1991) S. 40f.
[5] siehe Kruse (1991).
[6] Hamm (1989).
[7] Deutsche Ausgleichsbank (1987) S. 29.
[8] Reber (1975) / dazu auch Kirsch (1974).
[9] bei Schmölders (1978)/ Katona (1960) unter "psychologischer Nationalökonomie".

informiert, kennt alle Konsequenzen, die sich aus den einzelnen Alternativen ergeben und kann sie vergleichen und bewerten. Er bildet seine Präferenzen individuell und isoliert und ist in seinen Entscheidungen frei von sozialen und institutionellen Verpflichtungen, nicht von anderen Personen in seiner Umgebung beeinflußt."[1] Der Mensch zeigt so ein mechanistisches Verhalten, d.h. Menschen reagieren auf die gleichen wirtschaftlichen Entwicklungen immer mit den gleichen, unveränderlichen Verhaltensweisen. Diese Annahmen würden verhaltenstheoretische Betrachtungen im ökonomischen Bereich überflüssig machen, denn so würde das wirtschaftliche Verhalten durch äußere Bedingungen vollständig determiniert sein.

In der Realität zeigt sich allerdings, nicht der reine "homo oeconomicus" der Volkswirtschaftslehre, dessen rationales Verhalten sich in ausschließlich ökonomischen Parametern darstellen läßt, agiert im Wirtschaftsleben, sondern es ist ein Mensch, der sich in seinen Vorhaben durch eine Reihe von psychologischen Faktoren, wie beispielsweise Einstellungen, Motiven und Gefühlen leiten läßt. Menschliches Verhalten läßt sich also nicht ohne Einschränkungen mechanistisch abbilden.

So stieß bei vielen Ökonomen[2] das Leitbild des "homo oeconomicus", der stets bestrebt ist, seinen Nutzen zu maximieren, auf Widerstand. Sie hielten es für fraglich, wirtschaftliche Handlungen von Menschen lediglich mit wirtschaftlichen Kategorien erklären zu wollen. Denn beobachtbare Handlungen erweisen sich von begrenzter Rationalität, sichtbar daran, daß sich unterschiedliche Reaktionen auf gleiche wirtschaftliche Umweltbedingungen[3] ergeben. So erschien ihnen die Einbeziehung des menschlichen Elements in das Wirtschaftsleben nötig, die Definition individueller Zielfunktionen statt der eindimensionalen Gewinnmaximierung. So wurde festgestellt, daß statt oder neben der Gewinn- und Nutzenmaximierungsüberlegung auch andere Faktoren beispielsweise die Investitionsentscheidung beeinflussen: Persönlichkeitsmerkmale des Unternehmers, soziales Gefüge, Macht- und Prestigedenken, Schaffensfreude und Leistungsbedürfnis[4]. Die Psychologie ist aber in der Lage, diese Überlegungen in ihre Ansätze miteinzubeziehen, denn "Die psychologische Untersuchung wirtschaftlicher Vorgänge

---

[1] Frey, Gülker (1988) S. 168.
[2] z.B.: Schmölders (1978).
[3] Katona (1960) S. 5 - 10 / Rüttinger, Rosenstiel, Molt (1974) S. 40ff .
[4] z.B. Katona (1960) S. 290ff. / Schmölders (1978).

ist möglich, weil menschliche Entscheidungen und menschliches Verhalten im allgemeinen durch Gesetzmäßigkeiten regiert werden. ... Unterschiede in der Wahrnehmung, in den Motiven und in den Einstellungen sind meßbar und können auf verursachende Faktoren zurückgeführt werden"[1].

Frey und Gülker[2] nennen als wichtige psychologische Variablen, die das Urteilen und Entscheiden und so auch das Verhalten von Wirtschaftssubjekten beeinflussen, eine begrenzte Informationsverarbeitungskapazität, die Verwendung von Urteilsheuristiken und kognitiver Schemata, Affekte, Stimmungen und Kausalattributionen. Außerdem beeinflussen Gruppenprozesse und Meinungsführer wirtschaftliches Verhalten.

Dieses gilt auch und vielleicht noch mehr für den Existenzgründer in den neuen Ländern, der im Mittelpunkt dieser Arbeit steht. Denn er ist in der ersten Zeit seiner Selbständigkeit ständig in Situationen, für die er aufgrund mangelnder Erfahrung keine Verhaltensmuster hat, die also nicht habituell geprägt sind. Für ihn gibt es zunächst nur wenig Routineverhalten, und trotzdem muß er eine ganze Reihe von Entscheidungen fällen, für die er auch aufgrund von begrenzter Informationsverarbeitungskapazität nur schwer zu einer vollständigen Bewertung und zum Vergleich aller Alternativen kommen kann. So wird und muß er sich sicher mehr als langjährig tätige Unternehmer oder Gründer, die bereits in der sozialen Marktwirtschaft aufgewachsen sind, von seiner Intuition leiten lassen, das bedeutet spontan Entscheidungen zu treffen, ohne auf Erfahrungen oder gar klare Überlegungen zurückgreifen zu können. Gerade deshalb, weil der Existenzgründer sich im allgemeinen nicht auf Erfahrungen berufen kann, spielen in dieser Phase der Unsicherheit und fehlender Vertrautheit die genannten psychologischen Faktoren eine wesentlich Rolle.

---

[1] Katona (1960) S. 10.
[2] Frey, Gülker (1988) S. 169 - 170.

3 Schwerpunkte der Gründungsforschung

Im folgenden soll ein kurzer Überblick über Inhalte der Gründungsforschung im allgemeinen gegeben werden, bevor im nächsten Kapitel eine Beschränkung auf die vorhandenen Ergebnisse im Bereich der Gründerperson erfolgt. Dabei wird vor allem auch aufgrund der hohen Zahl der Veröffentlichungen besonders auf die USA Bezug genommen[1]. Insgesamt existieren bisher vor allem empirische Beobachtungen, jedoch gibt es keine theoretische Fundierung, die Ergebnisse zusammenfaßt und die man daher als geschlossene Theorie der Existenzgründung[2] bezeichnen kann[3].

Mit Gründungsforschung soll der Bereich der Wissenschaft bezeichnet werden, der sich mit Themen, die sich im Zusammenhang mit der Entstehung neuer Unternehmen ergeben, auseinandersetzt. Dabei handelt es sich zunächst um eine betriebswirtschaftliche Fragestellung, jedoch hat schon die einleitende Problematisierung gezeigt, daß eine interdisziplinäre Perspektive zu wählen ist. Der Ansatz ist dabei sowohl volkswirtschaftlich wie auch betriebswirtschaftlich, betrifft aber auch die Justiz, die Psychologie, die Sozialpsychologie wie auch die Politik.

3.1 Gründungsforschung in den USA

Im englischsprachigen Bereich erfährt der eigentlich synonym zu verwendende Begriff der "entrepreneurship research" eine etwas andere Deutung. Vor allem Shapero[4] ist ein Verfechter der These, daß der Begriff "entrepreneur" ausreichend durch die Aspekte Initiative, Risikoübernahme, Management, Autonomie und Ressourcen gekennzeichnet wird. So würden die sogenannten "street hawkers", also Straßenhändler, genauso unter die Definition fallen, wie Moderatoren von öffentlichen Veranstaltungen und Organisatoren eines Festes im Sozialismus. Auch McClelland[5] unterstützt diese Überlegungen, indem er die Rolle des "entrepreneur" nicht mit dem Begriff des Eigentums verknüpfen will, sondern als entscheidendes Merkmal die Tatsache ansieht, daß vom "entrepreneur" Kontrol-

---

[1] Überblick bei Cochran (1981)/ Carroll (1987) / Picot (1989).
[2] Hunsdiek (1987) S. 1.
[3] Versuche dazu: Cauthorn (1989)/ Casson (1982).
[4] nach Shapero (1984), S. 24, ist Innovation kein notwendiger Bestandteil der Gründung, da diese selber die Innovation darstellt.
[5] McClelland (1965).

le über die Erzeugung von solchen Gütern ausgeübt wird, die nicht nur für seinen eigenen Verbrauch bestimmt sind. In diesem Sinne sei der leitende Angestellte einer Stahlfabrik in der UdSSR ein "entrepreneur".

Gegen diese Begriffsdefinition sprechen sich Vertreter[1] der amerikanischen Wissenschaft aus, die den "entrepreneur" mehr im Sinne des Schumpeter'schen Unternehmers[2] sehen. Sie verbinden deshalb die Aspekte des Eigentums an einer Firma sowie die tätige Leitung dieser Firma als Charakteristika und kommen damit der deutschen Bedeutung des "Existenzgründers" sehr nahe. Zur Ausführung soll eine Definition aus Webster's Third New International Dictionary (1961)[3] dienen: "one, who organizes, owns, manages, and assumes the risk of a business.".

Die gesamte amerikanische Forschung über Existenzgründungen läßt sich nach einer Untersuchung von Paulin, Coffey und Spaulding[4] in vier Gebiete aufteilen:

1. der "entrepreneur" als Individuum,
2. der Prozeß der Gründung sowie Gründungsprobleme,
3. die Funktion des "entrepreneurs" in der Gesellschaft unter psychologischen und sozialen Aspekten,
4. die Verbindung zu angrenzenden Wissenschaften.

Eines der am intensivsten erforschten Gebiete ist der Existenzgründer als Individuum. Dieses umfaßt sowohl historische Arbeiten wie auch soziologische und psychologische Ansätze. So gibt es eine große Anzahl von Untersuchungen, die sich mit der Person des Unternehmensgründers[5], seinem regionalen Umfeld, sowie dem Aspekt der Unternehmensgründungen von Frauen und Minderheiten in den USA[6] beschäftigen. Es werden Unterscheidungsmerkmale zu anderen Gruppen gesucht, so z.B. Abweichungen von der Gesamtbevölkerung[7] festgestellt

---

[1] z.B.: Brockhaus (1982).
[2] Schumpeter (1987).
[3] nach Brockhaus (1982) S. 39.
[4] Paulin, Coffey, Spaulding (1982) S. 352 - 373.
[5] eine Übersicht zu den psychologischen Ansätzen findet sich bei Wärneryd (1986).
[6] z.B. Sexton, Bowman (1986) für Frauen / Bates (1989) für Minderheiten.
[7] z.B.: Untersuchungen zur Persönlichkeit bei Tedefalk Tedefalk (1986); zur Leistungsmotivation bei Hornaday, Aboud (1971) / Sexton, Bowman (1985) / Determinanten der Selbständigkeit bei Sexton, Robinson (1989).

oder auch Unterschiede zu Managern[1] ausgemacht.

Das Bildungsniveau spielt in Untersuchungen zur Klärung des Phänomens "Existenzgründer" eine wichtige Rolle. Sowohl die Beziehung zur Gründungsaktivität wurde betrachtet, wie auch Auswirkungen auf den Erfolg (siehe Kapitel 3.4). Im Vergleich zur Gesamtbevölkerung konnte ein höheres Erziehungsniveau der Gründerperson nachgewiesen werden, dagegen ist es deutlich niedriger liegt als bei Managern[2].

Als ein Charakteristika von Gründern[3] scheint ein starkes Unabhängigkeits- und Leistungsstreben bei mittlerem Macht-, Gesellschafts- und Risikostreben zu werten sein. Sexton und Bowman[4] zeigen, daß Studenten, die Selbständigkeit favorisieren, sich von anderen Studenten durch eine höhere Autonomie, Dominanz, Veränderungsbereitschaft, Durchhaltevermögen, Energie, Innovation, Risikoneigung und Selbstachtung unterscheiden. Niedrigere Werte weisen sie bezüglich Angstempfinden, kognitiven Strukturen und Konformität auf. Bezogen auf die Leistungsmotivation konnten sie keine Unterschiede finden.

Brockhaus[5] führte eine Untersuchung zur Risikoneigung durch. Mit der CDQ-Skala (Choice Dilemmas Questionaire)[6] maß er die Risikoneigung von Existenzgründern und mußte feststellen, daß diese sich weder signifikant vom Durchschnitt der Bevölkerung noch von Managern unterscheidet. In einem Resümee schwächt er die Ergebnisse dieser Untersuchung jedoch ab, indem er feststellt, daß die als Maßgröße verwendete Skala lediglich eine der Risikoarten, denen ein Existenzgründer ausgesetzt ist, mißt, nämlich die allgemeine Risikoneigung. Unberücksichtigt bleiben hingegen zwei weitere Risikokomponenten, die Brockhaus in der wahrgenommenen Wahrscheinlichkeit, mit einem Unternehmen zu scheitern, und den wahrgenommenen Konsequenzen aus diesem Scheitern sieht.

Vergleiche mit Managern kleinerer Firmen zeigten, daß Gründer eine höhere Leistungsmotivation, Risikoneigung und Toleranz von Ambiguität aufweisen[7]. Be-

---

[1] siehe z.B. Begley, Boyd (1987) / Bellu (1988) / Miner (1990).
[2] Brockhaus, Nord (1979).
[3] McClelland (1965) / Collins, Moore, Unwalla (1964).
[4] Sexton, Bowman (1983), ähnlich Sexton, Bowman (1984).
[5] Brockhaus (1980a).
[6] entwickelt von Kogan, Wallach (1964).
[7] siehe Begley, Boyd (1987).

züglich der internalen Kontrollüberzeugung und der Typ A[1]-Ausprägung wiesen die beiden Gruppen keine Unterschiede auf. Allerdings faßt Borland[2] in einer ähnlichen Vergleichserhebung zusammen, daß sich internale Kontrollüberzeugung als wesentlich besseres Unterscheidungskriterium erweist als Leistungsmotivation.

Ein weiterer Bereich der Forschungen zum Individuum des Existenzgründers liegt in den Erkenntnissen zahlreicher Längsschnittstudien, denn " Another unanswered question regarding characteristics of entrepreneurs is: " Did the entrepreneur possess these characteristics at the initiation of the entrepreneurial activity and, if so, have the magnitudes on the characteristics changed over time?."[3]. Sie zielten darauf, festzustellen, was macht den Existenzgründer aus, was beeinflußt Menschen, sich selbständig zu machen, welche Rolle spielen Kindheit[4], Erziehung, Arbeitslosigkeit, Familie und Herkunft, sowie psychologische Eigenschaften bei diesem Entscheidungsprozeß. Welche dieser Eigenschaften und Vorprägungen haben einen Einfluß auf den Erfolg dieser Gründung oder führen dazu, daß vorzeitig wieder aufgegeben wird. Statistisch konnte so ein signifikanter Zusammenhang zwischen der Ausprägung des Leistungsmotivs und Personen, die eine Unternehmung gegründet haben, nachgewiesen werden[5].

Eine weitere Forschungsrichtung betrifft das Verhältnis zwischen dem Existenzgründer und der Firma, sowie Vorgänge und Probleme der Gründung, also mikroökonomische Überlegungen zur Situation der Firma. Darunter fallen beispielsweise Untersuchungen zur Methode der Gründung, zur Kapitalbeschaffung, zur Produktinnovation und zum Wachstum der Unternehmung. Erfolgversprechende Unternehmensstrategien werden hier ebenso gesucht wie Erklärungen zur optima-

---

[1] bedeutet nach Becher, Frey (1989): ein Pol eines bipolaren Persönlichkeitstypes, der u.a. durch starke Leistungsorientierung, Verausgabung, Ungeduld, Gehetztheit und Zeitdruck beschrieben wird.
[2] Borland (1974).
[3] Sexton, Bowman (1983) S. 219.
[4] Evans, Leighton (1989) / Blanchflower, Oswald (1990).
[5] McClelland (1965): 83% der Personen, die Jahre vorher bereits eine hohe Leistungsmotivation aufgewiesen hatten, sind zu "entrepreneur's" geworden. Hingegen waren unter den als niedriger leistungsmotiviert Eingestuften nur 21% in dieser Funktion zu finden. Daher sah McClelland es als bewiesen an, daß Leistungsmotivation, die Entscheidung, als "entrepreneur" tätig zu sein, beeinflußt. Diesem Ergebnis widerspricht Brockhaus (1982), S. 41 - 43, der aufgrund der recht generellen Auslegung des Begriffes "entrepreneur" (Vertreter, Spendensammler, Berater..) durch McClelland einen kausalen Zusammenhang zwischen dem Eigentum an einem Kleinstunternehmen und einer hohen Leistungsmotivation als nicht ausreichend nachgewiesen ansieht.

- 28 -

len Investitionsplanung. Auf der Suche nach typischen Problemen und Fehlern der Gründungsjahre[1] zeigen die Ergebnisse[2] Schwerpunkte im Bereich der Finanzen, des Absatzes und der Personalführung, dazu kommen eine Reihe persönlicher Probleme, ausgelöst durch Arbeitsbelastung und Ambiguität.

Ein drittes Gebiet der Forschung beschäftigt sich mit der Funktion des Existenzgründers in der Gesellschaft. Bekannte Vertreter dieser Richtung sind Schumpeter und Baumol. Dieser Forschungsbereich umfaßt sowohl makroökonomische Überlegungen zur Rolle des "entrepreneur" in der Gesellschaft als auch zu den Auswirkungen der Gesellschaft auf ihn. Es versucht die Auswirkungen ökonomischer und kultureller Unterschiede auf das Gründungsgeschehen genauso zu beschreiben, wie die Abhängigkeit von sozialen, politischen, ökonomischen und rechtlichen Gegebenheiten nachzuweisen. So stellte Baumol[3] die These auf, daß der Wunsch nach Gewinn unabhängig von Epoche oder Gesellschaftsform die Antriebskraft zur Selbständigmachung ist, die Anzahl von Existenzgründern also sehr elastisch von der Gewinnerwartung abhängig. Gegen diese rein gewinnorientierte Ausrichtung des Existenzgründertums sprechen allerdings Überlegungen McClellands[4], der hauptsächlich das Leistungsmotiv - das Geld dient dabei lediglich als Maßstab für erbrachte Leistungen - als Motivation ansieht. Neuere Ergebnisse[5] weisen auf eine Bestätigung des Einflusses der Inkubatororganisation hin, da die Anzahl der neugegründeten Unternehmen positiv abhängig ist von der Anzahl kleiner Firmen in der Umgebung und dem dadurch hohen Anteil von Personen, die Positionen im Management und technischen Bereichen haben. In negativem Zusammenhang steht, das zeigt die Regressionsanalyse, hingegen die Arbeitslosigkeit.

Weitere Untersuchungen[6] stellen den gesellschaftlichen Beitrag der Unternehmensgründung bezüglich der Schaffung von Arbeitsplätzen, Exportraten, Innovationskraft und Umsatz in den Vordergrund ihrer Ansätze. So entdeckten sie, daß " ... a small percentage of new firms (39%) are providing the majority (60%-80%) of the jobs and sales."[7].

---

[1] z.B.: Mayer, Goldstein (1961) / Hoad, Rosko (1964).
[2] Cromie (1991).
[3] Baumol (1968).
[4] McClelland (1965).
[5] Reynolds (1992) S. 286 - 287.
[6] Birch (1981) / Reynolds (1987) / Acs, Audretsch (1992).
[7] Reynolds (1987) S. 232.

Ein viertes hier ebenfalls zu nennendes Gebiet betrifft angrenzende Forschungsbereiche, so z.b. Erkenntnis über den Einfluß der Erziehung, mögliche Hilfestellungen durch die Wissenschaft und Beratungsleistungen durch staatliche Organisationen sowie den Einfluß des Staates, insbesondere durch öffentliche Fördermittel, auf das Gründungsgeschehen. So wurde in den letzten Jahren der Blick
der amerikanischen Forschung insbesondere auf die Ausbildung, hier beispielsweise dem Einfluß der angebotenen Entrepreneur-Kurse auf die Gründungsaktivität[1], und die Weiterbildungsmöglichkeiten und -bedürfnisse des Existenzgründers gerichtet[2].

Mit der Darstellung dieser Gliederung soll ein kurzer Überblick über den großen
Umfang und die hohe Vielfalt der amerikanischen Forschung gegeben sein. Allerdings findet man selten Untersuchungen, die zwischen den erfolgreichen und
den nicht erfolgreichen Gründungsunternehmern trennen. Es scheint vielmehr eine allgemeine Ausrichtung auf das Phänomen des "entrepreneur" stattzufinden,
die Tendenz, seine Eigenschaften in Beziehung zu setzen zum Durchschnitt aller
Bürger oder auch zu Managern, um so die Unterschiede zu erfassen, um Existenzgründungen begreifbar zu machen.

Das offensichtlich deutlich größere Interesse der Amerikaner an der Gründungsforschung, sichtbar vor allem an der hohen Zahl von Untersuchungen und Veröffentlichungen, läßt sich unseres Erachtens einfach erklären. Wer kennt nicht den
amerikanischen Traum vom Tellerwäscher zum Millionär, der ab und zu nicht nur
geträumt, sondern tatsächlich erlebt wurde. "Entrepreneurship constitutes the
driving force of the American dream."[3] Gerade die amerikanische Gesellschaft
mit ihrem ausgeprägten Streben nach Unabhängigkeit, der starken Betonung der
Eigenverantwortlichkeit und einer Welt, die weitaus weniger Gesetze und Regle-
mentierungen kennt, ist Ausgangspunkt einer Reihe von erfolgreichen Existenzgründungen. Natürlich gibt es auch dort ebenso viele, wenn nicht mehr geschei-
terte Gründungen, doch gerade dieses Phänomen scheint vor allem zu Untersuchungen angeregt zu haben.

---

[1] Brown, Christy, Banowetz (1987).
[2] z.B.: Boberg, Kiecker (1988) / During (1990) / Gasse (1990).
[3] Holt (1992) S. 2 / Reagan (1985): "To be enterprising is not uniquely American, but en-
trepreneurialism seems to be found in the nature of our people more than just about anywhere
else."

3.2 Gründungsforschung in Europa[1]

Die kulturelle Übertragbarkeit der amerikanischen Ergebnisse[2] fällt insbesondere durch eine andere Lebenseinstellung der Amerikaner, die sowohl ihre Ansichten zur Arbeit, Altersversorgung, Finanzen und jede Art von sozialer Sicherheit betrifft, schwer. So scheint es gerade auf dem psychologischen Sektor nur eingeschränkt möglich, dort gewonnene Erkenntnisse, z.B. zur Leistungsmotivation oder zur Risikoneigung, auf die deutschen Gründer zu übertragen. Ausgelöst durch die unterschiedlichen Werte und Normen dieser beiden Gesellschaften kann es durchaus sein, daß Eigenschaften, die sich in der einen Gesellschaft als besonders erfolgsfördernd erweisen, in der anderen Gesellschaft eher erfolgshemmend sind. Weitere Probleme der Übertragbarkeit der Forschungsergebnisse liegen in den oben schon angeführten unterschiedlichen Auslegungen der Begriffe "entrepreneur" und Existenzgründer.

Trotz dieser Bedenken werden weitere wesentliche Ergebnisse der amerikanischen Forschung bezüglich der Beziehung Person und Erfolg im Kapitel 3.4 präsentiert, da im europäischen oder deutschsprachigen Raum nur wenig Erkenntnisse in diesem Bereich vorliegen. Der amerikanischen Gründungsforschung vergleichbare Arbeiten fehlen vor allem auch deshalb, da von einer deutlichen Etablierung der deutschen Gründungsforschung erst seit Anfang der 80'er Jahre gesprochen werden kann[3].

Nach Nathusius[4] gab es zu Beginn des Jahrhunderts erst einige wenige Veröffentlichungen, und auch nach dem 2. Weltkrieg war dieser Bereich nur gelegentlich Gegenstand der Forschung. Bis Mitte der siebziger Jahre existierten lediglich sogenannte "Ratgeber für die Praxis", ergänzt durch einige sozialwissenschaftlich orientierte Studien, die sich beispielsweise mit dem Image des Unternehmers oder der Struktur der Unternehmerschaft auseinandersetzen, und historisch ausgerichtete Werke, die sich mit den Biographien berühmter Unternehmensgründer sowie der Geschichte von bekannten Firmen beschäftigten. Jedoch fehlte es völlig an erkenntnisorientierten Forschungsarbeiten. Von betriebswirtschaftlicher

---

[1] schwerpunktmäßig im deutschsprachigen Raum.
[2] eine der zahlreichen vergleichenden Untersuchungen, hier im Verhältnis zu Norwegen, findet sich bei Hornaday, Knutzen (1986).
[3] Müller-Böling, Klandt (1990) / eine Untersuchung der Forschungsschwerpunkte und -defizite zeigt der Artikel von Müller-Böling, Klandt (1993).
[4] Nathusius (1979) S. 40 - 45.

Seite wurde die Unternehmensgründung lediglich unter der finanzwirtschaftlichen oder juristischen Fragestellung betrachtet. Auf volkswirtschaftlichem Gebiet interessierten bis dahin fast nur regionale Gesichtspunkte der Industrieansiedlung sowie Aspekte der Gründungsfragen im Zusammenhang mit Marktzutrittsbarrieren.

Seit den siebziger Jahren wandte man sich vermehrt der Gründungsforschung zu. Der Grund lag offensichtlich darin, daß die Zahl der Unternehmensgründungen zurückging, die Zahl der Unternehmensschließungen stieg, woraus eine ständig sinkende Selbständigenquote resultierte. Szyperski und Klandt[1] zeigten in einer Untersuchung, daß die Literatur der Gründungsforschung in den Jahren von 1970 - 1980 viele Untersuchungen zu Motiven und Einstellungen[2] sowie zu einigen demographischen Daten der Gründerpersonen enthält. Auch bestimmte Strukturdaten, sowie Probleme von Gründungsunternehmen wurden analysiert. Jedoch handelt es sich ihrer Meinung nach um rein beschreibende Ansätze, da kausale Zusammenhänge kaum analysiert wurden. Weiterhin stellen sie ein fast gänzliches Fehlen von Längsschnittuntersuchungen fest. Dabei führt gerade der typisch dynamische Charakter einer Untersuchung über Existenzgründer zu zahlreichen Problemen und Einschränkungen der Interpretierbarkeit der Daten. Die Querschnittuntersuchung kann immer nur eine Momentaufnahme sein, wichtige dynamische Entwicklungen werden allzu leicht übersehen. Längsschnittuntersuchungen können hingegen die Existenzgründer und die Entwicklung ihrer Unternehmen über die Zeit hinweg besser beobachten, Effekte und vor allem deren Zusammenhänge aufdecken.

Bei einer Durchsicht der Literatur fiel weiterhin auf, daß ein Großteil der Veröffentlichungen zur Gründungsforschung von der sogenannten praktischen Seite, seien es nun Verbände oder Kammern, erstellt und veröffentlicht worden sind. Dieses ist vermutlich darauf zurückzuführen, daß jenen Institutionen aufgrund ihrer Tätigkeiten das Fehlen solcher Daten besonders auffiel und sie, um ihren Aufgaben zum Beispiel in dem Schulungs- und Beratungsbereich gerecht zu werden, selber Untersuchungen durchführten. Diese umfaßten Arbeiten zur Kritik[3] an und zur Würdigung von öffentlichen Gründungsfördermitteln[4], Gründungs-

---

[1] Szyperski, Klandt (1981) S. 158 - 178.
[2] z.B.: Szyperski, Nathusius (1977a).
[3] IHK-Koblenz (1983).
[4] Schiller (1986).

fehler[1], sowie Untersuchungen zu Ursachen des Scheiterns öffentlich geförderter Existenzgründer[2] und zur Entwicklung der Gründungen in den neuen Ländern[3].

Seit 1980 sind jedoch auch von wissenschaftlicher Seite eine Reihe von Untersuchungen veröffentlicht worden[4], die sich größtenteils dem Erkennen von Zusammenhängen widmen. So wandte man sich vermehrt den Fragen der Auswirkungen öffentlicher Förderung[5] auf Realisation und Erfolg einer Existenzgründung zu[6], einer für die Existenzgründungspolitik der Bundesrepublik Deutschland, speziell für die Effizienz von öffentlichen Fördermitteln, sicher entscheidende Frage.

Eine weitere Intensivierung der Gründungsforschung für Westdeutschland findet
man[7] in den folgenden Jahren. Dabei liegt das Hauptaugenmerk auf den Charakteristika und Hemmnissen[8], sowie den Auswirkungen auf sozialen und ökonomischen Wandel durch innovative Gründungsunternehmen. So mehren sich in
jüngster Zeit Arbeiten unter qualitativen Aspekten
[9], die sich mit der Bewältigung von Strukturwandel und der Entlastung des Arbeitsmarktes durch Gründungen beschäftigen.

Betrachtet man die Veröffentlichungen, läßt sich zwar kein einheitlicher For-
schungsrahmen feststellen, aber die Untersuchungen lassen sich in drei Forschungsrichtungen einordnen[10]:

- Erkenntnisse zur Person des Existenzgründers,
- Charakteristika des Gründungsunternehmens und
- Existenzgründungen als Aspekt der Umwelt.

Zunächst werden, ähnlich wie in Amerika, Erkenntnisse zur Person der Unter-

---

[1] Scheickhardt (1987).
[2] Deutsche Ausgleichsbank (1987).
[3] Deutsche Ausgleichsbank (1991, 1992).
[4] zum Interesse der Wissenschaft an der Gründungsforschung, siehe Klandt, Münch (1990).
[5] Szyperski (1979).
[6] z.B. May (1981) / Hunsdieck, May-Strobl (1986) / Braun (1989).
[7] Klandt (1987) S. 26.
[8] z.B.: Hunsdiek (1987).
[9] Aussage: Albach, Hunsdiek (1987).
[10] Hunsdiek, May-Strobl (1986) S. 3.

nehmensgründers gesammelt. So betrachtet man Demographica[1], Motivation, Aspekte der Ausbildung und Persönlichkeitsmerkmale als Determinante der Gründungsaktivität[2], sowie in wenigen Fällen als Einflußfaktor des Gründungserfolges.

Über den Einfluß der Person des Existenzgründers auf den Erfolg seiner Selbständigmachung veröffentlichte Klandt[3] eine der wenigen Längsschnittuntersuchungen, in der er den Zusammenhang zwischen der Ausprägung von bestimmten Motiven, Einstellungen und der gegebenen persönlichen Gründungssituation und der Verwirklichung der Gründungsidee, sowie einem Gründungserfolg untersuchte. Er konnte einen statistischen Zusammenhang zwischen dem Motiv der Leistung und dem Willen zur Existenzgründung nachweisen[4]. Ergebnisse der von ihm gerechneten Regressionsanalyse zur Gründungsaktivität deuten auf einen hohen Einfluß situativer Faktoren[5]. Einen ähnlichen Ansatz, also die Gründerperson und ihr mikrosoziales Umfeld als Erfolgsindikatoren zu betrachten, verwenden drei weitere Untersuchungen[6], die jedoch keine Längsschnittstudien darstellen, sondern zeitpunktbezogene Vergleiche zwischen erfolgreichen und nicht so erfolgreichen bzw. bereits ausgeschiedenen Gründern enthalten[7].

Weitere interessante Ansätze finden sich auf dem Gebiet der Psychologie. Brandstätter verglich in der später noch zitierten Erhebung[8] hinsichtlich ihrer Persönlichkeit[9] potentielle Gründer mit den Gründern, die ihr Unternehmen selber aufgebaut oder es von den Eltern, Verwandten oder durch Heirat übernommen haben[10]. In 130 tiefenpsychologisch orientierten Interviews erfaßte Goebel[11] typische "lebensgeschichtliche, berufliche und unternehmerische Entwicklun-

---

[1] Szyperski, Klandt, Nathusius (1979).
[2] Szyperski, Klandt, Nathusius (1979) untersuchen potentielle und tatsächliche Unternehmensgründer auf ihre Motive und Vorbehalte gegenüber der selbständigen unternehmerischen Tätigkeit. Dabei zeigen die Ergebnisse ein ausgeprägtes Streben nach eigenständiger beruflicher Entfaltung, Durchsetzung eigener Ideen und wirtschaftlicher Unabhängigkeit. Assig, Gather, Hübner (1985) stellten in einer Befragung weiblicher Existenzgründerinnen eine ähnliche Motivlage fest. Ein Untersuchung in Österreich zeigt, daß 2/3 aller Gründer vor allem mehr Unabhängigkeit anstreben (Kailer 1986).
[3] Klandt (1984a).
[4] weitere Ergebnisse siehe Kapitel 3.4.
[5] Klandt (1984) S. 346.
[6] siehe Plaschka (1986) / Barth (1988) / Kuipers (1990).
[7] Ergebnisse der Studie siehe Kapitel 3.4.
[8] siehe Kapitel 3.4
[9] in diesem Fall über die Sekundärfaktoren von Cattell und das Attributionsverhalten.
[10] Brandstätter (1992).
[11] Untersuchung Goebel (1990).

- 34 -

gen", sowie die die aktuelle Persönlichkeit ausmachenden Erlebens- und Verhaltensweisen eines Menschen[1], um den Entwicklungsprozeß der unternehmerischen Kreativität und dessen erfolgreiche Umsetzung zu klären. Als wesentliche Merkmale eines kreativen Gründers hält er vier Aspekte fest:

"1. Drang nach Erfahrung, Entfaltung und Gestaltung verbunden mit
   Hingabe
2. Sinnierkraft, Lust darauf, Probleme zu studieren und zu lösen
3. Berufliche Qualifikation, Lust auf Leistung
4. Archaisches Unabhängigkeitsstreben verbunden mit Stolz, Geltung
   und Ehrgeiz"[2].

Weiter untersuchte eine Studie aus München[3] die Ausgangspositionen aller Gewerbeanmeldungen eines bestimmten Zeitpunktes. Als Erfolgskriterium wurde dabei das Überleben des Unternehmens bis zum Erhebungszeitpunkt verwendet, als Einflußfaktoren dieses Prozesses das Humankapital des Gründers und die Unternehmensgröße, die die Prädiktoren der Lebensdauer der neugegründeten Unternehmen[4] darstellen sollten.

Damit ist ein Aspekt der letztgenannten Studie bereits in einem anderen Forschungsgebiet der Gründungsforschung angesiedelt. Dieses behandelt das Gründungsunternehmen und seine Spezifika[5], wobei dieses sowohl spezifische Gründungsprobleme[6], Planungshilfen für die Gründung[7], wie auch die Aufdeckung von Hemmnissen und Hilfen für Neugründungen[8] beinhaltet.

Ein letzter Aspekt der Forschung beschäftigt sich mit der Unternehmensgründung im gesamtwirtschaftlichen und gesellschaftspolitischen Kontext. Dazu gehören die Rolle und die Bedeutung von neugegründeten Unternehmen für die Entwicklung der sozialen Marktwirtschaft[9] und der Volkswirtschaft[10], sowie die Auswirkungen und möglichen Beeinflussungen der Umgebung auf die Grün-

---

[1] Goebel (1990) S. 29.
[2] Goebel (1990) S. 200.
[3] u.a. Preisendörfer, Schüssler, Ziegler (1989).
[4] Brüderl, Preisendörfer, Baumann (1991).
[5] Einfluß der Gründungskonzeption auf den Erfolg in einer Längsschnittuntersuchung bei Hunsdiek, May-Strobl (1986).
[6] Kamp et al. (1978) / Szyperski (1980) / Albach (1984) / Kailer (1986).
[7] z.B.: Müller-Böling, Graf (1988) / Jungbauer-Gans, Preisendörfer (1991).
[8] Meyerhöfer (1982) / Hunsdiek (1987) / May (1981).
[9] Albach, Hunsdiek (1987).
[10] Schatz (1984) / Bögenhold, Staber (1990).

dung[1]. Auch das Bild vom selbständigen Unternehmer in der Öffentlichkeit[2] wurde analysiert. In den letzten Jahren erfolgte vor allem unter dem qualitativen Aspekt ein Blick auf die Beschäftigungswirkungen[3] und innovative Kraft[4] von Neugründungen. Auch der Einfluß der Umwelt auf High-Tech-Unternehmungs-gründungen[5] wurde betrachtet.

Aus amerikanischer Sicht identifiziert Brockhaus[6] sieben Gebiete der deutschen Gründungsforschung, wobei er neben dem Aspekt der Schaffung von Arbeits-plätzen, der gesamtwirtschaftlichen Bedeutung, den Faktoren der Gründung, ei-nem technologischen Ansatz, Überlegungen zum Überleben und Wachstum, sowie den Aktivitäten des Staates auf diesem Gebiet auch die Untersuchungen der Gründungen in den neuen Bundesländern als einen wesentlichen Bereich an-sieht.

3.3 Beurteilung der Forschung

Zusammenfassend kann man sagen, daß das Spektrum der möglichen und der tatsächlich postulierten Determinanten der Überlebenschancen geradezu uner-schöpflich ist[7]. Allein bezogen auf die Gründerperson ergibt sich eine Palette von Variationen von elementaren soziodemographischen Merkmalen über zahlrei-che Qualifikationen bis zu Persönlichkeitseigenschaften hin. Dieses liegt unter anderem darin begründet, daß die Forschung weitgehend theorielos betrieben wird, es also keine umfassende Theorie der Existenzgründung gibt. In letzter Zeit finden sich Ansätze, Untersuchungen an die Theorie über den Transaktionsko-stenansatz[8] oder auch an soziale Netzwerke[9] anzulehnen. Weiterhin wendet man die Humankapitaltheorie[10] an.

So gibt es eine Reihe größerer und vieler kleinerer Forschungsprojekte auf die-sem Gebiet, die unterschiedliche Maße an Kreativität aufweisen. Diese beziehen

---

[1] Einfluß der Region auf die Gründung bei Pistor (1989).
[2] Albach (1979).
[3] siehe beispielsweise Hunsdiek (1985) / Weitzel (1986).
[4] Schatz (1984).
[5] Pistor (1989).
[6] Brockhaus (1992) S. 563 - 567.
[7] Brüderl, Preisendörfer, Baumann (1990).
[8] Hunsdiek (1987) / Picot, Laub, Schneider (1989).
[9] Aldrich, Zimmer (1986) / Aldrich, Rosen, Woodward (1987) / Bögenhold (1989).
[10] Preisendörfer, Voss (1990).

sich dabei sowohl auf die Art der Fragestellung, angewandte Meßinstrumente, Stichproben und methodische Ansätze. Das führt dazu, daß die Vergleichbarkeit und Integrierbarkeit einzelner Arbeiten verhindert wird[1]. Eine Erklärung dieser hohen Kreativität liegt sicherlich darin, daß relevante Einflußfaktoren auf die Gründungsforschung aus unterschiedlichen Richtungen kommen. So liefern Wirtschaftswissenschaft, Justiz, Psychologie, Soziologie, Sozialpsychologie und Naturwissenschaft[2] verschiedene Ansätze. Ein Vorschlag zur Strukturierung findet sich bei Klandt[3].

Trotz zahlreicher Forschungen gibt es kaum Ergebnisse über die Lebensdauer neugegründeter Betriebe, da weitere Forschungsdefizite[4] die Gründungsforschung auszeichnen. Die vorhandenen Ergebnisse sind unter anderem nicht selten fragwürdig aufgrund einer verzerrten Datenbasis, da die Stichproben in vielen Querschnittsuntersuchungen unter einem Survivor-Effekt leiden[5], der dadurch zustande kommt, daß die noch bestehenden Betriebe überrepräsentiert sind, was zu einem zu positiven Bild der Erfolgs- und Überlebenschancen führt.

Es werden inadäquate statistische Designs kritisiert[6], die in methodischer Hinsicht oft als defizitär zu betrachten sind. Es finden sich in den Auswertungen vor allem einfache Grundauszählung, bivariate Analysen, Kreuztabulierungen und T-Test. Das Datenmaterial wurde oft nicht ausgeschöpft, notwendig wären in vielen Fällen multivariate Analysetechniken[7] gewesen. Zu den wenigen multivariaten Ansätzen in der Gründungsforschung stellt Klandt fest, daß "... eine Vergleichbarkeit der Untersuchungen (ist) aufgrund der sehr unterschiedlichen Ansätze zur Konzipierung der Abhängigen nicht gegeben..." ist. "Schließlich ist auch im Hinblick auf die Auswahl der Prediktorvariablen nur wenig an Gemeinsamkeiten festzustellen."[8]

Auf die deutsche Forschung bezogen, zeigt sich eine Konzentration vor allem auf die Gründungsaktivität, weniger werden Zusammenhänge zum Erfolg betrachtet.

---

[1] Müller-Böling, Klandt (1990) S. 144.
[2] Klandt (1984b) S. 42.
[3] Klandt (1984b) S. 46ff.
[4] nach Preisendörfer, Schüssler, Ziegler (1989).
[5] z.B.: May (1981) / Weitzel (1986) / Picot et al. (1989).
[6] Preisendörfer, Schüssler, Ziegler (1989).
[7] Ausnahmen: Klandt (1984a) / Barkham (1990) / Cooper et al. (1989) / Brüderl, Preisendörfer, Baumann (1991).
[8] Klandt (1984a) S. 343 - 344.

Die Ergebnisse seien mehr deskriptiv und weniger kausal, sie beruhen mehr auf Befragungen als Beobachtungen und weisen keine Experimente auf. Die Sample sind oft nicht zufällig[1], es gibt wenig Längsschnittuntersuchungen und nur wenig standardisierte Tests[2].

Auch die Messung des Gründungserfolges erweist sich als sehr uneinheitlich. Teilweise erfolgen Gegenüberstellungen weniger Erfolgreicher mit Erfolgreichen unter dem Aspekt eines bestimmten Erfolgsmaßes[3], an anderen Stellen werden bereits eingestellte Gründungsvorhaben als Vergleich herangezogen[4].

Um zu einer unverzerrten Datenbasis zu gelangen, werden Untersuchungsdesigns mit Längsschnittcharakter gefordert, wobei sämtliche Neugründungen in einem bestimmtem Zeitraum erfaßt und über eine gewisse Zeit hinweg verfolgt werden müssen. Dabei stellen sich nach Sexton[5] folgende Hauptfragen zur Messung:

1. Welche psychologischen Faktoren können den Erfolg trennen?

2. Wann werden sie sichtbar, vor oder nach der Gründung?

3. Wie verläuft die Entwicklung dieser Ausprägungen?

4. Wie sind diese psychologischen Faktoren meßbar?

5. Sind sie als Indikatoren des Gründungserfolges brauchbar?

---

[1] dazu auch Müller-Böling, Klandt (1993) S. 172.
[2] siehe dazu Brockhaus (1992) S. 566 - 567.
[3] z.B.: Klandt (1984).
[4] siehe z.B. Kuipers (1990).
[5] Sexton (1982) S. 387 - 388.

3.4 Ergebnisse zur Gründerperson

Es existieren viele Untersuchungen[1] zur Person und Psychologie des Existenzgründers[2], mit denen versucht wird, Unterscheidungskriterien zur Durchschnittsbevölkerung festzustellen. Diese sind jedoch größtenteils deskriptiv und
zeigen kaum Zusammenhänge zum Gründungserfolg.

Weniger Aufmerksamkeit, so stellt Sandberg[3] zusammenfassend fest, wird der
Frage gewidmet, welche Effekte diese oder andere Eigenschaften auf den Erfolg
oder Mißerfolg einer Gründung aufweisen. Hierbei spielt der Zeitpunkt der Messung eine große Rolle, da oft Erhebungen erst erfolgen, wenn Erfolg oder Mißerfolg bereits feststeht oder sich dieser zumindest andeutet. So können einige der
erhobenen Prädiktorvariablen, die im Zeitverlauf als nicht stabil betrachtet werden können und die vor allem Einschätzungen und Einstellungen wiedergeben,
im Gegensatz zu Alter, Schulausbildung und Herkunftsfamilie nicht ohne weiteres in Querschnittsuntersuchungen verwendet werden. Denn dabei dürften Ver-
zerrungsleistung und Motive des Verdrängens eine nachweisbare Rolle spielen.

Im folgenden Kapitel sollen einige[4] der für diesen Bereich (siehe Abb. 8) wesentlichen internationalen Ergebnisse dargestellt werden, die die Beziehung zwischen der Person des Gründers und dem Erfolg einer Existenzgründung betrachten. Dabei geht es zunächst um den Einfluß soziodemographischer Daten, daran
schließen sich Ergebnisse zum Einfluß des Mikro-Umfeldes an, sowie Resultate
zur Bedeutung von Erziehung, Erfahrung und Beratung. Anschließend werden Erkenntnisse zu Motiven und Motivstrukturen behandelt. Am Schluß werden Veröffentlichungen zu Persönlichkeitseigenschaften und sozialpsychologischen Ausprägungen hinsichtlich ihrer Wirkung auf den Erfolg vorgestellt, bevor Überlegungen zur Erklärung der unterschiedlichen Ergebnisstrukturen angestellt werden.

---

[1] Übersicht auch bei Cooper, Gascón (1992) / Müller-Böling, Klandt (1993) finden in einer
Untersuchung deutschsprachiger Literatur, daß sich rund 20% der betrachteten als betriebswirtschaftlich wesentlich eingestuften Erhebungen mit der Person der Gründers und seinem
Umfeld beschäftigen. Dabei betrachten 51% der Studien den Bereich der Personenmerkmale.
[2] siehe Kapitel 3.1 und 3.2.
[3] Sandberg (1986) S. 40.
[4] eine vollständige Auflistung wird nicht angestrebt.

Abb. 8[1]: Übersicht über Forschungsansätze

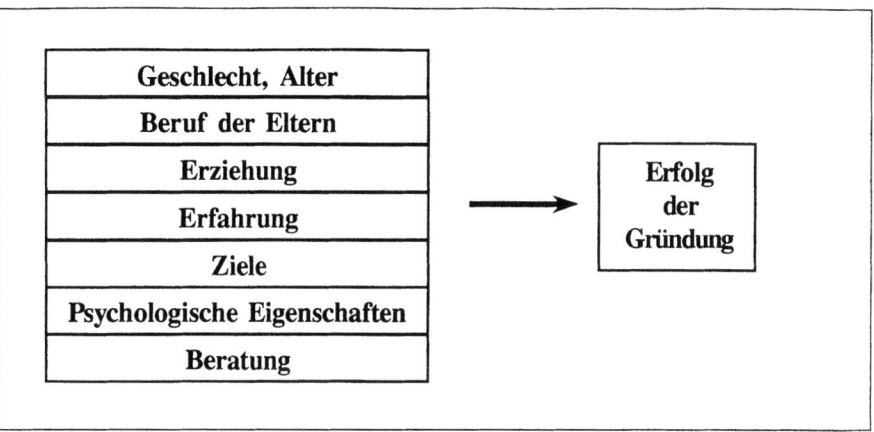

Da **Alter** und Geschlecht als Standardfrage fast in jeder Erhebung enthalten sind, liegen im soziodemographischen Bereich zahlreiche Untersuchungen vor. Außerdem sind diese Daten auch in den Gewerbeanmeldungen angegeben, so daß auf diese Art und Weise ein größeres Datenmaterial bereits existiert. Trotzdem zeigt sich kaum ein einheitliches Bild über die Bedeutung dieser Einflußgrößen.

Das Alter des Gründers scheint nach vorliegenden Untersuchungen kein zuverlässiger Erfolgsindikator zu sein. Hinter diesem Aspekt stehen zwei gegensätzliche Überlegungen. Die eine Seite argumentiert, daß die größere Energie und Kraft der Jugend zu einem höheren Erfolg führen müßte[2]. Andere Ansätze fassen das Alter als Synonym für Erfahrung und menschliche Reife auf, so daß positive Zusammenhänge postuliert und teilweise auch nachgewiesen werden. Die Ergebnisse sind genauso uneinheitlich, weisen nach, daß keine Beziehung zum Erfolg besteht[3], während andere hier signifikante Beziehungen vorfinden. So verweisen Mayer und Goldstein auf eine inverse Beziehung[4], Kuipers findet eine Tendenz, die besagt, daß erfolgreiche Gründer eher jünger sind als ihre erfolglosen Kollegen[5]. Preisendörfer et al. entwickeln ein konkaves Alter-Überle-

---

[1] Unterteilung ähnlich bei Cooper, Gascón (1992) S. 326.
[2] so Ergebnisse Sexton, Van Auken (1982).
[3] Hoad, Rosko (1964) / Klandt (1984) / Plaschka (1986) / Barkham (1989) / Picot, Laub, Schneider (1989) Koller (1989) / Turok (1991).
[4] Mayer, Goldstein (1961) S. 100ff. .
[5] Kuipers (1990)/ auch Ergebnis bei Brockhaus (1980b) / Williams (1979).

benszeitmodell, d.h. "die durchschnittlichen Überlebenszeiten der Betriebe stei-
gen mit zunehmendem Gründeralter zunächst stark an, der Anstieg flacht sich
dann ab, und zum Schluß liegen die Überlebenszeiten sogar wieder etwas niedriger."[1].

Das **Geschlecht** des Gründers, so zeigen eigentlich alle vorliegenden Ergebnisse,
weist keinen Zusammenhang zum Erfolg auf[2]. Auch der amilienstand und die
Anzahl der Kinder zeigen keine Beziehung zum Gründungserfolg und scheinen
daher als Prädiktor nicht geeignet[3]. Ergebnisse bezogen auf die Herkunftsfamilie, die in diesem Bereich vorliegen, weisen vor allem auf einen hohen Zusammenhang zwischen Selbständigkeit der Eltern und der Tatsache der
Unternehmensgründung hin[4]. Einen Lerneffekt durch den engen Kontakt auf
den Erfolg des Vorhabens scheint sich jedoch nicht ohne weiteres bestätigen zu
lassen[5], wenn auch positive Effekte[6] bestehen, denn Klandt kann in seiner
Längsschnittuntersuchung zwischen der Existenz eines selbständigen Vaters und
der Umsatzentwicklung einen negativen Zusammenhang nachweisen[7].

Bezüglich der Wirkung der **schulischen Erziehung** des Gründers auf den Gründungserfolg wird allgemein ein positiver Zusammenhang erwartet, dasselbe gilt
für den Einfluß der Berufs- und Branchenerfahrung. Ergebnisse im Bereich der
schulischen Bildung bestätigen diese Überlegungen jedoch nicht, denn die Veröffentlichungen zum Einfluß der schulischen Ausbildung erweisen sich alles andere
als einheitlich. Zahlreiche Ergebnisse zeigen, daß es keine signifikanten Beziehungen zum Gründungserfolg gibt[8], jedoch existieren auch Untersuchungen,
die einen positiven Zusammenhang[9] zwischen Grad der schulischen Ausbildung
und dem Erfolg nachweisen, wie auch solche, die diese Beziehung eher negativ[10] sehen, und in denen letztlich als Resümee festgestellt wird, daß " eine

---

1) Preisendörfer, Schüssler, Ziegler (1989) S. 245.
2) siehe u.a. Mayer, Goldstein (1961) / Klandt (1984a) / Plaschka (1986) / Ausnahme findet
sich bei der Untersuchung von Cooper, Dunkelberg, Woo (1988).
3) Kuipers (1990).
4) z.B. Klandt (1984a) / Plaschka (1986).
5) Plaschka (1986)/ Kuipers (1990).
6) Cooper, Woo, Dunkelberg, Crosbie (1989).
7) Klandt (1984a).
8) siehe Douglass (1976) / Plaschka (1986) / Picot, Laub, Schneider (1989) / Barkham
(1989) / Stuart, Abetti (1990) / Turok (1991).
9) Mayer, Goldstein (1961) / Hoad, Rosko (1964) / Sexton, Van Auken (1982) / Bates
(1989) / Cooper, Woo, Dunkelberg, Crosbie (1989) / Brüderl, Preisendörfer, Baumann (1991).
10)Klandt (1984a).

'höhere' schulische Ausbildung ... den Erfolg der Gründungsunternehmung nicht."[1] bestimmt.

Bei der Bedeutung der beruflichen Ausbildung, der **Branchen- und Berufserfahrung**, sowie schon vorhandenen Kenntnissen im Managementbereich gestalten sich die Ergebnisse etwas einheitlicher. Soweit signifikante Beziehungen zum Erfolg nachgewiesen werden konnten, erwiesen sie sich als positiv; so steht also die Managementerfahrung[2], die Berufserfahrung[3], die Branchenerfahrung[4] oder die Tätigkeit des Gründers vor seiner Selbständigkeit[5], sowie eine frühere Selbständigkeit[6] in positiver Relation zum Erfolg. Eine Reihe von Untersuchungen konnten hingegen keine Beziehung vom Erfolg zur Berufsausbildung[7], zur beruflichen Stellung vor der Gründung[8] oder zur Berufserfahrung[9] nachweisen. Auch hier liegt sicherlich eine Erklärung der facettenreichen Ergebnisse darin, daß die betrachteten Gründungsvorhaben sehr unterschiedlich sind, also entsprechende Ausbildungen und Erfahrungen nicht gleich wichtig für einen erfolgreichen Start sind. So erscheint die Eröffnung eines Sonnenstudios erheblich weniger Voraussetzungen zu benötigen, als die Gründung einer innovativen Produktionsfirma. Weiterhin spielen zur Erklärung der uneinheitlichen Resultate auch die Frage der unterschiedlichen Ansätze, die zur Messung von Ausbildung und Erfahrung in Beruf und Branche gewählt wurden, eine nicht zu übersehende Rolle.

Betrachtet man den Einfluß der **Gründungsmotive** auf den Erfolg, zeigen sich wiederum differenzierte Ergebnisse. Klandt kann in seiner Längsschnittuntersuchung zeigen, daß konkrete Gründungsmotive in hoher Zahl signifikante Beziehungen zum Erfolg[10] aufweisen, auf Einzelergebnisse wird später[11] noch Bezug genommen. Auch Plaschka sieht Unterschiede, da er eine vorwiegend durch extrinsische Faktoren bestimmte Motivstruktur bei nicht erfolgreichen Gründern

---

[1] Kuipers (1990) S. 183.
[2] Hoad, Rosko (1964) / Stuart, Abetti (1990) / Duschesneau, Gartner (1990).
[3] Sexton, Van Auken (1982) / Brüderl, Preisendörfer, Baumann (1991) / Anzahl früherer Jobs bei: Cooper, Woo, Dunkelberg, Crosbie (1989).
[4] Klandt (1984) / Brüderl, Preisendörfer, Baumann (1991).
[5] Barkham (1990).
[6] Starr, Bygrave (1992).
[7] Plaschka (1986) / Picot, Laub, Schneider (1989) / Kuipers (1991).
[8] Plaschka (1986) / Kuipers (1991) / Turok (1991).
[9] Plaschka (1986) / Picot, Laub, Schneider (1989) / Kuipers (1990) / Turok (1991).
[10] Klandt (1984a) S. 120 - 183.
[11] siehe Kapitel 8.4.1.1.

ausmachen kann[1]. Ähnliche Ergebnisse finden sich in anderen Untersuchungen, die einen negativen Zusammenhang zwischen dem Geldmotiv und dem Erfolg, sowie positive Effekte zu dem Motiv der finanziellen Unabhängigkeit und der Selbstbestätigung[2] nachweisen können. Andere Untersuchungen, allerdings durchgehend Querschnittserhebungen, zeigen keine signifikanten[3] Beziehungen. Kuipers hält aufgrund der nur geringfügigen Unterschiede zwischen erfolgreichen und nicht erfolgreichen Gründern die Gründungsmotive zur Bestimmung des Erfolges für eher ungeeignet[4]. Auch eine Längsschnitterhebung bei innovativen Gründern konnte keinen Zusammenhang zwischen Unternehmenserfolg und den Zielen der Gründung feststellen[5].

Bezogen auf die **psychologischen Charakteristika** erfolgreicher, weniger erfolgreicher und erfolgloser Gründer liegen eine Reihe von Resultaten vor, die jedoch ein stark uneinheitliches Bild[6] aufweisen. Als typische Einflußfaktoren einer Existenzgründung wurden hier vor allem das Ausmaß der Leistungsmotivation, der internalen Kontrollüberzeugung, sowie der Risikoneigung in ihrer Beziehung zum Erfolg untersucht. Weiter liegen Ergebnisse zur sozialen Unterstützung und einigen anderen psychologischen Ausprägungen vor. Auch die Resultate zweier Erhebungen zu Persönlichkeitsfaktoren sollen im folgenden kurz dargestellt werden.

Mit dem Konstrukt der Leistungsmotivation sind eine Reihe von Untersuchungen durchgeführt worden, u.a. mit dem Ziel, die Diskrepanz zu der durchschnittlichen Bevölkerung nachzuweisen[7]. Klare Tendenzen in ihrer Beziehung zum Erfolg sind nicht erkennbar, da veröffentlichte Ergebnisse sowohl positive Zusammenhänge[8] zeigen, sowie nicht signifikante Ergebnisse[9] aufweisen.

Eng in Verbindung mit der Leistungsmotivation steht die internale Kontrollüberzeugung. Ihre Bedeutung im Hinblick auf den Erfolg einer Gründung konnte nicht

---

[1] Plaschka (1986) S. 147.
[2] Sexton, Van Auken (1982).
[3] Stuart, Abetti (1988) /Turok (1991).
[4] Kuipers (1990) S. 176f.
[5] Picot, Laub, Schneider (1989).
[6] so stellen Lorrain, Dussault (1988), S. 160 abschließend fest: " ... the personal attributes of entrepreneurs may be in relation with business creation, but not with their future success in the first years of business."
[7] nur Realisation der Gründung: Klandt (1984).
[8] Smith, Miner (1983) / Klandt (1984) / Frank, Mugler, Roessel (1991).
[9] Schrage (1965) / Begley, Boyd (1987).

klar nachgewiesen werden. Es überwiegt aber die Tendenz einer positiven Bezie-hung[1], die unter anderem auch in einer Längsschnittuntersuchung nachgewie-sen wurde[2]. Aber es liegen auch signifikante Befunde vor, die allerdings, in Querschnittsuntersuchungen festgestellt, einen negativen Zusammenhang her-stellen[3].

Zwischen Risikoübernahme und Gründungserfolg ließen sich negative als auch positive Effekte nachweisen, in der an dieser Stelle zitierten Untersuchung u. a. abhängig davon, welcher Maßstab des Erfolges gewählt wurde. So zeigt sich zu der Größe des Unternehmens ein positver Zusammenhang, während die Liquidi-tät eine negative signifikante Korrelation aufweist[4]. Viele Untersuchungen konn-ten hingegen gar keine Beziehungen[5] zeigen, auch die Toleranz von mbiguität[6] zeigt keine nachweisbaren Effekte. Allerdings konnten Duschesneau und Gartner in ihrer Untersuchung feststellen, daß der Wille und die Anstrengung, das Risiko zu minimieren, bei erfolgreichen Gründern höher war als bei nicht erfolg-reichen[7]. Da es sich dabei wiederum um eine Querschnittsanalyse handelt, sind aber Effekte der Verzerrung und der Dissonanzreduktion nicht auszuschließen.

Der Einfluß des Ehe- oder Lebenspartners auf die Realisation der Gründung ist unumstritten. Die Verbindung des Gründungserfolges mit dem Ausmaß der so-zialen Unterstützung erweist sich faktisch eher ungeklärt[8], so die einzige Längs-schnittanalyse. Jedoch weisen Querschnittsuntersuchungen auf einen möglichen positiven Effekt zum Erfolg hin[9]. Doch auch hier ist die Möglichkeit einer ver-zerrten Wahrnehmung gegeben, denn ist erst einmal jemand erfolgreich, geht sein Blick quasi durch eine rosarote Brille in die Vergangenheit. Er könnte das Ausmaß der ihm zuteil gewordenen Unterstützung im nachhinein überschätzt ha-ben.

---

[1] Begley, Boad (1987) bezogen auf die Unternehmensgröße als Erfolgsmaßstab / Barth (1988).
[2] Brockhaus (1980b) .
[3] Begley, Boyd (1987) für Liquidität/ Duschesneau, Gartner (1990).
[4] Begley, Boyd (1987).
[5] Brockhaus (1980b) / Smith, Miner (1983) / Klandt (1984a).
[6] Begley, Boyd (1987).
[7] Duschesneau, Gartner (1990) / ebenso für Risikovermeidung als Aspekte der Leistungsmo-tivation bei Smith, Miner (1983).
[8] Klandt (1984a) S. 311f.
[9] für Familienunterstützung: Sexton, Van Auken (1982) / Plaschka (1986) S. 152f. / Barth (1988).

Tab. 1: Übersicht von Untersuchungen in den USA über Zusammenhänge zwischen Person des Gründers und dem Erfolg

Untersuchung	Sample	Anzahl	Methode	Erfolgsmessung	Unabhängige Variablen[1]
Mayer, Goldstein (1961)	Gründer	n = 81	Längsschnitt[2]	Überleben	Alter invers Erziehung positiv
Hoad, Rosko (1964)	Gründer	n = 95	Längsschnitt[3]	Überleben Gewinn	Erziehung positiv Managementerfahrung positiv
Schrage (1965)	R & D-Entrepreneurs	n = 22	Querschnitt	Umsatzrendite	Leistungsmotivation positiv Selbstbewußtsein positiv Machtmotivation negativ
Wainer, Rubin (1969)	Technische Gründer	n = 51	Querschnitt	Umsatzwachstum	Leistungsmotivation positiv Machtstreben mittleres
Hornaday, Bunker (1970)[4]	Gründer	n = 20	explorativ	Überleben bestimmte Be-triebsgröße	Leistungsmotivation positiv Kreativität positiv Energie positiv Intelligenz positiv Initiative positiv Selbständigkeit positiv
Williams (1975)[5]	250 Klein-betriebe	n = 50	Querschnitt	Bestandsjahre Umsatzwachstum Mitarbeiter Nettogewinne	Alter negativ Ausbildung positiv Berufserfahrung positiv Führungserfahrung positiv Vorbereitung positiv Leistungsmotivation positiv

1) statistisch nachgewiesene Zusammenhänge.
2) nicht statistisch getestet.
3) ohne statistische Absicherung.
4) nicht statistisch abgesichert.
5) Untersuchung in Australien.

		n			
Douglass (1976)	Gründungen als 3 Jahre	n = 153	Querschnitt	Umsatzwachstum	Keine signifikanten Beziehungen
Brockhaus (1980b)	Gründer	n = 31	Längsschnitt	Überleben	Alter negativ / Interne Kontrolle positiv
Sexton, Van Auken (1982)	Gründer	n = je 40 erfolg-reiche und nicht erfolg-reiche	Querschnitt	Überleben	Alter negativ / Erziehung positiv / Berufliche Erfahrung pos. / Familienunterstützung pos. / Motive: / Geld negativ / Fin. Unabhängigkeit pos. / Selbstbestätigung positiv
Smith, Miner (1983)	Existenz-gründer	n = 51	Querschnitt	Mitarbeiter-wachstum	Eigenverantwortung positiv / Risikovermeidung positiv / Ergebnisrückmeldung positiv / Innovationsbereitschaft pos[1] / Zukunftsorientierung pos.
Begley, Boyd (1987)	Gründer und Manager	n = 147	Querschnitt	Liquidität / Größe	Interne Kontrolle negativ / Risikoübernahme negativ / Interne Kontrolle positiv / Risikoübernahme positiv
Cooper, Dunkelberg, Woo (1988)	Existenz-gründer	n = 2994	Längsschnitt	Überleben	Alter positiv / Erziehung positiv / Anzahl früher Jobs negativ / Minorität negativ

1) als Einzelaspekte des Konzept der Leistungsmotivation nach McClelland.

Bates (1989)	Gründer aus n = 1063 Minderheiten	Querschnitt	Gewinn	Bildung positiv Umsatz
Cooper, Woo, Dunkelberg, Crosbie (1989)	Existenz- n = gründer existierende 1017 eingestellte 282	Längsschnitt	Mitarbeiter- Umsatzwachstum	Selbständige Eltern positiv Erziehung positiv Anzahl früherer Jobs neg. Minorität negativ Planung positiv
Stuart, Abetti (1990)	innova- n = 52 tive Gründer	Querschnitt	Kennzahl aus Gewinn, Produktivität, Wachstum	Erfahrung positiv
Duschesneau, Gartner (1990)	Existenz-[1] n=je 26 gründer erfolgreiche/ nicht erfolg-reiche[2]	Querschnitt	Überleben, Gewinne	Selbständige Eltern positiv Berufliche Erfahrung pos. Interne Kontrolle negativ Risikoreduktion positiv Plan positiv Planungszeit positiv Marktforschung positiv Beratung positiv
Frank, Mugler, Roessel (1991)	Existenz- n = 131 gründer	Querschnitt	Wachstums- orientierung	Leistungsmotivation positiv

'positiv' signifikanter positiver Zusammenhang 'negativ' signifikanter negativer Zusammenhang

1) Gründung ist jünger als 7 Jahre.
2) teilweise bereits eingestellt.

Die stark unterschiedlichen Forschungsansätze weisen weiterhin in Querschnittsuntersuchungen nach, daß eine positive Beziehung zwischen Erfolg und Flexibilität, sowie Kreativität, sozialer Kompetenz, einer optimistischen Lebensauffassung, der Fähigkeit zur schnellen Anpassung[1] besteht. Bei erfolgreichen Tank-
stellenpächtern fand man einen negativen Zusammenhang zum Sicherheitsden-
ken und zum Lebensstil[2]. Zwischen den Gründern schnell und langsam wach-
sender Firmen zeigten sich signifikante Differenzen zwischen der Höhe der Zu-
kunftsorientierung und dem Ausmaß der Informationssammlung[3].

Zur Standardisierung der Messung des Einflusses der Persönlichkeit des Gründers auf den Gründungserfolg wurde bisher vor allem der 16 PF von Cattell[4]
verwandt. Leider gibt es nur zwei uns bekannte Untersuchungen, die diesen
Test benutzt und den Erfolg der Gründung als abhängige Variable verwendet haben. Es wurden einige Beziehungen nachgewiesen, leider haben Klandt und Kuipers nicht dieselben Ergebnisse aufzuweisen, was unter Umständen daran liegt,
daß sie unterschiedliche Variablen zur Messung des Erfolges verwenden. Während Klandt[5], der Zieleinschätzung und Umsatzentwicklung zur Bestimmung des
Erfolges benutzt, signifikante Beziehungen zwischen einem höheren Dominanz-
streben, einer größeren Disziplin, einer höheren Gewissenhaftigkeit, einer höheren sozialen Initiative, niedrigeren Selbstzweifeln, niedrigerer Eigenständigkeit
und dem Gründungserfolg entdeckt, macht Kuipers andere Unterschiede aus. Er
stellt fest[6], daß erfolgreiche Gründer im Gegensatz zu den Gründern, die ihr
Vorhaben bereits wieder aufgegeben haben, eine höhere theoretische Intelligenz
besitzen, weniger soziale Initiative und eine niedrigere Skepsis aufweisen. Weitere Unterschiede der Erhebungen liegen darin, daß es sich bei der einen um eine
Längsschnitt- bei der anderen um eine Querschnittserhebung handelt, was zu
verzerrenden Effekten führen kann.

Veröffentlichungen, die den Einfluß einer Inanspruchnahme von **Beratung und
Planung** auf den Erfolg einer Gründung untersuchen, weisen ausschließlich einen
positiven[7] Zusammenhang auf. Leider handelt es sich bei den zitierten Untersu-

---

[1] Barth (1988).
[2] Hedberg, Miettinen (1990).
[3] Ginn, Sexton (1989).
[4] Schneewind, Schröder, Cattell (1983).
[5] Klandt (1984a) S. 200ff.
[6] Kuipers (1990) S. 159ff.
[7] Barth (1988) / Jungbauer-Gans, Preisendörfer (1991).

chungen um Querschnittsanalysen, so daß verzerrte Erinnerungen und Wahrneh-
mungen eine nicht zu übersehende Rolle spielen könnten. Schon aus Gründen
des Selbstwertschutzes wäre es möglich, daß nicht so erfolgreiche Gründer im
nachhinein vermehrt eine ungenügende Planung und Beratung für den Mißerfolg
statt eigenes Versagen verantwortlich machen.

Darüber hinaus wurden im **mikrosozialen Umfeld** der Einfluß der Inkubatororganisation, also des Unternehmens, in denen der Gründer vorher gearbeitet hat, betrachtet[1]. Dieses erwies sich in dieser Erhebung aufgrund der Besonderheiten
des Übergangs von der Plan- zu einer sozialen Marktwirtschaft als nicht sinnvoll,
daher werden die Ergebnisse hier nicht einbezogen.

Insgesamt zeigen die verschiedenen Veröffentlichungen ein stark uneinheitliches
Bild, wofür es, betrachtet man die einzelnen Untersuchungen genauer, sicherlich
einige Erklärungen gibt.

1. Eine Begründung liegt offensichtlich darin, daß es sich bei den Versuchspersonen um ziemlich unterschiedliche Stichproben handelt. So stehen hier Ergebnisse zu ethnischen Minderheiten im Vergleich mit hoch technologischen
   Gründern[2]. Dabei können eben Bildungsniveau, Berufserfahrung und beispielsweise Branchenkenntnisse ganz andere Auswirkung auf den Erfolg aufweisen.

2. Weiterhin leiden viele Erhebungen unter Querschnitts-Verzerrungen. Vieles,
   wonach im Rückblick auf den Gründungszeitpunkt gefragt wird, ist bereits
   vergessen oder verdrängt, Einstellungen und Motivationen wandelten sich.
   Ursachen solcher Verzerrungen können dabei sowohl in selbstwertdienlichen
   Attributionen liegen, als auch im Abbau von Dissonanzen (z.B.: Untersuchung von Kuipers (1990)).

3. Einen nicht zu unterschätzenden Aspekt stellt sicherlich die Tatsache dar,
   daß zur Messung der aufgeführten Prädiktoren verschiedene Meßmethoden
   (siehe Erfolgsmessung in Tab. 1 und 2) verwendet worden sind. Dieses

---

[1] z.B. Kuipers (1990) / Turok (1991) / Cooper, Dunkelberg, Woo (1989).
[2] z.B. Bates (1989) / Laub (1991).

führt, wie verschiedene Untersuchungen, die mehrere Maße parallel verwendet haben, zeigen, nicht selten zu unterschiedlichen Ergebnissen[1].

4. Weiterhin wurden verschiedene Definitionen und Meßmethoden zur Bestimmung des Erfolges einer Gründung gewählt. So zog man betriebswirtschaftliche Maße heran, um erfolgreiche und weniger erfolgreiche Gründer zu unterscheiden (so z.b.: Picot, Laub, Schneider (1989)), führte aber auch Vergleiche mit bereits ausgeschiedenen Gründern (bei Preisendörfer, Voss (1990)) durch. Daß die Ergebnisse hier unter Umständen nicht gleich sind, überrascht nicht. Auch die Zeitpunkte zur Messung der Erfolgsvariablen differieren erheblich.

5. Ein weiterer Grund für unterschiedliche Forschungsergebnisse liegt u.a. darin, daß verschiedene Zeiten und Umgebungen als Einflußfaktoren betroffen waren. Damit ergaben sich unterschiedliche wirtschaftliche Einflüsse auf den möglichen Erfolg, vor allem bezogen auf die Variable des Überlebens eines Gründungsunternehmens. In Zeiten eines Booms können eventuell vom Gründer ganz andere Eigenschaften überspielt und akzeptiert werden als in Krisenzeiten, wo sich jede persönliche Schwachstelle auswirken kann. Auch die DDR-Situation der hier befragten Gründer ist wieder anders als in Westdeutschland.

6. Wie bereits oben ausgeführt[2], ist bei dem Vergleich der internationalen Ergebnisse auch zu beachten, daß ein Einfluß unterschiedlicher Mentalitäten und Kulturkreise nicht auszuschließen ist.

---

[1] siehe z.B.: Begley, Boyd (1987) / Barkham (1990).
[2] siehe Kapitel 3.2.

Tab. 2: Übersicht von Untersuchungen in Europa über Zusammenhänge zwischen der Person des Gründers und dem Erfolg

Untersuchungen	Sample	Anzahl	Methode	Erfolgsmessung	Unabhängige Variablen[1]
Klandt (1984)	Gründer / Gründungswillige (nur Gründer)	n = 56	Längsschnitt	Ziel-einschätzung, Umsatzentwicklung	Selbständigkeit Vater neg. Schule eher negativ Branchenerfahrung positiv Leistungsmotivation positiv 16 PF: Dominanzstreben pos. Gewissenhaftigkeit pos. soziale Initiative neg. Selbstzweifel negativ Eigenständigkeit negativ Disziplin positiv
Plaschka (1986)	Gründer / eingestellte	n = 62 n = 63	Querschnitt	Überleben	Soziale Unterstützung pos. extrinsische Motive negativ
Barth (1988)	Existenz-gründer	n = 52	Querschnitt	Erfolgs-beurteilung Umsatz-entwicklung	Flexibilität positiv Soziale Unterstützung pos. Soziale Kompetenz positiv Optimismus positiv Anpassungsfähigkeit positiv Interne Kontrolle positiv Kreativität positiv Beratung positiv Planung positiv
Picot/Laub/Schneider (1989)	technolo-gische Gründer	n = 52	Längsschnitt	wirtschaftliche Entwicklung	Keine signifikanten Beziehungen

1) nur nachgewiesen signifikante Beziehungen.

Autor	Stichprobe	Untersuchungstyp	Abhängige Variable	Zusammenhänge
Barkham (1990)	Firmengrün-dungen n=210	Querschnitt	Beschäftigte Umsatz Gewinn	Beruf positiv Wachstumsmotiv positiv
Hedberg, Miettinen (1990)	Tankstel-lenpächter n = 151	Querschnitt	Einschätzung durch Experten	Sicherheitsdenken negativ Lebensstil negativ
Kuipers (1990)	Gründer/ eingestellte/n = 22 n = 41	Querschnitt	Überleben	Alter eher negativ Schule negativ 16 PF: Theor. Intelligenz pos. Soziale Initiative negativ Skeptizismus negativ
Preisendörfer, Voss (1990)	Gewerbe-anmeldungen n = 78441	Querschnitt	Überleben	Konkaves Alters-Überlebenszeitmodell
Brüderl, Preisendörfer, Baumann (1991)	Unterneh-mensgründer n = 1850	Querschnitt	Überleben	Bildung positiv Berufserfahrung positiv Branchenerfahrung positiv
Jungbauer-Gans, Preisendörfer (1991)	Unterneh-mensgründer n = 1850	Querschnitt	Überleben Betriebsent-wicklung	Vorbereitung positiv Planung positiv
Turok (1991)	Existenz-gründer n = 166	Querschnitt	Personalent-wicklung	Keine signifikanten Beziehungen

'positiv' signifikanter positiver Zusammenhang   'negativ' signifikanter negativer Zusammenhang

4 Psychologische Ausgangslage

Um sich der Ausgangslage der Existenzgründer nicht nur in wirtschaftlicher Hinsicht deutlich zu werden, sondern sie auch aus psychologischer und sozialer Perspektive zu beleuchten, soll auf mögliche Auswirkungen einer vierzigjährigen Diktatur auf die Menschen in der ehemaligen DDR hingewiesen werden[1]. Denn diese betreffen nicht nur den Existenzgründer in seinem Verhalten, seinen Einstellungen und seinem Erleben selber, sondern wirken durch Umfeld und Gesellschaft über Mitarbeiter, Kunden, Familie etc. auch auf die Erfolgsaussichten.

So zeigen sich in den neuen Bundesländern neben greifbaren Problemen, wie der objektiven Mangellage an Arbeitsplätzen, Wohnsubstanz, Infrastruktur, Rechtssicherheit und Verwaltung[2], vor allem auch subjektive Probleme der Lebensführung. Immer deutlicher wird, daß eine schnelle Behebung des wirtschaftlichen Desasters im Osten nicht möglich ist. Verantwortlich sind dabei zum einen die fehlenden Rahmenbedingungen der Infrastruktur in der ehemaligen DDR, zum anderen aber auch die anerzogene Mentalität eines Volkes, die marktwirtschaftlichem Handeln und Denken diametral gegenübersteht.

Die Auswirkungen der Jahre der Entmündigung, Diktatur, Gesinnungsschnüffelei und Planwirtschaft sind nicht ohne weiteres durch Gesetze abzuschaffen, da sie tiefgreifende Spuren in den Köpfen und damit im Verhalten der Menschen hinterlassen haben[3]. Um diese Unterschiede abzubauen, bedarf es nicht nur singulär erlassener Verordnungen, einer harten Währung und einiger Telefonleitungen und Straßen. Denn Barrieren, die sich vor allem in den Köpfen der Menschen befinden, erweisen sich zunehmend als wesentlicheres Problem des deutschen Einigungsprozesses als Währungsunion und Anpassung von Produktivität und Löhnen. "In den letzten Monaten hat die Frage der Mentalitäten neue Aktualität gewonnen. Man kann sie offensichtlich nicht so schnell wechseln wie die Währung und das Auto."[4]

So hat das Gesellschafts- und Erziehungssystem mit seiner Willkür, dem Autonomietabu und der Angst vor individueller Verantwortung in der ehemaligen DDR

---

[1] Ausführungen beziehen sich auf Barth, Frey (1991).
[2] nach Hradil (1992).
[3] siehe dazu: Maaz (1990).
[4] Hammann, Strohmeyer (1990).

einen Menschentypus geschaffen, der unter marktwirtschaftlichen Rahmenbedingungen große Schwierigkeiten hat. Dort, wo statt Planwirtschaft die Marktwirtschaft das dominante Wirtschaftsmodell ist, wurden und werden die Menschen zum selbstverantwortlichen Tun erzogen und von Anfang an darin unterwiesen, ein hohes Maß an Eigenverantwortung zu tragen. Während so fast jeder, durch Erziehung, Erfahrung und Gesellschaftssystem geprägt, in irgendeiner Form Selbstverantwortung, Leistungsmotivation und Eigeninitiative zeigt und zeigen muß, fühlen sich viele Bürger in den neuen Bundesländern damit einfach überfordert. "In einem System zentraler Lenkung und Planung aufgewachsen zu sein, hat Einstellungen und Erwartungen der Menschen grundlegend so geprägt, daß sie sich in aller Regel an der 'Weisung von oben' orientieren, ihr vertrauen und sich darauf auch verlassen wollen."[1] So erfolgte eine "...Erziehung zur Anpassung und Willfähigkeit mit dem merklichen Anwachsen von Entmündigung und Verweigerung"[2]. Die niedrigere Ausprägung von Eigeninitiative zeigt auch eine vergleichende Längsschnittuntersuchung west- und ostdeutscher Arbeitnehmer, die seit Juli 1990 durch Frese erhoben wurde[3].

Es ist eine "DDR-Identität" entstanden, indem individuelle Denk- und Verhaltensweisen der Menschen maßgeblich von der Auseinandersetzung mit der DDR-Realität geprägt worden sind. Die Mentalität liegt in einer bestimmten kognitiven, affektiven und motivationalen Struktur begründet, die in den Jahren des Sozialismus in der täglichen Auseinandersetzung mit der Erziehung und Erfahrung in den Menschen gewachsen ist. Ein schneller Wechsel ist nicht möglich, denn es ist "... keineswegs so, daß die Menschen ihre bisherigen Erfahrungen, Vorstellungs- und Wahrnehmungsweisen und Verhaltenstrategien vergessen und aus ihnen gleichsam aussteigen können; sie mobilisieren und modifizieren sie vielmehr."[4]

Das Verhalten und Erleben großer Teile der Bevölkerung kann gut beschrieben werden mit dem, was die sozialpsychologische Theorie der kognizierten Kontrolle[5] voraussagt. Wenn Menschen langfristig ihr eigenes Leben nicht beeinflussen und frei gestalten können, dann erzeugt dieses **"Kontrollverlust"** und führt zu

---

[1] Wirtschaftswoche (1991).
[2] Hammann, Strohmeyer (1990).
[3] Böhmer (1993) S. 47: "In den neuen Bundesländern zeigen nur sieben Prozent der Befragten Eigeninitiative, die deutlich (in der Sprache der Statistiker: mehr als eine Standardabweichung) über dem Durchschnitt liegt; in den alten Bundesländern sind dies 17 Prozent."
[4] Koch (1992) S. 331.
[5] Osnabrügge, Stahlberg, Frey (1985).

Defiziten im affektiv-emotionalen, kognitiven und motivationalen Bereich[1]. Dieser ohnehin durch 40 Jahre totalitärer Herrschaft entstandene Kontrollverlust wird augenblicklich noch verstärkt durch eine hohe, immer noch steigende Arbeitslosigkeit, Unwissenheit und Unverständnis für viele Dinge, die seit der Wiedervereinigung geschehen (siehe Abb. 9).

Abb. 9: Mögliche psychologische Ausgangslage

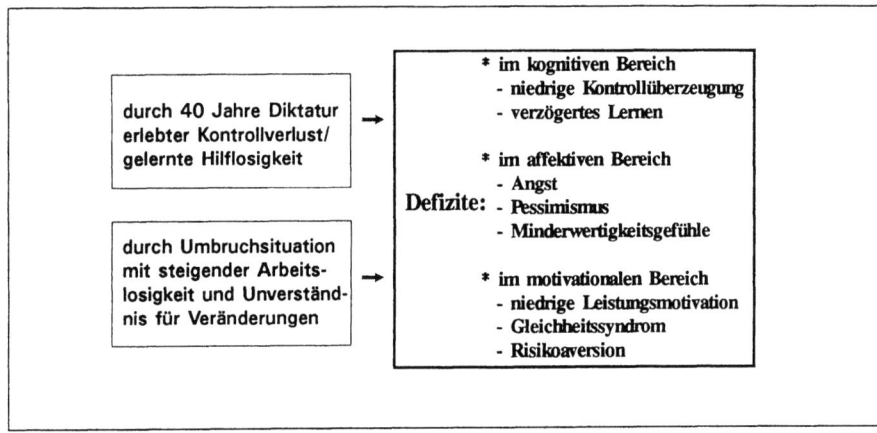

Da die Willkür des Staates gegenwärtig war und freie Meinungsäußerungen durch Heerscharen von Spitzeln unterbunden wurden, war eine tiefe Angst bei den Bewohnern der ehemaligen DDR die Folge. Diese Angst haben viele Menschen keineswegs mit der friedlichen Revolution abschütteln können, denn immer wieder wird darauf hingewiesen, daß die Peiniger von einst weiter in wichtigen Funktionen arbeiten und scheinbar ungestraft davonkommen. Dazu kommt, daß die Propagandamaschinerie jahrelang das Bild vom bösen Kapitalismus gezeichnet hat, in dem die Schwächeren untergehen. "An die Stelle der früheren Berechenbarkeit der Lebensbahnen des Einzelnen, die teils akzeptiert, teils als entmündigend empfunden wurde, ist eine allgemeine Unsicherheit und Offenheit der Perspektiven getreten, die mehrere Generationen nicht kannten."[2] "Die Lebensplanung, die in der DDR-Gesellschaft dem einzelnen durch die staatlichen Organe weitgehend abgenommen wurde, garantiert soziale Sicherheit unter den dort obwaltenden Bedingungen."[3] So kommt eine gewisse Angst vor der neu

---

[1] Grabitz (1987) S. 229.
[2] Koch (1992) S. 330.
[3] Reeb (1992) S. 847.

aufgebürdeten Freiheit dazu, die ja nicht nur größere Möglichkeiten mit sich bringt, sondern auch die Verpflichtung, eigenständig Entscheidungen zu treffen und dafür die Verantwortung zu tragen.

Maaz[1] meint, daß sich die Angst der DDR-Bürger als psychische Folge der Wende auf zahlreiche Gebiete in ihrer unmittelbaren Umgebung bezieht. So ängstigt sie der Verlust des Arbeitsplatzes, der sozialen Sicherheit, der materiellen Sicherheit und der Werte. Es setzt ein unbekannter Konkurrenzkampf ein, eine steigende Kriminalität und wachsende soziale Feindschaften. Aus der Vergangenheit holen sie täglich Schlagzeilen über die Aufdeckung ökologischer Katastrophen, über die Machenschaften der Staatssicherheit und deren Folgen ein. Außerdem ergeben sich neue Zwänge dadurch, daß sie ein neues Gesellschaftssystem und eine neue Lebensweise aufoktroyiert bekommen haben.

Die steigende und drohende Arbeitslosigkeit und die Unsicherheit im täglichen Leben, sowie Unwissenheit und Unverständnis über das Wie, Wann und Warum der Veränderungen erzeugen eine **pessimistische Grundstimmung**. Der ständige Vergleich mit dem Westen macht sie dabei nicht euphorischer und optimistischer im Hinblick auf ihre Zukunft, sondern noch **depressiver**. So zeigen Umfragen, daß die allgemeine Lebenszufriedenheit sowohl im Juni als auch Herbst 1990 deutlich niedriger als in der Bundesrepublik[2] ist. Bei nahezu allen Bürgern (über 90%)[3] der ehemaligen DDR besteht eine Art **Minderwertigkeitsgefühl** gegenüber den Bewohnern des Westens, das aus dem Wissen um den niedrigeren Lebensstandard resultiert.

Ein Phänomen des **Selbstwertschutzes** ist im Umgang mit der eigenen Umgebung zu registrieren. Menschen, die den Sprung in die Selbständigkeit geschafft, einen neuen Arbeitsplatz gefunden oder sich einfach besser und erfolgreicher mit den neuen Umständen angefreundet haben, sehen sich oft dem Neid des eigenen Freundes- und Kollegenkreis, sowie der Nachbarschaft ausgesetzt. Sie, die diese Situation als Herausforderung begriffen haben, neue Chancen wahrnehmen wollen und bereit sind, Risiken zu tragen, berichten, daß man sie belächelt, als ehemalige Stasi-Spitzel verleumdet oder sie boykottiert. Die Ursache eines solchen Verhaltens der "Neider" liegt sicherlich darin, daß weniger Erfolgreiche auf

---

[1] Maaz (1991) S. 160.
[2] Untersuchung zitert in Habich, Priller (1992).
[3] Spiegel-Verlag (1991).

diese Art und Weise versuchen, ihr Selbstwertgefühl zu schützen und ihre eigenen Mißerfolge zu kaschieren[1].

Die affektiv-emotionalen Defizite vieler Bürger der ehemaligen DDR zeigen sich
also in Angst, Depressionen, mangelnder Frustrationstoleranz, Minderwertig-
keitsgefühlen und Pessimismus. Diese Gefühle verstärken sich noch dadurch,
daß sie zusätzlich in dieser Übergangsphase mit erheblichen Unsicherheiten, wie
z. B. der drohenden Arbeitslosigkeit, Mieterhöhungen und ungeklärten Eigen-
tumsansprüchen belastet sind.

Menschen unterscheiden sich weiterhin darin, ob sie glauben, bestimmte Ereignisse beeinflussen zu können (internale Kontrolle) oder ob sie die Ereignisse außerhalb ihrer eigenen Beeinflußbarkeit sehen, sei es, daß sie ihrer Meinung nach
prinzipiell unbeeinflußbar sind (Zufall, Schicksal) oder daß sie nur durch "mächtige Andere" beeinflußbar sind (externale Kontrolle)[2]. Der Glaube, daß die Welt
nicht oder nur durch "mächtige Andere" beeinflußbar ist, der durch über 40 Jahre Unterdrückung erzeugt wurde, führte dazu, daß man sich nicht um Verantwortung bemüht und sie möglichst ablehnt, keine Initiative entwickelt und eher
passiv und apathisch reagiert. Dieses ist auch durchaus funktional, wenn objektiv keine Beeinflußbarkeit gegeben ist. Typisch für die Bürger der ehemaligen
DDR ist, daß für sie alles kontrolliert und vorgegeben wurde und sie es deshalb
auch nicht gelernt haben, Dinge zu bewegen. Daher ist eine persönliche Kontrollerfahrung kaum vorhanden. Sie haben erfahren, daß sie selber bisher kaum etwas beeinflussen und verändern konnten[3]. Es war ein Training zur Hilflosigkeit,
weil lethargische Menschen für ein autoritäres System funktionaler waren, als
Menschen, die mitdachten und Verantwortung tragen wollten. Dieser Zustand
der "gelernten Hilflosigkeit"[4] steht der Förderung von Aktivitäten und Leistungsorientierung diametral gegenüber[5]. Die Ursachenzuordnung[6] von Erfolg und
Mißerfolg ließ daher auch folgendes Grundmuster erkennen: In der DDR-Plan-
wirtschaft machten Menschen für jeden Mißerfolg undurchsichtige Entschei-

---

[1] Stahlberg, Osnabrügge, Frey (1985).
[2] Grabitz (1987).
[3] Böhmer (1993) S. 47: so zeigte eine vergleichende Studie zwischen ost- und westdeutschen Arbeitnehmern: "- Lediglich 16 Prozent der Interviewten vertrauen darauf, mit eigenen
Kräften Probleme bei der Arbeit zu bewältigen; in Westdeutschland haben dagegen fast drei-
mal soviel (44 Prozent) das Gefühl, selbst etwas erfolgreich bewirken zu können."
[4] Seligmann (1979) / dazu auch Heckhausen (1980) S. 495 - 515.
[5] Osterkamp (1987) S. 222.
[6] Stratemann (1992).

dungswege, Materialmangel oder andere äußere Umstände verantwortlich, so ein Ausweis externale Kontrolle, persönliches Risiko des Mißerfolges und dessen Konsequenzen kamen in diesem System nicht vor. "So wurden häufig Höchstleistungen, die auf Talent, besonderen Fähigkeiten, großem persönlichen Einsatz oder einmaligen schöpferischen Beiträgen beruhten, *nicht* als besondere Leistungen akzeptiert bzw. entsprechend honoriert."[1] Die Konsequenz war eine reduzierte Bereitschaft von Verantwortungsübernahme, eine persönliche Planung fand nicht statt, Lernen durch Erfolge war nicht möglich. In der westlichen Welt werden Ideen und gute Geschäftserfolge als eigener Verdienst angesehen, während für Mißerfolge eher äußere Umstände[2] verantwortlich gemacht werden. Diese Einstellung erleichtert das Streben nach Erfolg und fördert die Leistungsorientierung.

Zur heutigen Situation in den neuen Ländern stellt Stratemann[3] fest, daß man weiterhin oft eine negative Einstellung zum "hervorragenden Arbeitseinsatz" vorfindet. Die Arbeit mit voller Hingabe und Kraft wurde verlernt, man hat gelernt, unter ganz anderen Bedrohungen zu leben, gegen die sich die drohende Arbeitslosigkeit als ein geringeres Übel ausnimmt.

Begleiterscheinung der kognitiven Defizite ist vor allem ein **verzögertes Lernen;** daher setzt sich auch die Erkenntnis nur schwer durch, daß bestimmte Situationen längst "objektiv" von ihnen beeinflußbar wären, und sie zeigen Apathie -früher durchaus funktional-, wo Engagement und Initiative jetzt dringend benötigt würden. Unmittelbare Folge des verzögerten Lernens war daher, daß sich auf den Machtwechsel Resignation bemerkbar machte, daß man sich zunehmend Sorgen und Angst darüber machte, mit dem Neuen nicht zurechtkommen zu können, den neuen Anforderungen nicht gewachsen zu sein. Zum verzögerten Lernen gehört auch die Tatsache, daß man kleine Fortschritte übersieht, weil einen die bestehende Diskrepanz zum Westen in einer Art Ohnmacht gebannt hält. Schrittweise Verbesserungen der eigenen Lebensumstände werden so kaum mehr zur Kenntnis genommen.

---

[1] Kalok, Roloff (1990) S. 1299f.
[2] zu dem Phänomen des 'self-serving-bias' als Strategie des Selbstwertschutzes oder alternative Erklärungsansätze, siehe Stahlberg, Osnabrügge, Frey (1985) S. 94 - 107.
[3] Stratemann (1992) S. 20.

Daß aufgrund des totalitären Systems motivationale Defizite entstanden, ist einsichtig; statt persönlicher Freiheit und Individualität war die **Unterordnung** unter das Ganze das Hauptziel. Aus der pädagogischen Psychologie[1] wissen wir, daß Leistungsorientierung vor allem dort entsteht, wo schon Kindern ein Höchstmaß an Autonomie, Verantwortung und freier Entfaltung gegeben wird. Dieses konnte von einem autoritären Staat nicht gut geheißen und gefördert werden."Der einzelne Mensch spielte als Individuum in diesem System keine Rolle, er wurde kollektiv vereinnahmt."[2] Dazu gesellte sich das vom Staat propagierte **Gleichheitssyndrom,** das überdurchschnittliche Leistungen für den Einzelnen uninteressant machte und soziale Unterschiede nivellierte, weil es auf überdurchschnittliche Belohnungen verzichtete. Die Konsequenz ist, daß die Eigenschaft, aktiv zu handeln und Probleme als Herausforderung zu betrachten, bei vielen Bürger der ehemaligen DDR wesentlich weniger ausgeprägt ist, als es jetzt für die Entwicklung der Wirtschaft und Gesellschaft von wünschenswertem Interesse wäre[3]. "Das Kriterium "Planerfüllung" forderte zu Täuschung und "Schön"- Meldungen heraus. In diesem Klima wurden opportunistische Persönlichkeiten geprägt, ..."[4]. Das hierarchische System des Gehorsames ließ keine selbstbewußten und kreativen Führungskräfte entstehen.

Bei einem Großteil der Bevölkerung der neuen Bundesländer zeigt sich dazu noch eine ausgeprägte **Risikoaversion,** d.h. eine starke Abneigung, Entscheidungen zu treffen, deren Folgen nicht sicher, also mit Risiko belastet sind. Das liegt darin begründet, daß das Aufwachsen in einem System mit zentraler Lenkung und Planung die Einstellungen und Erwartungen der Menschen derart geprägt hat, daß sie sich bisher an der Weisung von oben orientieren, ihr vertrauen und sich darauf auch verlassen konnten und wollten. Es herrschte eine Art Sicherheitssyndrom, das sie beeinflußte, immer auf der Suche nach staatlicher Absicherung zu sein. Durch die rasche Wende fallen sie jetzt in ein Sicherheitsvakuum. Jetzt wachsen mit der Freiheit und den Möglichkeiten aber auch die Unsicherheiten und Risiken; so müssen viele Bürger erfahren, daß Freiheiten mit Risiko und Verantwortung verbunden sind und somit nicht nur die Gefahr der Wahl einer falschen Alternative besteht, sondern auch die Folgen dieser Fehlentscheidung

[1] Herrmann (1976) S. 369 - 372.
[2] Reeb (1992) S. 846.
[3] Böhmer (1993) S. 47: "Geht es darum Hindernisse bei der Arbeit zu überwinden, entfalten nur magere acht Prozent der befragten Ostdeutschen weit überdurchschnittliche Aktivitäten, gegenüber 35 Prozent der Westdeutschen."
[4] Reeb (1992) S. 848.

getragen werden müssen. Das ist aufgrund der bisherigen Erziehung und Erfahrung eine nur schwer zu bewältigende Situation und viele reagieren aus Angst, Fehler zu machen, mit Untätigkeit. Dieses Sicherheitssyndrom[1] führt zu Risikoaversion, verminderter Verantwortung und mangelnder Aufgabenidentifikation.

Diese zugegebenermaßen schwierige Situation als Chance wahrzunehmen, sein Schicksal in die Hand zu nehmen und auf die eigenen Fähigkeit und Durchsetzungskraft zu vertrauen, fällt Menschen schwer, die aufgrund von 40 Jahren Kontrollverlust extreme kognitive und motivationale Defizite haben, die sich vor allem in einer externalen Kontrollüberzeugung, verzögertem Lernen und Risikoaversion zeigen. Daraus ergeben sich jetzt eine Reihe von Konfliktfeldern, weil diese neuen affektiven, kognitiven und motivationalen Elemente nicht ebenso einfach zu importieren sind wie ein Telefonnetz oder eine Autobahn.

Der Existenzgründer muß in sich jene beschriebenen Hürden überwinden, ein Verhalten zeigen, daß gegen diese Beschreibung aufgerichtet ist. Nicht nur bei sich selbst muß ihm das gelingen, um erfolgreich zu sein, auch das Verhalten bei seinen Mitarbeitern, Lieferanten, Kollegen und Kunden muß sich wandeln. Er dient seinem Bekannten- und Freundeskreis als Vorbild, muß aber auch mit negativen Entmutigungen fertig werden. Er selber hat kaum eigene Vorbilder anhand derer er sich orientieren kann. "Ganz anders die Ausgangslage in den neuen Bundesländern. Hier gab es kein schulisches oder außerschulisches Aufzeigen von Perspektiven, die in Richtung wirtschaftlicher Selbständigkeit gingen."[2] Vielleicht können Erinnerungen in der weiteren Vergangenheit oder auch Bekannte aus dem Westen als Vorbild dienen. Die hier betrachteten Existenzgründer haben sozusagen einen selektiven Prozeß durchlaufen[3], um den beschriebenen psychologischen Defiziten, die einer Gründung eher entgegenstehen, wie beispielsweise der gelernten Hilflosigkeit, der Risikoaversion und der Passivität, entgegenzuwirken. Gegen die Rolle als Existenzgründer spricht aufgrund seiner Erfahrung und Erziehung einiges[4]. So stellt Shapero[5] in seinen Untersuchungen

---

[1] Peche (1991).
[2] May-Strobl, Paulini (1991) S. 1.
[3] Brandkamp (1992) S. 110.
[4] Polke (1992) S. 157 - 163: ca. die Hälfte der befragten Unternehmer glaubt in den Führungseigenschaften Nachteile gegenüber den Unternehmern in den alten Bundesländern zu besitzen, vor allem in typisch marktwirtschaftlichen Eigenschaften wie Verhandlungsgeschick, Informiertheit über Marktentwicklungen, Cleverneß, Nutzen von Beziehungen, Verhandlungsgeschick; tendenziell seien diese Defizite jedoch nicht als besonders schwerwiegend anzusehen.
[5] Shapero (1984).

fest, daß die Einflüsse des Wertesystems, der Kultur, der Familie und anderer Personen, aber auch das allgemeine Ansehen und das Wissen hohe Barrieren der positiven Entscheidung zur Existenzgründung darstellen. Denn nach seiner Ansicht[1] werden Existenzgründer nicht geboren, sondern sie entwickeln sich im Laufe ihres Lebens. Ihre notwendigen psychologischen Eigenschaften sind schwer in gängigen Kategorien zu beschreiben, es sind dieses die internale Kontrolle, eine hohe Toleranz gegenüber mbiguität und hohe Energie, wovon viele als gelernte Eigenschaften[2] zu betrachten sind. Und dieses, obwohl der Gründer groß geworden ist in einem System marxistischer Prägung, in der Existenzgründer als Parasiten der Gesellschaft betrachtet wurden, die es zu zerstören galt[3]. Dazu kommt: "Nach wie vor steht deshalb die Aufsteigermentalität eher unter Verdacht. Und so gilt schon mal der erfolgreiche Marktverkäufer als Schieber und der ostdeutsche Neumanager als rüder Kapitalist, so ihm denn das Schicksal erspart bleibt, als Wendehals abgelehnt zu werden."[4] "Ressentiments wird es auch deshalb geben, weil der Transformationsprozeß mit der Privatisierung und Umstrukturierung zu einer stärkeren Differenzierung der Einkommens- und Vermögensverteilung führt."[5]

Ergebnisse einer kleineren Untersuchung[6] zu Existenzgründungen in den neuen Ländern zeigen, daß der Hauptgrund für selbständige Existenzen vor allem in der Erlangung persönlicher Freiräume liegt. Die psychologischen Probleme liegen, wie schon vermutet, in der verstärkten externalen Attribution von Erfolgen und Mißerfolgen, was zu einer "Resistenz in Hinblick auf eigene Änderungsbereitschaft"[7] führt. Es zeigt sich insgesamt ein eher kurzer Planungshorizont, oft wird das Rollenbild des Kunden als unerwünschter Verbraucher aus früheren Zeiten übernommen, bei den Marketinginstrumenten überwiegt die Preisgestaltung. Noch wird oft eine Art frühkapitalistischer Ellenbogenmentalität gezeigt, mit der einige DDR-Bürger meinen, die Marktwirtschaft in Siebenmeilenstiefeln einholen zu können[8].

---

[1] Shapero (1984).
[2] Borland (1974), zitiert nach Shapero (1984).
[3] zitiert nach Houmanidis (1990) S. 101.
[4] Peche (1991) / siehe in diesem Zusammenhang auch die Ergebnisse der mündlichen Interviews in Kapitel 8.1.
[5] Brezinski (1991) S. 124.
[6] Stratemann (1992) S. 144 - 150.
[7] Stratemann (1992) S. 146.
[8] Rueger (1991).

5 Definition einzelner Variablenkonzepte

5.1 Existenzgründung und Existenzgründer

Im Laufe der Jahre und der Entwicklung der Wirtschaftstheorie gab es viele unterschiedliche Definitionen und Auslegungen[1] der Begriffe "entrepreneur" und "Existenzgründer". Es existiert jedoch bisher keine allgemeingültige Definition[2]. So stellt Sandberg fest: "The definition of "the entrepreneur" and the conception of the entrepreneurial role in a social economic or corporate context have remained slippery and elusive. Economists have not reached a consensus on these points and thus have not provided a common understanding ..."[3].

Im wesentlichen herrschen in der ökonomischen Literatur drei Elemente[4] vor, die die Funktion eines Existenzgründers[5] beschreiben sollen. Nach Say[6] ist er Koordinator und Planer des produktiven Prozesses, Knight[7] sieht vor allem den Aspekt des Risikoträgers und Schumpeter[8] charakterisiert den Gründer im wesentlichen als Einführer von Innovationen[9].

Wir schließen uns zur Einordnung der Existenzgründung, um den Veröffentlichungen nicht weitere Übersichten und Analysen zu diesem Thema hinzuzufügen, der Einteilung von Szyperski und Nathusius an (siehe Abb. 10), die als wesentliche Unterscheidungsaspekte, die Merkmale der Selbständigkeit des Gründers und der Strukturexistenz der Unternehmung, nennen.

Unter "Existenzgründung" wird ein selbständig gegründetes Objekt verstanden, unabhängig davon, ob es sich dabei um eine Betriebsübernahme oder eine Neugründung eines Unternehmens handelt; eine Differenzierung zwischen derivativen oder originären Gründungsvorgangen unterbleibt. Ein "Existenzgründung" wird weiter durch den Wechsel einer Person aus einer abhängigen Beschäftigung

---

[1] beispielsweise bei Palmer (1971) S. 33f. / Kent (1984) S. 1-4 / Gibb (1990) S. 35ff. / Gibb, Davies (1991) S. 290ff. / Anregungen für eine Zusammenfassung bei Hébert, Link (1989).
[2] Untersuchung zum Verständnis des Begriffes "entrepreneur" bei Gartner (1990).
[3] Sandberg (1986) S. 29.
[4] siehe auch Ausführungen Kets de Vries (1977) S. 36 - 38.
[5] Atkinson, Hoselitz (1957).
[6] Say (1814) S. 110ff.
[7] Knight (1933) S. 264 - 290.
[8] Schumpeter (1987).
[9] weitere Begriffsdiskussionen siehe Kapitel 3.1.

oder einer anderen sozialen Position in die Selbständigkeit charakterisiert[1]. Ihr Kennzeichen ist dabei die subjektbezogene Gründungsaktivität der Verselbständigung. Demgegenüber steht der Begriff der "Unternehmungsgründung", der sich durch die objektbezogenen Aktivitäten der Neuschaffung von Unternehmenstrukturen auszeichnet. Zusammenfassend läßt sich sagen, daß das entscheidende Kennzeichen einer "Existenzgründung" das Vorhandensein einer Person, des sogenannten "Existenzgründers", ist, der in die wirtschaftliche Selbständigkeit wechselt.

Abb. 10: Gründungsformen[2]

	Gründungsvorgang	
begründetes Objekt	derivativ	originär
unselbständig	Fusion/Umgründung	Betriebsgründung
selbständig	Existenzgründung durch Betriebsübernahme	Unternehmungsgründung

Daher wurde folgende Definition von Existenzgründung auch im Hinblick auf den Forschungsansatz, nämlich der Person als Prädiktor des Gründungserfolges, und die besondere Situation der Gründungen in den neuen Ländern übernommen:

"Die Existenzgründung ist mit dem Wechsel von der bisherigen abhängigen Erwerbstätigkeit oder Arbeitslosigkeit in die unternehmerische Selbständigkeit verbunden. Dieser Schritt kann sich sowohl durch (originäre) Gründung eines neuen Unternehmens als auch durch Übernahme oder tätige Beteiligung an einem bestehenden Unternehmen (derivative Gründung) vollziehen."[3]

5.2 Existenzgründungserfolg

Betriebswirtschaftlich ist der Terminus "Erfolg" definiert[4] als Differenz zwischen Ertrag und Aufwand. "Es ist aber festzuhalten, daß man sehr unterschiedliche Vorstellungen vom Erfolg einer Unternehmungsgründung haben kann."[5] Je nach Betrachtungsweise reicht die Messung vom reinen Überleben der Gründungsfirma bis zu konkreten Zahlen wie Umsatz, Gewinn oder Rendite[6]. Betrachtet man

---

[1] nach Klandt (1984a) S. 31 - 32.
[2] nach Szyperski, Nathusius (1977b) S. 26 - 30.
[3] Schiller (1986) S. 6.
[4] Wöhe (1990) S. 47f.
[5] Klandt (1979) S. 32.
[6] siehe auch Kapitel 3.4 / zur Problematik der Bestimmung des Gründungserfolges siehe Hunsdiek (1987) S. 202 - 207.

den subjektiven Standpunkt des Gründers, können zur Messung des Erfolges auch Konzepte wie Lebenszufriedenheit und Gründungszufriedenheit mit einbezogen werden.

Die Messung des Erfolges einer bestimmten Handlung erweist sich fast immer als schwierig. Dieses hat mehrere Ursachen[1]. Alle Handelnden, sind es nun Privatpersonen, Politiker oder Geschäftsleute, versuchen als Gruppen oder als Einzelpersonen mit ihren Handlungen, Erfolge zu erreichen. Eine Prognose dieser Erfolge erweist sich als nur schwer möglich, da sie durch Unsicherheit belastet ist. Doch auch die Messung a posteriori ist nicht so einfach, wie man zunächst denken könnte, denn es gibt immer wieder Meßprobleme "erfolgreich" festzustellen. Wenn im allgemeinen Rechenschaft über bestimmte Handlungen abgegeben wird, erfolgt eine Beschreibung des Erfolges auf die eine oder andere Art und Weise, z.B. durch die Höhe der Kostensenkung in speziell bezeichneten Abteilungen, eine Steigerung des Umsatzes in bestimmten Bereichen. Jedoch sind dabei Probleme der Erfolgsmessung gegeben, die im wesentlichen in sinnvoller Festlegung des Erfolgskriteriums und in der Messung dieses Erfolges liegen. Es sind Probleme der "Logik der Erfolgsbestimmung", die beispielsweise darin bestehen, zu entscheiden, ob es "erfolgreicher" ist, einen hohen Umsatz oder einen hohen Gewinn zu erzielen. Dabei spielen zusätzlich die unterschiedlichen Motivationen und Interessen der Handelnden eine wichtige Rolle. So ist Erfolg ein relativer Begriff, denn als "erfolgreich" oder "erfolglos" kann man eine Handlung nur mit Bezug auf ein vorausgesetztes Ziel nennen. Weiterhin ist er relativ in Bezug auf die Handlungsalternativen und auf die jeweils vorausgesetzten theoretischen Grundlagen, die bestimmte Handlungen kausal mit bestimmten Wirkungen verknüpfen. Darüberhinaus spielt auch der Öffentlichkeitsgrad einer Handlung bei der Erfolgsbeurteilung eine Rolle.

Hauschildt[2] stellt in einer Untersuchung, die sich mit den Meßmethoden zur Erfassung von Innovationserfolg befaßt, fest, daß kein einheitlicher Maßstab zu finden ist. Es lassen sich seiner Meinung nach jedoch folgende Aspekte der Messung[3] unterscheiden:

---

[1] nach Tietzel (1986).
[2] Hauschildt (1991).
[3] Aspekte nach Hauschildt (1991).

1. **Meßbereich:** Die Erfolgsmessung muß sich auf einen bestimmten Bereich beziehen, grob könnte man dieses nach Mikro- und Makroebene unterteilen. Nach Klandt lassen sich für die Gründungsforschung fünf Extreme der Betrachtungsebenen des Erfolges unterscheiden, die er mit gesamtgesellschaftlich, gesamtwirtschaftlich, regionalwirtschaftlich, einzelwirtschaftlich und individuell umschreibt[1].

2. **Meßdimension:** Zur Messung können verschiedene Dimensionen verwandt werden, z.B. auf einer technischen, einer ökonomischen Skala oder auch durch individuelle Werte, da die Handlung unterschiedliche Effekte aufweist. Die Gründungsforschung verwendet kaum absolute ökonomische Zahlen, sondern eher Wachstumsraten bezogen auf den Umsatz oder die Mitarbeiterzahlen. Durch Messung von Gründungs- und Arbeitszufriedenheit finden hingegen auch individuelle Dimensionen in die Forschung Eingang. Ein oft verwendeter Erfolgsmaßstab, nämlich das Überleben des neugegründeten Unternehmens bis zu einem bestimmten Zeitpunkt, ist der zeitlichen Dimension zuzuordnen[2].

3. **Meßzeitpunkt:** Die Messung des Erfolges einer Handlung muß zu einem bestimmten Zeitpunkt geschehen. Natürlich hat auch dieser Zeitpunkt der Messung einen nicht übersehbaren Einfluß auf die Ergebnisse. Es stellt schon einen Unterschied dar, ob der Erfolg einer Unternehmensgründung unmittelbar nach Einführung am Markt, nach Abschluß der Bewährungs- oder Frühentwicklungshase[3] oder nach zehn Jahren gemessen wird. Nach Klandt[4] findet sich streng genommen der Gründungserfolg nur zum Zeitpunkt der Gründung, später handelt es sich eigentlich um einen Frühentwicklungserfolg.

4. **Referenzgrößen der Messung:** Die Bewertung des Erfolges erfolgt im Verleich des erreichten Zustandes mit einem Referenzzustand. Dabei muß vorher definiert werden, wie dieser anzustrebende Zustand lautet. Jedoch erscheint es fraglich, daß diese definierten Ziele vorher tatsächlich existieren. Denn betrachtet man Zielstrukturen für innovative Entscheidungen, so zeigt sich, daß diese nicht klar zu beschreiben sind. Um so schwerer scheint da die

---

[1] Klandt (1984) S. 89 - 117; zum Problem der Forschungs-Perspektiven siehe auch Müller-Böling, Klandt (1993) S. 160f.
[2] Kuipers (1990) S. 28 - 33.
[3] Kuipers (1990) S. 28 - 33: 5 Jahre .
[4] Klandt (1984) S. 89 - 117.

Definition eines adäquaten Erfolgsbegriffes[1]. Das Erreichen oder Nichterreichen dieses Zieles würde so zu einer Dichotomisierung des Erfolges führen. Meist erfolgt daher eine etwas andere Bewertung, abstrakter als Grad der Zielerreihung z.B. in Bezug auf einen kalkulierten Umsatz oder eine anzustrebende Mitarbeiterzahl etc. beschrieben[2].

5. Meßsubjekt: Eine Messung des Erfolges ist sicherlich auch davon abhängig, wer über den Wert entscheidet und aus wessen Sicht diese Messung erfolgt. Es kommt in vielen Fällen zu persönlichkeitsbestimmten Verzerrungen, die sich aus den unterschiedlichen Positionen und Perspektiven des Einzelnen ergeben. Bezogen auf den Gründungserfolg bieten sich als Insider der Gründer selber, die Mitarbeiter, aber auch als Outsider die Lieferanten, die Kunden oder die Finanzbehörden, als Bezieher des Steueraufkommens, an. Damit steht die Auswahl des Meßsubjektes auch in einem engen Zusammenhang zum Meßbereich und zur Meßdimension.

Die aufgezeigten Probleme lassen den Schluß zu, daß die Definition des Erfolges in der "Praxis der Erfolgsbestimmung" pragmatisch gelöst werden muß. Es kann sich daher immer nur um Verfahren zur näherungsweisen Erfolgseinschätzung handeln.

Kriterien der Auswahl dieser Meßmethoden sind die der Vergleichbarkeit und der Durchführbarkeit. Vergleichbarkeit muß vor allem bei wirtschaftlichen Daten hergestellt werden, um nicht zu kontrollierende Einflüsse der unterschiedlichen Branchen auszuschließen. So weisen Dienstleistungsunternehmen ganz andere Datenstrukturen auf als Produktionsunternehmen. Weiterhin ergeben sich Schwierigkeiten der Erfolgsdefinition durch verschiedene Größenzuordnung oder auch durch Kooperationsgründungen[3]. Auch die Durchführbarkeit einer solchen Erhebung[4] spielt bei der Auswahl der Meßkriterien eine wesentliche Rolle. Die beste Meßmethode ist zum Scheitern verurteilt, wenn die Verweigerungsrate der Befragten zu hoch ausfällt oder die Erhebung sich als zu aufwendig erweist.

---

[1] Klandt (1984) S. 89 - 117.
[2] zu Zielen innovativer Entscheidungen: Hauschildt (1970).
[3] Überlegungen Klandt (1979).
[4] Kuipers (1990) S. 28 - 33.

Die Operationalisierung des "Gründungserfolges" in der Empirie zeigt, wie auch die anderer Erfolgsbegriffe, eine sehr große Vielfalt und macht Vergleiche der Ergebnisse unterschiedlicher Untersuchungen daher nur schwer möglich. Betrachtet man den Gründungserfolg als Forschungsobjekt[1], lassen sich folgende verwendete Variablen feststellen:

1. Stattfinden einer Gründungs-Aktivität: Als Erfolg wird in diesem Fall gewertet, wenn ein Gründungsvorhaben realisiert wird.

2. Existenzsicherung: Da es noch keine validen Vergleichsmaßstäbe für Unternehmenserfolg, bzw. -mißerfolg gibt, wird meist die Bestandsdauer des neugegründeten Unternehmens als einziges Kriterium des Erfolges gewählt[2].

3. Qualifizierter Gründungserfolg: Der qualifizierte Gründungserfolg läßt sich anhand ökonomischer und außerökonomischer Dimensionen erfassen. Erstere umfassen beispielsweise wirtschaftliche Daten wie Umsatz, Rendite, Gewinn, Arbeitsplätze, Wertschöpfung, Einkommen, aber auch Wohlfahrt, Versorgung der Bevölkerung und Wachstum der Wirtschaft. Die außerökonomischen Dimensionen betrachten Gründungs-, Arbeits- und Lebenszufriedenheit, gehen aber auch auf Effekte wie die der politischen Stabilität ein [3].

Neuere Überlegungen sehen eine Unterteilung des Gründungs-Erfolges im weiteren Sinne in die Kategorien 'Voraktivität der Gründung', 'Gründungsaktivität' und 'qualifizierten Gründungs-Erfolg' (dem Gründungs-Erfolg im engeren Sinne) vor, wobei letzteres sich in objektive und subjektive Aspekte unterteilen läßt[4].

---

[1] siehe Bezugsrahmen Müller-Böling, Klandt (1990).
[2] Plaschka (1986) S. 36 - 42; Beispiele siehe Kapitel 3.4: Tab. 1 und 2.
[3] Müller-Böling (1990).
[4] Müller-Böling, Klandt (1993) S. 154.

6 Hypothesengenerierung

Den theoretischen Hintergrund dieser Längsschnittuntersuchung stellen die bereits dargelegten Überlegungen und Forschungsergebnisse sowie die nun folgenden Hypothesen dar.

Eine Existenzgründung bedeutet vor allem, ein großes Maß an Ungewißheit und Risiko bezüglich der Zukunft und der Gegenwart zu bewältigen, sowie sich einer Reihe von neuen Problemen und Herausforderungen zu stellen. Dieses gilt im besonderen Maß für den Gründer in der ehemaligen DDR, weil er in einem Wirtschaftssystem selbständig tätig wird, in dem er nicht aufgewachsen ist, dessen Regeln er nicht gelernt hat. Eine Reihe von Mißerfolgen, der sicher jeder Existenzgründer ausgesetzt ist, verlangt eine hohe Frustrationstoleranz, die die Fähigkeit, mit Mißerfolgen umzugehen, beinhaltet. Existenzgründung heißt aber auch Situationen, in denen der Gründer keine festen Handlungsstrategien und wenig Routine besitzt, nicht als unlösbares Problem zu betrachten, sondern in ihr die Herausforderung zu sehen, akzeptable und kreative Lösungen zu entwikkeln. Dabei spielt auch das Ausmaß der eigenen Kontrollüberzeugung eine wesentliche Rolle. Entscheidend ist, ob man sich von fremden Mächten abhängig fühlt oder bereit ist, die Chance zu ergreifen und eigenverantwortlich als Problemlöser zu wirken.

Berücksichtigt man die bisherige Forschung[1] sowie die Ansätze zur erfolgreichen Überwindung von Problemen[2], so ergibt sich aufgrund der spezifischen Probleme und Anforderungen, die eine Existenzgründung darstellt, daß ein erfolgreicher Existenzgründer im Vergleich zu einem weniger erfolgreichen von Anfang an spezifische Gründungsmotive, Motivationen, Kognitionen, affektive und sozialen Eigenschaften, sowie bestimmte Persönlichkeitsstrukturen aufweisen sollte, die im folgenden dargestellt werden.

---

[1] siehe Kapitel 3.
[2] z.B.: Dörner (1985) / Stäudel (1987).

6.1 Gründungsmotivation

Die Motivation eines Unternehmers, der eine Firma gründet und sie aufbaut, ist schon lange Gegenstand zahlreicher Theorien, Überlegungen und empirischer Erhebungen. So nennt Schumpeter als mögliche Motive das Streben nach Macht, den Siegerwillen und die Freude am Gestalten[1]. Die Gewinne sind seiner Meinung nach eher sekundär. Shapero[2] bezeichnet den Wunsch nach Unabhängigkeit als Hauptmotivation einer Existenzgründung.

Spezifische Gründungsmotive sind bereits in zahlreichen Erhebungen untersucht worden[3]. Aus diesen Veröffentlichungen haben sich mittlerweile so etwas wie standardisierte Listen möglicher Gründungsmotive entwickelt, die mit kleinen Änderungen immer wieder erhoben werden. Diese Untersuchungen wurden meist im Hinblick auf die Realisierung des Gründungsvorhabens durchgeführt, aber auch Zusammenhänge zum Erfolg wurden analysiert. Jedoch geschah dieses bisher meist in Querschnittsuntersuchungen; einer Methode, die gerade bei der Frage nach den Motiven der Gründung, gestellt eine erhebliche Zeit nach dem Gründungszeitpunkt, die Gefahr von verzerrten Ergebnissen durch Effekte des Vergessens oder Verdrängens beinhaltet.

Unter dem Aspekt, daß Menschen Probleme und unbekannte Situationen erfolgreicher und besser bewältigen, wenn sie sie als Chance und Herausforderung wahrnehmen, vermuten wir, daß sich ein höheres Ausmaß an intrinsischer Motivation positiv auf den Erfolg einer Gründung auswirkt. Die mehr aktive Sicht der Dinge sollte diesen Gründer eher zum Erfolg führen, als solche, die sich durch sogenannte Deplazierungseffekte, wie Arbeitslosigkeit und unzureichender Verdienst, in diese Position gedrängt fühlen, also eine mehr extrinsische Motivation aufweisen.

In der derzeitigen wirtschaftlichen Lage ist zu erwarten, daß vor allem drohende und tatsächliche Arbeitslosigkeit eine höhere Bedeutung bei der Gründung haben, als es in ähnlichen Stichproben in Westdeutschland der Fall ist. Aber auch Motive der Entfaltung sowie der Selbstverwirklichung könnten nach Jahren der Diktatur und Bevormundung einen sehr hohen Stellenwert haben. Im Sinne einer

---

[1] Schumpeter (1987) S. 137 - 139.
[2] Shapero (1984) S. 28.
[3] Übersicht findet sich bei Plaschka (1986) S. 111ff. .

positiven Motivation, die vor allem im Erkennen von Chancen und Herausforderung besteht, erwarten wir folgenden Zusammenhang in der Untersuchung zu finden:

Hypothese 1:
Erfolgreichere Existenzgründer besitzen eine höhere intrinsische Gründungsmotivation.

6.2 Sozialpsychologische Ansätze

Bei den Überlegungen und Forschungen zur Problem- und Krisenbewältigung spielt das hardiness-Konzept[1], das Konstrukt der Unempfindlichkeit, eine wichtige Rolle. Es beschreibt die Eigenschaft einer Person, die sich in allen Lebensbereichen sehr engagiert verhält, mehr Einflußmöglichkeiten und Kontrolle sieht und diese sucht. Diese Person nimmt eher die Chancen im Leben wahr und begreift neue Probleme und Situationen als Gelegenheit zur persönlichen Weiterentwicklung und Herausforderung an sich[2].

Das hardiness-Konzept besteht nach Kobasa aus drei Komponenten:

1. einem hohen Engagement in allen Lebensbereichen, verbunden mit einer hohen positiven Identifikation,

2. einem Gefühl, Ereignisse im Leben kontrollieren zu können, also einer hohen internalen Kontrollüberzeugung

3. einer hohen Flexibilität bei der Anpassung an unerwartete Veränderungen in der eigenen Umgebung, die als Herausforderung empfunden werden[3].

Diese Überzeugungen führen zu einem hohen Einsatz und Engagement und einer starken Ziel- und Arbeitsorientierung. Dabei hat die Person nicht das Gefühl, durch die Umstände oder Außenstehende zu Handlungen gedrängt zu werden,

---

[1] Gentry, Kobasa (1984).
[2] Gentry, Kobasa (1984).
[3] nach Frese (1985).

sondern verhält sich gegenüber Aufgaben und Problemen positiv und bewältigungsbereit. Diese Einstellung federt gegen stressende Lebensereignisse ab[1].

Aufgrund dieser Aussagen müßte folgerichtig auch die Leistungsmotivation höher sein. Dieses zeigen Untersuchungen[2], die einen positiven Zusammenhang zwischen internaler Kontrollüberzeugung und Leistungsmotivation nachweisen konnten.

Folgt man den Ansätzen des hardiness-Konzeptes, kann man vermuten, daß in diesem Zusammenhang das Risikoempfinden niedriger ist, weil in schwierigen Situationen eher die Chancen gesehen und so mögliche Nachteile und Gefahren weniger empfunden werden.

Zu den einzelnen genannten Aspekten soll im folgenden etwas detaillierter Stellung bezogen werden:

6.2.1 Internale Kontrollüberzeugung

"Sie sind für ihren Erfolg selbst verantwortlich"[3]

Das von Rotter entwickelte Konzept der Kontrollüberzeugung (locus of control)[4] unterteilt die Menschen danach, inwieweit sie das Gefühl haben, in ihrem Verhalten durch die Umwelt bestimmt/kontrolliert zu sein oder auf/über die Umwelt bzw. das eigene Verhalten Einfluß/Kontrolle zu haben.[5] Dabei handelt es sich um eine situativ und zeitlich relativ stabile Überzeugung darüber, wie Umweltereignisse und eigenes Handeln zusammenhängen.

Dieses Machbarkeitsdenken zeigt sich darin, daß "intern Kontrollierte" mit "starkem Machbarkeitsdenken" selbstbestimmt, bzw. selbstkontrolliert[6] sind. Sie sind eher der Überzeugung, externale Einflüssen verringern[7] zu können. "Extern Kontrollierte" mit niedrigem Ausmaß an Machbarkeitsdenken fühlen sich eher von außen kontrolliert und sehen die Auslösung eines Ereignisses vermehrt im

---

[1] z.B.: Kobasa (1979) / Kobasa, Maddi, Kahn (1982).
[2] Shapero (1975) / Brockhaus (1980a) / Durand, Shea (1974).
[3] Anzeigenkampagne in der Wirtschaftswoche (1992).
[4] Rotter (1966).
[5] Osterkamp (1987) S. 222.
[6] positiver Effekt der Überzeugung eigener Kontrollmöglichkeiten über den Heilungsverlauf bei Krankheiten nachgewiesen bei Rogner, Frey, Havemann (1987).
[7] Kobasa, Maddi, Kahn (1982).

Sinne von Glück oder Schicksal, durch Dritte gesteuert oder für sie nicht vorher-
sehbar, da das Umfeld sich als zu komplex erweist.

Konkret auf den Aspekt der Existenzgründungen bezogen, bedeutet dieses, in
welchem Maß der Erfolg durch den Gründer als kontrollierbar und gestaltbar
empfunden wird, bzw. inwiefern er in seinen Vorstellungen und Empfindungen
von externen Kräften, wie Konjunktur, Konkurrenz oder Glück bestimmt wird,
sich im Extremfall sogar als Zufallsprodukt erweist. Das Konzept der internalen
Kontrolle eignet sich, so scheint es, besser zur Vorhersage von Erfolg als zur Unterscheidung bestimmter Berufsgruppen: "...the internal belief and the associated greater effort ... hold promise for distinguishing successful entrepreneurs
from the unsuccessful." [1]

Diese Kognition ist auch deshalb von so besonderem Interesse, da in der bisherigen DDR[2] internale Kontrolle nicht gerade gefördert wurde. Wie schon beschrieben, ließ sich die Situation eher durch einen starken Kontrollverlust
kennzeichnen; externale Kontrollüberzeugungen waren in dieser objektiv unbe-
herrschbaren Lage eher funktionell als negativ. Jetzt aber muß der Existenzgründer innerhalb kürzester Zeit eine hohe internale Kontrollüberzeugung erlangen,
um erfolgreich tätig zu sein.

Hypothese 2:
**Zwischen dem Erfolg einer Gründung und dem Ausmaß der internalen Kontroll-
überzeugung des Existenzgründers besteht ein positiver Zusammenhang.**

6.2.2 Positives Denken

" Unser Leben ist das Produkt unserer Gedanken "
(Marc Aurel 121 - 180 n Chr.)

Bei der Lösung von Problemen spielt die Wahrnehmung eine entscheidende Rolle. Sie hat sichtbare Auswirkungen auf Handlungen, Urteile, Einschätzungen und
die Motivation. Das positive Denken oder die positive Illusion besteht nach Taylor und Brown[3] aus folgenden Elementen: einer positiven Selbsteinschätzung,

---

[1] Brockhaus (1982) S. 45.
[2] siehe Kapitel 4.
[3] Taylor, Brown (1988).

der Kontrollillusion und einem unrealistischen Optimismus. Es steht in günstiger Beziehung zu der Kapazität für kreative und produktive Leistungen[1] durch Aktivierung der intellektuellen Fähigkeiten und Förderung von Motivation, Durchhaltevermögen und Erfolgen. "A chief value of these illusions may be that they can create self-fulfilling prophecies. They may help people try harder in situations with objectively poor probabilities of success; ..."[2].

Optimistisch denkende Menschen mit ihrer positiven Wahrnehmung bringen daher im Vergleich zu Pessimisten in Leistungssituationen einige Vorteile mit[3], was z.B. auch in einer Untersuchung durch Seligman[4] eindeutig nachgewiesen werden konnte. Pessimisten erklärten die für sich unvorteilhaften Ereignisse in selbstkritischer Weise entweder persönlich, zeitüberdauernd oder situationsübergreifend. Daher ließ die allgemeine Handlungsbereitschaft nach, sie verhielten sich passiver, weniger eigenverantwortlich und erholten sich daher auch weit langsamer von Rückschlägen. Existenzgründer, die sich hinsichtlich ihres Erfolges optimistisch zeigten, wiesen folgende Zusammenhänge zur Vorbereitung der Gründung auf: "For some variables, but not for all, optimism was positively associates with greater preparation."[5].

Ein positive Identifikation mit dem Gründungsvorhaben führt demzufolge zu einer höheren Beteiligung und einem zusätzlichen Engagement, hat weiter eine höhere Entschlossenheit und Durchsetzungskraft zur Folge, so das hardiness-Konzept. Eine positive Illusion ist insbesonders auch dann für das kognitive Bewußtsein nützlich, wenn negatives Feedback oder andere Probleme verarbeitet werden müssen[6]. Diese Erkenntnisse führen zur Hypothese 3.

Hypothese 3:
Zwischen dem Erfolg einer Gründung und dem Ausmaß des positiven Denkens des Existenzgründers besteht ein positiver Zusammenhang.

---

[1] Übersicht der Erkenntnisse bei Taylor, Brown (1988) S. 198ff.
[2] Taylor, Brown (1988) S. 199.
[3] nach Klandt (1990a) S. 32: "Der Glaube an den eigenen Erfolg ist schon der "halbe" Erfolg."
[4] Seligman (1991).
[5] Cooper, Dunkelberg, Woo (1986b) S. 569.
[6] Taylor, Brown (1988) S. 193.

6.2.3 Herausforderungsdenken

"Die meisten Menschen wenden mehr Zeit und Kraft daran, um
die Probleme herumzureden, als sie anzupacken."[1]

Oft unterschieden sich Probleme und Herausforderungen dadurch, wie sie von
dem Einzelnen, der sie betrifft und sich mit ihnen auseinandersetzen muß, wahrgenommen werden und vor allem wie darauf reagiert wird. Fehlen beispielsweise Ressourcen, Fertigkeiten, Hoffnungen, dann erscheint die defizitäre Realität
unter negativen Vorzeichen als Problem. Besteht dagegen Hoffnung, die Verhältnisse zu ändern, Vertrauen in eigene Lösungsmöglichkeiten oder zeichnen sich
Auswege durch innovative Lösungen ab, so kann die unter Umständen gleiche
mangelhafte Lage mit positiven Vorzeichen versehen werden. Sie erscheint und
wirkt dann als Herausforderung, weil sie zu neuen Anstrengungen anspornt,
neue Einsichten vermittelt und neue Fertigkeiten schafft[2].

Eine Querschnittsuntersuchung[3], die in diesen Zusammenhang eingeordnet werden kann, zeigt, daß erfolgreiche Unternehmer Rückschläge vor allem als Gelegenheit zum Lernen[4] betrachten. Als ein tatsächliches Problem nehmen diese
hingegen vermehrt nicht erfolgreiche Unternehmer wahr[5].

Dieser Ansatz, als ein weiterer Bestandteil des bereits vorgestellten hardiness-
Konzeptes[6], führt zu Hypothese 4.

Hypothese 4:
Zwischen dem Existenzgründungserfolg und dem Ausmaß an Herausforderungs-
denken besteht ein positiver Zusammenhang.

---

[1] Henry Ford (1863 - 1947).
[2] nach Hradil (1992) / positive Effekte im Bereich der Gesundheitspsychologie zeigt die Untersuchung von Bliemeister, Frey, Aschenbach, Köller (1992).
[3] siehe Sexton, Van Auken (1982).
[4] zu 65%, bei nicht erfolgreichen zu 17,5%.
[5] 35%, bei erfolgreichen zu 0%.
[6] Gentry, Kobasa (1984).

6.2.4 Leistungsmotivation

" Vorsprung muß man sich hart erkämpfen..."[1]

Eine der wesentlichen Voraussetzungen zur erfolgreichen Existenzgründung ist der Wille zur Leistung. Diese Leistungsmotivation (need of achievement), basierend auf den Vorstellungen McClellands[2], löste das bis dahin allgemein geltende Konzept des Schumpeter'schen[3] Unternehmers ab, der von dem Willen zum Herrschen und Siegen getrieben wird. Dieses Machtmotiv wurde also ersetzt durch das Streben nach effizienter Leistung. So gilt die Leistungsmotivation seit den Arbeiten von McClelland als die Unternehmereigenschaft schlechthin. Das Konzept weist eine enge Beziehung zu der kalvinistischen Leistungsethik und dem Geist des modernen Kapitalismus nach Weber[4] auf.

Die Theorie ist dort anwendbar, wo ein Individuum weiß, daß sein Verhalten mit Hilfe eines Leistungsstandards bewertet wird und daß das Ergebnis seines Handelns entweder eine günstige Bewertung (Erfolg) oder eine ungünstige Bewertung (Mißerfolg) erfahren wird. Damit Leistungsmotivation geweckt wird, muß das Individuum sich selbst für das Ergebnis verantwortlich machen und ein klares Wissen über die Ergebnisse besitzen. Es darf ein gewisses Maß an Risiko bezogen auf die Erfolgswahrscheinlichkeit bestehen.

Als typische Verhaltenstendenzen[5] von stark leistungsmotivierten Menschen stellt sich die Suche nach mäßig schwierigen, aber erreichbaren persönlichen Zielen dar, die die individuelle Verantwortung und direkte Zurechenbarkeit von Leistung ermöglichen. Dabei wird eine direkte Rückmeldung bevorzugt. Die Problemlösung ist dabei nicht dem Zufall oder Dritten zu überlassen. Geld ist nicht die Motivation des Handelns, sondern der Maßstab für die eigene Leistung[6]. Hoch leistungsmotivierte Menschen besitzen, das beweisen Untersuchungen[7], außerdem eine höhere Ausdauer als Menschen, die eine niedrige Leistungsmotivation aufweisen. Diese Persistenz zeigt sich in der kontinuierlichen Beschäfti-

---

[1] Anzeigenkampagne der Wirtschaftswoche (1992).
[2] McClelland (1966).
[3] Schumpeter (1912).
[4] Weber (1965).
[5] McClelland (1966).
[6] nach Klandt (1990b).
[7] Atkinson (1975) S. 402ff.

gung mit einer Aufgabe, in der Wiederaufnahme der unterbrochenen oder miß-
lungenen Aufgabe und einer langfristigen Verfolgung eines übergreifenden Zieles.

Weiterhin weist Heckhausen[1] nach, daß das gesuchte Anspruchsniveau einer
Aufgabe, sprich also die Aufgabenschwere, nicht kontinuierlich mit der Stärke
des Leistungsmotivs ansteigt. Hoch leistungsmotivierte Menschen bevorzugen
zwar hohe, aber doch erreichbare Ziele und klammern unrealistisch hohe Ziele
aus. Dieser Befund bestätigt die Vermutung McClellands, daß hoch motivierte
Menschen kalkulierbare Risiken bevorzugen. Damit versprechen sie sich auf die
Dauer den größten Fortschritt, da man sich weder an die unerheblichen Erfolge
eines zu leichten Ziels bindet, noch auf unwahrscheinliche Zufallserfolge bei zu
schwierigen Zielen spekuliert. So ist die Erreichung ausgeglichener bis mäßig hoher Ziele weitgehend vom persönlichen Einsatz und Risikobewußtsein und weniger von äußeren Umständen abhängig. Erfolg und Mißerfolg sind gleich
wahrscheinlich, so daß ein möglichst offener Ausgang erzeugt wird, dessen Ergebnis maximal von der eigenen Tüchtigkeit beeinflußt wird. Die Erfolgserwar-
tung steht in positiver Relation zu einer niedrigeren Angst.

Überträgt man dieses Konzept auf die Gründungsforschung, so scheint die Existenzgründung eine geradezu ideale Herausforderung für einen hoch leistungsmotivierten Menschen zu sein. Die Höhe der individuellen Leistung ist
unmittelbar am Erfolg des gegründeten Unternehmens ablesbar. Die Leistungsbe-
reitsschaft muß relativ konstant sein, denn die neu geschaffene Existenz verlangt beharrliches Engagement, wenn der Schritt in die Selbständigkeit erfolgreich sein soll. Auch in Phasen großer psychischer und physischer Belastung und
trotz zahlreicher Mißerfolge muß der Existenzgründer zur Leistung bereit sein.
Sinkt die Leistungsbereitschaft sowie das Vertrauen in die Leistungskraft der eigenen Person, scheitert der Existenzgründer leicht.

Die Forschungsarbeiten in diesem Bereich zeichnen sich durch ein erhebliches
Maß an Konsens aus[2]. Gemeinsam wird hinsichtlich der Gründungsaktivität auf
eine positive Korrelation zur Leistungsmotivation hingewiesen. Die wenigen empirischen Arbeiten zum Gründungserfolg[3] zeigen etwas uneinheitlich einen positiven Zusammenhang.

[1] Heckhausen (1963).
[2] aus Klandt (1990b).
[3] siehe Kapitel 3.4.

Hypothese 5:
Erfolgreiche Existenzgründer weisen eine höhere Leistungsmotivation auf.

6.2.5 Soziale Unterstützung

Die positive Funktion eines engmaschigen, unterstützenden sozialen Umfeldes für psychisches und physisches Wohlbefinden[1] ist zahlreich nachgewiesen worden. Menschen können dann mit "kritischen Lebensereignissen" besser umgehen und ihre Auswirkungen verkraften, wenn sie soziale Unterstützung erfahren. Das bedeutet konkret, daß sie Informationen erhalten, die ihnen zeigen, daß man sich um sie kümmert, daß sie geliebt und geschätzt werden und daß sie ein anerkanntes Mitglied in einem Netzwerk von gegenseitigen Verpflichtungen sind. Diese Unterstützung kann in Form emotionaler Zuwendung, materieller Hilfe, Information, gegenseitiger Wertschätzung oder auch sozialem Feedback gegeben werden. Dieses unterstreicht den eher qualitativen als quantitativen Aspekt der Überlegungen, damit findet sich eine klare Unterscheidung zum sozialen Netzwerk[2].

Die soziale Unterstützung hat einen "buffering-effect", das heißt, sie ist eine Art Schutzwall gegen objektive situative Gegebenheiten. Sie schützt vor Isolation und Vereinsamung, stellt einen wichtigen Aspekt bei der Realisierung individueller Wünsche und Ziele dar und erfüllt überdies eine Pufferfunktion in Streßsituationen[3]; Untersuchungen zeigen, je tragfähiger die sozialen Beziehungen sind, desto länger ist die Lebenserwartung, desto besser der Gesundheitszustand, desto schneller verlaufen Genesungsprozesse und die Überwindung von Krisen wird beschleunigt. Weiterhin ist die Gefahr seelischer Erkrankungen wesentlich geringer[4]. Das Fehlen enger sozialer Bindungen steht auch im Zusammenhang mit vermehrtem Auftreten von Depressionen und Ängstlichkeit, so kann man zeigen, daß Personen, die soziale Unterstützung aufweisen konnten, generell körperlich gesünder waren und eine bessere Abwehr gegen psychische Krankheiten besitzen.

---

[1] siehe dazu: Lütjen, Frey (1987) S. 570ff.
[2] Lütjen, Frey (1987) S. 570ff.
[3] Kobasa (1982) / Übersicht der Ergebnisse: Gentry, Kobasa (1984) S. 94f.
[4] Rosch-Inglehard (1988) / Bliemeister, Frey, Aschenbach, Köller (1992).

Die Gründung eines eigenen Unternehmens betrifft nicht nur den Existenzgründer unmittelbar, sondern hat auch Auswirkungen auf seine Familie. Sie erzeugt in dem vertrauten und eingespielten Verhältnis eine tiefe Unruhe. Gerade in den ersten Monaten ist die Familie oft der einzige soziale Halt eines Gründers. Ehemalige Arbeitskollegen sowie der Bekanntenkreis reagieren oft mit Unverständnis und Neid auf die Selbständigmachung. Zeitmangel verhindert, daß der Bekanntenkreis weiter aufrecht erhalten wird. Aber nicht nur Bekannte leiden unter der Zeitknappheit des Existenzgründers. Durch die häufig vorzufindende 70-Stunden Woche ist am intensivsten die Familie betroffen. Oft sind Wochenenden für versäumte Arbeiten reserviert und an Urlaub denkt der Existenzgründer aus Angst vor Auftragsverlusten in den ersten Jahren meist sowieso nicht. Zusätzlich ist er auch oft dann nicht in der Lage abzuschalten, wenn er die Arbeiten für den Betrieb einmal beiseite gelegt hat, denn seine Gedanken bleiben bei Auftragslage, Kreditverträgen und Zahlungsverpflichtungen. Das erfordert gerade in Zeiten ständig sinkender Arbeitszeit und Überbetonung aller Freizeitwerte viel Verständnis von allen Betroffenden. Trotz dieser Belastungen muß die Familie moralische Stütze sein und ihre Bereitschaft dokumentieren, die Gründungsentscheidung mitzutragen. Eine Familie, die sich gegen eine Existenzgründung ausspricht, und vielleicht trotz gefallener Entscheidung noch bei jedem Mißerfolg auf ihre Bedenken wieder hinweist, kann ein wesentlicher Faktor sein, der einen Existenzgründer scheitern läßt. Genauso verhält es sich mit Problemen, die im Familienleben entstehen.

Untersuchungen[1] zeigen, daß Existenzgründer, die sich allein gelassen fühlen[2], erhöhte Werte im Bereich des Streßempfindens zeigen[3]. Weder dieser Streß noch das Einsamkeitsgefühl werden über die Zeit abgebaut, zum Alter der Firmen besteht also kein Zusammenhang. Wenn auch eine direkte Beziehung des empfundenen Stresses zum finanziellen Erfolg einer Gründung bisher nicht nachgewiesen werden konnte, so sind doch negative gesundheitliche Auswirkungen bekannt. Die Gründe für die Einsamkeit des Gründers und damit den Mangel an sozialer Unterstützung liegen nach Boyd und Gumpert[4] vor allem in dem Ansehen und den Erwartungen, die an einen Existenzgründer gestellt werden.

---

[1] Boyd, Gumpert (1983) / Boyd, Gumpert (1984).
[2] 54% der Befragten haben immer wieder das Gefühl der Einsamkeit, aus: Boyd, Gumpert (1983) S. 481.
[3] hohe Korrelationen mit Beschwerden wie Schmerzen, Schlaflosigkeit.
[4] Boyd, Gumpert (1983) S. 482 - 484.

1. Durch das Fehlen von Kollegen liegt der alleinige Entscheidungsdruck auf dem Gründer.

2. Aufgrund des Images der Gründerpersönlichkeit in der Außenwelt werden Gefühle und Ängste mit niemanden geteilt.

3. Es entstehen aufgrund des Zeit- und Energiemangels zahlreiche Konflikte mit Familie und Freunden.

4. Die Gründungssituation sorgt für eine Leistungs- und Wettbewerbsorientierung, die auf die Einzelperson gerichtet ist.

Für die Gründer in den neuen Bundesländern kommen noch einige besondere Aspekte der DDR-Situation[1] hinzu, die die sozialen Kontakte zusätzlich belasten und in dem wirtschaftlichen und gesellschaftlichen Umbruch begründet liegen. So ist die Lage aufgrund des Verlustes vieler Firmen durch ein Zerfallen alter Kollegenstrukturen gekennzeichnet. Weiterhin beginnt ein Auseinanderbrechen der gewohnten Gesellschaftsstrukturen, da statt Gleichheit jetzt der Grundsatz der Leistung eingeführt wird. Auch im Freundeskreis beginnt eine Neuorientierung, da gesellschaftliche Ansprüche, Stellungen und Ansehen neu errungen werden müssen. Aufgrund des Fehlens wesentlich anderer Bezugspersonen hat also die Familie alleine die Aufgabe, bei diesem sogenannten "kritischen Lebensereignis" soziale Unterstützung zu leisten, den Streß zu kompensieren und den Gründer in seinem Selbstvertrauen zu stärken. Die Familie dient also sowohl der seelischen als auch praktischen Unterstützung. Sie ist oft die einzige Quelle eines positiven Rückhalts, vor allem dann, wenn in der Anfangsphase noch viele Dinge sich objektiv nicht so entwickeln, wie sich der Existenzgründer dieses vorgestellt hat. Die Deutsche Ausgleichsbank[2] unterstreicht in ihrem Bericht die große Bedeutung der familiären Situation für den Erfolg einer Gründung. Die Unterstützung durch Familie und Bekannte können nachgewiesenermaßen als wichtig betrachtet werden.

Nach den geschilderten Erkenntnissen aus dem Bereich kritischer Lebensereignisse erweist sich, und das behauptet Hypothese 6, eine hohe soziale Unterstützung durch die Umgebung zur Überwindung von Problemen als hilfreich und kann somit den Erfolg positiv beeinflussen.

---

[1] siehe Kapitel 4.
[2] Deutsche Ausgleichsbank (1987) S. 29 - 30.

Hypothese 6:

Zwischen dem Erfolg einer Gründung und dem Ausmaß der sozialen Unterstützung durch die Umgebung des Existenzgründers besteht ein positiver Zusammenhang.

6.2.6 Soziale Kompetenz

Als weitere Dimension neben der sozialen Unterstützung wird im folgenden die soziale Kompetenz betrachtet. Sie bezeichnet die Fähigkeit einer Person, mit anderen Menschen umzugehen. Personen besitzen im unterschiedlichen Ausmaß soziale Kompetenz.[1] Das bedeutet, sie verfügen über verschiedene Fähigkeiten, die es ihnen erleichtern, soziale Situationen im Berufs- oder Privatleben besser bewältigen zu können. Die Fertigkeiten werden zur Erreichung bestimmter Ziele eingesetzt, wobei die Handlungsweise gewählt wird, die mit der am höchsten eingeschätzten Wahrscheinlichkeit zum Erfolg führt. Dabei ist die Höhe der sozialen Kompetenz eines Menschen abhängig von seinen Kenntnissen über objektive Handlungsmöglichkeiten, sowie vom Beherrschen dieser Fertigkeiten, um ein bestimmtes Ziel erreichen zu können.

Da es in der Realität oft sehr schwer ist, die Komplexität einer Situation sowie die verschiedenen Handlungsalternativen, ihre Konsequenzen und ihre Wahrscheinlichkeiten voll zu erfassen, wird zur Verringerung der Komplexität oft auf normierte Verhaltensregeln und Alltagswissen zurückgegriffen.

Um dieses Konzept auf den Existenzgründer zu übertragen, muß man sich noch einmal vergegenwärtigen, daß auch die Fähigkeiten des Existenzgründers, mit Personen aus seinem mikrosozialem Umfeld umzugehen, über Erfolg oder Mißerfolg einer Gründung mitentscheiden. Negative Folgen können sich vor allem aus dem falschen Umgang mit Kunden zeigen. Aber auch Beziehungen zu Mitarbeitern, Lieferanten, Banken und öffentlichen Stellen sollen so vom Existenzgründer gestaltet werden, daß sie sich für das neue Unternehmen als Vorteil erweisen.

Der Existenzgründer muß also gegenüber seiner Umwelt mit einer großen Aufgeschlossenheit ausgestattet sein. Für die Vorstellungen und Wünsche seiner Kun-

---

[1] vgl. im folgenden: Greif (1987) S. 312ff.

den ist ein stets "offenes" Ohr wichtig, um schnell und effektiv auf sich anbahnende Veränderungen reagieren zu können, also Trends vorherzusehen. So ist die Person des Existenzgründers Sensor der Unternehmung für die Umwelt. Entscheidend ist also die Fähigkeit, mit anderen umzugehen, um dem Ziel, der erfolgreichen Gestaltung seiner Existenzgründung, näher zu kommen. Da erweist sich geschäftlich gesehen die Kontaktfreudigkeit als genauso wichtig wie Beziehungen, die oft im privaten Bereich, sei es beispielsweise durch zusätzliches Engagement in einem Verband, geknüpft werden.

Hypothese 7:
Zwischen dem Erfolg einer Gründung und dem Ausmaß der sozialen Kompetenz des Existenzgründers besteht ein positiver Zusammenhang.

6.2.7 Führungsstil

Der Erfolg einer neuen Unternehmung wird auch dadurch mitbestimmt, welche Bedeutung den Mitarbeitern zugeschrieben wird. Dieses zeigt unter anderem eine Untersuchung von Peters und Waterman[1] aus dem Jahr 1984, die nachweist, daß solche Unternehmen erfolgreicher sind, die den Faktor Mensch als zentralen Kapitalfaktor betrachten.

Hoch motivierte und kreative Mitarbeiter sind also das Ziel jeder Unternehmensführung, da nur so das Gespenst "Innere Kündigung", also der Tatbestand, daß sich ein Mitarbeiter längst nicht mehr mit den Zielen der Unternehmung identifiziert, sondern nur noch seinen eigenen, in Form eines ruhigen Absitzens der Arbeitszeit nachgeht, zu besiegen ist. Wichtige Hilfsmittel, um einen mitarbeitergerechten und effizienten Führungsstil zu schaffen, sieht Frey[2] u.a. in der Transparentmachung von wichtigen Firmeninformationen und Entscheidungen, an denen die Mitarbeiter soweit wie möglich partizipieren sollten. Unternehmensziele und Unternehmensgrundsätze sollten für jeden verständlich dargestellt und es sollte nach ihnen gehandelt werden. Den Mitarbeitern ist die Bedeutung ihrer Leistung für den gesamten Unternehmenserfolg deutlich zu zeigen. Konstante Rückmeldung über die Arbeitsergebnisse sind dabei genauso wichtig wie eine positive Wertschätzung, die gerechte Beurteilung von Leistungen, das Aufzeigen von beruflichen Weiterentwicklungsmöglichkeiten und eine soziale Einbindung in

---

[1] Peters, Waterman (1984).
[2] Frey, Brüning (1988).

die Unternehmung. Ziel ist die Gestaltung einer Atmosphäre für einen "idealen Mitarbeiter", der sich durch eine hohe Identifikationsrate mit dem Unternehmen, durch Einsatzbereitschaft, Flexibilität und Kreativität auszeichnet.

Auch der Existenzgründer ist auf eine hohe Motivation und Leistungsbereitschaft seiner Mitarbeiter angewiesen. Denn gerade in einem Existenzgründungsunternehmen werden von den zukünftigen Mitarbeitern eine höhere Flexibilität, eine umfassendere Qualifikation und ein erhöhter Arbeitseinsatz im Verhältnis zu den Anforderungen bereits bestehender Unternehmen gefordert. Aufgrund der Kostenstruktur ist der Existenzgründer jedoch nur selten in der Lage, diese Nachteile mit höheren Löhnen, geschweige denn mit den sozialen Leistungen am Markt etablierter Unternehmen auszugleichen. Zusätzlich belastet natürlich die Unsicherheit des gebotenen Arbeitsplatzes das Arbeitsverhältnis. Unter diesen Umständen scheint eine besondere Mitarbeiterorientierung durch den Existenzgründer wichtig für den Erfolg zu sein.

Die Führungsforschung zeigt, daß ein Zusammenwirken aus einem mitarbeiter-[1] und einem aufgabenorientierter Führungsstil[2] am erfolgreichsten ist. In diesem Zusammenhang soll die Mitarbeiterorientierung über das Prinzipienmodell der Führung[3] gemessen werden. Für vier der zehn Prinzipien des Modells soll ein Zusammenhang zum Gründungserfolg analysiert werden. Es sind dieses:

1. Prinzip der Transparenz durch Information
2. Prinzip der Entscheidungsbeteiligung durch Verantwortung und Mitbestimmung
3. Prinzip der positiven Wertschätzung
4. Prinzip der Stimulation durch Zielvereinbarung

Hypothese 8:
Zwischen dem Erfolg einer Gründung und einem mitarbeiterorientierten Führungsstil besteht ein positiver Zusammenhang.

---

[1] Messung über des Führungserfolges über Arbeitszufriedenheit und Identifikation bei Schönwälder (1989).
[2] beispielsweise: Kontigenzmodell von Fiedler (1967); Ansätze der Ohio-Gruppe (Fleishman, Harris (1962)).
[3] Frey, Brüning (1988).

6.2.8 Risikoneigung

"Wovor einer Angst hat, daran wird er sterben."

(Spanisches Sprichwort)

Risiko, als affektiv-emotionale Komponente der Persönlichkeit des Gründers, wird als die Wahrscheinlichkeit des Auftretens von negativen Folgen bestimmter Ereignisse, seien es Mißerfolge, Schäden oder Verluste, definiert. Damit ist Risiko Gegenstand fast aller Handlungen und Entscheidungen des wirtschaftlichen Lebens. Es zeigt den Konflikt zwischen der Tendenz nach Sicherheit und der nach Leistung auf. Nach dem 2-Komponenten Modell von Cunningham[1] bestimmt sich die Höhe des Risikos aus der Möglichkeit der Nicht-Realisierung der angestrebten Ziele. Faktoren sind dabei die subjektive Wahrscheinlichkeitsannahme über die Nicht-Realisierung eines angestrebten Zielerreichungsgrades, also die wahrgenommene Unsicherheit, und die wahrgenommenen Folgen, also die subjektive Prognose über die Folgen, die sich ergeben, wenn Ziele nicht im angestrebten Ausmaß realisiert werden.

Hoch leistungsmotivierte Menschen würden im Sinne von McClelland[2] ein mittleres Risikoniveau bevorzugen, da ein niedriges Risiko keine Anforderung an die eigene Person darstellt. Auch eine Aufgabe mit einem hohen Risiko ist nicht geeignet, da die Bewältigung nicht ausschließlich von Leistungen abhängt, sondern auch noch die Notwendigkeit eines Zufalls zur Erringung des Erfolgs als Voraussetzung erfordert.

Diese Überlegungen widersprechen der eigentlichen Koppelung einer hohen Risikoneigung mit dem Unternehmerbegriff. So geht auch Liles[3] davon aus, daß der Existenzgründer tatsächlich ein verhältnismäßig hohes Risiko bevorzugt. Dieses umfaßt vier kritische Risikobereiche, bestehend aus:

1. Ein finanzielles Risiko, da das ganze Vermögen und eventuell zukünftiges Vermögen investiert wird.

---

[1] bei Atkinson (1957): motivation to achieve - motivation to avoid failure.
[2] nach McClelland (1961).
[3] Liles (1974) S. 13 - 15.

2. Ein <u>soziales Risiko</u>, da er seine bisherige abhängige Beschäftigung aufgegeben hat, verzichtet er damit auch vorläufig auf ein berufliches Fortkommen, sei es nun als Beamter, Angestellter oder Arbeiter. Es handelt sich also dabei um einen Stillstand in seiner abhängigen Karriere, wenn nicht gar um einen Rückschritt.

3. Ein <u>familiäres Risiko</u>, denn die Energie und Zeit des Gründers sind durch die Gründungsaktivität so sehr gebunden, daß für private Aktivitäten wenig Zeit bleibt. Die Wahrscheinlichkeit für ernsthafte familiäre Probleme, die unter Umständen sogar zur Trennung der Familie führen könnten, steigt.

4. Ein <u>psychisches Risiko</u> für die Person des Existenzgründers ist unübersehbar. Aufgrund der großen Beanspruchung durch eine Existenzgründung ist eine emotionale Bindung an dieses Projekt sehr wahrscheinlich. Es nimmt einen erheblichen Stellenwert in dem Leben des Gründers ein. Sollte die Gründung scheitern, würde es bei dem Existenzgründer als persönlicher Mißerfolg zu einem Verlust an Selbstvertrauen führen. Nicht vergessen werden darf sicherlich ein erhöhtes Gesundheitsrisiko, das durch die erhöhte physische und psychische Belastung einer Existenzgründung ausgelöst wird.

Obige Überlegungen widersprechen den Forschungsergebnissen[1], die bei Existenzgründern keine höhere Risikoneigung als bei der Durchschnittsbevölkerung feststellen konnten. Dieses läßt sich nur dadurch erklären, daß die Einschätzung von Risiko in Abhängigkeit von der Persönlichkeit sehr unterschiedlich ausfallen kann. Die Wahrnehmung erfolgt als Folge der Empfindungen oft anders, als es die tatsächliche Situation zeigt. Ein absolutes unabhängiges Maß für Risiko, welches für alle Menschen über alle Situationen gilt, gibt es nicht. Betrachtet man die steigenden Gründerzahlen in Zeiten schwachen Wirtschaftswachstums und hoher Arbeitslosigkeit[2], ergibt sich als mögliche Erklärung dieses Verhaltens, "... daß die Risikoeinstellung der Menschen nicht nur von der Verteilung der unsicheren Ertragserwartungen, sondern auch von ihrer jeweiligen Ausgangssituation abhängt."[3]

Die Wahrnehmung des Risikos ist also stark situationsbedingt. Dabei ist ein-

---

[1] Brockhaus (1980a).
[2] Schatz (1984).
[3] Brockhoff (1992) S. 96.

leuchtend, daß für den Gründer vieles unbekannt und nicht kalkulierbar ist. Um Dissonanz[1] nach und aufgrund seines Entschlusses, sich selbständig zu machen, zu vermeiden, werden von ihm viele dieser Risikokomponenten verdrängt, vergessen oder einfach ignoriert. Das sorgt dafür, daß er ein niedrigeres Risikoempfinden wahrnimmt und eine Messung ohne weiteres nicht möglich ist[2].

Als ein tatsächliches Indiz für die Wirksamkeit unterschiedlicher Risikoneigungen zwischen erfolgreichen und nicht erfolgreichen Unternehmensgründungen können hingegen die Ergebnisse einer Untersuchung des Institut für Mittelstandsforschung[3] angesehen werden. Sie stellten fest, daß Unternehmen, die mit einem höheren Startkapital begannen und ihre Mitarbeiterzahlen schneller erweiterten, also sozusagen risikofreudiger agierten, erfolgreicher waren als Unternehmen, die klein anfingen und vorsichtiger handelten. Diese Beobachtungen bestätigen auch Untersuchungen in Amerika[4], sowie die bereits zitierte Münchener Gründerstudie[5], die als Ergebnis zu einer "liability of smallness"[6] kommt. Dieses könnte als ein Anzeichen ausgelegt werden, daß risikofreudigere Existenzgründer erfolgreicher sind.

Betrachtet man diese Ergebnisse im Zusammenhang zum hardiness-Konzept, so kann man sagen, daß das Risikoempfinden und die Angst, zu versagen, niedriger ist, wenn Probleme als Herausforderungen betrachtet werden, in denen die Chancen und damit die positiven Komponenten überwiegen.

Hypothese 9:
Zwischen dem Erfolg einer Gründung und der Risikowahrnehmung des Existenzgründers besteht ein negativer Zusammenhang.

---

[1] Übersicht zur Dissonanztheorie bei Frey (1984) S. 243ff..
[2] Goebel (1990) S. 196: "Sowohl die Absicht zu gründen als auch der definitive Schritt in die Selbständigkeit werden berechtigterweise immer von Angst begleitet. Diese Angst rückt schließlich in der auslösenden Gründungssituation aufgrund vielfältiger individueller Konstellationen in den Hintergrund. Der Wille, sich selbständig zu machen, bestimmt das Verhalten.".
[3] Hunsdiek (1987) S. 217 - 226.
[4] für höhere Beschäftigungszahl und höheres Startkapital bei Cooper, Dunkelberg, Woo (1989).
[5] Preisendörfer, Schüssler, Ziegler (1989).
[6] Sterblichkeit kleiner Unternehmen.

6.3 Planungs- und Beratungsverhalten

Zu den Hauptursachen für den Gründungsmißerfolg zählen nach Ansicht von Praktikern die fehlende bzw. unzureichende Gründungsplanung. Viele Gründer stürzen sich geradezu "blind"[1] in ihre Existenzgründung. Bisherige Forschungsergebnisse[2] zeigen, daß das Ausmaß der Beratung und Planung bei Gründungsvorhaben sich als Einflußfaktor eines möglichen Erfolges erweist. Bislang gelang der Nachweis jedoch nur in Querschnittserhebungen, die, wie schon beschrieben, mit den Effekten des Vergessens und Verdrängens, in diesem Fall vor allem begründet durch Selbstwertschutz und kognitive Dissonanz, belastet sind.

Zu den wichtigsten Gründen dieser Planungsdefizite bei der Existenzgründung zählen die Tatsache[3], daß Gründer nur mangelnde oder keine Planungserfahrung besitzen, ihnen der Planungs- und insbesondere der Rechenaufwand zu hoch erscheint, sowie die Überzeugung, daß bei der großen Unsicherheit über die zukünftige Entwicklung eines Gründungsunternehmens nicht geplant werden kann. Dazu gesellt sich die insgesamt für die Gründungs- und Frühentwicklungsphase von Unternehmungen charakteristische Zeitknappheit, die Planungsaktivitäten nicht zuläßt.[4] Dazu kommt noch eine gewisse Verschärfung der Situation durch die wirtschaftliche Lage in der ehemaligen DDR. Denn drohende Arbeitslosigkeit, eine unsichere Umwelt sowie die vermeintliche Chance, große Gewinne zu erzielen, haben viele Gründer in den neuen Bundesländern ohne Vorbereitungs- und Planungsverhalten in die Selbständigkeit gelockt.

Betrachtet man die psychologischen Determinanten des Planungsverhalten hinsichtlich Wachstum und Firmenerfolg, hat sich gezeigt[5], daß mit einem höheren Planungsverhalten die Präferenz für Innovation, Risikoneigung und Leistungsmotivation steigt. Durch dieses Ergebnis gestützt, läßt sich die folgende Hypothese ableiten:

Hypothese 11:
Zwischen dem Erfolg einer Gründung und dem Ausmaß der Planung und Vorbereitung der Gründung besteht ein positiver Zusammenhang.

---

[1] vgl. z.B. Mayer, Goldstein (1961) / Szyperski, Nathusius (1977b) / May (1981).
[2] z.B.: Barth (1988) / Jungbauer-Gans, Preisendörfer (1991).
[3] nach Müller-Böling, Graf (1988) S. 615.
[4] siehe dazu Müller-Böling, Graf (1988).
[5] Carland, Carland, Aby (1989).

7 Durchführung der Untersuchung

7.1 Einordnung der vorliegenden Untersuchung

Da es auf dem Gebiet der Existenzgründungsforschung, das sich mit der Person des Existenzgründers und deren Wirkung auf den Gründungserfolg befaßt, bisher nur wenig gesichertes empirisches Wissen gibt, bietet dieses Feld interessante Forschungsmöglichkeiten. Der Ansatz, der hier zur Untersuchung dieser Fragestellung gewählt wurde, ist interdisziplinär zwischen Betriebswirtschaftslehre und Psychologie angesiedelt. Es handelt sich quasi um die Charakterisierung und Messung einer psychologischen Komponente in einer betriebswirtschaftlichen Fragestellung, nämlich im Bereich der Gründung einer wirtschaftlich selbständigen Existenz.

Das Ziel der Untersuchung liegt somit darin, festzustellen, welche Aspekte der Persönlichkeit des Existenzgründers einen Einfluß auf das Gründungsgeschehen haben und inwieweit sich diese als erfolgsrelevant erweisen. Es gilt zu zeigen, ob es meßbare Unterschiede gibt, die einen erfolgreichen Existenzgründer von einem weniger erfolgreichen unterscheiden. Sind signifikante Zusammenhänge zwischen Erfolg und Persönlichkeit zu ermitteln, ist zu klären, ob der Gründerpersönlichkeit eventuell eine so große Bedeutung zukommt, daß sie als Prädiktor für den Gründungserfolg zu verwenden ist.

Dabei sind der Ausgangspunkt dieser Untersuchung eine Reihe von Forschungsergebnissen[1], die zwar Zusammenhänge zwischen bestimmten Eigenschaften eines Existenzgründers und dem Gründungserfolg aufzeigen, denen es aber nicht gelingt, nachzuweisen, was Ursache oder Wirkung der beobachteten Effekte ist, da in diesem Forschungsgebiet meist lediglich Ergebnisse von Querschnittsuntersuchungen vorliegen.

Die bisher vor allem verwendete Methodik der Querschnittsuntersuchung hatte weiterhin zur Folge, daß erfolglose Gründer in Erhebungen gar nicht erst einbezogen wurden, da diese oft erst einige Jahre nach der Gründung erfolgten, wenn nicht Erfolgreiche bereits ausgeschieden waren. So scheint ein Vergleich zwischen erfolgreichen und erfolglosen Gründern nur schwer möglich. Eine Ausnah-

---

[1] siehe Kapitel 3.2.

me bildet eine Studie aus München[1], bei der alle Gewerbeanmelder eines gewissen Zeitraums unabhängig von ihrer jetzigen wirtschaftlichen Tätigkeit aufgesucht und befragt wurden. Hier erweist sich jedoch als entscheidender Nachteil, daß man mit Verzerrungs- und Verdrängungseffekten hinsichtlich der Einschätzungen der damaligen Sachlage rechnen muß. Dieses kann sowohl aus Gründen des Vergessens geschehen, als auch zum Schutz des eigenen Selbstwertgefühls[2].

Um diese Verzerrung innerhalb der Stichprobe zu vermeiden, sowie die Relevanz bestimmter psychologischer und ökonomischer Prädiktoren besser nachweisen zu können, wurden die folgenden Daten in Mecklenburg-Vorpommern in einer Längsschnittstudie erhoben.

Dabei wurde die Idee verwirklicht, die Persönlichkeit des Existenzgründers, hier beschrieben durch seine Gründungsmotivation, die sozialpsychologischen Ausprägungen und Merkmale eines standardisierten Persönlichkeitstests, durch mögliche Einflußfaktoren zu einem sehr frühen Zeitpunkt nach der Gründung zu erheben. Gleichzeitig sollten wirtschaftliche Daten des Gründungsunternehmens, die einen Einfluß auf den Erfolg haben könnten, mit erfaßt werden. Zu einem späteren Zeitpunkt sollte dann der Erfolg dieses Gründungsunternehmens gemessen werden, mit der Absicht, mittels empirischer Analysen festzustellen, ob, in welchen Bereichen und in welchem Maße Unterschiede dieser Einflußfaktoren vorliegen. Es schließt sich die Frage an, ob eine Prädiktorwirkung der Persönlichkeit nachzuweisen ist. Weiterhin ermöglicht das Untersuchungsdesign, Veränderungen der Person und ihrer Einstellungen über die Zeit zu beobachten, also auszuwerten, wie der Gründer auf eine sich wandelnde Umwelt und die Realisation der Gründung reagiert.

---

[1] Preisendörfer, Schüssler, Ziegler (1989).
[2] Stahlberg, Osnabrügge, Frey (1985) S. 94 - 107. / Frey (1984) S. 243 - 292.

7.2 Bezugrahmen und Design der Längsschnittuntersuchung

Aufgrund der vorliegenden Ergebnisse und der oben genannten Überlegungen bewegt sich die Untersuchung in dem nun im folgenden beschriebenen Bezugsrahmen (siehe Abb. 11).

Hauptziel der Untersuchung ist die Feststellung der Höhe des Einflusses der Existenzgründerpersönlichkeit auf den Erfolg einer Gründung. Wesentliche Variablen, die es zu messen gilt, stellen daher die Person, der Erfolg und das Gründungsunternehmen selbst dar. Ein weiterer Einfluß, der hier nicht explizit gemessen wird, weil er eigentlich auf alle Untersuchungsteilnehmer gleichmäßig wirkt, ist die ökonomische und gesellschaftliche Umwelt. Gerade in den neuen Bundesländern spielt sie durch den Transformationsprozeß von der Planwirtschaft zur Marktwirtschaft eine ganz wesentliche Rolle. Obwohl diese Auswirkungen nicht ausdrücklich erhoben werden, werden sie jedoch bei der Interpretation der Ergebnisse berücksichtigt.

Die Charakterisierung der Person des Existenzgründers erfolgt unter drei verschiedenen Aspekten, der spezifischen Gründungsmotivation über eine Liste von Motiven, Persönlichkeitsmerkmalen über die '16 Persönlichkeits-Adjektivskala' (16 PA) von Brandstätter[1] und sozialpsychologischen Ausprägungen. Der letzte Punkt umfaßt dabei die Motivation, die Kognitionen, die soziale Dimension, sowie affektiv-emotionale Aspekte[2].

Hinsichtlich des **motivationalen** Aspektes der Person des Existenzgründers stehen Leistungsmotivation[3] und Herausforderungsdenken[4] im Vordergrund. In **kognitiver** Hinsicht werden die internale Kontrollüberzeugung erhoben, also das Ausmaß, in der eine Person meint, den Ausgang einer Situation bestimmen zu können, bzw. dieser Ausgang vom Schicksal, Zufall oder auch von anderen Personen geprägt ist.

---

[1] Brandstätter (1988); aufgrund des geringeren Bearbeitungsaufwandes wurde der 16 PA von Brandstätter statt des wesentlichen umfangreicheren '16 Personality Factors Questionnaire' von Cattell (Schneewind, Schröder, Cattell 1983) verwendet. Wesentliche Ergebnisse aus dieser Existenzgründerstudie zu dem Persönlichkeitstest sind nicht in dieser Arbeit enthalten und erscheinen in einem eigenen Artikel.
[2] siehe auch Kapitel 6.
[3] McClelland (1965).
[4] challenge.

Abb. 11: Bezugrahmen der Untersuchung

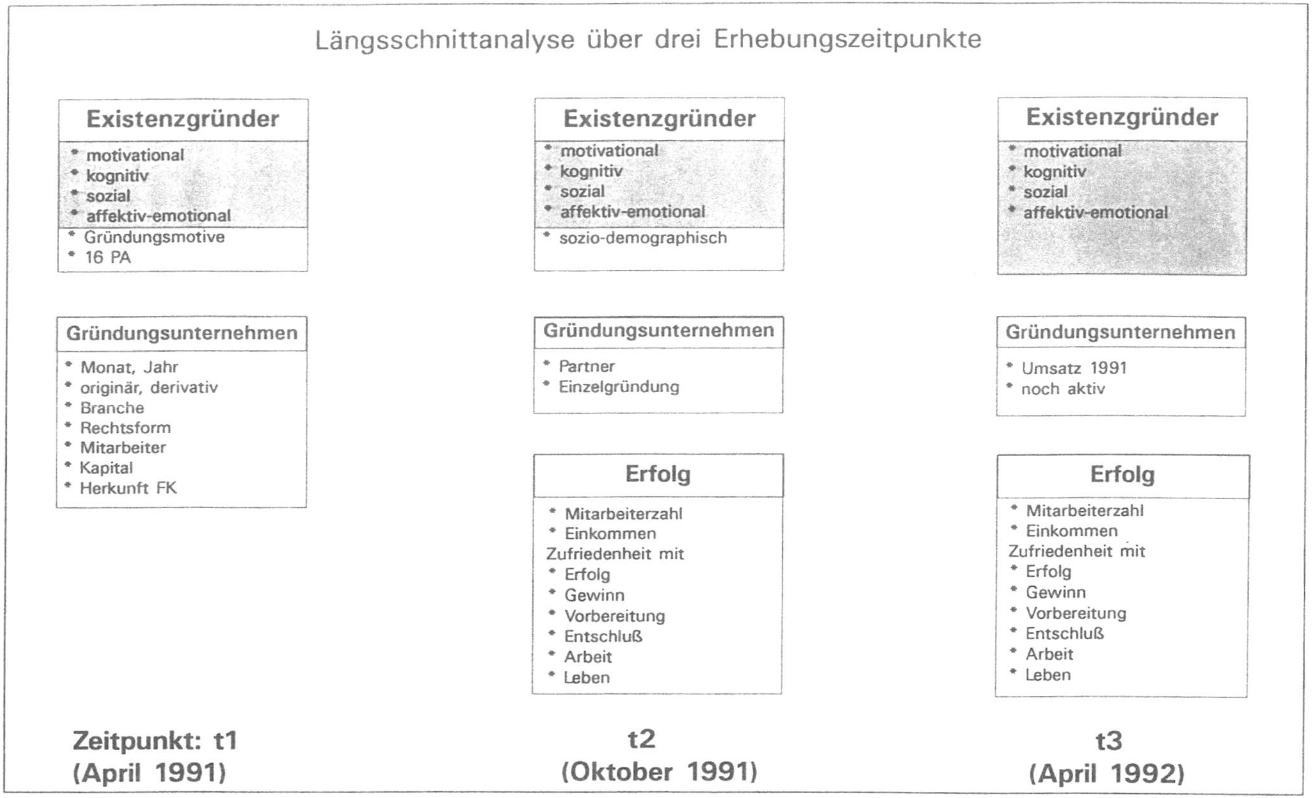

Längsschnittanalyse über drei Erhebungszeitpunkte

Existenzgründer
* motivational
* kognitiv
* sozial
* affektiv-emotional
* Gründungsmotive
* 16 PA

Gründungsunternehmen
* Monat, Jahr
* originär, derivativ
* Branche
* Rechtsform
* Mitarbeiter
* Kapital
* Herkunft FK

Existenzgründer
* motivational
* kognitiv
* sozial
* affektiv-emotional
* sozio-demographisch

Gründungsunternehmen
* Partner
* Einzelgründung

Erfolg
* Mitarbeiterzahl
* Einkommen
* Zufriedenheit mit
* Erfolg
* Gewinn
* Vorbereitung
* Entschluß
* Arbeit
* Leben

Existenzgründer
* motivational
* kognitiv
* sozial
* affektiv-emotional

Gründungsunternehmen
* Umsatz 1991
* noch aktiv

Erfolg
* Mitarbeiterzahl
* Einkommen
* Zufriedenheit mit
* Erfolg
* Gewinn
* Vorbereitung
* Entschluß
* Arbeit
* Leben

Zeitpunkt: t1
(April 1991)

t2
(Oktober 1991)

t3
(April 1992)

Weiterhin wird das Ausmaß des positiven Denkens gemessen. Die Fragen beziehen sich dabei sowohl auf die Vergangenheit, als auch auf die Gegenwart sowie die zukünftige Entwicklung. Die **soziale** Dimension umfaßt in dieser Untersuchung das Ausmaß der sozialen Unterstützung sowie die soziale Kompetenz im Umgang mit anderen und das Führungsverhalten. **Affektiv-emotionale** Messungen werden aufgrund des Konstruktes Risikoempfinden vorgenommen.

Um Veränderungen im Bereich der sozialpsychologischen Einstellungen zu erkennen, werden fast alle Fragen in den Bereichen Kognitionen, Motivationen, affektiven und sozialen Aspekten zu allen drei Befragungszeitpunkten erhoben.

Sozio-demographische Variablen wie das Alter, Geschlecht, amilienstand, Schulausbildung vervollständigen das Bild des Existenzgründers. Weiter wird nach Berufsausbildung, Branchenerfahrung, sowie Planungs- und Beratungsverhalten im Vorfeld der Gründung gefragt.

Zur Messung des **Gründungserfolges**[1] als abhängiger Faktor dieses Bezugsrahmens werden verschiedene Konzepte angewendet, die sowohl zum Zeitpunkt t2 als auch t3 erhoben wurden. Dabei werden sowohl Ansatzpunkte gewählt, die auf einer ökonomischen Ebene liegen, als auch solche, die eine individuelle Erfolgsbeurteilung darstellen. Grund dieser verschiedenen Meßmethoden war die Tatsache, daß kaum harte Daten zur Messung des Erfolges zu erheben waren. Die Begründung lag einmal in der sehr kurzen Zeit der Beobachtung, als auch in der Vermutung, daß auf keine große Bereitschaft bei der Beantwortung dieser Fragen zu treffen sei. Außerdem schlossen sich vom betriebswirtschaftlichen Standpunkt auch zahlreiche Fragen nach der Aussagefähigkeit solcher Zahlen an.

Daher erfolgte eine Spaltung der Erfolgsmessung auf ökonomische und auf außerökonomische Ansätze. Als ökonomische Variablen, die in dieser Umfrage als besonders sensibel einzustufen sind, werden die Entwicklung der Zahl der Mitarbeiter, die Veränderung des Einkommens als auch das Betriebsergebnis 1991 erhoben. Weiterhin werden im außerökonomischen Bereich Meßvariablen verwandt, die sich auf die individuelle Ebene des Gründers beziehen. Er wird nach

---

[1] zum Problem der Messung siehe Kapitel 5.2.

seiner Zufriedenheit mit Arbeit und Leben gefragt, sowie gebeten, anzugeben, inwiefern er seine Gewinnabsichten realisieren konnte, den Erfolg seiner Gründung einschätzt, mit seinem Entschluß, sich selbständig zu machen, zufrieden ist und seine Vorbereitungen als ausreichend zu bezeichnen waren. Die Ergebnisse der außerökonomischen Variablen werden später über einen Summenscore und einen Faktorwert in einem Wert zusammengefaßt[1].

Als vermittelnde Variablen, sowohl abhängig von denen der Persönlichkeit als auch den Gründungserfolg beeinflussend, tritt das **Gründungsunternehmen** selber auf. Die Gründung wird beispielsweise beschrieben durch die Rechtsform, die Gründungsbranche, die Höhe des Startkapitals, den Eigenkapitalanteil, die Zusammensetzung des Fremdkapitals und als originär oder derivativ eingestuft.

7.3 Aufbau der Fragebögen

Mit der ersten Erhebung sollte ein generelles Bild der Persönlichkeit der Existenzgründer sowie der Charakteristika seiner Existenzgründung in den fünf neuen Bundesländern gezeichnet werden. So setzt sich der Fragebogen[2], der acht Seiten umfaßte, aus dreiundzwanzig unterschiedlich umfangreichen Frageblöcken zusammen. Die ersten 18 Fragen beschäftigen sich vor allem mit den direkten Fragen zur Existenzgründung. So erfolgte eine Einordnung nach Datum der Gründung, der Gründungsform, der Branche, der Rechtsform, Mitarbeiterzahlen, Kapitalhöhe und -strukturfragen, sowie nach öffentlicher Finanzierung.

Es schlossen sich noch innerhalb dieses Blocks eine Reihe von Fragen an, die auf die Person des Existenzgründers selber bezogen sind. Es wurde nach dem wichtigsten Grund der Selbständigmachung gefragt, nach Dauer und Umfang der Vorbereitung, wöchentlicher Arbeitszeit, Herkunft und Quellen der Vorstellung und des Wissens über die soziale Marktwirtschaft. In diesem Bereich befanden sich auch die Fragen nach Erstellung einer Markt- und Standortanalyse, sowie einer Finanz- und Investitionsplanung. Zusätzlich ging es um den Zeithorizont dieses Planes als auch um den Ersteller der Analysen und Pläne.

---

[1] siehe Kapitel 8.2.1.
[2] siehe Anhang.

Als letzte Frage dieses Blocks wurde die Bedeutung einer Anzahl von Gründungsmotiven für die Existenzgründung gefragt. Dieser Fragebogen wurde der
Erhebung von Nathusius und Szyperski[1] in der Erweiterung durch Klandt[2] entnommen, um so Vergleiche mit den westdeutschen Gründern ziehen zu können.

Im zweiten Teil des Fragebogens wurden die Existenzgründer nach ihren persönlichen Erwartungen und Einschätzungen hinsichtlich der Entwicklung ihrer Existenzgründung befragt. So waren Mitarbeiterzahlen der nächsten beiden Jahre
genauso wie die Umsatzerwartungen zu schätzen. Um die Antwortbereitschaft
der Existenzgründer zu steigern, wurden Umsätze sowie ihre Entwicklungen in
geschlossenen Klassen abgefragt.

Im psychologischen Komplex wurden sowohl mit ad-hoc- als auch standardisierten[3] Instrumenten mit Hilfe von 43 Items das Ausmaß der internalen Kontrollüberzeugung, des Herausforderungsdenkens, der positiven Identifikation, die
soziale Unterstützung und Kompetenz, das Risikoempfinden, die Leistungsmotivation, die Inanspruchnahme von Beratungsleistungen, sowie das Führungsverhalten gemessen. Die Messung dieser kognitiven, motivationalen, affektiven
und sozialen Aspekte erfolgte dabei unter Verwendung der Likert-Skala[4].

Zur Charakterisierung der Persönlichkeit des Existenzgründers wurde der 16-PA
von Brandstätter[5] verwandt. Er mißt über 32 Items die Dimensionen Kontaktin-
teresse, allgemeine Intelligenz, Belastbarkeit, Dominanz, Begeisterungsfähigkeit,
Gewissenhaftigkeit, soziale Initiative, Feinfühligkeit, Skepsis, Individualismus,
Cleverness, Selbstzweifel, Aufgeschlossenheit, Eigenständigkeit, Disziplin und
innere Spannung anhand von bipolaren Eigenschaftspaaren.

Um im Laufe dieser Längsschnittuntersuchung die Fragebögen eines Existenzgründers, die während dieser Erhebung zu drei verschiedenen Zeitpunkten ausgefüllt werden, wieder zusammenfügen zu können, war es aufgrund der Anony-

---

[1] Szyperski, Nathusius (1977a).
[2] Klandt (1984a).
[3] verwendete standardisierte Items siehe Fragebogen Nr. 1 im Anhang: Kontrollüberzeugung: Frage 5 aus Rost-Schaude (1982) S. 254 / Leistungsmotivation: Frage 33 und 34 a
us Wehner, Durchholz (1980) S. 26 - 32 / soziale Kompetenz: Frage 39 aus Wehner,
Durchholz (1980) S. 26 - 32.
[4] Denz (1976).
[5] Brandstätter (1988), Ergebnisse dazu in eigener Veröffentlichung.

mität der Untersuchung wichtig, eine Kennziffer zu entwickeln, die sich aus zeitlich unveränderlichen Variablen zusammensetzt und so eine Aneinanderreihung
der Antworten ermöglicht. Daher endete jeder der drei Fragebögen mit dieser
Kennziffer[1].

Der zweite Fragebogen[2], der rund ein halbes Jahr später verschickt wurde und
einen Umfang von sechs Seiten aufwies, hatte drei Zielrichtungen. Erstens ging
es darum, die Stabilität der sozialpsychologischen Variablen über alle drei Erhebungszeitpunkte zu prüfen. Dazu wurde wiederum der Frageblock der sozialpsychologischen Variablen erhoben, die Kognitionen, Motivationen, sowie affektiv-
emotionale und soziale Aspekte messen sollte. Die ursprünglichen 43 Items aus
der ersten Erhebung mußten dabei aus Plausibilitätsgründen um sechs verringert
werden, da einige sich unmittelbar auf den Gründungszeitpunkt bezogen.

Weiterhin sollten Arbeits- und Lebenszufriedenheit erstmals erhoben werden, um
so den individuellen Erfolg der Gründung messen zu können. Dieses geschah mit
Hilfe zweier Fragen aus dem standardisierten Fragebogen zur Arbeitszufriedenheit von Neuberger[3]. Außerdem wurde auf einer 5-Punkte-Skala nach der Zufriedenheit des Gründers mit der Vorbereitung seiner Gründung, dem Erfolg, den
Gewinnen und insgesamt seiner Entscheidung gefragt.

Zusätzlich sollten die Fragen nach Schulabschluß, Berufsausbildung, beruflicher
Position vor der Gründung, Arbeitszeit, Familienstand und Geschlecht die per-
sönliche Situation des Gründers beschreiben helfen. Auch über die Form der in
Anspruch genommenen Beratung sollten Angaben gemacht werden.

Der letzte Fragebogen[4], der Anfang April 1992 verschickt wurde, sollte schwerpunktmäßig den Gründungserfolg erfassen. Er begann mit einer Frage nach dem
Stand der Gründung, den Umsätzen des Jahres 1991 und den erwarteten Umsätzen des Jahres 1992. Es folgte eine Frage nach Wochenarbeitszeit des Existenzgründers.

Zur Messung des **Gründungserfolges** als abhängiger Faktor dieser Längsschnitt-

---

[1] so: Vorname von Mutter und Vater, Anzahl der Geschwister, Anzahl der eigenen Kinder
zum 1. Erhebungszeitpunkt, IHK-Zugehörigkeit, Geburtsjahr
[2] siehe Anhang.
[3] Neuberger (1976) S. 129.
[4] siehe Anhang.

untersuchung wurden wiederum verschiedene Konzepte angewandt. Als ökonomische Variablen wurden die Entwicklung des Umsatzes, die Zahl der Mitarbeiter
als auch das Betriebsergebnis 1991 sowie die Entwicklung des Einkommens verwendet. Weiterhin wurden im außerökonomischen Bereich wie in der zweiten
Befragung Variablen gemessen, die sich auf die individuelle Ebene des Gründers
(z.B. Arbeitszufriedenheit, Zufriedenheit mit Erfolg der Existenzgründung) bezogen.

Eine erneute Erhebung der sozialpsychologischen Variablen und der Kennziffer
stellte das Ende dieses Fragebogens dar.

7.4 Ablauf der Erhebungsarbeiten

Die Erhebungen dieser Längsschnittuntersuchung, nämlich alle drei Befragungen,
erfolgten schriftlich auf postalischem Weg; ein Teil der Existenzgründer im Raum
Rostock und Warnemünde wurden zusätzlich zum ersten und dritte Befragungszeitpunkt unstandardisiert mündlich interviewt, um weitere Eindrücke der
Probleme und Sorgen, sowie der Erwartungen und Hoffnungen zu gewinnen.

Aus den rund 900 Daten der Existenzgründer, die sich in den IHK-Kammerbezir-
ken Rostock und Schwerin in den Monaten Oktober 1990 bis Februar 1991 angemeldet hatten, wurden per Zufallszahlensystem 280 Adressen von Gründern
ausgewählt und diesen Fragebögen zugeschickt.

Die erste Erhebung, die im April 1991 durchgeführt wurde, hatte das Ziel, ein
generelles Bild der Persönlichkeit des Existenzgründers, sowie der Rahmendaten
seiner Existenzgründung zu zeichnen. Der Rücklauf der ersten Befragung erfolgte
in den Monaten April bis Juni 1991. 89 Fragebögen von Vollerwerbsgründern
konnten ausgewertet werden, sowie 10 von Nebenerwerbsgründern.

Anfang Oktober 1991 wurden die Existenzgründer ein zweites Mal angeschrieben und befragt. Dabei hatte der Fragebogen die Ziele, Arbeits- und
Lebenszufriedenheit, sowie die Zufriedenheit mit dem Ausmaß der Grün-
dungsvorbereitung und Gewinnen zu messen, die Stabilität bzw. Veränderung
der sozialpsychologischen Variablen zu prüfen und einige Daten zur persönlichen
Situation (z.B.: Schulabschluß, Berufsausbildung) zu erfragen.

Die Beantwortung der Fragen, die durch zwei "Nachfaßaktionen" gesteigert werden konnte, zog sich bis zum Dezember 1991 hin.

Der letzte Fragebogen, der im April 1992 verschickt wurde, sollte schwerpunktmäßig den Gründungserfolg erfassen. Der Rücklauf auf diesen dritten und letzten Fragebogen erfolgte Ende des Sommers dieses Jahres. Auch hier war ein mehrmaliges Nachfassen bei den Gründern erforderlich.

Aus Gründen der Motivation und zur Unterscheidung wurden die drei verschiedenen Fragebögen unterschiedlich farblich gestaltet.

7.5 Begründung der gewählten Vorgehensweise und Probleme der Erhebung

7.5.1 Schriftliche und anonyme Befragung

Der Grund für die gewählte schriftliche Form der Befragung liegt vor allem in der nötigen Größe der Stichprobe. Denn es zeigte sich, daß die Existenzgründer verständlicherweise quer über das Land Mecklenburg-Vorpommern verteilt sind, was einen umfangreichen Zeitaufwand bei Interviews bedeutet hätte. Außerdem erwies es sich aufgrund der fehlenden Telefonanschlüsse als unmöglich, entsprechende Terminabsprachen zu treffen.

Weiter erhofften wir uns durch die Schriftform einerseits eine Erhöhung der Auskunftbereitschaft, und andererseits, daß Effekte der sozialen Erwünschtheit kleiner ausfallen als bei Befragung durch einen Interviewer[1].

Die Schriftform wurde auch gewählt, um die Anonymität der Untersuchung zu gewährleisten. Die anonyme Befragung als Methode dieser Untersuchung wurde trotz eines erheblich höheren Kostenaufwandes bewußt gewählt, um Rücklaufquote und Auskunftbereitschaft zu erhöhen. Einige Schwierigkeiten ergaben sich bei der Verwendung dieser Daten, wenn die Kennziffern teilweise, im besonderen bei Einstellungen der gegründeten Firmen, durch die Befragten nicht mehr mitangegeben wurden, so daß sich eine Zuordnung zu den bisherigen Erhebungen als unmöglich erwies.

---

[1] Wilk (1975).

Die Sicherung der Anonymität der Daten[1] geschah auch unter dem besonderen
Aspekt, daß diese Untersuchung in Mecklenburg-Vorpommern, also der ehemaligen DDR, durchgeführt wurde. Denn in den fünf neuen Bundesländern herrscht
nach Jahren der gegenseitigen Bespitzelung eine besondere Empfindlichkeit gegenüber Befragungen und Auskünften. So zeigte sich in einigen Briefen und
auch bei dem Versuch weniger mündlicher Befragungen durchaus Angst, Mißtrauen und daher starker Unwillen, an dieser Untersuchung teilzunehmen, weil
man sich an Erfahrungen aus der Vergangenheit erinnerte.

Ein weiterer zusätzlicher Ansatzpunkt für Mißtrauen lag sicherlich darin, daß in
dieser Untersuchung nicht nur die reinen Firmendaten abgefragt wurden, sondern auch viele persönliche und psychologische Daten erhoben wurden, die als
weitaus sensibler einzuschätzen waren. Die Firmendaten, die erhoben wurden,
sind zwar nicht als sonderlich brisant[2] zu bewerten, doch es herrschte oft die
aufgrund einer gewissen Unkenntnis über die geringe Bedeutung dieses Datenmaterials Angst, daß jemand daraus weitere Informationen erkennen und damit
Mißbrauch treiben könnte.

Weiter sollte die Zusicherung der absoluten Anonymität der Befragung garantie-
ren, daß es weniger zu falschen Darstellungen oder Verzerrungseffekten z.B.
aufgrund des Effektes der sozialen Erwünschtheit[3] oder ähnlicher Einflüsse
kommt.

Die Wahrung der Anonymität war außerdem Bedingung der IHK, damit sie als
Befürworter und weiterer Interessent dieser Erhebung auftrat und ihre Daten zur
Verfügung stellte.

7.5.2 Einbeziehung der Industrie- und Handelskammern

In den fünf neuen Bundesländern herrschte vor allem zum ersten Befragungszeitpunkt eine besonders sensible Atmosphäre der Unsicherheit, daher erschien es
notwendig, einen entsprechenden Ansprechpartner zu finden, der nicht nur die
Adressen zur Verfügung stellen konnte, sondern vor allem auch Vertrauen bei
den Existenzgründern für die Teilnahme an dieser Studie schaffen sollte. Ziel war

---

[1] siehe auch Anschreiben im Anhang.
[2] Befragung vor allem in geschlossenen Klassen, selten genaue Zahlen.
[3] zur Dimensionalität der Frage, siehe Holm (1975) S. 66 - 91, soziale Wünschbarkeit: S. 82
- 87 / zu möglichen Fehlerfaktoren: Amelang, Bartussek (1985) S. 156.

es, die Auskunftsbereitschaft, die allgemein als relativ niedrig eingeschätzt wurde, zu erhöhen. Außerdem versprach die Unterstützung und Fürsprache einer
weiteren Institution eine zusätzliche Motivationswirkung[1].

Die Zusammenarbeit mit den Industrie- und Handelskammern erschien sinnvoll,
denn sie hatten schon im Vorfeld der Wiedervereinigung, besonders die Indu-
strie- und Handelskammern in den alten Bundesländern, massiv bei der Beratung
von Existenzgründern in den neuen Bundesländern geholfen. So gewann man in
Vorgesprächen mit Existenzgründern den Eindruck, daß sie als Partner für die
soziale Marktwirtschaft und als Berater akzeptiert worden waren und ein außer-
ordentlich positives Image besaßen.

Ein nützlicher Nebeneffekt lag darin, daß sich jemand zusätzlich mit der Studie
beschäftigen würde, der mit den Gegebenheiten in den neuen Bundesländern
besser vertraut war und über zusätzliches Know-How verfügte.

Der Land Mecklenburg-Vorpommern bzw. das Wirtschaftsministerium erschien
aus mehreren Gründen nicht geeignet. Erstens befanden sich die Ministerien
noch im Aufbau, Daten von Existenzgründern waren also kaum vorhanden.
Zweitens befürchteten wir aus den Erfahrungen der Vergangenheit eine gewisse
Staatsverdrossenheit bei den Existenzgründern. Das Handelsregister, als weitere
mögliche Datenquelle, erwies sich ebenfalls als ungeeignet, da man aufgrund der
verschleppten Einführung von EDV und der Anmeldeflut weit hinter dem aktuellen Datenbestand zurücklag.

7.5.3 Probleme bei der Datenerhebung

Die Beschaffung der Adressen von Existenzgründern in den neuen Bundesländern erwies sich als weitaus komplizierter und langwieriger, als zunächst erwartet worden war. Während durch die Presse bereits vielfach konkrete
Gründungszahlen "geisterten", zeigte es sich Ende des Jahres 1990 bei ersten
Gesprächen mit den Industrie- und Handelskammern in Rostock und Schwerin,
daß zwar eine Flut von Anträgen vorlag, jedoch bisher noch keine bzw. kaum eine Bearbeitung erfolgt war. Trotz der hohen Bereitschaft zur Unterstützung dieses Projektes von Seiten der Kammern führten erst zahlreiche Telefongespräche

---

[1] siehe Begleitbriefe der Industrie- und Handelskammern aus Rostock und Schwerin im Anhang.

sowie häufige Besuche und Gespräche mit zuständigen Mitarbeitern dazu, daß Listen mit Existenzgründern erstellt wurden. Dabei erwiesen sich wechselnde Gesprächspartner und Zuständigkeiten, Umzüge, Unsicherheit im Umgang mit dem vorhandenen Datenmaterial, eine starke Überlastung mit den Folgen und Veränderungen der Einheit Deutschlands, veränderte und oft unbekannte Gesetzgebung als wesentliche Ursachen für die Verzögerung bei der Erstellung und Weitergabe des Datenmaterials. Eine begrenzte Datenverarbeitungskapazität und eine relative Anmeldeflut führten dazu, daß es zu vielen Eingabefehlern kam, Daten oft bei der Eingabe schon überholt waren, weil in dieser Zeit des Umbruch ständig Personen verzogen oder auch Gründungen bereits wieder eingestellt hatten. Die Ergebnisse persönlicher Befragungen sowie auch der Postrücklauf mit dem Stempel "Unbekannt bzw. Unbekannt verzogen" dokumentieren, daß Teile des Datenmaterials einem ständigen Wechsel von Adressen und Gründungsideen zum Opfer fielen.

Weiterhin erwiesen sich relativ häufig Anmeldungen bei der IHK als reine Willensbekundungen, sich selbständig zu machen. Viele gemeldete Gründer hatten sich zwar erst einmal angemeldet, es war oft nur eine wage Idee, ein großer Teil ist nie aktiv geworden. Vielfach fehlte bei genauerem Nachfragen sowohl eine konkrete Gründungsidee als auch Aktivitäten, diese umzusetzen. Trotz der Bitte, nicht realisierte Vorhaben mitzuteilen, damit sie nicht weitere Male vergeblich angeschrieben werden müßten, kann man aufgrund der Erfahrung in den mündlichen Interviews davon ausgehen, daß in den Daten noch immer Nichtgründer enthalten sind, so daß eine exakte Bestimmung der Rücklaufquote nicht möglich scheint. Auch im Rahmen anderer Untersuchungen[1] fiel auf, daß 20% der verschickten Briefe sofort zurückkamen, weil der Adressat unbekannt bzw. bereits verzogen war. Das Institut der Deutschen Wirtschaft geht davon aus, daß bei rund 50% der Gewerbeanmeldungen keine wirtschaftlichen Aktivitäten folgten[2].

Die Fragebögen waren in einigen Fällen nicht vollständig ausgefüllt. Dabei spielten, darauf weisen Randbemerkungen und Begleitbriefe hin, wiederum die Angst und das Mißtrauen mit, persönliche und firmenbezogene Daten bekannt zu geben.

---

[1] vgl. Brandkamp (1993).
[2] Institut der Deutschen Wirtschaft (1991) S. 4.

Der Rücklauf erwies sich vor allem bei der letzten Erhebung als sehr schleppend. Ein Teil der Fragebögen ging erst nach mehrmaligen Erinnerungsbriefen[1] Ende des Sommers ein. Bei einer Querschnittsuntersuchung wären derartige zeitliche Ausreißer sicherlich nicht berücksichtigt worden, aber da bei einer Längsschnittuntersuchung sowieso nur die Schnittmenge aus allen drei Erhebungen für eine Analyse zu verwenden ist, mußte jeder Nachzügler eingebunden werden.

7.6 Vorbemerkungen zur Datenanalyse

Ziel der Auswertungen dieser Längsschnittuntersuchung in Kapitel 8 ist es, festzustellen, ob und in welchem Maße die Persönlichkeit des Existenzgründers sich als Einflußfaktor des Erfolges und der Entwicklung des Gründungsunternehmens erweist und sich damit als Prädiktor verwenden läßt.

Dazu bedarf es der Anwendung einiger statistischer Verfahren, zu denen und deren Darstellung im folgenden einige kurze einleitende Bemerkungen gemacht werden sollen. Neben verschiedenen univariaten Deskriptionen der Stichprobe und ihrer Verteilungen liegt der Schwerpunkt der Ergebnisdarstellung in Kapitel 8 entsprechend der Zielsetzung der Untersuchung in bivariaten (Chi-Quadrat-Test, T-Test, Korrelationskoeffizent, Varianzanalyse) und multivariaten (Diskriminanzanalyse, Faktorenanalyse, multiple Regressionsanalyse) Analyseverfahren; letztere wurden sowohl zur Datenreduktion als auch zur Aufdeckung von interdependenten Beziehungen zwischen mehreren Variablen eingesetzt.

Um die Prädiktorwirkung dieser verschiedenen Aspekte der Gründerpersönlichkeit auf den Erfolg der Existenzgründung darzustellen, wurden Regressionsanalysen gerechnet, die als Prädiktorvariablen, die Gründungsmotive, die sozialpsychologischen Variablen sowie die erhobenen Persönlichkeitsfaktoren[2] verwendeten. Es sollte geprüft werden, welchen Erklärungsbeitrag diese Prädiktorvariablen, die in dieser Studie zu t1 erhoben wurden, an der Varianz der Abhängigen, in diesem Fall der verschiedenen Erfolgsmaße zu t3, leisten können.

Der Einsatz der Diskriminanzanalyse, als multivariates Verfahren, erfolgte immer dann zusätzlich, wenn es festzustellen galt, ob und worin sich mehr als zwei

---

[1] exemplarisch: Erinnerungsbrief zur ersten Befragung im Anhang.
[2] Ergebnisse in einer eigenen Veröffentlichung.

Gruppen signifikant[1] unterscheiden. So konnte auch die Abhängigkeit einer no-
minalskalierten Variablen von zwei oder mehreren metrischen Variablen untersucht werden[2], beispielsweise die des Betriebsergebnis in 1991 in Abhängigkeit
von den Gründungsmotiven.

Grundsätzlich handelte es sich bei allen Analysen um Strukturen, bei denen zwei
oder mehr unabhängige Variablen, sowohl gleichzeitig als auch einzeln, in ihrer
Beziehung zu einer abhängigen Variablen analysiert wurden.

Um Zusammenhänge zwischen den erhobenen Prädiktoren, also den Gründungsmotiven, den sozialpsychologischen Variablen, den Persönlichkeitsmerkmalen
und den abhängigen Erfolgsvariablen aufzuzeigen, wurden weiterhin zweifaktorielle Varianzanalysen mit Meßwiederholungen[3] gerechnet. Bei Meßwiederholungen der abhängigen Variablen zu den Zeitpunkten t2 und t3 werden in der
Darstellung der Ergebnisse vor allem die Haupteffekte der erhobenen Prädiktoren
auf die jeweiligen Erfolgsmaße, sowie eventuelle Wechselwirkungen mit dem
Zeitfaktor betrachtet.

Zum Schluß des Kapitel 8 soll eine Berechnung der Veränderung der sozialpsychologischen Prädiktoren über die Zeitpunkte t1 bis t3 sowie der Erfolgsmaße zu
t2 und t3 erfolgen, wozu einfaktorielle Varianzanalysen mit Meßwiederholungen
angewandt wurden.

Da die statistischen Analysetechniken weitgehend, neben beispielsweise der Anzahl der Merkmalsausprägungen, Fallzahl, Annahmen über die Verteilungen und
die Linearität der Zusammenhänge, vom gewählten Skalenniveau abhängen, ergeben sich quasi automatisch die Anwendung unterschiedlicher Methoden sowie
die Grenzen möglicher Auswertungsverfahren. Wenn es die Fragestellung zuließ,
wurde auf metrischem Skalenniveau gemessen. Jedoch war dieses nicht immer
möglich oder mußte im nachhinein aufgrund geringer und ungleichmäßiger Zellenbesetzungen[4] verändert werden, so daß auch Messungen auf nominalen oder
ordinalem Niveau vorliegen. Folgt man den jeweils vorhandenen Skalenniveaus

---

[1] bei zwei Gruppen wurden Regressionsanalysen gerechnet.
[2] siehe auch Hamann/Erichson (1978) S. 104.
[3] siehe Kapitel 8.4.1 und 8.4.2.
[4] z.B. Mitarbeiterveränderung als Erfolgsmaß, siehe Kapitel 8.2.1.

der einzelnen Variablen, ergeben sich eine Reihe von unterschiedlichen Methoden und Maßzahlen, deren Vergleichbarkeit äußerst schwierig ist.[1]

Es bleibt aber festzustellen, daß bei allen Problemen der Datenanalyse, festzustellenden Gütekriterien, genaueste Berechnungen und ausgeklügelte statistische Verfahren nicht sehr effizient sind, solange in vielen Bereichen das Problem der Meßbarkeit[2] nicht gelöst ist. Daher liegt auch der eigentliche Schwächefaktor der Datenerhebung sicherlich in den verwendeten Meßinstrumenten und -verfahren. Immer wieder stellt sich die Frage, ob und wie die einzelnen Items verstanden werden, ob es zu ganz anderen nicht gewollten Kontextinterpretationen kommt, ob das gemessen wird, was beabsichtigt war oder aber auch, ob Konzentration und Aufmerksamkeit des Teilnehmers erhalten bleiben. Dazu können auch die hier durchgeführten Vortests nur eine Hilfestellung darstellen, die keine absolute Sicherheit bieten.

Die statistischen Berechnungen wurden mit dem Statistikpaket SPSS, Version 4, auf einem PC durchgeführt. Es werden aufgrund des Umfanges der Daten und Auswertungen fast ausschließlich nur die Ergebnisse dargestellt, die sich als signifikant erwiesen haben.

---

[1] zur Vergleichbarkeit, siehe auch Klandt (1984a) S. 78f.
[2] zu Problemen bei der Definition von Erfolg, siehe Kapitel 5.2.

8   Ergebnisse

Im vorangegangenen Kapitel haben wir Inhalt und Ablauf der Erhebungen dargestellt, die den Existenzgründern zu drei verschiedenen Zeitpunkten vorgelegt
wurden. Eines der Ziele des folgenden Abschnitts ist es, die Meßkonzepte, die
zur Messung des Erfolges einer Existenzgründung sowie der verschiedenen Aspekte einer Gründerpersönlichkeit verwendet wurden, darzustellen. Weiterhin
folgt eine deskriptive Beschreibung der Stichprobe, sowie eine Analyse der zeitlichen Veränderungen einzelner erhobener Variablen. Der Schwerpunkt des Kapitels liegt jedoch in der Vorstellung der Ergebnisse von bivariaten und multivariaten Analysen, durch die der Einfluß hypothetisch unabhängiger Variablen auf die
Kriteriumsvariable festgestellt werden soll.

Zunächst wird allerdings der Rücklauf der schriftlichen Erhebung dargestellt und
die Ergebnisse der mündlichen Befragung wiedergegeben.

8.1 Darstellung des Datenmaterials

8.1.1 Rücklauf der schriftlichen Erhebung

Zu Beginn der Untersuchung wurden 280 Fragebögen verschickt (siehe Tab. 3).
Es erwiesen sich zum Zeitpunkt der ersten Befragung vierzehn Adressen als
falsch. Im Laufe der zweiten und dritte Befragung kamen sechzehn weitere fal-
sche Adressen hinzu, wobei nicht zu klären ist, ob tatsächlich ein Umzug nach
dem ersten Befragungszeitpunkt erfolgte oder die als Drucksache verschickten
Unterlagen in den früheren Befragungen teilweise einfach weggeworfen worden
waren[1], wenn sich die Adresse als fehlerhaft oder unvollständig herausstellte.

Unter den zum ersten Befragungszeitpunkt Angeschriebenen hatten zwanzig ihre Gründungsabsicht noch nicht verwirklicht bzw. ihre Absicht bereits wieder
aufgegeben[2]. Hinzu kamen fünf Gründer, die sich teilweise schon in den siebziger und achtziger Jahren selbständig gemacht hatten und daher als 'neue' Existenzgründer für die Untersuchung nicht mehr in Frage kamen. 15 Gründer wollten an der Erhebung nicht teilnehmen, was unter anderem mit dem erheblichen

---

[1] Für diese Vermutung spricht, daß der Brief mit dem Fragebogen und der nachfolgende Erinnerungsbrief selten in beiden Fällen an den Absender zurückgelangten.
[2] siehe Kapitel 7.5.3.

Zeitaufwand, fehlenden Daten oder einer allgemeinen Abneigung gegen Befragungen begründet wurde. Drei weitere der Angeschriebenen beteiligten sich nicht an der Befragung, weil sie lediglich nebenerwerblich tätig geworden waren.

Tab. 3: Rücklauf der Erhebungen

	zu t1	zu t2	zu t3
verschickte Erhebungsbögen	280	223	187
davon falsche Adressen	14	11	5
Fragebogen nicht beantwortet, weil:			
Nicht-Gründer	20	15	3
kein Interesse	15	-	-
eingestellt	-	9	2
Altgründer	5	-	-
nebenerwerblich tätig	3	1	
Rücklauf	**99**	**88**	**91**
davon nicht verwendet weil:			
unvollständig	2	-	2
Nebenerwerbsgründer	10	8	7
Verteilung der Anworten			
nur zum Zeitpunkt t1	23		
nur zum Zeitpunkt t2		5	
nur zum Zeitpunkt t3			11
Schnittmenge t1/t2		4	
Schnittmenge t2/t3			11
verwendet:			
Schnittmenge t1/t2/t3			60

Von den 99 Fragebögen, die zurückgeschickt wurden, erwiesen sich weitere zehn der befragten Personen als Nebenerwerbsgründer. Zwei der Befragungsunterlagen waren so unvollständig ausgefüllt, daß sie nicht in die Datenanalyse einbezogen werden konnten. Übrig blieben 87 verwertbare Fragebögen. Wenn man von den 280 anfänglich verschickten Fragebögen jene abzieht, die zu t1 mit falschen Adressen versehen waren, Nicht- oder Nebenerwerbsgründer erreicht hatten, entspricht dieses zunächst einem Anteil von 38%. Die exakte Ermittlung der Rücklaufquote dieser Erhebungen erweist sich jedoch als unmöglich, da eine genaue Bestimmung der berechtigt angeschriebenen Personen nicht erfolgen kann. Neben den schon dargestellen Problemen damit, zeigte es sich, daß es sich bei den angeschriebenen Adressen zu einem Teil um sogenannte Briefkastenfirmen handelte, deren Eigentümer zur Erlangung höherer Abschreibungsmöglichkeiten in Gewerbe in den neuen Ländern angemeldet haben[1].

[1] Das zeigte zumindest die Erfahrung bei dem persönlichen Aufsuchen der Gründer zur Durchführung der mündlichen Interviews.

Zum zweiten Befragungszeitpunkt gaben fünfzehn weitere Personen an, daß sie ihre Gründung nicht realisiert hätten. Dazu kamen neun Antworten von Teilnehmern, die ihr Gründungsvorhaben bereits wieder eingestellt hatten und ein weiterer nebenerwerblicher Gründer, der nicht an den Erhebungen teilnahm. Betrachtet man die 72 ausgefüllten Fragebögen, die von Gründern zurückgesandt wurden, die bereits an der ersten Erhebung teilgenommen haben (16 nahmen erst an der zweiten Erhebung teil), enthielten sie wiederum die Antworten von acht Nebenerwerbsgründern, die nicht in die Analyse einbezogen wurden, so daß sich eine Schnittmenge von 64 Existenzgründern ergab, die an beiden Untersuchungen teilgenommen hatten und vollerwerblich tätig waren.

Bei der letzten Erhebung antworteten weitere drei der Angeschriebenen, daß sie sich nicht oder noch nicht selbständig gemacht hatten, weiterhin hatten zwei Gründer ihre Firmen bereits wieder geschlossen. Zum dritten Befragungszeitpunkt bestand der Rücklauf unabhängig davon aus 91 Antworten, wovon allerdings zwei Fragebögen so unvollständig ausgefüllt waren, daß sie nicht ausgewertet werden konnten. Übrig blieben neben sieben Nebenerwerbsgründern, die Antworten von Personen, die nur an der letzten (11) oder an der vorletzten und letzten Erhebung (11) teilgenommen haben. Die Stichprobe, die hier analysiert wird, umfaßt daher 60 Existenzgründer aus Mecklenburg-Vorpommern, die an allen drei Untersuchungen teilgenommen haben und ausreichend vollständig ausgefüllte Erhebungsunterlagen zurücksandten. Die in den folgenden Kapiteln dargestellte Deskription der Stichprobe sowie die Analyse der Zusammenhänge bezieht sich auf diese Personengruppe.

8.1.2 Unterschiede zwischen Stichprobe und Abbrechern der Erhebung

Die zahlreichen Antworten von Existenzgründern, die nur an einer oder zwei Erhebungen (insgesamt 54 Fälle) teilgenommen haben, sowie im Datenmaterial enthaltene sieben Nebenerwerbsgründer, die sich ebenfalls an allen Untersuchungen beteiligt haben, konnten nicht sinnvoll ausgewertet werden und wurden daher nicht in die Analyse des Sample miteinbezogen. Allerdings wurden, um mögliche systematische Unterschiede derjenigen Personen und Gründungsvorhaben, die nur an einem Teil der Erhebung teilgenommen haben, von denen, die zu allen Zeitpunkten die Fragebögen ausgefüllt haben, festzustellen, zum Vergleich der beiden Gruppen T- und Chi-Quadrat-Tests über alle Items gerechnet.

Zunächst erfolgte, bezogen auf den Fragebogen zum ersten Befragungszeitpunkt, ein Vergleich zwischen den Gründern, die an allen Untersuchungen teilgenommen haben (n = 60), und denen (n = 27), die nur den ersten oder den ersten
und den zweiten Fragebogen ausgefüllt haben[1].

Es zeigen sich folgende Unterschiede:

1. Bei den Teilnehmern, die nach dem ersten oder zweiten Fragebogen nicht
   mehr an der Untersuchung teilgenommen haben, findet sich eher weniger die
   Inanspruchnahme von Bankkrediten ($chi^2 = 3,94$; df = 1; p = 0,05).

2. Weiterhin haben sie weniger öffentliche Mittel in Anspruch genommen
   ($chi^2 = 4,42$; df = 1; p = 0,04). So verwendeten sie folgerichtig weniger EKH-
   Mittel[2] als Finanzierungsinstrument ($chi^2 = 4,21$; df = 1; p = 0,04).

Betrachtet man die Motive und deren Bedeutung zeigt sich, daß für die Personen, die nicht zu allen Zeitpunkten an der Erhebung teilgenommen haben,

- ein gutes Ansehen in der Öffentlichkeit (t = 2,10; p(t) = 0,04) und
- Macht und Einfluß zu erringen (t = 2,07; p(t) = 0,01)

unwichtiger sind.

Bezogen auf die Unterschiede in den sozialpsychologischen Konzepten findet
man eine niedrigere soziale Unterstützung bei den Abbrechern der Studie (t = -
2,06; (p(t) = 0,04).

Betrachtet man die Ausprägungen der Persönlichkeit ergeben sich bezogen auf
die Sekundärfaktoren nach Cattell[3] keine Unterschiede, einige Einzelaspekte unterscheiden sich jedoch signifikant:

---

[1] Teilnehmer, die ausschließlich an der ersten und dritten Erhebung teilgenommen haben,
existieren nicht.
[2] Ermittlung über Chi^2-Test's.
[3] Ergebnisse siehe eigene Veröffentlichung.

- Die Skepsis ist höher (t = 2,6; p(t) = 0,01),
- der Individualismus niedriger (t = -2,27; p(t) = 0,03) und
- die Disziplin niedriger (t = -2,02; p(t) = 0,05)

bei den Personen, die nicht an allen Erhebungen teilgenommen haben.

Hinichtlich aller anderen Aspekte auf dem ersten Fragebogen zeigen sich jedoch keine signifikanten Unterschiede, so sind beispielsweise die Mitarbeiterzahlen, die Umsatzerwartungen und die Höhe des Fremdkapitaleinsatzes gleich.

In einer weiteren Analyse wurden nun Unterschiede betrachtet, die sich aus den Antworten auf dem zweiten Fragebogen ergeben. Verglichen wurden die Personen, die nur zu t2 (n = 5), zu t1 und t2 (n = 4) oder auch zu t2 und zu t3 (n = 11) geantwortet haben, mit den Gründern der untersuchten Stichprobe.

Als Unterschiede zu t2 ergibt sich folgender Aspekt:

Frauen scheinen die Untersuchung weniger häufig als Männer abzubrechen (chi^2 = 3,62; df = 1; p = 0,06).

Im Zusammenhang mit den Erfolgsmaßen finden sich keine signifikanten Unterschiede. Dieses gilt auch für den gesamten Komplex der sozialpsychologischen Ausprägungen.

In einem letzten Vergleich werden die Ausprägungen der später analysierten Stichprobe mit den Teilnehmern verglichen, die lediglich zu t3 (n = 11) oder zu t3 und t2 (n = 11) an der Erhebung teilgenommen haben. Der T-Test zeigt lediglich, daß bei den Abbrechern der Untersuchung die Arbeitszufriedenheit eher etwas niedriger ist (t = -1,80; df = 1; p(t) = 0,08).

Als Fazit dieser Vergleiche läßt sich feststellen, daß sich nur wenige signifikante Unterschiede, die Abweichungen von der in den weiteren Ausführungen verwendeten Stichprobe deutlich machen, zeigen. Aufgrund der Vielzahl der untersuchten Items (zu t1 sind es beispielsweise 114) kann es sich dabei eher um Zufälle handeln. Es ergeben sich also offensichtlich keine schwerwiegenden systematischen Verzerrungen, die eine Analyse der vorhandenen durchgängigen Daten einschränken und die Ergebnisse verzerren könnten.

8.1.3 Aspekte der Gründungsproblematik in der Umbruchsituation

Wie sich bereits oben anhand der Rückläufe gezeigt hat, enthält das Datenmaterial der Industrie- und Handelskammern eine Reihe von Adressen, die eigentlich nicht zu den Existenzgründern gezählt werden konnten; naturgemäß sind auch eine Reihe von Um- und Betriebsstättengründungen, Rechtsformänderungen u.s.w.[1] enthalten, es handelt sich also nicht um eine reine Gründungsstatistik. Weiterhin erfolgte in vielen Fällen eine Gewerbe- bzw. IHK-Anmeldung lange vor einer Realisation des Gründungsprojektes, und der Gründer war auf dem Wege der Verwirklichung gescheitert. Untersuchungen der Creditreform in Neuss bestätigen diese Beobachtung. Nach ihrer Einschätzung sind nur 180.000 von den 350.000 im Jahr 1990/1991 angemeldeten Unternehmensgründungen wirklich wirtschaftlich aktiv[2]. Ähnliche Einschätzungen teilen auch zuständige Mitarbeiter der IHK-Rostock und der IHK-Schwerin, die nach Verschicken der Beitragsrechnungen mit einer großen Anzahl von Abmeldungen konfrontiert wurden. May-Strobl et al. stellen fest, daß "ein exakter Rückschluß von der Zahl der Gewerbeöffnungsanzeigen auf die Zahl der bereits am Markt präsenten neuen Unternehmen (...) nach wie vor nicht möglich ... "[3] ist. "Es gab plötzlich die Möglichkeit, ein Gewerbe anzumelden, und davon wurde Gebrauch gemacht. (...) Und viele haben einfach auf Vorrat gemeldet."[4].

Die zusätzlich entwickelten Fragebögen, die das Scheitern und Verschieben von Gründungsabsichten in diesem Zusammenhang untersuchen sollten, und an Personen verschickt wurden, die ihre Gründung nicht realisiert hatten, konnten nicht ausgewertet werden, da nur zehn zurückgesandte Fragebögen vorlagen, deren statistische Auswertung aufgrund einer oft unvollständigen Beantwortung nicht möglich war.

---

[1] Dahremöller (1987) S.6: nach der Gewerbeordnung wird in Gewerbe-Anmeldung, -Ummeldung und -Abmeldung unterschieden: Gewerbe-Anmeldungen: Beginn, Übernahme eines Betriebes und Verlegung eines Gewerbebetriebes aus einem anderen Meldebezirk; Gewerbe-Ummeldungen: Wechsel im Gewerbegegenstand, Ein- und Austritt von Gesellschaftern, Verlegung innerhalb des Meldebezirks.

[2] Creditreform (1991) S. 1 / ähnlich: Institut der deutschen Wirtschaft (1991).

[3] May-Strobl, Paulini (1991) S. 3.

[4] May-Strobl, Kokalj, Schmidt (1991) S. 2. / dazu auch: Liebernickel (1991) S. 8 : " Die statistischen Angaben erlauben nur in begrenztem Maße Aussagen über die Zahl wirklich neugegründeter Betriebe. Hierin eingeschlossen sind sowohl potentielle Gewerbetreibende, die ihre wirtschaftliche Tätigkeit noch nicht aufgenommen haben, als auch eine nicht näher bekannte Zahl von Umgründungen, Ausgründungen oder Änderungen der Rechtsform."

Auf der Suche nach den Gründen für das vorzeitige Scheitern oder Aufgeben der Existenzgründungsabsicht sind als vorläufiges Ergebnis jedoch folgende Faktoren zu sehen, die sich sowohl aus den Gesprächen mit Betroffenen als auch aus den schriftlichen Äußerungen ergaben, hier aber keine Rangordnung darstellen sollen.

- Ein sehr häufig genanntes Problem stellten **fehlende Gewerberäume** und -flächen dar. Nach Schilderungen der Existenzgründer wurden diese teilweise durch Eigentumsvorbehalte gesperrt, teils erfolgte durch die Städte keine Ausweisung derartiger Flächen. Weitere bürokratische Hürden schienen sowohl den Weg der Existenzgründer als auch ihrer Kollegen, die dieses Vorhaben nicht verwirklichen konnten, zu säumen. So wurde oft die schleppende Bearbeitung, aber auch die Überforderung der Bürokratie beklagt, die auch versagte, wenn es um die Erteilung zahlreicher notwendiger Genehmigungen ging.

- Ein weiterer Grund nicht realisierter oder verschobener Gründungsvorhaben lag sicherlich darin, daß die Betroffenen oft recht diffuse und **unrealistische Vorstellungen** von ihren Gründungsvorhaben hatten, deren Verwirklichung sich dann als unmöglich erwies. Weiterhin zeigte sich eine große Verunsicherung durch mögliche westdeutsche Konkurrenz. Man fürchtete ruinösen Preiswettbewerb, sowie die Aussicht, daß durch die erhöhte Nachfrage Kosten, wie beispielsweise Mieten oder Werbung, in die Höhe getrieben werden.

- Ein großer Teil der Befragten gab weiter an, ihre Gründungsvorstellung nicht verwirklicht zu haben, da sie aufgrund von fehlenden Sicherheiten **keine Kredite** zur Finanzierung der Investitionen erhalten hatten.

Um einen erweiterten Eindruck von der Gründungsproblematik, hier im besonderen der Menschen in den neuen Bundesländern, zu bekommen, wurden zusätzlich einige mündliche unstandardisierte Interviews zu t1 und t3 durchgeführt. Dieses umfaßte nach bereits geschilderten Schwierigkeiten bei der Erhebung[1] acht Interviews mit Existenzgründern, die sich in den Bereichen Apotheke, Einzelhandel, Reisebüro, Fahrschule, Imbißbude, Versicherungen und Handwerk

[1] siehe Kapitel 7.5.4.

selbständig gemacht hatten. Zusammenfassend, ohne einen Anspruch auf die Repräsentativität dieser Stichprobe erheben zu wollen, lassen sich die im Gespräch angedeuteten Problembereiche in etwa so darstellen:

1. Fast alle hatten Schwierigkeiten, mit dem Neid und der **Mißgunst** in ihrer Umgebung, die durch ihre Selbständigmachung ausgelöst worden waren, zurechtzukommen. Teilweise würden sie geschäftlich boykottiert, Behörden oder auch Nachbarn würden bewußt versuchen, sie bei ihren Vorhaben zu behindern oder sie als ehemalige Stasi-Spitzel zu verleumden.

2. **Bürokratische Hürden** sahen sie als einen weiteren wesentlichen Problembereich ihrer Existenzgründung an. Der Streit um Genehmigungen, sowie das Aufspüren der zuständigen Stellen kostet eine Menge Zeit und stellte ihrer Ansicht nach eine der wesentlichen Ursachen für die langsame wirtschaftliche Entwicklung dar.

3. Bei nahezu allen interviewten Existenzgründern herrschte eine große **Unsicherheit** über die Preisgestaltung; einziger Orientierungspunkt blieb oft der alte VEB[1]-Preis.

4. Wenn Beratung und **Informationen** beispielsweise in Steuerangelegenheiten, rechtlichen Fragen, Kosten- oder Kalkulationsrechnungen nötig war, wußten Existenzgründer häufig nicht, wo Erkundigungen einzuziehen sind. Viele professionelle Ratgeber und Verbände erwiesen sich ihres Erachtens als nicht ausreichend sensibel für die besondere Problematik in den Bereichen der ehemaligen DDR.

Die Ergebnisse der Erhebung der Deutschen Ausgleichsbank[2] sehen im wesentlichen vier dominierende Problemfelder der Existenzgründer, die sich im Einzelnen als Schwierigkeiten bei Absatz und Beschaffung, Ärger mit Raumfragen, bürokratische Hemmnisse und Finanzierungsprobleme beschreiben lassen. Auch in einer Untersuchung des Institutes für Mittelstandsforschung[3] sehen die Gründer ihre wesentlichen Schwierigkeiten mit 77,6% bei der Suche nach Gewerberaum und dem richtigen Standort und mit 72,6% der Nennungen beim Absatz.

---

[1] Erklärung : VEB = Volkseigener Betrieb.
[2] vgl. Deutsche Ausgleichsbank, (1991) S. 39ff.
[3] May-Strobl, Kokalj, Schmidt (1991) S. 31.

Es folgen die Bereiche Finanzierung, Beschaffung, sowie der Komplex Rahmen-bedingungen. May-Strobl et al. kommentieren dieses Ergebnis so: "Viele der Gründungsprobleme sind typische für Volkswirtschaften, in denen bis vor kur-zem Privateigentum in der bekannten Form nicht oder nur eingeschränkt existier-te. Grund und Boden, Gewerberäume, auch die Qualität der verfügbaren Räumlichkeiten und der technischen Ausstattung stellen und stellten eigentlich die größten Gründungshemmnisse dar."[1]. Eine weitere Erhebung zeigte als we-sentliches Problem die mangelnde Kenntnis über die vielen neuen gesetzlichen Regelungen und den Weg durch die Behörden, sowie die dringend notwendige Erreichung eines Überblicks über die vielen Informationen[2].

8.2 Meßkonzepte

8.2.1 Operationalisierung des Erfolges und damit verbundene Probleme

Als abhängige Variablen bzw. Kriteriumsvariablen, die in dieser Untersuchung zur Bestimmung des Erfolges (Früherfolges) der Existenzgründung herangezogen werden, bieten sich aufgrund der erhobenen Daten und unter dem Gesichts-punkt der bereits weiter vorne definierten[3] Probleme bei der Bestimmung des wirtschaftlichen Erfolges mehrere Maße an.

1. Als betriebswirtschaftlicher Indikator zur Messung des Erfolges liegt auf ordi-nalem Skalenniveau das Betriebsergebnis des Jahres 1991 vor. Dieses wurde zum Zeitpunkt t3 gemessen. Dabei erfolgte durch den Existenzgründer eine Einteilung seines Gründungsunternehmens in eine der vier Klassen, die mit Verlust, ausgeglichenem Ergebnis, leichtem oder auskömmlichem Gewinn be-schrieben wurden. Selbst dieses anscheinend so klar zu bestimmende Maß ist mit einigen Unsicherheiten verbunden, die sich daraus ergeben, daß die zu betrachtenden Existenzgründungen zu verschiedenen Zeitpunkten erfolgten, was Auswirkungen auf die Höhe des Betriebsergebnisses hat.

---

[1] May-Strobl, Kokalj, Paulini (1991) S. 3 - 4 / Hemmnisse und Hürden nach Liebernickel (1991) S. 28 - 30: Eigentumsfragen, Finanzierung, Engpaß an Gewerberäumen und -fläche n, Auftragslage, mangelnde Marktkenntnis, Bürokratie, alte und neue Seilschaften.

[2] Polke (1992) S. 89: Es folgen als weitere Problembereiche: Finden eines soliden Kreditge-bers, Aneignung kaufmännischer Kenntnisse, Finden von geeigneten Räunlichkeiten.

[3] siehe Kapitel 5.2.

2. Als zweites Meßkriterium für den Erfolg soll die Mitarbeiterentwicklung herangezogen werden. In jeder Erhebung von t1 bis t3 wurde der Existenzgründer gebeten, die Entwicklung seiner Mitarbeiterzahl, sowohl der Vollzeit- als
auch Teilzeitkräfte anzugeben. Da die Mitarbeiterzahlen über die verschiedenen Erhebungszeitpunkte teilweise auch prozentual sehr stark differierten, erwies es sich trotz des Informationsverlustes als notwendig, eine ordinale
Skalierung in gesunkene, gleichgebliebene oder gestiegene Mitarbeiterzahlen[1] vorzunehmen, da sonst die ungleiche Gruppenbesetzung zu stark
verzerrenden Ergebnissen geführt hätte. Bezugspunkt dieser Einteilung war
der Mitarbeiterstand zum unmittelbaren Gründungszeitpunkt[2].

Jedoch wies diese Form der Erfolgsmessung eigene Probleme auf, die vor
allem in der gesamtwirtschaftlichen Ausgangslage der neuen Länder
begründet sind. Eigentlich ist, so die Überlegungen, die hinter dieser
Erfolgsgröße stehen, für jedes neu gegründete Unternehmen Wachstum eine
notwendige Erfolgsbedingung. Daher erscheint auch eine Zunahme der
Mitarbeiter als Erfolgsmaßstab sinnvoll[3]. In diesem Fall jedoch ist diese
Einschätzung mit Vorsicht zu betrachten, da eine hohe Anzahl derivativer
Gründungen (Beteiligungen und Übernahmen stellen fast 40% des Datenmaterials dar) im Sample enthalten sind. Denn die Übernahme bereits vorhan-
dener Unternehmen beinhalten in den neuen Bundesländern fast immer die
Verpflichtung, das vorhandene Personal zunächst mit zu übernehmen, was
auf längere Sicht und damit in der Erwartung der Existenzgründer aufgrund
der zu hohen Personalausstattung zum Personalabbau führen muß, damit
Wettbewerbsfähigkeit erreicht werden kann. So kann man diese Größe zwar
als sinnvollen Erfolgsmaßstab im Sinne einer volkswirtschaftlichen Betrachtungsweise ansehen, aber auf der Mikroebene des Unternehmens gilt dieses
unter Umständen nicht. Eine negative Veränderung der Mitarbeiterzahlen
muß für das einzelne Gründungsvorhaben nicht notwendigerweise eine erfolglose Entwicklung bedeuten, sondern kann das Ergebnis einer
wettbewerbsmäßigen Anpassung sein, eines Abbaus des in vielen Fällen aus
DDR-Zeiten zu hohen Personalbestandes.

---

[1] Teilzeitkräfte gehen als halbe Kräfte in die Berechnung ein.
[2] Frage lautete: "Mit wievielen Mitarbeitern haben Sie begonnen?".
[3] May (1981) S. 115 - 123.

3. Eine weitere Erfolgsgröße, die zu t2 und t3 erhoben wurde und die mehr auf der individuellen Ebene des Gründers angesiedelt ist, stellt die Einkommensveränderung[1] dar. Das Einkommen wurde verglichen mit dem Einkommen, welches der Existenzgründer in seiner früheren unselbständigen Tätigkeit erreicht hatte. Auch hier spielen einige Probleme der Meßbarkeit über die genaue Bestimmung des Unternehmereinkommens, ein gestiegenes Preisniveau und Fragen des im Verhältnis zu DDR-Zeiten veränderten Anspruchsniveau mit herein, die diesen Vergleich erschweren.

Da wegen der Kürze der Zeit und aufgrund der vermutlich geringen Auskunftsbereitschaft der Teilnehmer kaum weitere aussagefähige betriebswirtschaftlichen Daten erhoben werden konnten, mußte zusätzlich auf andere Meßkonzepte zurückgegriffen werden, die sich mehr auf individuelle Zufriedenheitswerte des Gründers beziehen[2].

4. Unter diesem Aspekt lassen sich einerseits die Meßvariablen zusammenfassen, die sich auf die persönlichen Einschätzungen des Existenzgründers zu verschiedenen Aspekten der Gründung beziehen. Auf einer Likert-Skala[3] und damit auf Intervallskalenniveau konnte der Gründer zu t2 und t3 das Ausmaß seiner Zufriedenheit mit dem Erfolg, den Gewinnen und der Vorbereitung bewerten und sich außerdem zu einer möglichen Wiederholung der Selbständigmachung[4] äußern. Zusätzlich wurden andererseits über standardisierte Skalen[5] intervallskaliert die Arbeits- und Lebenszufriedenheit des Existenzgründers zu t2 und t3 als Ergebnis der Existenzgründung ermittelt.

Diese zuletzt beschriebenen Konzepte zur Erfolgsmessung wurden später zusammengefaßt und werden dann als Summand bzw. als Faktorwert zur Erfolgsmessung verwendet. Die nachfolgende Tab. 4 zeigt noch einmal zusammenfassend die verschiedenen Meßkonzepte, ihre Erhebungszeitpunkte, die Ausprägungen sowie das Meßniveau.

---

[1] damit ist das Individualeinkommen des Gründers bezeichnet.
[2] siehe auch Klandt (1984a).
[3] Skalierung: 1 "nicht zufrieden" bis 5 "sehr zufrieden".
[4] im Sinne einer Dissonanz nach Entscheidungen.
[5] nach Neuberger: Arbeits- und Lebenzufriedenheit.

Tab. 4: Übersicht über erhobene Erfolgsmaße

Variablen	Messung	Meßniveau	Ausprägungen	t1	t2	t3
				Zeitpunkte		
Betriebsergebnis 1991	Klassen	ordinal	Anfangsverluste bis auskömmlicher Gewinn			x
Umsatzerwartungen 1991/92/93	Klassen	ordinal	unter 50.000 DM bis 1.000.000 DM	x		
Umsatz 1991	Klassen	ordinal			x	x
Mitarbeiterzahlen	Anzahl	rational		x		
Mitarbeitererwartung, 1 Jahr später	Anzahl	rational		x		
Mitarbeitererwartung, in 2 Jahren	Anzahl	rational		x		
Mitarbeitererwartung, Ende 1992	Anzahl	rational			x	x
Einkommensveränderung	Klassen	ordinal	gestiegen, gleich gesunken		x	x
Zufriedenheit mit Erfolg	5-Punkte-Skala	intervall	-2 (nicht zufrieden) bis +2 (sehr zufrieden)		x	x
Zufriedenheit mit Gewinn	5-Punkte-Skala	intervall			x	x
Zufriedenheit mit Vorbereitung	5-Punkte-Skala	intervall			x	x
Wiederholung der Entscheidung[1]	5-Punkte-Skala	intervall			x	x
Arbeitszufriedenheit	7-Punkte-Skala	intervall	verschiedene Gesichtszüge von 1 bis 7		x	x
Lebenszufriedenheit	7-Punkte-Skala	intervall			x	x

1) Ausprägungen bei dieser Variable: -2 (nein, auf keinen Fall) bis +2 (ja, auf jeden Fall).

Obwohl der Umsatz des Jahres 1992 und die Umsatzerwartungen der Zeitpunkte t2 und t3 bezüglich der Jahre 1991 und 1992 als Daten erhoben wurden, sind sie zur Erfolgsmessung nicht verwendet worden. Eine Ursache lag darin, daß sie nur in Klassen[1] angegeben wurden und so positive und negative Veränderungen der Umsatzzahlen in vielen Fällen, weil sie innerhalb einer Klassen geschahen, einfach nicht sichtbar wurden. Außerdem war nicht auszuschließen, daß sich die Messungen auf unterschiedliche Zeiträu-me bezogen, da ein Teil der Gründungen erst innerhalb des Jahres 1991 erfolgt sind. Weiterhin stellte sich die Frage, was unter diesem Aspekt als erfolgreich zu bezeichnen ist. Ist der Gründer als erfolgreich zu bezeichnen, der seine Erwartungen erfüllt oder derjenige, der mehr als erwartet erzielt[2]. Vergleicht (siehe Abb. 1 im Anhang) man die Erwartungen, die zu t1 für 1991 genannt werden, mit denen die zu t3 tatsächlich erreicht worden sind, zeigt sich, daß der Umsatz in den niedrigeren Umsatzbereichen (bis 100.000 DM) eher tiefer als erwartet ausfällt. Darüber werden die Prognosen in den höheren Umsatzklassen eher übererfüllt. Die zu t1 geäußerten Erwartungen für die Umsätze in 1992 werden zu t3, also Anfang des Jahres 1992, tendenziell nach unten korrigiert. Da scheinen Ernüchterung über die Möglichkeiten der Existenzgründung, aber vielleicht auch ein gewisser Pessimismus, ausgelöst durch die schwierige wirtschaftliche Lage, eine wichtige Rolle zu spielen.

Auch die Erwartungen über die Mitarbeiterzahlen (Anhang: Abb. 3 und 4) sind zur Erfolgsmessung aufgrund ähnlicher Überlegungen wie denen zur Umsatzentwicklung nicht benutzt worden. Betrachtet man die Entwicklung der Mitarbeiterzahlen (Anhang: Abb. 2) zeigt sich, daß die Zahl der Unternehmen mit einem und der mit mehr als fünf Mitarbeitern vom Gründungszeitpunkt bis zu t3 steigt. Stabil bleibt die Anzahl der Unternehmen mit 2 - 5 Mitarbeitern, sinkend ist der Teil der Unternehmen ohne Mitarbeiter. Aus der Arbeitsmarktperspektive ergibt sich so eine ermutigende Entwicklung, wenn auch die für t3 geäußerten Erwartungen über die Mitarbeiterzahlen in vielen Fällen nicht erreicht worden sind (Anhang: Abb. 3).

---

[1] Ausprägungen: 'unter 50.000 DM', '50.000 - 100.000 DM', '100.000 - 250.000 DM', '250.000 - 500.000 DM', '500.000 - 1 Mio. DM' und 'über 1 Mio. DM'.

[2] dazu Klandt (1984) S. 106: "Erwartungen über Umsatz und Gewinn messen vermutlich eher den Positivismus des Beurteilers, als daß sie eine zuverlässige Prognose für den später eintreffenden Umsatz und Gewinn abgeben.".

Die nun folgenden empirischen Auswertungen sollen zeigen, welche Verteilungen die Erfolgsmaße innerhalb der Stichprobe aufweisen, in welcher Beziehung[1] die verschiedenen Erfolgsmaße zueinander stehen sowie Anhaltspunkte für die Verwendung dieser Variablen in späteren Berechnungen bieten.

8.2.1.1 Erfolgsmessung auf Intervallskalenniveau

Betrachtet man die verschiedenen intervallskalierten Erfolgsmaße[2] zum Zeitpunkt t2 und t3 näher, stellt man fest, daß sie enge Zusammenhänge aufweisen. In diesem Fall wird die Stärke dieser Beziehung mit dem Pearson- bzw. Produkt-Moment-Korrelationskoeffizent gemessen[3]. Dabei ist zu beachten, daß die später berechneten z-transformierten Werte und die originären Daten dieselben Korrelationskoeffizenten aufweisen[4].

Die Tabellen (vgl. Tab. 5 und 6), die die Höhe der Korrelationen der verschiedenen Kriterienmaße getrennt nach den Erhebungszeitpunkten t2 und t3 wiedergeben, zeigen, daß alle Zusammenhänge der intervallskalierten Erfolgsvariablen gegen Null gesichert sind[5]; d.h. der Korrelationskoeffizent, der zwischen -1 und 1 liegen kann, weist meist hochsignifikante, fast ausschließlich enge positive lineare Zusammenhänge auf. Besonders hohe Beziehungen hat dabei die Erfolgszufriedenheit des Existenzgründers mit allen anderen Variablen (r = 0,51 bis r = 0,74 zu t2). Eine hohe Beziehung fällt aber auch zwischen der Lebens- und der Arbeitszufriedenheit auf (r = 0,56 zu t2). Zum Zeitpunkt t3 werden diese positiven linearen Beziehungen noch enger. Dieses beweist, daß ein positiver Zusammenhang der Erfolgseinschätzung des Gründers mit den Aspekten Vorbereitung der Gründung (r = 0,66), mögliche Wiederholung dieses Schrittes (r = 0,66), Zufriedenheit mit Gewinn (r = 0,85) und Arbeit (r = 0,78) durchaus gegeben ist. Niedriger fällt lediglich die Beziehung zur Lebenszufriedenheit (r = 0,54) aus, deren Höhe sicherlich auch noch von anderen Determinanten außerhalb der Existenzgründung geprägt ist.

---

[1] zu den Verfahren siehe Bortz (1985): Kapitel 6.2. - 6.4., S. 248 - 287.
[2] Zufriedenheit des Gründers mit Erfolg, Gewinn, Vorbereitung, Entscheidung; Arbeits- und Lebenszufriedenheit.
[3] Brosius (1988) S. 303.
[4] Bortz (1985) S. 248ff.
[5] Brosius (1988) S. 306.

Um die beschriebenen intervallskalierten Erfolgsvariablen zusammenzufassen, bieten sich zwei Möglichkeiten an, die Bildung eines Summenscores und die Durchführung einer Faktorenanalyse. Beide Methoden werden im folgenden durchgeführt, und die Resultate gehen in die weiteren Auswertungen dieser Erhebung ein.

Da die Messungen auf verschieden unterteilten Intervallskalen vorgenommen wurden[1], erfolgte zur Standardisierung der Werte eine z-Transformation[2] der Variablen, um ein gleichgewichtiges Eingehen aller Variablen in den Summenscore zu gewährleisten. Zur Prüfung der Reliabilität[3] der Erfolgsvariablen wurde zunächst Cronbach's alpha herangezogen. Zum Zeitpunkt t2 beträgt a = 0,86, bei den standardisierten[4] Variablen weist a mit 0,87 (siehe Anhang, Tab. 1) ebenfalls einen recht hohen Wert aus und ermöglicht so eine Zusammenfassung. Dieselben Variablen wurden zum Zeitpunkt t3, wie oben bereits beschrieben, noch einmal erhoben und erneut auf ihre Reliabilität untersucht. Diese steigt an und für t3 gilt dann a = 0,90, bzw. a = 0,91 für die zuvor standardisierten (nach z-Transformation) Variablen (vgl. Anhang, Tab. 2).

Die Summe der z-transformierten Erfolgsvariablen finden als Kriteriumsvariablen 'Erfolgssumme zu t2' und 'Erfolgssumme zu t3' Eingang in diese Untersuchung. Dabei haben die Summen der Erfolgsvariablen zum Zeitpunkt t2 einen Median von 0,861 und zum Zeitpunkt t3 einen Medianwert von 1,276[5].

---

[1] siehe Tabelle 4.
[2] Bortz (1985) S. 62.
[3] Bortz (1985) S. 18.
[4] nach z-Transformation.
[5] zur weiteren Verteilung der Werte, siehe Tabelle 3 und die Abbildungen 7 und 8 im Anhang.

Tab. 5: Korrelationen der verschiedenen intervallskalierten Erfolgsmaße zu t2

Korrelationen	Arbeit	Zufriedenheit mit Leben	Gewinn	Entscheidung	Vorbereitung	Erfolg
Arbeit	1.0000	.5622**	.5111**	.4308**	.3596*	.6069**
Leben		1.0000	.5807**	.4462**	.3658*	.5117**
Gewinn			1.0000	.4754**	.4273**	.7446**
Wiederholung				1.0000	.6141**	.5783**
Vorbereitung					1.0000	.5585**
Erfolg						1.0000
	Anzahl: 60	Signifikanzniveau:	* - p ≤ .01		** - p ≤ .001	

Tab. 6: Korrelationen der verschiedenen intervallskalierten Erfolgsmaße zu t3

Korrelationen	Arbeit	Zufriedenheit mit Leben	Gewinn	Entscheidung	Vorbereitung	Erfolg
Arbeit	1.0000	.6569**	.7098**	.7094**	.6377**	.7807**
Leben		1.0000	.4410**	.4001**	.5020**	.5373**
Gewinn			1.0000	.6509**	.5796**	.8480**
Wiederholung				1.0000	.5971**	.6616**
Vorbereitung					1.0000	.6574**
Erfolg						1.0000
	Anzahl: 60	Signifikanzniveau:	* - p ≤ .01		** - p ≤ .001	

Eine weitere Möglichkeit, die gemessenen Variablen zusammenzufassen, liegt in der Faktorenanalyse unter späterer Verwendung des Faktorwertes als Kriteriumsvariable. Eine der Hauptaufgaben der Faktorenanalyse besteht dann auch darin, nach voneinander unabhängigen Dimensionen (Faktoren) zu suchen, welche die Beschreibung der zugrundeliegenden unabhängigen Variablen ermöglichen; wodurch diese Methode ein besonders effizientes Verfahren zur Datenreduktion darstellt. Sie führt zu einer Datenverdichtung durch Verkleinerung des Merkmalsraumes bei Konstanz des Objektraumes.[1]

Tab. 7: Faktorladungsmatrix der Erfolgsmaße (intervallskaliert) zu t2[2]

Variablen zu t2	Erfolgsfaktor zu t2
Zufriedenheit mit Erfolg	.87188
Zufriedenheit mit Gewinn	.81491
Mögliche Wiederholung	.75884
Zufriedenheit mit Arbeit	.74581
Zufriedenheit mit Leben	.74257
Zufriedenheit mit Vorbereitung	.70630

Die Faktorenanalysen für die bereits angesprochenen sechs Variablen zeigen, daß alle angesprochenen Variablen jeweils auf einem Faktor laden. Die Faktorladungsmatrix (vgl. Tab. 7 und 8) weist für alle sechs Erfolgsvariablen sowohl zu t2 als auch zu t3 hohe Ladungen auf. Die Faktorenanalyse extrahiert nach dem Eigenwert-Kriterium zum Zeitpunkt t2 **einen** Faktor, dessen Median bei 0,163 liegt. Der Faktor, der durch die Erfolgsvariablen zum Zeitpunkt t3 gebildet wird, hat einen Median von 0,236[3]. Diese Faktorwerte gehen als 'Erfolgsfaktor zu t2' und 'Erfolgsfaktor zu t3' in die weiteren Berechnungen ein. Dabei liefern die z-standardisierten Werte dieselben Ergebnisse[4].

[1] Hamann, Erichson (1978) S. 80ff.
[2] Kaiser-Meyer-Olkin-Maßzahl: kmo=0,82; Bartletts Sphärizitätstest: Bartlett-p (chi^2=162) =0,00; Varianzerklärungsanteil 60,1%.
[3] zur weiteren Verteilung der Werte, siehe Tabelle 3 und die Abbildungen 5 und 6 im Anhang.
[4] Backhaus (1987) S. 73.

Tab. 8: Faktorladungsmatrix der Erfolgsmaße (intervallskaliert) zu t3[1]

Variablen zu t3	Erfolgsfaktor zu t3
Zufriedenheit mit Erfolg	.90910
Zufriedenheit mit Arbeit	.90587
Zufriedenheit mit Gewinn	.85877
mögliche Wiederholung	.81031
Zufriedenheit mit Vorbereitung	.79447
Zufriedenheit mit Leben	.69311

Es zeigt sich also, daß alle individuellen Zufriedenheitsmaße einen engen Zusammenhang aufweisen und daher später in einem Wert zur Messung des individuellen Erfolges einer Existenzgründung als Kriteriumsvariable herangezogen werden können.

8.2.1.2 Zeitliche Veränderungen der intervallskalierten Erfolgsmaße

Im folgenden gilt es zu prüfen, ob sich die beschriebenen intervallskalierten Erfolgsindikatoren, die zu zwei verschiedenen Zeitpunkten mit rund einem halben Jahr Unterschied erhoben wurden, über die Zeit signifikant verändern. Die zeitliche Variation dieser als Kriterienmaße verwandten Variablen, d.h. deren Veränderung von t2 zu t3, wurde dabei über den T-Test für abhängige Maße[2] analysiert.

Wie die Ergebnisse (vgl. Tab. 9) zeigen, nahm die Lebenszufriedenheit der Existenzgründer im Zeitverlauf ($t = -2,33$; $df = 59$; $p(t) = 0,02$) von t2 nach t3 zu . Die Zufriedenheit mit dem Erfolg nahm hingegen durchschnittlich ab ($t = 2,43$; $df = 29$; $p(t) = 0,02$). Alle anderen intervallskalierten Kriteriumsvariablen blieben relativ konstant.

Unseres Erachtens liegt eine Erklärung der Ursachen für eine gestiegene Lebenszufriedenheit von Herbst 1991 bis zum Frühjahr 1992 unter anderem darin, daß man gelernt hat, mit dem neuen Unbekannten umzugehen. Es baute sich Unsicherheit und Angst, die sich durch die neue Situation in Wirtschaft,

---

[1] Kaiser-Meyer-Olkin-Maßzahl: kmo = 0,82; Bartletts Sphärizitätstest: Bartlett-p ($chi^2 = 243$) = 0,00; Varianzerklärungsanteil 69,2%.
[2] Brosius (1988) S. 272.

Politik und Gesellschaft entwickelt hatte, ab, man hat gesehen, daß man sich bewähren kann, hiermit umgehen kann. Neue eigene Kontrollmöglichkeiten und Freiheiten über Berufs- und Privatleben werden dem Gründer langsam bewußt. Anstelle der unbekannten und undefinierten Bedrohung durch den Wandel treten die positiven Möglichkeiten, die sich für den Einzelnen ergeben. Eine Folge ist, daß die Lebenszufriedenheit steigt.

Tab. 9: Veränderungen der Erfolgsmaße über die Zeit

T-Test mit paarweise abhängigen Variablen (b)		Mittel-wert	s_j	t	df	p(t)
Zufriedenheit mit Gewinn (x)	t2	0,00	1,14	0,00	59	1,00
	t3	0,00	1,04			
Zufriedenheit mit Vorbereitung (x)	t2	0,55	1,05	0,36	59	0,72
	t3	0,52	0,98			
Zufriedenheit mit Erfolg (x)	t2	0,52	0,98	2,43	59	0,02
	t3	0,30	1,09			
Möglichkeit der Wiederholung (x)	t2	1,40	0,94	1,10	59	0,28
	t3	1,28	1,08			
Arbeitszufriedenheit (y)	t2	4,70	1,34	-0,93	59	0,36
	t3	4,83	1,33			
Lebenszufriedenheit (y)	t2	4,25	1,49	-2,33	59	0,02
	t3	4,62	1,44			

- (b) Skalierung - (x): -2 - nicht ... 2 - sehr   n=60
  - (y): 1 niedrige Zufriedenheit ...
       7 hohe Zufriedenheit

Die gesunkene Zufriedenheit mit dem Erfolg könnte folgende mögliche Erklärungen haben. Im Vergleich mit anderen Existenzgründern zeigt sich, daß bessere Erfolge zu erzielen sind, ein bisher vielleicht niedrigeres Antizipationsniveau steigt. Nicht mehr das reine Überleben stellt sich nun beispielsweise als Ziel der Gründung dar, sondern der Aspekt, sein Unternehmen schnell zu vergrößern, steigende Wachstumsraten und ein hohes Einkommen zu erzielen. Weiter machen erste betriebswirtschaftliche Analysen ein Jahr nach der Gründung (also zu t3) vielleicht den Erfolg besser einschätzbar, Ernüchterung über die erzielten Ergebnisse und die tatsächlich vorhandenen Schwierigkeiten zeigen sich.

8.2.1.3 Erfolgsmessung auf Ordinalskalenniveau

Zur Erfolgsermittlung sind in der Untersuchung, wie beschrieben, außerdem mehrere Variablen[1] auf ordinalem Skalenniveau gemessen worden. Diese umfassen das Betriebsergebnis des Existenzgründers im Jahr 1991, gemessen zum Zeitpunkt t3, die Veränderung des Einkommens der Existenzgründer im Verhältnis zur früheren unselbständigen Tätigkeit, gemessen zu den Zeitpunkten t2 und t3, sowie die Veränderung der Mitarbeiterzahl seit Start der Existenzgründung, die zu allen Befragungszeitpunkten erhoben wurde.

Das Betriebsergebnis 1991 weist für zehn der Existenzgründer Anfangsverluste und für neun ein ausgeglichenes Ergebnis auf, 25 Gründer konnten einen leichten Gewinn erzielen, 16 bereits einen auskömmlichen[2]. Dieses kann, da die Ausprägungen der Variablen einer Untersuchung der Deutschen Ausgleichsbank entnommen wurden, mit den Ergebnissen dieser Umfrage verglichen werden, die für die 1990 mit EKH[3] geförderten Unternehmen im Jahr 1991 ein ähnliches Ergebnis feststellte.[4]

In den folgenden Auswertungen, bei denen oft zwischen relativ erfolgreichen und weniger erfolgreichen Gründern differenziert wird, erfolgt im allgemeinen eine Dichotomisierung dieser ordinalen Variable. Dazu werden die Existenzgründer, deren Unternehmen Anfangsverluste aufwiesen, denen mit ausgeglichenen Ergebnissen zugeordnet. Die andere Gruppe bilden Betriebe, die leichte oder auskömmlichen Gewinne in 1991 erzielen konnten und so ein erfolgreicheres Jahresergebnis aufweisen.

Tab. 10: Betriebsergebnis in 1991

Betriebsergebnis 1991	Häufigkeiten	Prozentwerte
Anfangsverluste	10	16,6%
ausgeglichenes Ergebnis	9	15,0%
leichter Gewinn	25	41,6%
auskömmlicher Gewinn	16	26,6%

---

[1] siehe Kapitel 8.2.1.
[2] Ausprägungen entnommen aus: Deutsche Ausgleichsbank (1991) S. 38.
[3] Eigenkapitalhilfe.
[4] Ergebnis der Erhebung der Deutschen Ausgleichsbank: 12,3% Anfangsverluste; 21,4% ausgeglichenes Ergebnis; 38,0% leichter und 28,3% auskömmlicher Gewinn.

Betrachtet man die Einkommensveränderungen als einen individuellen Erfolgsmaßstab, so kann man feststellen, daß schon zu t2 rund 50% der Existenzgründer ihr Einkommen im Vergleich zu ihrer früheren Tätigkeit steigern konnten. 16
Personen gaben an, daß ihr Einkommen gesunken ist, 13 weitere meinten, es
wäre gleich geblieben. Zum Zeitpunkt t3 zeigt sich ein ähnliches Bild. 50% haben weiterhin ein gestiegenes Einkommen, 17 Existenzgründer halten es für ungefähr gleich hoch und 13 für niedriger als vor ihrer Selbständigkeit.

Tab. 11: Veränderungen im Einkommen

Höhe des Einkommen	Anzahl der Nennungen	
	zu t2	zu t3
gesunken	16	13
annähernd gleich	13	17
gestiegen	31	30

Die Anzahl der Mitarbeiter zum Zeitpunkt t2 und t3 wurden in Beziehung gesetzt
zu den Mitarbeitern, die zum Start der Existenzgründung dort bereits beschäftigt
waren. Aufgrund hoher Unterschiede in den Zahlen zur Veränderung der Mitarbeiter, was zu ungleichen Zellenbesetzungen geführt hätte, wurde anschließend
nach gestiegener, gleicher oder gesunkener Mitarbeiterzahl klassifiziert. So zeigt
sich zum Zeitpunkt t2 (vgl. Tab. 12), daß fast die Hälfte der befragten Gründer
ihr Personal aufgestockt haben. 16 weisen eine gesunkene Anzahl auf, bei weiteren 16 ist der Personalbestand gleich geblieben. Rund ein halbes Jahr später
haben schon 32 der Unternehmen einen positiven Saldo aufzuweisen, während
25% weiterhin die gleiche Mitarbeiterzahl angeben. Bei 13 Existenzgründern hat,
bezogen auf den Gründungszeitpunkt, ein Personalabbau stattgefunden. Auch
hier erfolgt im weiteren Verlauf der Analysen teilweise eine Differenzierung der
Existenzgründer, indem gesunkene und gleichgebliebene Anzahl von Mitarbeitern
einer Gruppe zugeordnet werden, während die andere Gruppe durch eine steigende Zahl gekennzeichnet ist.

Die Zusammenhänge zwischen den beiden ordinalskalierten Erfolgsvariablen zu
t2, der Mitarbeiter- und der Einkommensveränderung, wird durch den Rangkorre-
lationskoeffizenten nach Spearman[1] erfaßt. Das Ergebnis zeigt, daß sich eine

---

[1] siehe Bortz (1985) S. 283 - 286.

signifikante Beziehung zwischen beiden Werten ergibt (siehe Anhang, Tab. 4), die jedoch nicht sehr hoch ist ($r_S = 0,295$; $T = 2,35$; $p = 0,02$).

Tab. 12: Veränderungen in den Mitarbeiterzahlen

Mitarbeiterzahl	Anzahl der Unternehmen	
	zu t2	zu t3
gesunken	16	13
gleich geblieben	16	15
gestiegen	28	32

Für $t = 3$ gilt es eine größere Anzahl von Beziehungen zu untersuchen, da zu diesem Zeitpunkt mit dem Betriebsergebnis 1991 eine weitere ordinal skalierte Variable erhoben worden ist.

Die nachfolgenden Ergebnisse (siehe Tab. 13) zeigen, daß das Betriebsergebnis 1991 zwar signifikante, aber keinen sonderlich ausgeprägten Zusammenhang zu der Mitarbeiter- ($r_S = 0,27$; $T = 2,12$; $p = 0,04$) und einen höheren zu der Einkommensveränderung ($r_S = 0,50$; $T = 4,44$; $p = 0,00$) zu t3 aufweist. Für die Beziehung zwischen den Einkommens- und Mitarbeiterveränderungen zeigt sich wie schon zum Zeitpunkt t2 eine signifikante aber niedrige Korrelation ($r_S = 0,34$; $T = 2,75$; $p = 0,01$).

Wie schon in Kapitel 5.2 vermutet, zeigt auch die Analyse der Zusammenhänge zwischen den einzelnen möglichen Erfolgsindikatoren, daß eine generelle und allgemein gültige Erfolgsmessung nicht ganz einfach ist. Wie es scheint, sind mit den ausgewählten ökonomischen Variablen verschiedene Aspekte des Erfolges und der Firmenentwicklung aufgegriffen worden, die untereinander zumindest im frühen Stadium der Gründung nicht unbedingt in einer engen Beziehung stehen müssen. Aus diesem Grund erfolgten dann auch in den weiteren Berechnungen die Analysen für die in diesem Kapitel aufgeführten Erfolgsmaße getrennt.

Tab. 13: Zusammenhänge zwischen Einkommensveränderung - Mitarbeiterveränderung
- Betriebsergebnis zu t3

Rangkorrelationen r_s	Betriebser- gebnis in 1991	Einkommens- veränderung	Mitarbeiter- veränderung
Betriebsergebnis in 1991	----	----	----
Einkommens- veränderung	0,50 *	----	----
Mitarbeiter- veränderung	0,27 *	0,34 *	----

* - auf dem 5% Niveau signifikant

8.2.1.4 Zusammenhang zwischen ordinal und intervallskalierten Erfolgsmaßen

Wie sich in den letzten beiden Abschnitten gezeigt hat, erweist sich eine generell gültige Erfolgsmessung, hier insbesondere auch im Hinblick auf die Messung des Früherfolges, als sehr schwer. Während die intervallskalierten Variablen[1] untereinander eine enge Beziehung[2] aufweisen, zeigen sich bei den ordinal skalierten Daten nur niedrige Zusammenhänge[3]. Im folgenden sollen nun die Beziehungen dieser beiden Variablentypen zueinander betrachtet werden.

Um die Zusammenhänge zwischen den oben beschriebenen intervallskalierten Erfolgsvariablen und den aufgeführten ordinalskalierten Werten zu messen, wird wiederum eine Rangkorrelation nach Spearman[4] berechnet. Um allerdings nicht alle intervallskalierten Daten einzeln zu den ordinalen Erfolgsmaßen in Beziehung zu setzen, wird als Zusammenfassung der intervallskalierten Variablen der Erfolgsfaktor[5] zum Zeitpunkt t2 und t3 gewählt. Dieser Faktorwert des Erfolges zum Zeitpunkt t2 und t3 wird dann zu den ordinalskalierten Variablen getrennt nach den Befragungszeitpunkten in Beziehung gesetzt.

Für t2 müssen die Zusammenhänge zwischen dem Erfolgsfaktor und den Variablen, die die Einkommens- und Mitarbeiterveränderung messen, betrachtet werden. Es zeigt sich (siehe Tab. 14), daß die Mitarbeiterveränderung keine

---

[1] Zufriedenheit mit Erfolg, Gewinnen, Vorbereitung, Entscheidung, Arbeits- und Lebenszufriedenheit.
[2] vgl. Kapitel 8.2.1.1.
[3] vgl. Kapitel 8.2.1.2.
[4] siehe Bortz (1985) S. 286.
[5] siehe Kapitel 8.2.1.1.

- 125 -

signifikante Beziehung zum Erfolgsfaktor aufweist, während der Zusammenhang zur Einkommensveränderung deutlich positiv ausgeprägt ist ($r_S = 0{,}58$; $T = 5{,}39$; $p = 0{,}00$). Also scheint der Erfolgsfaktor, der im wesentlichen ein Zufriedenheitsmaß des Existenzgründers mit seiner neugegründeten Firma darstellt, verständlicherweise in einem engen Zusammenhang zu dem ebenfalls individuellen Maß der Einkommensentwicklung zu stehen, jedoch in keiner signifikanten Beziehung zur Mitarbeiterentwicklung.

Tab. 14: Korrelationen zwischen Erfolgsfaktor und ordinalskalierten Erfolgsmaßen zu t2

ordinal skalierte Erfolgsmessung zu t2	Faktorwert zu t2		
	r_s	T	p
Einkommensveränderung	0,58	5,39	0,00
Mitarbeiterveränderung	0,22	1,68	n.s.[1]
	r_s - Spearman Rangkorrelation		

Für t3 sind außer den oben betrachteten Beziehungen auch die Zusammenhänge mit dem Betriebsergebnis 1991 zu berechnen. Tab. 15 zeigt, daß der Erfolgsfaktor zu t3 wiederum in keinem signifikanten Zusammenhang zur Mitarbeiterveränderung steht. Das Betriebsergebnis 1991 ($r_S = 0{,}30$; $p = 0{,}01$) weist einen positiven Zusammenhang auf, die Einkommensveränderung steht wiederum wie schon zu t2 in einer engeren Beziehung zum Erfolgsfaktor ($r_S = 0{,}44$; $p = 0{,}00$).

Es zeigt sich also, daß der Erfolgsfaktor zu t2 und t3, der im wesentlichen die Zufriedenheit des Gründers mißt, in enger Beziehung zur Einkommensentwicklung der jeweiligen Zeitpunkte steht. Das Verhältnis zum Betriebsergebnis zeigt eine signifikante, wenn auch nicht enge positive Beziehung. Beide Aspekte scheinen auf die Zufriedenheit zu wirken. Jedoch läßt sich ein Zusammenhang zur Mitarbeiterentwicklung zu keinem der Erhebungszeitpunkte nachweisen.

---

[1] nicht signifikant.

Tab. 15: Korrelationen zwischen Erfolgsfaktor und ordinalskalierten Erfolgsmaßen zu t3

ordinal skalierte Erfolgsmessung zu t3	Faktorwert zu t3		
	r_s	T	p
Einkommensveränderung	0,44	3,71	0,00
Mitarbeiterveränderung	0,11	0,88	n.s.[1]
Betriebsergebnis 1991	0,30	2,43	0,02
	r_s - Spearman Rangkorrelation		

Als Fazit dieser Berechnungen läßt sich feststellen:

1. Die Ergebnisse entsprechen im wesentlichen den unter Kapitel 8.2.1 ausgesprochenen Erwartungen, nach der die Mitarbeiterentwicklung weniger auf der Mikroebene der Unternehmung als Erfolgsmaßstab anzuwenden ist, sondern eher ein volkswirtschaftliches Maß darstellt.

2. In den weiteren Berechnungen finden wegen der nicht allzu engen Zusammenhänge, die auf verschiedene Aspekte des Erfolges einer Gründung hinweisen, alle aufgeführten individuellen Erfolgsvariablen Berücksichtigung, wobei davon auszugehen ist, daß die Ergebnisse hinsichtlich Betriebsergebnis in 1991, Einkommensentwicklung und Erfolgsfaktor aufgrund der bestätigten Beziehungen ähnlich sind.

3. Für die Mitarbeiterveränderungen dürften hingegen andere Variablen eine Rolle spielen, die nicht unbedingt als Prädiktor einer erfolgreichen Gründung eine wichtige Bedeutung besitzen.

8.2.2 Operationalisierung der sozialpsychologischen Konzepte

Um dem Ziel der Untersuchung gerecht zu werden, auch Veränderungen in den sozialpsychologischen Variablen der Existenzgründer nachzuweisen, wurde der Block der Variablen, die die motivationalen, affektiv-emotionalen, sozialen und kognitiven Aspekte messen, zu allen drei Befragungszeitpunkten erhoben. Lediglich aus Plausibilitätsgründen mußten einige der Variablen, die sich inhaltlich auf den Gründungszeitpunkt bezogen, zu den Erhebungszeitpunkten t2 und t3 weg-

---

[1] nicht signifikant.

gelassen werden. Dabei handelt es sich um drei Variablen aus dem Bereich der
sozialen Unterstützung. Sie beziehen sich inhaltlich teilweise auf die Gründungs-
phase, so daß eine spätere Erhebung wegen des Zeitbezuges der Aussage unnö-
tig ist.

Aufgrund des Umfanges der Variablenzahl, die meist[1] über mehrere Items die
aufgeführten Konstrukte messen, war eine Datenreduktion, also eine Zusammenfassung der gemessenen Werte nötig, um sie weiter statistisch auswerten zu
können.

Da die Daten auf Intervallskalenniveau vorliegen, bieten sich wiederum wie
schon zur Messung des Erfolges, zwei Möglichkeiten an;

- die Ermittlung von Summenscores mit Verwendung der sich ergebenden
  Mittelwerte oder
- eine Faktorenanalyse unter anschließender Benutzung der Faktorwerte.

Weil es sich bei den durchzuführenden Analysen zu einem Teil auch um Zeitver-
gleiche handelt und sich nur in wenigen Fällen die Bildung von Faktoren und Faktorladungen als zeitkonstant erwies, wurden aufgrund der Stabilität
Summenscores über die einzelnen Konzepte gebildet. Um festzustellen, ob durch
die verschiedenen Variablen, die ein Konzept messen sollen, auch gleiches gemessen wurde, also um die Reliabilität[2] der Items der einzelnen Bereiche festzustellen, wird wiederum Cronbach's Alpha[3] herangezogen.

Die **internale Kontrollüberzeugung**, gemessen über fünf verschiedene Items, die
sich auf den möglichen Einfluß von Politik, Zufall, Konjunktur und eigene
Möglichkeiten beziehen, haben a-Werte zwischen 0,47 und 0,60. Das Ausmaß
der **positiven Identifikation** mit dem Gründungsvorhaben wurde über neun Items
erfaßt, deren Reliabilität um 0,8 liegt. Das Konzept der **sozialen Unterstützung**,
in dieser Erhebung bezogen auf die Bereiche Kollegen, Freunde und Familie, wird
zu t1 über fünf Fragen gemessen, deren Reliabilität mit 0,74 ausreichend hoch
ist. Zu t2 und t3 werden lediglich noch zwei der anfänglichen Items erfaßt, weil
sich die anderen, die sich inhaltlich auf den Gründungszeitpunkt bezogen, nicht

---

[1] außer "Herausforderungsdenken", gemessen über ein Item.
[2] nach Lienert (1963) S. 13.
[3] Cronbach's alpha ist nomiert zwischen 0 und 1.

mehr erhoben wurden. Da die Reliabilität zu t3 mit 0,17 viel zu niedrig ist, erfolgen die weiteren Berechnungen zu t3 getrennt. Die Erhebung des **Risikoempfindens** bzw. der Angst des Existenzgründers erfolgt über drei Items, deren
Reliabilität zwischen 0,50 und 0,65 liegt und damit ausreichend hoch ist. Die
Konzepte **Leistungsmotivation, soziale Kompetenz** und **mitarbeiterorientiertes
Führungsverhalten**[1] weisen ausreichend hohe Reliabilitätswerte auf, so daß zu
allen Zeitpunkten eine Zusammenfassung der Items erfolgen kann.

Tab. 16: Ergebnisse zur Reliabilität der sozialpsychologischen Konzepte[2]

$\alpha(t1)$	$\alpha(t1)$	$\alpha(t2)$	zu messendes Konzept	Anzahl der Items
0,5436	0,4736	0,6048	internale Kontrolle	5
0,7872	0,8765	0,8328	Positive Identifikation	9
0,7353	0,5624	0,1727	Soziale Unterstützung	5 / 2
0,5022	0,5428	0,6546	Risikoempfinden	3
0,5947	0,5905	0,7276	Leistungsmotivation	5
0,7041	0,7346	0,7774	Soziale Kompetenz	4
0,7361	0,7074	0,7915	Führungsstil	6

So weisen die sozialpsychologischen Konzepte durchgängig über alle drei Erhebungszeitpunkte eine ausreichend hohe Reliabilität auf (siehe Tab. 16). Probleme
bei der Zusammenfassung der einzelnen Items aufgrund mangelnder Reliabilität
ergeben sich nur bei dem Aspekt der sozialen Unterstützung zu t3, der daher getrennt ausgewertet wird.

[1] Bei der Auswertung wurden die teilweise vorhandenen Antworten der Existenzgründer, die
keine Mitarbeiter aufweisen konnten, nicht berücksichtigt
[2] gemessen über Cronbach's Alpha.

8.3 Beschreibung der Stichprobe

Wie in Kapitel 8.1 dargestellt wurde, nahmen durchgängig an allen drei Untersuchungen 60 Existenzgründer teil. Im folgenden sollen die Strukturen der Stichprobe[1] dargestellt werden, sowie Zusammenhänge zwischen Merkmalen des Existenzgründers, sowie der Gründungsunternehmung als intervenierende Variable und der Erfolgsmaße zum Zeitpunkt t2 und t3 dargestellt werden.

8.3.1 Beschreibung der Gründungsausgangsposition und deren Bedeutung für den Erfolg

Bei den meisten der untersuchten Unternehmer (rund 76%) erfolgte die Existenzgründung im Jahr 1990. 16,7% der Angeschriebenen machte sich im Frühjahr 1991 selbständig, der Rest der Stichprobe bereits 1989. Betrachtet man den Erfolg dieser Gründungen[2], so zeigen sich keine signifikanten Unterschiede zwischen den verschiedenen Gründungsjahren, also dem Alter des gegründeten Unternehmens.[3]

Wie nicht weiter überraschend sind ein Großteil der Gründungen auf dem Gebiet des Einzel- und Großhandels (26,7%) erfolgt. Die Begründung liegt sicherlich darin, daß hier zunächst einmal geringere Fachkenntnisse nötig erscheinen, relativ weniger Kapital zum Gründungsstart gebraucht wird und außerdem aufgrund des großen Nachholbedarfs zur Versorgung der Bevölkerung höhere Erfolgsaussichten bestehen. Je 13,3 % der untersuchten Gründungen fanden im Bereich Hotel und Gaststätten und bei den freien Berufen statt, mit 16,7% der Gründungen stellt das Verkehrsgewerbe, vor allem begründet durch die hohe Zahl von Fahrschulen, ebenfalls einen beachtenswerten Anteil dar. 21,7% der Gründungen erfolgte in sonstigen Dienstleistungen, jedoch nur 5,0% der Existenzgründer der Stichprobe machte sich im produktiven Gewerbe selbständig[4]. Dieses stellt besonders unter dem Aspekt der weiteren wirtschaftlichen Entwicklungsfähigkeit des Landes einen besorgniserregenden Punkt dar[5]. Der Rest siedelte sich im

---

[1] Weitere deskriptive Ergebnisse außer den dargestellten finden sich im Anhang.
[2] Erfolgsmaße siehe Kapitel 8.2.1.
[3] zur Methode des Chiquadrat-Test: siehe Bortz (1985) S. 202.
[4] Ergebnis so ähnlich bei May-Strobl, Kokalj, Schmidt (1991) S. 29: 38,7% im Bereich des Handels, 11,5% als Hotel- und Gaststättengewerbe, Handwerk und handwerkähnlichen Gewerbe: 21,1%, Dienstleistungen:13,0%.
[5] Liebernickel (1991) S. 16: " Vor allem der Gründungsanteil der Industrie ist gegenwärtig absolut unzureichend für die längerfristige Herausbildung trag- und entwicklungsfähiger Wirtschaftsstrukturen in den ostdeutschen Ländern.".

Handwerk an[1]. Da die Branche als mögliche Einflußgröße in der Stichprobe zu stark differenziert ist, die Gruppen teilweise also zu niedrig besetzt sind, kann eine mögliche Beziehung zum Erfolg nicht ermittelt werden.

Abb. 12: Verteilung der Unternehmen über die Branche

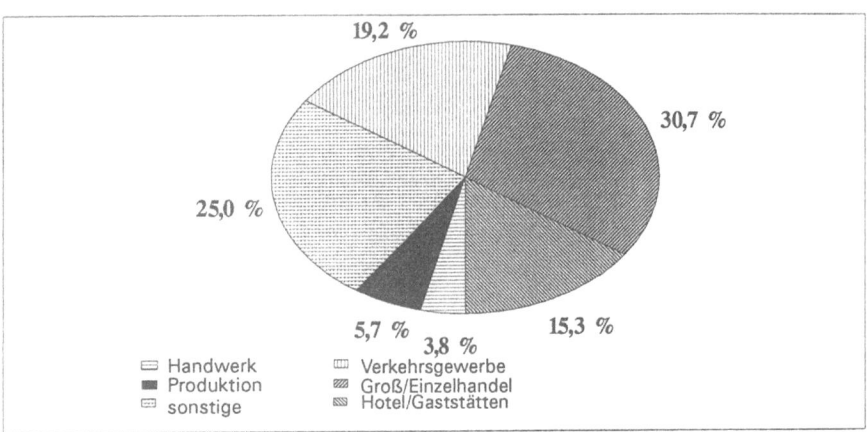

Die Stichprobe enthält vor allem Gründungen mit der Rechtsform als Einzelkaufmann. 85% sind in diesem Bereich zu finden. Nur bei 6,7% aller Gründungen lag eine Kapitalgesellschaft und bei 8,3% eine Personengesellschaft vor. Erklärlich ist dieses sowohl durch den Mangel an Startkapital als auch einer großen Unkenntnis auf diesem Gebiet. Aussagen über eine mögliche Beziehung zum Erfolg lassen sich aufgrund dieser Verteilung nicht machen.

Bei 61,7% der untersuchten Existenzgründungen handelt es sich um Neugründungen, 35% sind Übernahmen, der Rest stellt Beteiligungen an bestehenden Unternehmen dar. Wie schon vermutet[2] hat dieser Umstand eine Wirkung auf die Entwicklung der Mitarbeiterzahlen[3]. Da Existenzgründer, die schon bestehende Betriebe übernahmen, zu einem nicht unerheblichen Teil an das bereits vorhandene Personal durch Verträge und Übernahmebedingungen gebunden waren, kam es in diesem Bereich eher zu negativen Entwicklungen. So läßt sich zeigen (vgl. Tab. 17 und 18), daß Gründer, die eine Betriebsübernahme

---

[1] der niedrige Anteil von Handwerksgründungen ergibt sich dadurch, daß die Adressen der Gründer von der IHK stammen, diese aber eher bei den Handwerkskammern gemeldet sind.
[2] siehe Kapitel 8.2.1.
[3] siehe Abbildung 2 im Anhang.

durchführten, im Verhältnis zu den Gründern neuer Firmen wesentlich stärker sowohl zum Zeitpunkt t2 (p = 0,05) als auch zu t3 (p = 0,03) Personal abbauten. Zu
den Erfolgsvariablen und den anderen unabhängigen Variablen sind keine Beziehungen auszumachen. Auch die Anzahl der Mitarbeiter zum Start der Existenzgründung steht entgegen anderer bekannter Ergebnisse[1] in keinem Verhältnis zu
den später erhobenen Erfolgsmaßen.

Tab. 17: Verhältnis Mitarbeiterentwicklung t2 - Gründungsform

Chiquadrat-Test		
Mitarbeiterentwicklung zu t2	Neugründung	Übernahme
gesunkene Zahl	7	9
gleiche / gestiegene Anzahl	30	12
Chiquadrat 3,84	df=1 p=0,05	

Tab. 18: Verhältnis Mitarbeiterentwicklung t3 - Gründungsform

Chiquadrat-Test		
Mitarbeiterentwicklung zu t3	Neugründung	Übernahme
gesunkene Zahl	5	8
gleiche / gestiegene Anzahl	32	13
Chiquadrat 4,63	df=1 p=0,03	

Die Höhe des Startkapitals (siehe Abb. 9 im Anhang) war insgesamt relativ nied-
rig. Bei über 50,0% der untersuchten Existenzgründungen lag es unter 25.000
DM. Rund ein Drittel brachten 25.000 bis 100.000 DM zur Gründung auf,
13,3% hatten einen Kapitalbedarf, der über 100.000 DM lag. Betrachtet man die
Auswirkungen dieses Umstandes auf den Erfolg der Gründungen, so sind Zusammenhänge weder zur Einkommensentwicklung, zum Erfolgsfaktor noch zum
Betriebsergebnis 1991 zu finden. Auch auf die Mitarbeiterveränderung zeigt die
Startkapitalhöhe keinen Einfluß. Bei der Frage nach der Zusammensetzung des
Fremdkapitals (75% der befragten Gründer hatten Fremdkapital eingesetzt) gaben neun Existenzgründer an, daß sie Kredite von Privat in Anspruch genommen
haben, womit beispielsweise Verwandte oder Freunde bezeichnet waren. 80%
erhielten Kredite von der Bank; 50% bekamen öffentliche Finanzierungshilfen
(vgl. Tab. 5 im Anhang).

---

[1] siehe Kapitel 3.1.

Analysiert man die Zusammenhänge[1] zwischen verschiedenen Möglichkeiten der Kreditaufnahme und den Erfolgsmaßen, zeigen sich signifikante Aspekte, in denen aber vor allem die positiven Auswirkungen der Inanspruchnahme öffentlicher Mittel auf den Erfolg sichtbar werden. Sowohl zum Zeitpunkt t2 (chi = 5,41; df = 1; p = 0,020) als auch zu t3 (chi = 6,67; df = 1; p = 0,01) steigt das Einkommen der öffentlich geförderten Gründer wesentlich häufiger. Auch bezogen auf die Faktorwerte des Erfolges zu t2 (t = -1,90; df = 58; p = 0,062) und t3 (t = -2,24; df = 58; p(t) = 0,029) zeigen sich für die beiden Gruppen deutliche Mittelwertunterschiede. Daraus läßt sich schließen, wer öffentliche Mittel in Anspruch nimmt bzw. sie auch genehmigt bekommt, ist erfolgreicher und kann eher Einkommenssteigerungen verzeichnen.

Die Ursache dieses Ergebnisses liegt sicherlich sowohl in der Zins- und Tilgungsvergünstigung, als auch in der Tatsache, daß öffentlich geförderte Gründungsvorhaben allein aus Gründen des Antrags- und Genehmigungsverfahren meist eine wesentlich umfangreichere Planung und Beratung aufweisen, als Projekte, die ohne öffentliche Mittel gegründet werden. Weiter erfolgt vor Vergabe der öffentlichen Mittel eine genaue Überprüfung der Erfolgsaussichten, so daß Projekte, die keine großen Erfolgspotentiale aufweisen, nicht gefördert werden.

Die Aussagen zur Höhe der Eigenkapitalrate scheinen insgesamt teilweise eher fraglich[2], da es offensichtlich ziemliche Schwierigkeiten, die weder der Pre'-Test noch die Besprechung mit den IHK-Mitarbeitern gezeigt haben, bei deren Berechnung gegeben hat. Deshalb wurde in diesem Bereich auf eine Auswertung der Beziehungen zum Erfolg verzichtet.

Überprüft wird lediglich der hohe Anteil der Existenzgründer mit 100% Eigenkapital[3] in seiner Beziehung zum Erfolg. Rund ein Viertel der in der Stichprobe enthaltenen Existenzgründer nahmen Fremdkapital in Anspruch. Dieses hängt si-

---

[1] bei ordinal skalierten Daten: Anwendung des Chiquadrat-Test's; bei intervallskalierten Daten: T-Test bei Gruppenbildung durch Mediansplit über den Wert des Erfolgsfaktors.

[2] So zeigt die Prüfung auf logische Konsistenz der beantworteten Fragen, daß viele Existenzgründer zwar aufgeführt hatten, bestimmte Kredite erhalten zu haben, gleichzeitig aber ihr Startkapital zu 100% aus Eigenkapital zusammengesetzt angeben. Auch die mündlichen Interviews wiesen auf Schwierigkeiten mit der Abgrenzung zwischen Fremd- und Eigenkapital hin.

[3] Logische Inkonsistenzen sind herausgenommen bzw. korrigiert worden.

cherlich sowohl mit einem niedrigen Kapitalbedarf als auch mit der mangelnden Erfahrung bezüglich des Kreditwesens zusammen. Weiterhin spielt natürlich die Tatsache eine entscheidende Rolle, daß für einen Teil der Gründungsvorhaben aufgrund mangelnder Sicherheiten und unklarer Gründungsabsichten von den Banken keine Kredite vergeben worden sind. Analysiert man diese Gruppe hinsichtlich ihrer Beziehung zu den verschiedenen Erfolgsmaßen, zeigt sich, daß sie zu t3 eine etwas ungünstigere Einkommensentwicklung aufweisen, d.h. sie häufiger ein gleiches oder niedrigeres Einkommen im Verhältnis zu ihrer früheren Berufstätigkeit aufweisen ($p = 0,02$). Eine Begründung dieses Ergebnisses liegt sicherlich darin, daß viele Unternehmen gegründet wurden, die zwar zum Unterhalt des Gründers beitragen können, aber oft zu klein und finanziell zu schwach sind, um hohe Entwicklungsmöglichkeiten zu besitzen.

Tab. 19: Beziehung Einkommensentwicklung t3 - Fremdkapital

Chiquadrat-Test Einkommensentwicklung zu t3	mit Fremdkapital	nur Eigenkapital
gesunken/ gleich	17	12
gestiegen	24	4
Chiquadrat 5,18	df=1 p=0,023	

Betrachtet man die Charakteristika des Gründungsunternehmens als intervenierende Variable zwischen Person und Gründungserfolg, wird deutlich, daß der Zeitpunkt und die Höhe des Startkapitals ohne Effekte auf den Erfolg und die Firmenentwicklung bleiben. Für die Gründungsbranche, die Form der Gründung[1] und die Rechtsform lassen sich aufgrund der unterschiedlichen Zellenbesetzungen keine Beziehungen errechnen. Die Tatsache der derivativen oder originären Gründung zeigt sich demonstrativ in seinen Auswirkungen auf die Mitarbeiterveränderungen. Derivative Gründungen zeigen signifikant häufiger den Trend zum Personalabbau als zur Mitarbeitererhöhung. Sonst ergeben sich aber zu keinem Erfolgsmaß oder der Firmenentwicklung signifikante Beziehungen. Wie schon vermutet, werden die Mitarbeiterzahlen zunächst ziemlich durch wettbewerbsbegründete Anpassungen determiniert, weshalb sie als individuelles Erfolgsmaß nicht geeignet erscheinen.

---

[1] Einzelgründung oder Partnerschaftsgründung, Verteilung: siehe Tabelle 8 im Anhang.

Zwei signifikante Beziehungen der Charakteristika des Gründungsunternehmens zum Erfolg lassen sich nachweisen. Die Form der Kreditaufnahme und der Einsatz von Fremdkapital haben Effekte auf die Einkommensveränderung zu t3. Weiter sorgen öffentliche Mittel als Bestandteil der Kreditfinanzierung dafür, daß der Faktorwert des Erfolges höhere Werte aufweist.

8.3.2 Bedeutung der persönlichen Situation für den Erfolg

Wie bereits beschrieben[1] liegen widersprüchliche Ergebnisse zu dem Einfluß der soziodemographischen Daten auf den Gründungserfolg vor. Als Ergebnis dieses Kapitels wird erwartet, daß aufgrund der besonderen Umstände, unter denen eine Gründung in den neuen Bundesländern erfolgt ist, sich eher wenige signifikante Zusammenhänge zum Erfolg der Gründung ergeben. Deshalb sind für diesen Bereich auch keine expliziten Hypothesen formuliert worden. Viele Entscheidungen sind durch äußere Umstände determiniert worden, z.B. konnten sich Existenzgründer nicht schon vor 10 Jahren selbständig machen, da es zu diesem Zeitpunkt noch so gut wie keine Möglichkeit dazu gab. Auch die Wahl der Ausbildung, der Studienmöglichkeit und -richtung waren häufig eher durch staatliche Interessen reglementiert, als frei gewählt.

8.3.2.1 Alter, Geschlecht und Familienstand

Der Anteil der Frauen innerhalb der Stichprobe liegt bei 26,7%[2]. Dieses entspricht in etwa den Zahlen der Erhebung der Deutschen Ausgleichsbank, nach der unter den durch sie geförderten Gründern[3] ebenfalls 25% weiblich waren. Als unabhängige Variable weist das Geschlecht des Gründers, wie sich schon in vielen vorliegenden Untersuchungen[4] gezeigt hat, keine signifikanten Unterschiede auf die Erfolgsmaße und die Daten der Firmenentwicklung auf.

Der größte Teil der Existenzgründer (51 von 60 Gründern) ist verheiratet[5]. Ein möglicher Effekt des Familienstandes auf den Erfolg kann nicht berechnet werden, weil die Besetzung der Zellen zu unterschiedlich hoch ist.

---

[1] siehe Kapitel 5.2.
[2] auch in anderen deutschsprachigen Studien: Anteil der männlichen Gründer bei knapp 70% mit abnehmender Tendenz aus Müller-Böling, Klandt (1993) S. 146.
[3] Deutsche Ausgleichsbank (1991).
[4] siehe Kapitel 3.2.
[5] 5,1% geschieden, 3,4% mit Lebensgefährten, ein Gründer ist Witwer.

Tab. 20: Beziehung zwischen Alter des Gründers und Hauptmotiv

Chiquadrat-Test Alter des Gründers zu t1	Hauptmotiv[1] aktiv	passiv
bis 43 Jahre	8	15
über 43 Jahre	16	9
Chiquadrat 4,09	df=1 p=0,04	

Das Alter der Existenzgründer in der Stichprobe hat einen Mittelwert von 41,3 Jahren, 25% der Gründer sind älter als 50 Jahre. Damit erweisen sich die Gründer als etwas älter als in der bereits zitierten Studie der Deutschen Ausgleichsbank[2], die einen Mittel wert von 39,2 Jahren angibt und feststellt, daß die Gründer[3] im bisherigen Bundesgebiet damit um 6,5 Jahre jünger sind[4]. Ein Ergebnis, welches aufgrund der besonderen Umstände nicht als überraschend angesehen werden kann. Denn bei vielen war der Wunsch, sich selbständig zu machen, schon lange vorhanden und erst jetzt ergab sich durch die Beendigung der Planwirtschaft eine Möglichkeit dazu. Weiterhin kann die Höhe des Alters auch ein Zeichen dafür sein, daß ältere Arbeitnehmer nach ihrer tatsächlichen oder drohenden Arbeitslosigkeit keine andere Chance sahen, erneut einen Arbeitsplatz zu bekommen und deshalb eine Selbständigkeit angestrebt haben. Die letztere These läßt sich überprüfen, indem man die Beziehung zwischen Alter und Hauptgrund der Selbständigmachung betrachtet. Hier zeigt sich jedoch ein den Erwartungen widersprechendes Ergebnis. Ältere Existenzgründer[5] zeigen eine weitaus aktivere Einstellung zu ihrer Existenzgründung[6]. Dieses stellt sich heraus, wenn man die von ihnen genannten Hauptmotive ihrer Gründungsentscheidung im Verhältnis zu ihren jüngeren Kollegen betrachtet[7].

---

[1] Zuordnung siehe Kapitel 8.4.1.1.
[2] Deutsche Ausgleichsbank (1991) S. 32.
[3] bezogen auf EKH-Gründer in den neuen Ländern.
[4] Untersuchung im Bundesgebiet von Preisendörfer, Schüssler, Ziegler (1989) enthält Durchschnittsalter der Gründer von 34,2 Jahren, auch Müller-Böling, Klandt (1993) S. 146.
[5] oberhalb des Medians von 43 Jahren.
[6] siehe Tabelle 21.
[7] Böhmer (1993) S. 46: ähnlich die Ergebnisse einer Studie zu Eigeninitiative ostdeutscher Arbeitnehmer, die feststellt: "Auch daß jüngere Arbeitnehmer aktiver seien als ältere, ist nicht richtig.".

Tab. 21: Signifikante Mittelwertunterschiede älterer und jüngerer Existenzgründer bei den Gründungsmotiven

T-Test (a),(b)		Mittelwerte		t	df	p(t)
Gründungsmotive		Gruppe1	Gruppe2			
Streben nach höherem Einkommen	t1	1,93	2,50	-3,20	58	0,00
Steuerliche Vorteile	t1	3,27	2,93	1,69	58	0,09
Menschenführung	t1	3,10	2,63	2,13	58	0,04
Familientradition	t1	3,73	2,80	3,79	58	0,00
mit Ehepartner/Familie zusammenarbeiten	t1	2,83	2,30	1,90	58	0,06
eigene Leistungsfähig- keit unter Beweis stellen[c]	t1	1,87	1,53	1,71	58	0,09

- (a) Gruppe1: bis 43 Jahre alt[1]   (30 Fälle)
  Gruppe2: über 43 Jahre alt   (30 Fälle)
- (b) Skalierung: 1=sehr bedeutend   2=bedeutend
  3=weniger bedeutend   4=unbedeutend
- (c) Separate Variance Estimate [2]

Betrachtet man die Bedeutung der verschiedenen Gründungsmotive, verstärkt sich die eben geschilderte Beobachtung (vgl. Tab. 21), denn ältere Gründer zeigen sich weniger durch ein höheres Einkommen (p(t)=0,00) motiviert, sondern halten es für wichtiger, Menschen zu führen (p(t)=0,04), mit dem Ehepartner oder der Familie zusammenzuarbeiten, die Familientradition aufrechtzuerhalten (p(t)=0,00) und die eigene Leistungsfähigkeit unter Beweis (p(t)=0,09) zu stellen. Insgesamt zeichnet sich eine hohe intrinsische Motivation ab, die weniger durch monetäre Ziele als mehr durch innere Überzeugung geprägt ist. Auch die Einbindung der sozialen Umgebung (p(t)=0,06) scheint eine nicht unerhebliche Rolle bei den Gründungsüberlegungen zu spielen. Vermutlich als eine Folge der größeren Erfahrung ist das Ergebnis zu sehen, daß ältere Gründer steuerliche Vorteile (p(t)=0,09) als wesentlich wichtiger als ihre jüngeren Kollegen eingestuft haben.

---

[1] Mediansplit über Alter.
[2] Im folgenden bei allen T-Test's angegeben: two-tail-probability; Nach Prüfung auf Varianzhomogenität, wird der T-Test auf Basis gepoolter Varianzen verwendet. Ausnahmefälle sind gekennzeichnet.

Bezogen auf die sozialpsychologischen Ausprägungen zeigen ältere Existenzgründer (siehe Tab. 22) zum ersten Befragungszeitpunkt ein deutlich höheres

- positives Denken (p(t) = 0,01),
- eine höhere soziale Kompetenz (p(t) = 0,05),
- erfahren eine stärkere soziale Unterstützung (p(t) = 0,07) und
- haben eine höhere Leistungsmotivation (p(t) = 0,00).

Tab. 22: Signifikante Mittelwertunterschiede älterer und jüngerer Existenzgründer bei
den sozialpsychologischen Ansätzen

T-Test (a),(b)		Mittelwerte		t	df	p(t)
sozialpsychologische		Gruppe1	Gruppe2			
Positives Denken	t1	0,47	0,90	-3,04	54	0,00
	t2	0,42	0,82	-2,26	56	0,03
	t3	0,33	0,69	-2,33	55	0,02
Soziale Kompetenz	t1	0,76	1,25	-2,79	58	0,01 [1]
	t2	0,87	1,14		n.s.	
	t3	0,63	0,98	-1,851	58	0,07
Soziale Unterstützung	t1	0,46	0,60	-1,82	58	0,07
	t2	1,05	1,30		n.s.	
Familienunterstützung [2]	t3	0,71	1,31	-2,19	57	0,03
Keine Konfliktzunahme	t3	-0,18	0,38	-1,39	n.s.	
Leistungsmotivation	t1	0,85	1,34	-3,46	57	0,00
	t2	0,92	1,13		n.s.	
	t3	0,68	1,07	-2,51	58	0,02

- (a) Gruppe 1: bis 43 Jahre alt   (30 Fälle)
      Gruppe 2: über 43 Jahre alt   (30 Fälle)

- (b) Skalierung: -2: niedrige Ausprägung
                  +2: hohe Ausprägung

- (c) Separate Variance Estimate [3]

Wenn sich diese Unterschiede auch nicht zu allen Zeitpunkten als signifikant erweisen, bleiben sie jedoch bestehen.

---

[1] nicht signifikant.
[2] Einzelbetrachtung, da Reliabilität nicht ausreichend.
[3] Im folgenden bei allen T-Test's angegeben: two-tail-probability; Nach Prüfung auf Varianzhomogenität, wird der T-Test auf Basis gepoolter Varianzen verwendet. Ausnahmefälle sind
gekennzeichnet.

Zum letzten Befragungszeitpunkt weisen die älteren Gründer ein

- höheres positives Denken (p(t) = 0,02),
- höhere soziale Kompetenz (p(t) = 0,07),
- höhere Unterstützung durch die Familie (p(t) = 0,05) und
- höhere Leistungsmotivation (p(t) = 0,02)

auf. Bezogen auf die Persönlichkeitsvariablen, die nur zu t1 gemessen wurden, unterscheiden sich die älteren und die jüngeren Gründer in den folgenden Punkten:

Jüngere Gründer haben wesentlich

- höhere Selbstzweifel (t = 2,37; df = 58; p = 0,02),
- eine niedrigere Disziplin (t = -1,95; df = 58; p = 0,06) und zeigen
- eine höhere innere Spannung (t = 2,45; df = 58; p = 0,017)
  (siehe Tab. 9 im Anhang).

Anhand dieser Ergebnisse zeigen sich deutlich die gegenläufigen Auswirkungen[1], die dem Alter des Gründers zugerechnet werden. Diese sind einerseits gekennzeichnet durch die im Laufe der Zeit immer mehr wachsenden Erfahrungen, Verbindungen und Kompetenz, verknüpft mit höherem Selbstvertrauen, sowie andererseits den Aspekten einer beruflichen, finanziellen und familiären Etablierung, die dem Wunsch, etwas Neues aufzubauen, entgegenstehen. Das zunehmende Lebensalter kann außerdem einen gewissen Leistungsabfall aufgrund sinkender psychischer Kräfte mit sich bringen[2]. Viele Elemente des Ansatzes[3] lassen sich in diesen empirischen Ergebnissen der Gegenüberstellung jüngerer und älterer Gründer wiederfinden. Als positive Folgen des Alters eines Existenzgründers lassen sich in diesem Sinne die höhere Einschätzung der eigenen sozialen Kompetenz, eine höhere Disziplin, weniger Selbstzweifel und eine höhere Leistungsmotivation einstufen. Deutlich erweist sich auch als negativer Effekt eine niedrigere innere Spannung. Die familiäre Etablierung allerdings zeigt sich durch eine höhere soziale Unterstützung für den Gründer entgegen der Annahmen durchaus in einem positiven Licht. Nach dem

---

[1] Liles (1974) S. 7 -11.
[2] Klandt (1984a) S. 221.
[3] geht vor allem auf Liles (1974) zurück.

Denkmodell von Liles[1] ist zwischem dem 27. und 38. Lebensjahr des Menschen die Möglichkeit des "free choice" am höchsten, also die subjektive Bereitschaft und die objektive Fähigkeit zum Wechsel in die Selbständigkeit besonders groß; eine Aussage, die im Gegensatz zu den anderen Ausführungen unter den besonderen Umständen der Gründung in den neuen Bundesländern sicherlich nicht gilt.

Betrachtet man den Zusammenhang zwischen Alter und Erfolg der Existenzgründung, sowie Auswirkungen auf die Entwicklung der Firma wie es ja in vielen vorgestellten Untersuchungen[2] ohne durchgängig klare Ergebnisse bereits geschehen ist, zeigt sich lediglich ein gegen Null gesicherter Zusammenhang, der sich inhaltlich in das beschriebene Bild der älteren Existenzgründer passend einfügt. Die Unternehmen dieser Existenzgründer weisen zum Zeitpunkt t3 eher steigende Mitarbeiterzahlen (siehe Tab. 23) auf, als die ihrer jüngeren Kollegen ($p(t) = 0,04$). Hier zeigt sich eine größere Bereitschaft bei der Übernahme von Verantwortung, aufgrund der durch die wirtschaftlichen Umstände gegebenen Situation eine innere Verpflichtung zu erfüllen, hier insbesondere dadurch, daß Arbeitsplätze geschaffen werden. Eine Begründung der hier aufgezeigten Beziehung liegt sicherlich in der schon geschilderten eher intrinsischen Motivation der älteren Gründer, die jetzt die Gelegenheit sehen, noch etwas aufzubauen, eine Möglichkeit, ihrem Berufsleben eine neuen Sinn zu geben. Weiter spielt sicherlich auch die Erfahrung, die sie in ihrem bisherigen Berufsleben sammeln konnten, eine nicht unerhebliche Rolle bei der Ausdehnung des Unternehmens. Dieses Ergebnis ist sicherlich unmittelbar durch die besondere Situation in den neuen Bundesländern zu erklären und für den Westen nicht unbedingt generalisierbar. Jedoch zeigen auch Untersuchungen in den USA, daß es einen signifikanten Zusammenhang zwischen dem Alter des Gründers und der Startgröße des Unternehmens gibt: Ältere Gründer errichten größere Firmen[3] und diese weisen eine bessere Überlebenschance auf[4].

---

[1] Liles (1974) S. 7 -11.
[2] siehe Kapitel 3.4.
[3] Cooper, Dunkelberg, Woo (1989).
[4] Cooper, Dunkelberg, Woo (1988).

Tab. 23: Verhältnis des Alters zur Mitarbeiterentwicklung t3

Chiquadrat-Test	Alter des Gründers	
Mitarbeiterentwicklung zu t3	bis 43 Jahre	über 43 Jahre
gesunkene/gleiche Zahl	18	10
gestiegene Anzahl	12	20
Chiquadrat 4,29	df=1 p=0,04	

8.3.2.2 Schulbildung

Der häufigste Schulabschluß der Existenzgründer in der Stichprobe ist der Fach-schulabschluß (31,7%) 15% hatte einen Hochschulabschluß. Die 8. Klasse hat-ten 16,7% abgeschlossen, 25% die 10. Klasse. Damit ist das formale Qualifikationsniveau der Gründer, wie auch eine Untersuchung des WSF[1] zeigt, recht hoch.

Betrachtet man mögliche Auswirkungen der Schulbildung[2] auf den Erfolg und die Entwicklung der Existenzgründung (siehe Tab. 24 und 25), stellt man fest, daß sich einige signifikante Effekte ergeben. Gründer, die einen Schulabschluß über die 10. Klasse hinaus nachweisen können, zeigten sowohl in der Einkom-mensentwicklung (p=0,02) als auch in der Mitarbeiterentwicklung (p=0,08) sig-nifikante Unterschiede zu den Gründern mit niedriger Schulausbildung. Bezüglich dieser beiden Maße hatten die Gründer eher gestiegene Zahlen aufzuweisen. Zum Faktorwert des Erfolges und der Ausprägung des Betriebsergebnisses zei-gen sich jedoch keine Zusammenhänge.

Tab. 24: Verhältnis der Schulausbildung zur Mitarbeiterentwicklung zu t3

Chiquadrat-Test	Schulausbildung	
Mitarbeiterentwicklung zu t3	bis 10. Klasse	über 10. Klasse
gesunkene/gleiche Zahl	15	13
gestiegene Anzahl	10	22
Chiquadrat 3,06	df=1 p=0,08	

[1] zum Vergleich: in Friedrich, Puxi (1991) S. 73.
[2] Tabelle 6 im Anhang.

Tab. 25: Verhältnis der Schulausbildung zur Einkommensentwicklung zu t3

Chiquadrat-Test **Einkommensentwicklung zu t3**	Schulausbildung	
	bis 10. Klasse	über 10 Klasse
gesunkene/gleiche Höhe	17	13
gestiegen	8	22
Chiquadrat 5,55	df=1 p=0,02	

8.3.2.3 Berufliche Erfahrung

Im Gegensatz zur schulischen Ausbildung blieb die berufliche Ausbildung der Gründer, 13,3% sind ohne Lehre, 25% haben eine kaufmännische Lehre und 58,3% eine handwerkliche Ausbildung beendet[1], ohne Auswirkungen auf den Erfolg der Gründung. Betrachtet man weiter die Position der Gründer vor der Selbständigkeit, stellt man fest, daß sich 86,7% im festen Arbeitsverhältnis befanden, rund 6,7% waren arbeitslos und 5% gaben sonstige Tätigkeiten an. Ein Effekt auf den Gründungserfolg ließ sich aufgrund der ungleichmäßigen Zellenbesetzung nicht nachweisen. Auch Leitungserfahrung in entsprechenden beruflichen Positionen vor der Gründung, die immerhin 20% der Gründer hatten, blieb ohne nachweisbaren Effekt auf den Erfolg.

Tab. 26: Beziehung zwischen Branchenkenntnis und Einkommensveränderung zu t3

Chiquadrat-Test **Einkommensentwicklung zu t3**	mit Branchen- kenntnissen	ohne Branchen- kenntnisse
gesunken/gleich	17	13
gestiegen	23	6
Chiquadrat 3,46	df=1 p=0,06	

66,7% der Befragten haben sich in Bereichen selbständig gemacht, in denen sie bereits Erfahrungen haben, während der Rest über keinerlei branchenspezifische Erfahrungen verfügt. Dieses Kriterium erweist sich, so das Ergebnis der Analysen im Bereich der Einkommensveränderung, als erfolgsrelevant. Die Einkommensveränderungen (p=0,06) weisen, allerdings als einziges Erfolgsmaß, zu t3 eher einen positiven Trend auf, wenn der Existenzgründer bereits über Erfahrungen in der Branche, in der seine Gründung erfolgte, verfügt.

---

[1] siehe Tabelle 7 im Anhang.

Weiterhin liegen Angaben darüber vor, wie die Vorstellungen und Informationen über die soziale Marktwirtschaft gebildet werden. Motivation dieser Frage war die Überlegung, woher die Menschen, die über 40 Jahre Erziehung und Erfahrung im Sozialismus verfügen, ein Bild, eine Vorstellung und Kenntnisse von der sozialen Marktwirtschaft, in der sie jetzt erfolgreich unternehmerisch tätig sein wollen, haben. Es zeigt sich, daß es im weitesten Sinne meist persönliche Kontakte, vor allem natürlich die Verwandten in den alten Bundesländern und Geschäftspartner sind, die hier als vermittelnde Faktoren wirken (siehe Tab. 10 im Anhang). Die Frage zur Bedeutung dieser Informationsquellen für den Erfolg der Gründung ließ sich aufgrund der Zellenbesetzung nicht beantworten.

8.3.2.4 Fazit über die Bedeutung der persönlichen Situation

Betrachtet man die Person des Gründers als Einflußfaktor des Gründungserfolges und der Firmenentwicklung, kann man eine positive Bedeutung des Alters des Gründers, der Grad seiner Schulausbildung und seiner Branchenerfahrung hervorheben. Keine Effekte ergeben sich, wie auch schon in anderen Untersuchungen, bezogen auf den Familienstand und das Geschlecht. Damit scheint das Humankapital des Gründers ein wesentlicher Einflußfaktor der Entstehung von Erfolg zu sein. Hier bestätigen sich also auch unter dem Aspekt der speziellen Situation in den neuen Ländern jene Ergebnisse, die bisher auf diesem Gebiet im Westen vorliegen. Beispielsweise konnte in der großzahlig durchgeführten Gründerstudie im Raum München deutlich der positive Einfluß von Schulbildung, Berufs- und Branchenerfahrung des Existenzgründers auf das Überleben einer Existenzgründung nachgewiesen werden[1].

8.3.3 Planungs- und Beratungsverhalten

8.3.3.1 Auswirkungen von Beratung und Planung

Befragt nach der Form der Inanspruchnahme von Beratung (Tab. 11 im Anhang) zeigt sich, daß 81,7% der Existenzgründer eine Beratung durch Außenstehende in Anspruch nahmen. Der größte Teil von ihnen (73,5%) suchten sich als Berater einen Steuerberater, was aufgrund der ungewohnten Materie vor allem auch bezüglich der Steuergesetzgebung nachvollziehbar ist. So sind Probleme im Um-

---

[1] Preisendörfer, Voss (1990) / weitere Ergebnisse siehe Kapitel 3.4.

gang mit der Mehrwertsteuer, Einkommenssteuer und Abschreibungen festzustellen. Experten warnen jedoch in diesem Zusammenhang, daß die beobachtete
einseitige Konzentration auf diese Fragen gefährlich sei, da andere Dinge wie
Kalkulation, Unternehmensführung, Rechnungswesen etc. übersehen werden[1].

Im folgenden sollen nun der Zusammenhang zwischen Vorbereitung und Planung
des Gründungsvorhabens, sowie der Inanspruchnahme von Beratung während
und im Anschluß an die Gründung betrachtet werden. Dabei geht es darum festzustellen, inwieweit sich die Aussage der Hypothese 11, die einen positiven Effekt dieser Variablen auf den Gründungserfolg vorhersagt, bestätigen läßt.

Tab. 27: Verhältnis der Vorbereitungszeit zum Betriebsergebnis 1991

Chiquadrat-Test	Vorbereitungszeit	
Betriebsergebnis 1991	bis 30 Tage	über 30 Tage
negativ/ausgeglichen	13	6
leichter/auskömmlicher Gewinn	18	23
Chiquadrat 3,13	df=1	p=0,08

Zunächst gilt es festzustellen, wieviel Zeit die Gründer zur Planung und Realisation der Gründung aufgewendet haben. Dabei ist die Frage nach der Vorbereitungszeit, die vom Gründungsentschluß bis zur Realisierung verging, sehr
unterschiedlich beantwortet worden. Es ist erkennbar, daß teilweise relativ über-
stürzt gehandelt wurde (53% der Existenzgründer haben sich weniger als einen
Monat Zeit für die Vorbereitung gelassen), andere, 10% der Befragten, waren
schon über ein halbes Jahr von dieser Idee in Anspruch genommen worden. Der
Median lag bei 30 Tagen. Interessant ist es daher zu untersuchen, ob diese Zeit-
spanne, die letztlich auch einen Indikator für den Umfang der Vorbereitung und
Planung darstellt, einen Einfluß auf den Gründungserfolg hatte und ob das Verhalten hinsichtlich anderer Variablen Effekte aufweist.

---

[1] Friedrich, Puxi (1990) S. 76: hält zur "Steuerlastigkeit" fest, daß "Neugründer für sie
wichtige Informationsfelder zunächst auslassen und sich einseitig auf die Gebiete Steuern und
sonstige Rechtsfragen konzentrieren:..." / Nathusius (1990) S.43: "Gewerberechtliche, steu-
errechtliche und gesellschaftsrechtliche Fragen werden zwar von Gründerseite immer wieder
gestellt, sie sind aber häufig für den Gründungserfolg und für die Fähigkeit des Unternehmens,
sich weiterzuentwickeln, zweitrangig."

Es zeigt sich (siehe Tab. 27 und 28), daß ein signifikanter Zusammenhang sowohl zum Betriebsergebnis 1991 (p = 0,08) als auch zur Veränderung der Mitarbeiterzahlen zu t3 (p = 0,01) nachzuweisen ist. So zeigen die Ergebnisse deutlich, daß eine längere Vorbereitungszeit positive Effekte auf die Unternehmensentwicklung erzielen, denn längere Zeit zur Planung und Vorbereitung sorgen dafür, daß das Betriebsergebnis in 1991 eher Gewinne aufweist und die Mitarbeiterzahl steigt. Zum Wert des Erfolgsfaktors oder der Einkommensentwicklung ergeben sich hingegen weder zu t2 noch zu t3 signifikante Zusammenhänge. Weitere wesentliche Unterschiede hinsichtlich der Gründungsmotivation, der sozialpsychologischen Ausprägungen und der Persönlichkeitseigenschaften zeigen sich nicht.

Tab. 28: Verhältnis der Vorbereitungszeit zur Mitarbeiterentwicklung zu t3

Chiquadrat-Test Mitarbeiterentwicklung zu t3	Vorbereitungszeit	
	bis 30 Tage	über 30 Tage
gesunkene Zahl	11	2
gleiche Zahl	9	6
gestiegene Zahl	11	21
Chiquadrat 9,90	df=2 p=0,01	

Um weiter das genaue Ausmaß der Vorbereitung durch die Existenzgründer abschätzen zu können, sind Fragen nach der Erstellung von Markt- und Standortanalysen, sowie von Finanz- und Investitionsanalysen gestellt worden. Die Ergebnisse (siehe Abb. 13) sind, betrachtet man sie im Zusammenhang mit den vorhandenen Kenntnissen über die soziale Marktwirtschaft[1], nicht sonderlich ermutigend. Zwar geben 70% der Existenzgründer an, eine Markt- und Standortanalyse vor der Gründung durchgeführt zu haben, jedoch nahmen dafür nur rund 36% Hilfe von Außenstehenden in Anspruch[2]. Ähnliche Ergebnisse zeigt die Frage nach der Finanz- und Investitionsplanung[3] (siehe Abb. 10 im Anhang).

---

[1] z.B.: Friedrich, Puxi (1990) S.72ff.

[2] Polke (1992): "Außerdem wird hierin das Erbe der früheren Angebotswirtschaft der DDR sichtbar, bei der der Absatz gesichert und die fehlende Konkurrenz eine ständige Marktanalyse nicht erforderte." S. 166.

[3] 61,7% der Befragten verfügten über eine Finanz- und Investitionsplanung; diese war zu rund 48,6% durch Außenstehende erstellt worden; Umfang der Planung: 33% ein Monat; 31,5% ein Jahr, Rest darüber.

Weiter läßt sich klären, ob Existenzgründer, die sich hinsichtlich der angeführten Planungsinstrumente unterscheiden, auch in anderen Variablen wesentliche Differenzen aufweisen. Entsprechend der Angaben in t1 wurden die Existenzgründer in zwei Gruppen geteilt. Dabei wurde differenziert nach Personen mit (n = 42) und ohne Markt- und Standortanalyse (n = 17), sowie in einer zweiten Analyse mit (n = 23) und ohne Finanz- und Investitionsplanung (n = 37) unterteilt.

Abb. 13: Erstellung einer Markt- und Standortanalyse

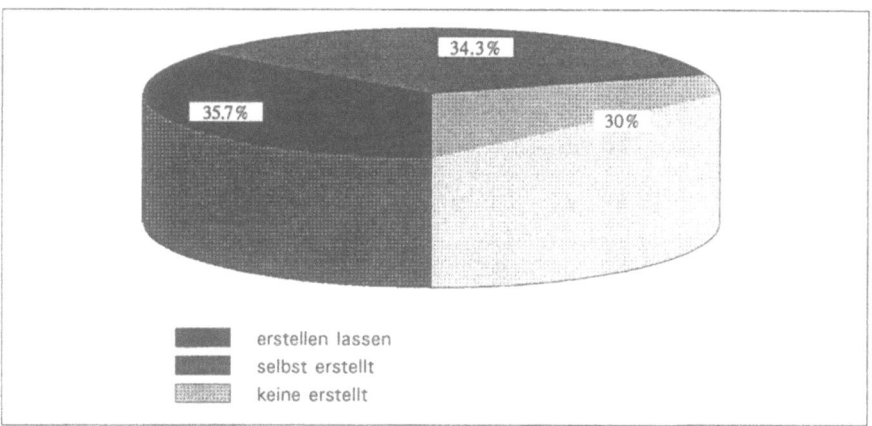

Tab. 29 zeigt signifikante Unterschiede innerhalb der Gründungsmotive. Aus den Ergebnissen wird ersichtlich, daß Existenzgründer, die eine Markt- und Standortanalyse erstellt haben oder diese erstellen ließen, Motiven, die man als Gestaltungsfreiheit zusammenfassen könnte, eine wesentlich höhere Bedeutung zuwiesen. So zeigten sie ein größeres Interesse an der Entscheidungs- und Handlungsfreiheit (p(t) = 0,017), die ihnen eine Existenzgründung gewährt, und messen dem Aspekt der Durchsetzung eigener Ideen (p(t) = 0,065) eine wesentlich höhere Bedeutung bei. Hingegen ist für sie das Motiv einer Geldanlage und Vermögensbildung durch die Gründung einer eigener Firma unwesentlicher (p(t) = 0,045).

Tab. 29: Signifikante Mittelwertunterschiede bezüglich der Gründungsmotive

T-Test (a),(b)		Mittelwerte		t	df	p(t)[1]
Gründungsmotive		Gruppe1	Gruppe2			
Entscheidungs- und Handlungsfreiheit	t1	2,06	1,57	2,45	57	0,02
Durchsetzung eigener Ideen	t1	1,82	1,45	1,88	57	0,07
Geldanlage-Vermögens- bildung	t1	2,53	3,00	-2,05	57	0,05

- (a) Gruppe1: keine Markt- und Standortanalyse (17 Fälle)
      Gruppe2: mit Markt- und Standortanalyse   (42 Fälle)

- (b) Skalierung: 1=sehr bedeutend   2=bedeutend
                  3=weniger bedeutend 4=unbedeutend

- (c) Separate Variance Estimate

Auch im Bereich der sozialpsychologischen Variablen zeigt ein Vergleich der Mittelwerte große Unterschiede. Existenzgründer, die eine Markt- und Standortanalyse erstellen ließen (siehe Tab. 30), sind im Unterschied zu denen ohne diese Analyse zu t1 durch folgendes affektiv-kognitives Syndrom gekennzeichnet. Sie

- zeigen ein höheres positives Denken (p(t) = 0,02),
- haben ein höheres Herausforderungsdenken (p(t) = 0,05),
- weisen sich eine höhere soziale Kompetenz zu (p(t) = 0,09),
- erfahren eine stärkere soziale Unterstützung (p = 0,03),
- haben weniger Mißerfolgsüberlegungen (p(t) = 0,04) und
- zeigen eine höhere Leistungsmotivation (p(t) = 0,01)

Auch zu t2 und t3 bleiben ein großer Teil dieser Unterschiede erhalten. So zeigen die Gründer, die eine Markt- und Standortanalyse aufweisen konnten, auch zu t2 noch eine deutlich höheres positives Denken (p(t) = 0,03) und ordnen sich eine wesentlich höhere soziale Kompetenz zu (p(t) = 0,03). Bestätigt werden zu t3 der Trend zum positiven Denken (p(t) = 0,03) und zu einem höheren Herausforderungsdenken (p(t) = 0,10).

---

[1] Im folgenden bei allen T-Test's angegeben: two-tail-probability; Nach Prüfung auf Varianzhomogenität, wird der T-Test auf Basis gepoolter Varianzen verwendet. Ausnahmefälle sind gekennzeichnet.

Hier zeigt sich durchaus in vielen Bereichen eine unterschiedliche Persönlichkeitsstruktur, die darauf hinweist, daß Menschen, die insgesamt ein höheres positives Identifizierungs- und Leistungspotential bei ihrer Gründung aufweisen, bessere Vorbereitungen treffen. Sie tun mehr dafür, um dieses Vorhaben zu einem Erfolg zu führen und überlassen damit weniger dem Zufall[1]. Die Ergebnisse (siehe Tab. 12 und 13 im Anhang) für Gründer, die keine Finanz- und Investitionsplanung zur Gründung aufgestellt haben, ähneln dem oben gezeichneten Bild.

Allerdings läßt sich zu diesem Zeitpunkt der Gründung weder ein Effekt auf die Erfolgsmaße noch auf die Entwicklung der Firma durch die Erstellung einer Finanz- und Investitionsplanung oder einer Markt- und Standortanalyse nachweisen[2]. Eine Erklärung liegt unter Umständen darin, daß sich erhebliche Unterschiede in der Qualität dieser Planungsinstrumente ergeben, die hier nicht erfaßt worden sind. Dieses basiert u. E. sowohl darauf, daß die Analysen und Planungen vom Gründer oft selber durchgeführt wurden, obwohl meistens von zu wenig Kenntnissen auf diesen Gebieten auszugehen ist, als auch in dem oft qualitätsmäßig niedrigen Niveau des Beraterpersonals. Dieses steht nicht selten in Verbindung mit einer gewissen Unkenntnis oder mangelndem Einfühlungsvermögen in die spezifische Situation der neuen Bundesländer. Ein weiterer möglicher Grund für mangelnde Effekte auf den Erfolg liegt unter Umständen darin, daß die reine Dichotomisierung dieser Aspekte sich als zu wenig differenzierend erweist, denn so werden auch Kriterien des Umfanges der Planung, der Akzeptanz und der Umsetzung der Ergebnisse nicht erfaßt.

---

[1] für den 16-PA ergeben sich keine signifikanten Unterschiede.
[2] Ergebnis ähnlich bei Sexton, Van Aucken (1982): Marktforschung und formaler Finanzplan ohne Effekt auf den Erfolg.

Tab. 30: Signifikante Mittelwertunterschiede bezüglich der sozialpsychologischen Einstellungen

T-Test (a),(b) Sozialpsychologische Einstellungen		Mittelwerte		t	df	p(t)
		Gruppe1	Gruppe2			
Positives Denken	t1	0,42	0,81	-2,40	53	0,020
	t2	0,29	0,75	-2,27	55	0,027
	t3	0,24	0,63	-2,18	54	0,034
Herausforderungsdenken	t1	0,94	1,40	-2,00	57	0,050
	t2	1,00	1,40	n.s.		
	t3	0,76	1,17	-1,65	57	0,104
Soziale Kompetenz	t1	0,78	1,13	-1,73	57	0,089
	t2	0,69	1,13	-2,21	56	0,031
	t3	0,62	0,89	n.s.		
Soziale Unterstützung[1]	t1	0,89	1,30	-2,18	57	0,033
	t2	1,12	1,18	n.s.		
Einzel-Items[2]	t3	ohne signifikante Ergebnisse				
Risikoeinschätzung	t1	-0,71	-2,31	2,08	57	0,042
	t2	-2,18	-1,61	n.s.		
	t3	-1,12	-1,31	n.s.		
Leistungsmotivation	t1	0,75	1,21	-2,83	56	0,006
	t2	0,95	1,04	n.s.		
	t3	0,65	0,95	n.s.		

- (a) Gruppe1: keine Markt- und Standortanalyse   (17 Fälle)
       Gruppe2: mit Markt- und Standortanalyse   (42 Fälle)

- (b) Skalierung: -2: niedrige Ausprägung
                  +2: hohe Ausprägung

- (c) Separate Variance Estimate

Betrachtet man das spätere Planungsverhalten, sowie die Beanspruchung von Beratungsleistungen zeigen sich einige wesentliche Unterschiede (siehe Tab. 31). Gründer, die eine Finanz- und Investitionsplanung erstellt haben oder erstellen ließen, halten es zu t1 für wichtiger:

- Marktchancen für den Entschluß zur Gründung genau einzuschätzen (p(t) = 0,04),
- Beratung vor der Gründung in Anspruch zu nehmen (p(t) = 0,00),
- sich jetzt noch beraten zu lassen (p(t) = 0,09) und
- eine genaue Investitionsplanung durchzuführen (p(t) = 0,01).

[1] zu t1 über 5 Items erhoben, zu t2 und t3 über 2 Items.
[2] aufgrund mangelnder Reliabilität (siehe Kapitel 8.2.2) getrennt gerechnet.

Auch zu t2 und t3 zeigen alle zum Beratungsverhalten[1] erhobenen Variablen weiter deutliche Unterschiede. Diese Existenzgründer nehmen weiterhin eher Beratung in Anspruch[2] und zeigen eine deutlich höhere Vorliebe für eine genaue Investitionsplanung[3]. Ähnliche Unterschiede ergeben sich bezüglich der Markt- und Standortanalyse[4]. Es zeigt sich also, daß die Gründer, die zunächst umfangreichere Planungsaktivitäten entfalten, auch später noch eine höhere Gewichtung im Bereich der Planung und Beratung setzen.

Tab. 31: Signifikante Mittelwertunterschiede verwendeter Planungsinstrumente bezüglich der weiteren Planung und Beratung

T-Test (a),(b) Bedeutung von[5]		Mittelwerte Gruppe1	Gruppe2	t	df	p(t)
Marktchancen einschätzen	t1	0,43	1,11	-2,09	58	0,04
Beratung vor Gründung	t1	-0,96	0,41	-4,03	58	0,00
Ausreichend Vorbereitung	t1	1,08	1,16	-0,26	n.s.	
Beratung jetzt	t1	0,26	0,92	-1,69	58	0,09
Beratung jetzt	t2	-0,26	0,54	-2,35	58	0,02
Beratung jetzt	t3	-0,26	0,49	-2,07	58	0,04
Investitionsplanung	t1	1,00	1,57	-2,55	57	0,01
Investitionsplanung	t2	0,73	1,49	-2,57	25,57	0,02
Investitionsplanung	t3	0,65	1,43	-2,96	35,00	0,01

- (a) Gruppe1: ohne Finanz- und Investitionsplanung (n=23)
  Gruppe2: mit Finanz- und Investitionsplanung (n=37)

- (b) Skalierung: -2 - stimmt gar nicht
  2 - stimmt völlig

- (c) t1: 1. Messung; t2: 2. Messung; t3: 3. Messung

Betrachtet man die Unterschiede, die erfolgreiche und weniger erfolgreiche Existenzgründer hinsichtlich ihres Beratungs- und Planungsverhaltens (operationalisiert über 5 Items zu t1 und 2 Items zu t2 und t3) aufweisen, zeigt sich, daß der Umfang in einem positiven Zusammenhang zum Früherfolg einer Gründung steht. Verwendet man das Betriebsergebnis 1991 als Erfolgsmaßstab[6], zeigt sich, daß eine genauere Investitionplanung und eine höhere Inanspruchnahme von Beratung einen positiven Effekt aufweisen. Gründer mit einem negativem oder ausgeglichenem Betriebsergebnis in 1991 trafen zu t1 deutlich weniger

---

[1] zu t2 und t3 nur noch zwei Items erhoben.
[2] t2: p(t) = 0,02; t3: p(t) = 0,04.
[3] t2: p(t) = 0,02; t3: p(t) = 0,01.
[4] siehe Tabelle 14 im Anhang.
[5] Zusammenfassung der Items nicht möglich, da zu t2 $a = 0,3855$ und zu t3 $a = 0,4276$, nur bei t1: $a = 0,6308$.
[6] siehe Tabelle 32.

Vorbereitungen $(p(t) = 0,03)$[1] und planten Investitionen weniger genau $(p(t) = 0,03)$. Zum individuellen Erfolgsfaktor oder den Variablen der Firmenentwicklung ergeben sich allerdings keine signifikanten Unterschiede. Betrachtet man allerdings die Entwicklung des Erfolges von t2 nach t3, so weist das Ausmaß der Investitionsplanung einen weiteren signifikanten Zusammenhang auf. Existenzgründer, die eine genaue Investitionsplanung vornehmen, zeigen eine deutliche positive Entwicklung des Erfolges, während niedrigere Investitionsplanung dazu führt, daß zum Zeitpunkt t3 eine Verschlechterung des Erfolges eintritt (siehe Tab. 33) und damit der Unterschied im Erfolg, der schon zu t2 vorhanden war, sich noch verstärkt.

Tab. 32: Mittelwertunterschiede bezüglich des Betriebsergebnisses 1991 bezogen auf Planung und Beratung

T-Test (a),(b)		Mittelwerte		t	df	p(t)
Bedeutung von		Gruppe1	Gruppe2			
Ausreichend Vorbereitung	t1	0,68	1,34	-2,30	58	0,03
Investitionsplanung	t1	1,00	1,53	-2,25	57	0,03
Investitionsplanung	t2	1,00	1,30	-1,10	n.s.	
Investitionsplanung	t3	0,74	1,32	-2,20	58	0,03

- (a) Gruppe1: negatives/ausgeglichenes Ergebnis 1991 (n=19)
  Gruppe2: leichte oder auskömmliche Gewinne 1991 (n=41)
- (b) Skalierung: -2 - stimmt gar nicht
  2 - stimmt völlig
- (c) Separate Variance Estimate

Tab. 33: Einfluß der Investitionsplanung auf die Entwicklung des Erfolgsfaktors

Zweifaktorielle Varianzanalyse mit Meßwiederholung		Erfolg					
		t2	t3	Effekte	dF	F	p(F)
Investitions- planung	niedrig n = 32	-0,56	-1,17	UV	1	2,44	0,12
	hoch n = 28	0,64	1,33	Zeit	1	0,02	0,90
				UV*Zeit	1	3,63	0,06

- (a) abhängige Variable: Summe der Erfolgsvariablen
- (b) Skalierung: negativer Wert: niedrigerer Erfolg
  positiver Wert: höherer Erfolg

---

[1] Item wurde nur zu t1 erhoben.

8.3.3.2 Zeitliche Veränderung der Planung und Beratung

Neben den bereits aufgeführten Erfolgsmaßen und den im folgenden Kapitel aus-
gewerteten zeitlichen Veränderungen der Kognitionen, Motivationen, sozialen
und affektiven Aspekte soll auch betrachtet werden, wie sich das Ausmaß von
Investitionsplanung und die Inanspruchnahme von Beratung über die drei Befragungszeitpunkte verändert.

Während der Umfang der Investitionsplanung sich als stabil erweist, zeigt sich
im Bereich der Inanspruchnahme von Beratungsleistungen eine signifikante Veränderung. Auf die Frage nach der momentanen Inanspruchnahme der Beratung,
also zum jeweiligen Befragungszeitpunkt, ergibt sich eine signifikant rückläufige
Entwicklung (F = 4,59, df = 118; p = 0,012). Eine Ursache mag darin liegen, daß
zu t1, also zum Gründungszeitpunkt, die Gründer, die öffentliche Förderungen
beantragt und genehmigt bekommen haben, dazu beitragen, daß der Wert in diesem Bereich hoch ist. Denn bei der Vergabe öffentlicher Mittel muß vor der
Gründung eine Beratung und genaue Planung erfolgen. Im Verlauf der Entwicklung des Gründungsunternehmens stellt dieses keine Pflicht mehr dar, obwohl
auch dann eine Bezuschussung der Beratung durch den Staat erfolgen kann. Allein diese Tatsache kann dazu geführt haben, daß über die verschiedenen Zeitpunkte eine Abnahme der Beratung erfolgt ist.

Tab. 34: Veränderungen der Beratung über die Zeit

Varianzanalyse mit Meßwiederholungen (b)[1]	Mittelwerte			F	dF	p(F)
	Meßzeitpunkte					
Zustimmung zur Aussage	t1	t2	t3			
Beratung jetzt noch	0,67	0,23	0,20	4,59	118	0,01
- (b) Skalierung: -2: stimmt gar nicht 2: stimmt völlig						

Eine weitere mögliche Erklärung, und das zeigen auch andere Untersuchungen[2],
liegt darin, daß zahlreiche Existenzgründer über die Beratungsleistung enttäuscht
sind. Im nachhinein zeigen sie sich häufig mit der Beratung unzufrieden, halten
sie für unzureichend und haben außerdem das Gefühl, daß zu wenig auf die spe-

---

[1] Brosius (1989) S. 227.
[2] dazu Untersuchung Friedrich, Puxi (1990) S. 61ff.

ziellen "DDR"-Bedürfnisse eingegangen wird. Sie bewerten die Kenntnisse vieler Berater als nicht so qualifiziert, ein Anlaß oder auch nur ein vorgeschobener Grund, sich von diesen zu distanzieren und so auch Kosten zu sparen.

Tatsächlich ist wohl unbestritten, daß sich zur Zeit auf dem Gebiet der Beratung in den neuen Ländern viele "schwarze Schafe" tummeln, die ihre Chance gesehen haben, mit dem nicht weiter geschützten Titel "Unternehmensberater" erfolgreich tätig zu werden. Oft erweisen sich die Analysen als nicht auf den Markt abgestimmt und erzielen so keine Wirkung, denn für die besondere Lage in den neuen Ländern fehlen die Kenntnisse oder das nötige Einfühlungsvermögen. Aber auch richtige Beurteilungen der wirtschaftlichen Lage und vorgeschlagenen Maßnahmen können von den Beratenen oft aufgrund mangelnder Kenntnisse nicht ausreichend oder schnell genug umgesetzt werden.

Weiter spielt als Grund der Abnahme von Beratungsleistungen aber sicherlich die Erkenntnis mit, daß auch Berater in dieser Situation keine Wunder bewirken können. Vielleicht ist die Enttäuschung über beraterische Leistungen daher auch oft nur eine Frage des zu hohen Anspruchniveaus über deren Wirkung, die in ihren Augen nicht sofort oder nicht radikal genug zu Verbesserungen führt.

8.3.3.3 Fazit über den Einfluß von Planung und Beratung

Als Fazit dieser Ergebnisse läßt sich festhalten:

1. Einzelne im Gründungsprozeß eingesetzte Planungsinstrumente (Markt- und Standortanalyse, Finanz- und Investitionsplanung) haben keinen nachweisbaren Effekt auf die Höhe des Erfolges (operationalisiert über alle Erfolgsmaße).

2. Mit der positiven Beziehung zwischen der Länge der Vorbereitungszeit und dem Einsatz einer genauen Investitionsplanung werden jedoch positive Auswirkungen einer genauen Planung auf den Erfolg gezeigt; dieses bezieht sich sowohl auf die individuelle Einschätzung als auch auf die ökonomischen Meßinstrumente.

3. Der Nachweis eines möglichen positiven Einflusses der Inanspruchnahme von Beratung gelingt nicht. Dieses muß natürlich nicht bedeuten, daß es diesen nicht gibt, denn ein klarer Beleg könnte aus mehreren Gründen schwer fallen.

Eine Erklärung liegt darin, daß in einigen Fällen, wie bereits erwähnt, das Qualifikationsniveau der Berater nicht ausreichend ist oder aber auch eine Umsetzung der Ergebnisse der Beratungsleistungen nicht erfolgt. Ein weiterer unter Umständen wichtiger Aspekt stellt sicherlich die Tatsache dar, daß in dieser Erhebung nur ein relativ kurzer Zeitraum betrachtet worden ist, in dem eventuell Beratungsleistungen noch gar keinen Einfluß zeigen können.

4. Die Hypothese 11, die eine positive Auswirkung von Planung und Beratung auf den Erfolg einer Gründung prognostiziert, wird aufgrund der vorgestellten Ergebnisse daher lediglich für den Bereich der Planung als bestätigt betrachtet.

8.4 Die Persönlichkeit des Gründers und ihr Verhältnis zum Erfolg

Man könnte meinen, daß sich die affektiv-emotionale, kognitive, motivationale und soziale Landkarte erfolgreicher und weniger erfolgreicher Existenzgründer zum Zeitpunkt t1, also kurz nach der Gründung, nicht unterscheidet. So könnten sie z.b. über dieselbe soziale Unterstützung, dasselbe Ausmaß an Herausforderungsdenken und dieselbe internale Kontrollüberzeugung verfügen. Es spricht eigentlich nichts dafür, daß sie voneinander hinsichtlich der Bedeutung einzelner Gründungsmotive abweichen oder aber andere Persönlichkeitseigenschaften aufweisen. Aber die Hypothesen[1], die dieser Untersuchung zugrundeliegen, haben bereits deutlich gemacht, daß es bestimmte Vermutungen darüber gibt, wie sich erfolgreiche von weniger erfolgreichen Gründern eben doch schon zum Gründungszeitpunkt abheben.

In die anschließende Darstellung und Diskussion der Ergebnisse gehen vor allem folgende Maße zur Charakterisierung des Erfolges einer Existenzgründung ein:

- der Wert des Erfolgsfaktors bzw. der Erfolgssumme zum Zeitpunkt t3[2] und
- das Betriebsergebnis 1991.

Die Ergebnisse zur Einkommensveränderung und zur Mitarbeiterveränderung in t3 finden sich meistens in den entsprechenden Tabellen im Anhang. Die Mitarbeiterveränderung ist, wie sich bereits in Kapitel 8.2.1 gezeigt hat, entscheidend von der Form der Gründung beeinflußt, so daß diese Variable daher als individuelles Erfolgsmaß der Gründung nicht mehr verwendet wird. Dieser Maßstab scheint eher aus der volkswirtschaftlichen Perspektive von Bedeutung.

Der Vergleich zwischen erfolgreichen und weniger erfolgreichen Existenzgründern erfolgt über alle zum Zeitpunkt t1 bis t3 erhobenen Kognitionen, Motivationen, affektiv-emotionalen und sozialen Aspekten. Weiter werden mögliche Unterschiede und Auswirkungen in der Bedeutung der Gründungsmotive und des Vorhandenseins bestimmter Merkmale innerhalb eines standardisierten Persönlichkeitstests betrachtet.

---

[1] siehe Kapitel 6.
[2] vgl. Kapitel 8.2.1.1.

8.4.1 Bedeutung der Gründungsmotive für den Erfolg der Existenzgründung

Ziel dieses Kapitels ist es zu klären, ob es bestimmte Unterschiede in der Struktur der Gründungsmotive gibt, die einen erfolgreichen von einem weniger erfolgreichen Gründer unterscheiden. Doch zuerst werden einige univariate Auswertungen der Motivation im Vergleich mit anderen Ergebnissen dargestellt, bevor Beziehungen zur Entwicklung des Erfolges betrachtet werden. Im Anschluß daran werden die Bedeutung der Gründungsmotive für den Erfolg anhand der Ergebnisse einer Regressionsanalyse aufgezeigt.

8.4.1.1 Auswertung der Gründungsmotivation

Nach dem Hauptgrund Ihrer Selbständigmachung befragt[1], gaben 40% der Gründer mit "Arbeitslosigkeit", "drohender Arbeitslosigkeit" und "Überlebenskampf" eher passive und defensive Gründe an (siehe Tab. 35). Dieses Ergebnis entspricht auch einer Untersuchung des Institutes für Mittelstandsforschung[2], nach der 42% der von ihm befragten Gründer in den neuen Bundesländern faktische oder drohende Arbeitslosigkeit als Hauptgrund der Selbständigkeit angaben. Eine aktive Begründung, die in Richtung Selbstverwirklichung zielt, mit Beschreibungen wie "Unabhängigkeit", "Möglichkeit ergreifen", "Eigeninitiative zeigen", "viel Geld verdienen" und "Arbeitsplätze schaffen", sahen dagegen 39,3% als Hauptmotiv ihrer Existenzgründung. Der Rest möchte die Firma aus "Traditionsgründen" erhalten oder nannte keine Begründung auf diese offene Frage.

Hat der Hauptgrund der Selbständigmachung einen Einfluß auf den Erfolg? Bisherige Forschungsergebnisse zeigen ein inkonsistentes Bild. Es gibt Untersuchungen, die weisen auf einen positiven Zusammenhang zwischen intrinsischer Motivation und Erfolg hin, andere stehen auf dem Standpunkt, der Anlaß der Gründung sei ohne Einfluß auf den Erfolg[3].

---

[1] als offene Frage: "Warum haben Sie sich selbständig gemacht? (Bitte der wichtigste Grund)".
[2] May-Strobl, Kokalj, Schmidt (1991) S. 3.
[3] Quellen: Bögenhold (1987) / Plaschka (1984) / Kuipers (1990).

Tab. 35: Auswertung der offenen Frage nach dem Hauptgrund der Gründung

Hauptgrund	Nennung	%	Zuordnung
Drohende Arbeitslosigkeit	10	16,7%	passiv
Unabhängigkeit	9	15,0%	aktiv
Überlebenskampf	8	13,3%	passiv
Arbeitslosigkeit	6	10,0&	passiv
Möglichkeit ergreifen	6	10,0&	aktiv
Verdienstmöglichkeit	4	6,7%	aktiv
Eigeninitiative	3	5,0%	aktiv
Arbeitsplätze schaffen	2	3,3%	aktiv
Tradition	1	1,7%	-
Fehlende Angaben	11	18,3%	-

Die Überlegung liegt nahe, daß abhängig von Einstellung und Lebensauffassung Menschen vorzufinden sind, die sich freuen eine derartige Aufgabe zu übernehmen und eben andere, die sich mehr von außen durch die Umstände dazu gezwungen sehen. Die psychologische Forschung[1] würde voraussagen, daß die Existenzgründer, die aktiv auf diese Aufgabe zugehen, sich als erfolgreicher erweisen, als Menschen die sich aus Gründen, wie beispielsweise der Arbeitslosigkeit, in diese Rolle gedrängt fühlen.

Im folgenden soll überprüft werden, inwiefern sich die Gründer, die eine passive Begründung[2] genannt haben, von denen unterscheiden, die sich eher aus einem aktivem Anlaß selbständig gemacht haben. Es soll dabei auf Unterschiede hinsichtlich der Bedeutung der einzelnen Gründungsmotive und der sozialpsychologischen Variablen eingegangen werden[3]. Zuletzt wird zusätzlich die Beziehung zum Erfolg überprüft.

---

[1] siehe Kapitel 6.
[2] Zuordnung: aktiv, passiv siehe Tabelle 35.
[3] Keine signifikanten Unterschiede wiesen die beiden Gruppen hinsichtlich der Persönlichkeitsmerkmale des 16 PA-Test auf.

Tab. 36: Mittelwertunterschiede des Hauptgrundes bezüglich der Bedeutung der Gründungsmotive

T-Test (a),(b)		Mittelwerte		t	df p(t)[1]
Gründungsmotive		Gruppe1	Gruppe2		
Entscheidungs- und Handlungsfreiheit	t1	1,54	1,96	-1,96	46 0,06
Durchsetzung eigener Ideen	t1	1,38	1,83	-2,25	46 0,03
Arbeitsmarkt- und konjunkturpolitische Gründe	t1	2,79	1,67	3,55	46 0,00
Menschenführung	t1	2,42	3,29	-3,83	46 0,00
Familientradition	t1	3,04	3,58	-1,90	46 0,06

- (a) Gruppe1: Aktive Begründung   (24 Fälle)
      Gruppe2: Passive Begründung   (24 Fälle)

- (b) Skalierung: 1=sehr bedeutend   2=bedeutend
                 3=weniger bedeutend 4=unbedeutend

- (c) Separate Variance Estimate

Die Auswertung der Gründungsmotive (vgl. Tab. 36) zeigt einige signifikante Unterschiede dieser beiden Gruppen. Existenzgründer, die zu einer eher passiven Begründung neigen, geben den Motiven

- Entscheidungs- und Handlungsfreiheit zu erreichen
  (p(t) = 0,06),
- eigene Ideen durchsetzen zu können (p(t) = 0,03),
- Menschen zu führen (p(t) = 0,00) und
- die Familientradition fortzusetzen (p(t) = 0,06)

eine wesentlich geringere Bedeutung. Folgerichtig liegt das Gewicht, das zeigt die Höhe der Mittelwerte, eher auf arbeitsmarkt- und konjunkturpolitischen Gründen (p(t) = 0,00).

Vergleicht man die sozialpsychologischen Einstellungen (vgl. Tab. 37) der beiden Gruppen, vervollständigt sich das Bild dieser beiden unterschiedlich motivierten Gründer. Befragte, die ihre Vorgehensweise aktiv begründeten, zeigten zu t1 eine höhere internale Kontrollüberzeugung (p(t) = 0,01) und ein deutlich höheres

---
[1] Im folgenden bei allen T-Test's angegeben: two-tail-probability; Nach Prüfung auf Varianzhomogenität, wird der T-Test auf Basis gepoolter Varianzen verwendet. Ausnahmefälle sind gekennzeichnet.

positives Denken (p(t) = 0,00). Weiterhin schätzen sie ihre soziale Kompetenz als wesentlich höher ein (p(t) = 0,01) und zeigten mehr Leistungsmotivation (p(t) = 0,04).

Diese Unterschiede nehmen aber über den Beobachtungszeitraum hinweg ab. Denn ein halbes Jahr später bleibt nur noch ein höheres positives Denken (p(t) = 0,01) bestehen. Ein Jahr nach der Gründung, also zum dritten Befragungszeitpunkt, unterscheiden sich die Gruppen hinsichtlich des Ausmaßes der sozialen Kompetenz (p(t) = 0,06) und der internalen Kontrollüberzeugung (p(t) = 0,04), wobei dieser Wert bei beiden Gruppen signifikant gefallen ist[1]. Gründer, die eher passiv zur Selbständigkeit motiviert waren, zeigten immer noch niedrigere Werte (p(t) = 0,04) in diesem Bereich. Ein Rest Skepsis gegenüber dieser eher unfreiwilligen Aufgabe verbleibt offensichtlich und führt dazu, daß die eigene Leistung am Erfolg der Gründung immer noch als niedriger eingeschätzt wird. Insgesamt kann man aber schließen, daß die Unterschiede zwischen den Gruppen der Gründer mit aktivem Anlaß und denen mit passiver Begründung immer geringer werden.

Tatsächlich kann festgestellt werden, betrachtet man die Beziehung der beschriebenen Hauptmotivation zu den verschiedenen Erfolgsmaßen und der Firmenentwicklung, daß hier kein Unterschied zwischen diesen beiden Gruppen besteht. Es bleibt also nur die Schlußfolgerung, daß der Hauptgrund einer Existenzgründung, ob nun passiv oder aktiv, ohne Einfluß auf die Entwicklung des Erfolges bleibt, da die Gründer sich im Laufe der Zeit aneinander anpassen. Letztendlich sind die Gründer, die sich eher zur Selbständigkeit gedrängt sehen, genauso erfolgreich oder nicht erfolgreich wie diejenigen, die diesen Schritt mehr aus freiwilliger Überzeugung antraten. Dabei mag bei diesem Ergebnis auch die besondere wirtschaftliche Umbruchsituation in den neuen Ländern eine Rolle spielen. Drohende oder tatsächlich eingetretene Arbeitslosigkeit als Hauptmotiv einer Gründung bedeutet in den Zeiten der wirtschaftlichen Anpassung an das neue Wirtschaftssystem auch gleichzeitig, auf diesen Zustand selbst aktiv agiert zu haben, statt aufgrund der hohen Arbeitslosenzahlen in der großen Masse unterzugehen und abzuwarten. Ähnliches zeigt auch eine Untersuchung in den USA, die bestätigt, daß aus einem negativen Anlaß, sich selb-

[1] siehe auch Kapitel 8.4.2

ständig zu machen, für das Überleben der Gründungsfirmen kein negativer Effekt auszumachen ist[1].

Tab. 37: Mittelwertunterschiede des Hauptgrundes bezüglich der sozialpsychologischen Einstellungen

T-Test (a),(b)		Mittelwerte		t	df	p(t)
sozialpsychologisch		Gruppe1	Gruppe2			
internale Kontrolle	t1	0,90	0,43	2,58	46	0,01
	t2	0,71	0,43		n.s.	
	t3	0,54	0,13	2,11	46	0,04
Positives Denken	t1	0,94	0,41	3,20	44	0,00
	t2	0,88	0,35	2,71	44	0,01
	t3	0,65	0,37		n.s.	
Soziale Kompetenz	t1	1,31	0,75	2,89	46	0,01
	t2	1,04	0,77		n.s.	
	t3	1,06	0,67	1,93	46	0,06
Leistungsmotivation	t1	1,23	0,85	2,09	45	0,04
	t2	1,15	0,89		n.s.	
	t3	0,88	0,79		n.s.	

- (a) Gruppe1: Aktive Begründung   (n=24)
      Gruppe2: Passive Begründung   (n=24)

- (b) Skalierung: -2: niedrige Ausprägung
                  +2: hohe Ausprägung

- (c) Separate Variance Estimate

Sieht man sich die Ergebnisse zu den Bedeutungen der einzelnen aufgeführten Liste der Gründungsmotive an, eine Aufzählung, die unter anderem durch Szyperski/Nathusius und Klandt[2] in ihren Untersuchungen angewendet wurde, kann man zunächst einmal die Ergebnisse der univariaten Auswertung vergleichen. Es zeigt sich, daß die Gründer in Mecklenburg-Vorpommern ein ähnliches Motivationsbild wie in den zitierten Untersuchungen[3] zeigen. Die größte Bedeutung (siehe Tab. 38) geben sie den Motiven der Selbstverwirklichung mit "Durchsetzung eigener Ideen", "eigene Leistungsfähigkeit unter Beweis stellen" und dem "Erreichen von Entscheidungs- und Handlungsfreiheit". Dann folgen wie auch in anderen Untersuchungen zunächst finanzielle Motive.

---

[1] Cooper, Woo, Dunkelberg, Crosbie (1989).
[2] siehe Szyperski, Nathusius (1977a) und Klandt (1984a).
[3] Untersuchungen von Kuipers (1990) / Klandt (1984a) / Szyperski, Nathusius (1977a).

Tab. 38: Vergleich der Mittelwerte der eigenen Untersuchung mit anderen Ergebnissen[1]

Rangplatz der Gründungsmotive[2]	Mittel werte	Kuipers [3]	Klandt	Szyper- ski/Na- thusius
1. Durchsetzung eigener Ideen	1.55	1,5	1,5	1,5
2. Leistungsfähigkeit zeigen	1.70	1,9	1,8	-
2. Entscheidungs- + Handlungsfreiheit	1.70	1,9	1,6	1,4
4. Wirtschaftliche Unabhängigkeit	1.73	1,9	1,8	1,7
5. Leistungsgerechtes Einkommen	1.88	2,2	2,0	2,2
6. Einkommen selbst bestimmen	2.18	2,5	2,1	-
7. Höheres Einkommen	2.22	2,4	2,4	2,3
8. Arbeitsmarkt/Konjunktur	2.27	-	2,8	3,3
9. Mehr Kontakt zu Menschen	2.25	3,3	2,4	-
10. Mit Ehepartner/Familie	2.58	3,1	3,0	-
11. Gutes Ansehen	2.68	3,4	3,0	3,1
12. Geldanlage, Vermögen erringen	2.87	3,1	2,5	2,7
12. Führen von Menschen	2.87	-	2,7	2,7
14. Ärger in abhängiger Beschäftigung	2.98	3,2	3,1	3,0
16. steuerliche Vorteile	3.10	-	2,7	3,1
15. Beispiel von Selbständigkeit	3.12	-	3,2	-
17. Familientradition	3.27	3,6	3,7	3,3
18. Macht und Einfluß	3.53	3,1	3,2	-

- Skalierung: 1 - sehr bedeutend ... 4 - unbedeutend

- "-" - Item ist in der Erhebung nicht enthalten

- unterstrichenes Item: Mittelwert weicht mehr als 0,3 von allen anderen Untersuchungen ab.

Auffällig im Ost-West-Vergleich[4], der sich vor dem unterschiedlichen histori-schen Hintergrund und einem anderen Erlebnis- und Erfahrungshorizont anbietet, ist die hohe Bedeutung (Rang 8) von arbeitsmarkt- und konjunkturpolitischen

---

[1] Ein Vergleich der Rangplätze erweist sich aufgrund der unterschiedlichen Anzahl von Moti-ven in den zitierten Untersuchungen als nicht möglich.

[2] nach Mittelwerten (entspricht der Bedeutung der Motive) zugeordneter Rangplatz.

[3] Die Werte der Untersuchungen von Klandt (1984a) und Kuipers (1990) finden sich im Ori-ginal umgekehrt codiert, z.B. 1 für 'unbedeutend', 4 für 'hohe Bedeutung'; hier wurden sie zur besseren Vergleichbarkeit umskaliert.

[4] Die hier zum Vergleich herangezogenen Untersuchungen wurden in der Schweiz und in Westdeutschland durchgeführt.

Gründen", die bei den Existenzgründern der Stichprobe in Mecklenburg-Vorpommern sicherlich aufgrund der wirtschaftlichen Entwicklung und der Umstrukturierungsprozesse eine weitaus höhere Bedeutung als in anderen Befragungen erzielen. Diese Motivationslage wurde ja bereits bei den oben beschriebenen Ergebnissen zu den Hauptgründen der Existenzgründung deutlich. Als wichtiger werden außerdem das "Ansehen in der Öffentlichkeit" sowie der Aspekt, durch diese Selbständigkeit die Möglichkeit zu haben, "mit Ehepartner und Familie zusammenzuarbeiten", gesehen. Unwichtiger im Vergleich mit den genannten Studien erscheint das Motiv, "Macht und Einfluß" auf diese Weise zu gewinnen. Dieser Aspekt hat unter Umständen auch deshalb eine etwas niedrigere Bedeutung, da die Begriffe sicherlich aufgrund der historischen Erfahrung negative Assoziationen hervorrufen, so als sozial nicht erwünscht empfunden und daher niedriger bewertet werden.

Insgesamt ist jedoch eine ähnliche Motivationsstruktur, wie sie in allen anderen Untersuchungen sichtbar wurde, zu finden. Als dominante Motive lassen sich durchgängig das Streben nach "beruflicher Selbstverwirklichung" und "wirtschaftlicher Unabhängigkeit" ausmachen.

8.4.1.2 Einzelbetrachtung der Zusammenhänge zwischen Gründungsmotiven und Erfolg

Interessant erscheint die Frage, ob sich erfolgreiche und weniger erfolgreiche Existenzgründer hinsichtlich ihrer Gründungsmotive bereits zum Zeitpunkt t1 so unterscheiden, daß man eine Prognose über ihren Erfolg anhand der Motive ihrer Gründung stellen kann. Die T-Test's zum Vergleich dieser Mittelwerte wurden durchgeführt, indem der Erfolgsfaktor, der vor allem individuelle Zufriedenheitsaspekte des Gründers mit seiner Gründung mißt, durch Mediansplitting in zwei Gruppen, also in die der erfolgreichen ($n = 29$) und die der weniger erfolgreichen Existenzgründer ($n = 31$) geteilt wurde.

Die Benennung der Motivausprägungen folgt dabei einer anderen Methode als bei den anderen Variablen. 1 steht für "sehr bedeutend", 4 hingegen für "unbedeutend". Daraus folgt für die spätere Interpretation der Zusammenhänge, daß positive Werte zwischen Erfolg und Motiv bedeuten, daß der Erfolg um so höher ist, je unwichtiger dieses spezielle Motiv eingeschätzt wurde.

Es zeigt sich (siehe Tab. 39), daß bereits bezüglich der Gründungsmotive wesentliche signifikante Unterschiede zwischen den später erfolgreicheren und den weniger erfolgreichen Existenzgründern auftreten. Erfolgreichere Existenzgründer wiesen dem ganzen Block sogenannter monetärer Motive eine wesentlich geringere Bedeutung zu als ihre weniger erfolgreichen Kollegen. Sie motiviert

Tab. 39: Signifikante Mittelwertunterschiede innerhalb der Gründungsmotive erfolgreicher und weniger erfolgreicher Gründer (operationalisiert über den Erfolgsfaktor zu t3)

T-Test (a),(b) Gründungsmotive		Mittelwerte		t	df	p(t)[1]
		Gruppe1	Gruppe2			
Wirtschaftliche Unabhängigkeit	t1	1,58	1,89	-1,75	58	0,08
Streben nach höherem Einkommen	t1	1,97	2,48	-2,86	58	0,01
Geldanlage,Vermögen	t1	2,58	3,17	-3,01	58	0,00
Leistungsgerechtes Einkommen	t1	1,65	2,10	-2,40	58	0,02
Einkommenshöhe selbst bestimmen	t1	1,94	2,45	-2,25	58	0,03
Arbeitsmarkt- und kon- junkturpolitische Gründe	t1	1,94	2,62	-2,22	58	0,03
Steuerliche Vorteile [c]	t1	2,94	3,28	-1,75	52,42	0,09
Macht und Einfluß [c]	t1	3,39	3,69	-1,72	52,86	0,09
Menschenführung	t1	3,09	2,62	2,18	58	0,03
Familientradition [c]	t1	3,58	2,93	2,45	48,77	0,02

- (a) Gruppe1: Weniger erfolgreiche Existenzgründer (n=31)
  Gruppe2: Erfolgreiche Existenzgründer[2] (n=29)
- (b) Skalierung: 1=sehr bedeutend   2=bedeutend
                   3=weniger bedeutend   4=unbedeutend
- (c) Separate Variance Estimate

- die wirtschaftliche Unabhängigkeit (p(t) = 0,09),
- ein höheres Einkommen (p(t) = 0,01),
- die Höhe des Einkommen, selbst bestimmen zu können (p(t) = 0,03),
- Geldanlage und Vermögensbildung (p(t) = 0,00)
- sowie das Erreichen eines leistungsgerechten Einkommens (p(t) = 0,02)

---

[1] im folgenden bei alle T-Test's immer angegeben: 1. two-tail-probability als Signifikanzniveau; 2. nach Prüfung auf Varianzhomogenität die gepoolte Varianz, sonst, wenn es extra aufgeführt wurde, die separate Varianz.
[2] Erfolgskriterium: Mediansplit bei Erfolgsfaktorwert zu t3.

nach eigenen Angaben wesentlich weniger. Auch "arbeitsmarkt- und konjunkturbedingte Gründe" als Anlaß der Selbständigkeit haben bei ihnen ein wesentlich
geringeres Gewicht (p(t) = 0,03). "Steuerliche Vorteile" (p(t) = 0,09) sowie der
Wunsch, "Macht und Einfluß" zu gewinnen (p(t) = 0,09), haben für sie als Aspekte der Selbständigeit keine wesentliche Bedeutung. Hingegen ist der Wunsch,
"Menschen zu führen" (p(t) = 0,03) und im Sinne der "Familientradition" zu handeln (p(t) = 0,02), wesentlich höher ausgeprägt. Ähnliche Ergebnisse weist auch
die Varianzanalyse, die den Wert des Erfolgsfaktors als abhängige Variable verwendet, für diesen Bereich auf[1].

Betrachtet man statt des Erfolgsfaktorwertes, der sich aus subjektiven Einschätzungen und Zufriedenheitswerten des Gründers errechnet, ein rein ökonomi-
sches Maß, das Betriebsergebnis 1991, zeigt sich ein sehr ähnliches Bild.
Unterschiede in der Struktur der Gründungsmotive erfolgreicher und weniger erfolgreicher Existenzgründer werden in diesem Fall ermittelt, in dem eine Zweiteilung der Stichprobe vorgenommen wird. Zur Bestimmung der beiden Gruppen
erfolgt eine Zusammenfassung der Ausprägungen der Variable, die das Betriebsergebnis 1991 mißt, in der Form, daß eine Gruppe durch die Beschreibung ausgeglichenes oder negatives Ergebnis gebildet wird, während die andere Gruppe,
die mit den leichten bzw. auskömmlichen Gewinnen darstellt. Die erste Gruppe,
die als weniger erfolgreich eingestuft wird, beinhaltet 19 Gründer, der zweiten
Gruppe, den Erfolgreicheren, sind 41 Personen zugeordnet.

Die signifikanten Ergebnisse des T-Tests zeigt die Tab. 40. Es bestätigen sich die
Ergebnisse zum Erfolgsfaktorwert, da die erfolgreicheren Existenzgründer wiederum den monetären Gründungsmotiven eine deutlich niedrigere Bedeutung zugewiesen haben. So spielen

- die wirtschaftliche Unabhängigkeit (p(t) = 0,01),
- die Möglichkeit, ein höheres Einkommen zu erzielen (p(t) = 0,00),
- Selbstbestimmung der Einkommenshöhe (p(t) = 0,05), genauso wie
- Geldanlage und Vermögensbildung (p(t) = 0,03) und
- steuerliche Vorteile (p(t) = 0,06)

eine weitaus geringere Rolle. Ein weiteres extrinsisches Motiv hat bei den weni-

[1] siehe Anhang Tabelle 15.

ger erfolgreichen Gründern eine hohe Bedeutung, nämlich der Glaube daran, durch die Selbständigkeit, "Macht und Einfluß" zu gewinnen (p(t) = 0,09). Wiederum erweisen sich die eher extrinsischen Motive wie "Ärger in der abhängigen Beschäftigung" (p(t) = 0,09) und "arbeitsmarkt- und konjunkturbedingte Gründe" (p(t) = 0,07) für weniger erfolgreiche Gründer als bedeutsamer. Die Unterschiede, bezogen auf das Erfolgsmaß der individuellen Einkommensveränderungen, gehen in dieselbe der hier beim Betriebsergebnis und dem Erfolgsfaktor dargestellten Richtung, fallen jedoch nicht ganz so deutlich aus (siehe Anhang: Tab. 16). Für die Mitarbeiterveränderung zeigen sich, wie vermutet, andere Unterschiede (siehe Tab. 17 im Anhang).

Tab. 40: Signifikante Mittelwertunterschiede innerhalb der Gründungsmotive erfolgreicher und weniger erfolgreicher Gründer (operationalisiert über Betriebsergebnis in 1991)

T-Test (a),(b)		Mittelwerte		t	df	p(t)
Gründungsmotive		Gruppe1	Gruppe2			
Wirtschaftliche Unabhängigkeit c	t1	1,42	1,88	-2,77	49,81	0,01
Streben nach höherem Einkommen	t1	1,79	2,41	-3,29	58	0,00
Geldanlage, Vermögen	t1	2,41	2,53	-2,29	58	0,03
Einkommenshöhe selbst bestimmen	t1	1,84	2,34	-2,03	58	0,05
Arbeitsmarkt- und konjunkturpolitische Gründe	t1	1,84	2,46	-1,85	58	0,07
Ärger in abhängiger Beschäftigung	t1	2,63	3,15	-1,74	58	0,09
Steuerliche Vorteile c	t1	2,79	3,24	-1,94	27,04	0,06
Macht und Einfluß gewinnen c	t1	3,26	3,66	-1,72	23,54	0,09

- (a) Gruppe1: negatives / ausgeglichenes Ergebnis (n=19)
  Gruppe2: leichte oder auskömmliche Gewinne (n=41)

- (b) Skalierung: 1=sehr bedeutend   2=bedeutend
  3=weniger bedeutend   4=unbedeutend

- (c) Separate Variance Estimate

In einer weiteren Analyse wurden die Rangunterschiede erfolgreicher und nicht erfolgreicher Gründer miteinander verglichen (siehe Anhang, Tab. 18). Als Meßkriterium des Erfolges wurde das Betriebsergebnis des Jahres 1991[1] gewählt. Es zeigen sich bezogen auf die Rangverteilung[2] folgende signifikante Unter-

---

[1] Trennung nach Betriebsergebnis 1991: erfolgreich: leichte bis auskömmliche Gewinne; weniger erfolgreich: negatives bis ausgeglichenes Ergebnis.
[2] U-Test von Mann-Whitney, zur Methode: Brosius (1988) S. 300.

schiede. Weniger erfolgreiche Gründer haben eine höhere Motivation, "wirtschaftlich unabhängig" zu sein und ein "höheres Einkommen" zu erzielen. Sie räumen dem Aspekt der "Geldanlage und Vermögensbildung" sowie den "steuerlichen Vorteilen" eine wesentlich höhere Bedeutung ein. Der "Arbeitsmarkt und die Konjunktur" spielen bei ihrer Entscheidung eine größere Rolle, während das Motiv, so "mehr Kontakt zu anderen Menschen" zu haben, signifikant niedriger ausgeprägt ist. Ein Vergleich mit einer ähnlichen Auswertung von Plaschka[1] zeigt, bezogen auf das Motiv der "Geldanlage und Vermögensbildung", deutliche Parallelen. Seine Ergebnisse weisen auf weitere Unterschiede hin. Erfolgreiche Gründer halten das Motiv, eine "eigene erfolgreiche Organisation aufzubauen", das in dieser Untersuchung nicht erhoben wurde, sowie die Möglichkeit, "mit - Ehepartner oder Familie zusammenzuarbeiten", für wichtiger. Der letzte Zusammenhang läßt sich durch diese Untersuchung nicht bestätigen. Dieses deckt sich in dieser Hinsicht aber wiederum mit den Ergebnissen von Kuipers, der zusätzlich zeigt, daß erfolglose Gründer die Bedeutung aller Gründungsmotive generell stärker einschätzen. Eine Aussage, die sich anhand der hier vorliegenden Daten bestätigen läßt[2].

Betrachtet man die Höhe der Bedeutung der achtzehn unterschiedlichen Gründungsmotive im Zusammenhang zu dem späteren Erfolg[3] (siehe Tab. 19 im Anhang) zeigt sich, daß die "wirtschaftliche Unabhängigkeit", ein Motiv, welches durch nicht erfolgreiche Gründer einen deutlich höheren Rang bekommt, in deutlich signifikant negativer Beziehung zum Erfolg steht[4]. Dieselben Überlegungen gelten für das Motiv "Einkommen selbst bestimmen", das ebenfalls von nicht erfolgreichen Gründern für wichtiger gehalten wird, und auch eine negative Beziehung zum Erfolg aufweist. Für die anderen signifikant unterschiedlich eingestuften Motive läßt sich keine statistisch nachweisbare Verbindung zum Erfolg finden.

Varianzanalysen mit Meßwiederholungen wurden dort zusätzlich berechnet[5], wo Zusammenhänge zwischen den unmittelbar nach dem Gründungszeitpunkt (t1) erhobenen Gründungsmotiven, sozialpsychologischen Einstellungen und Persönlichkeitsvariablen und den sowohl zum Zeitpunkt t2 als auch zu t3 erhobenen Er-

---

[1] Plaschka (1986) S. 119.
[2] z.B. für das Betriebsergebnis 1991 als Erfolgsmaßstab: $t = -2,27$; $df = 58$; $p(t) = 0,027$.
[3] Methode: Rangkorrelation nach Spearman.
[4] Man beachte die Skalierung der Motive: 1-bedeutend, 4-nicht bedeutend.
[5] siehe im folgenden: Kapitel 8.4.2.

folgsmaßen der Gründung analysiert werden. Als Erfolgsmaß wird in den folgenden Analysen die Summe[1] über die individuellen Zufriedenheitswerte des Gründers verwendet.

Bei den Gründungsmotiven werden durch Mediansplitting zwei Gruppen erzeugt. Eine Gruppe weist jeweils zum Zeitpunkt t1 eine hohe Motivation bezüglich eines bestimmten Gründungsmotives auf, die andere eine niedrigere. Ausgewertet werden sowohl die Haupteffekte von Zeit und Gründungsmotiv auf die Entwicklung des Erfolges von t2 zu t3 als auch Interaktionseffekte dieser beiden unabhängigen Variablen[2]. Da die Haupteffekte des Gründungsmotivs bereits weiter vorne[3] betrachtet worden sind, soll hier nur kurz auf die festgestellten Wechselwirkungseffekte eingegangen werden[4]. In zwei Fällen zeigt sich ein signifikanter Einfluß eines Gründungsmotivs auf die Entwicklung des Erfolges über die letzten zwei Meßpunkte.

- Existenzgründer, die die "Durchsetzung eigener Ideen" als Aspekt der Gründung für besonders bedeutend hielten, zeigen eine positive Entwicklung des Erfolges von t2 nach t3 . Die Gründer mit niedrigerer Motivation in diesem Bereich zeigen dagegen eine negative Entwicklung $(F(1,58) = 5,15; p(F) = 0,03)$.

- Existenzgründer, deren Ziel verstärkt darin lag, die "Höhe ihres Einkommens selbst bestimmen" zu wollen, zeigen zwischen den beiden Meßzeitpunkten eine negative Erfolgsentwicklung, während für Gründer, die dieses Motiv für nicht so wichtig hielten, eine deutliche Steigerung des Erfolges zu sehen ist $(F(1,58) = 4,49; p(F) = 0,04)$.

Beide Ergebnisse zeigen wiederum die positive Bedeutung einer höheren intrinsischen Motivation, also einer Belohnung und eines Ansporns, der in der Aufgabe selber liegt, für den Gründungserfolg. Monetäre Aspekte, also eher extrinsische Anreize als Begründung für die Selbständigkeit, erweisen sich als weniger erfolgsfördernd.

---

[1] Dieses Erfolgsmaß wurde in diesem Fall gewählt, weil eine zeitliche Vergleichbarkeit des Erfolgsfaktors aufgrund unterschiedlicher Faktorladungen (siehe Tabelle 7 und 8) nicht gegeben ist.
[2] Ergebnisse siehe Tabelle 20 im Anhang.
[3] siehe Ergebnisse des T-Test und der Varianzanalyse.
[4] Zeit als unabhängige Variable zeigt keine signifikanten Effekte.

8.4.1.3 Multivariate Betrachtung des Einflusses der Gründungsmotive

Es existieren bereits einige regressionsanalytische Ansätze zur Erklärung des Gründungserfolges[1]. Eine Übersicht über bisherige Ergebnisse[2] liefert Klandt, der allerdings feststellt, daß eine Vergleichbarkeit der Ergebnisse aufgrund unterschiedlicher Meßkonzepte bisher nicht möglich ist.

Hier soll ebenfalls ein multivariater Ansatz gewählt werden, um Resultate der zu Beginn dieser Arbeit dargestellten Überlegungen, ob und in welchem Maße sich der Existenzgründer als Prädiktor des Erfolges einer Gründung verwenden läßt, darzustellen. In diesem Fall gilt es zu überprüfen, inwiefern einzelne Variablen, die relativ früh im Gründungsstadium erhoben werden konnten, hier zu t1, eine Bedeutung oder Vorhersagekraft für den Erfolg oder die Entwicklung der Firma besitzen.

Um die Bedeutsamkeit der einzelnen Gründungsmotive als Prädiktoren zu bestimmen, wurden diese multiplen Analysen sowohl für den Erfolgsfaktor als auch für die ordinal skalierten abhängigen Variablen, nämlich die Mitarbeiterveränderungen, die Einkommensveränderung zu t3 und das Betriebsergebnis in 1991, gerechnet. Dabei wurden letztere als Binärvariablen in der Regressionsanalyse einbezogen, während ein Vergleich von mehr als zwei Gruppen unter Mithilfe der Diskriminanzanalyse erfolgte.

Um die teilweise signifikant hohen Korrelationen[3] der Gründungsmotive untereinander, die hier als Regressoren in den Regressionsanalysen verwendet werden, zu beseitigen, wurde zunächst eine Faktorenanalyse (siehe Tab. 41) durchgeführt. Damit wird einer eventuell vorhandenen Multikollinearität entgegengewirkt und weiterhin durch die Zusammenfassung der einzelnen Motive für eine gewisse Übersichtlichkeit der Interpretation gesorgt.

Die Faktorenanalyse extrahiert nach dem Kaiser-Kriterium[4] sechs Faktoren aus den achtzehn vorgegebenen Gründungsmotiven. Der erste Faktor läßt sich inhaltlich als 'monetäres Motiv' interpretieren. Er beinhaltet ausschließlich Varia-

---

[1] siehe auch Kapitel 3.1.
[2] Klandt (1984) S. 336ff.
[3] siehe Tabelle 21 im Anhang.
[4] Die Zahl der zu extrahierenden Faktoren entspricht der Anzahl der Faktoren, die einen Eigenwert größer als eins aufweisen.

blen, die in einem engen Zusammenhang mit der Einkommenssituation stehen. Es sind dieses die Motive, die "Einkommenshöhe selbst bestimmen" zu können, "wirtschaftliche Unabhängigkeit" zu erreichen, ein "leistungsgerechtes Einkommen" und ein "höheres Einkommen" zu erzielen. Der nächste Faktor ist wesentlich schwerer zu interpretieren. Er scheint sich vor allem mit der 'Außenwirkung' der Existenzgründung zu beschäftigen. So laden hier die Motive "Steuerliche Vorteile", "Gutes Ansehen", "Macht und Einfluß gewinnen", "Geldanlage und Vermögensbildung" hoch. Diese Gründer scheinen auch von dem Motiv geprägt zu sein, einem ihnen bekannten "positiven Beispiel von Selbständigkeit" nachzueifern, betrachten es als Vorbildfunktion. Der dritte Faktor stellt eindeutig die 'Gestaltungsfreiheit und Selbstverwirklichung' in den Vordergrund, wobei man davon ausgehen muß, daß dieses für die Menschen der ehemaligen DDR nach dem Erleben einer Diktatur eine höhere und intensivere Bedeutung hat, als wenn dieselbe Variable im Westen gemessen wird. Der vierte Motivfaktor beschreibt ein 'Kontaktmotiv', der Faktor fünf stellt im weitesten Sinne eine 'innere Verpflichtung' der Existenzgründer dar, da er offensichtlich unabhängig von "Arbeitsmarkt und Konjunktur" stark von der "Familientradition" und dem Wunsch, "Menschen zu führen", beeinflußt ist. Der sechste Faktor ist offensichtlich nicht durch den "Arbeitsmarkt", sondern vielmehr durch eigene nicht erfüllte Bedürfnisse in der bisherigen "abhängigen Beschäftigung" geprägt.

Die Ergebnisse dieser Faktorenanalyse über die Gründungsmotive der Gründer in Mecklenburg-Vorpommern entsprechen damit weitgehend den Erkenntnissen von Müller-Böling und Klandt[1], die in einer Analyse zur deutschsprachigen Existenzgründungsforschung feststellen: "Die Motive lassen sich zusammenfassen zu Einkommen, Status, Selbstverwirklichung und Unabhängigkeitsstreben, ...".

---

[1] Müller-Böling, Klandt (1993) S. 159.

Tab. 41: Ergebnisse der rotierten Faktormatrix[1] über die Gründungsmotive zu t1

Faktorenanalyse[2]	Faktorladungen[3]					
	Faktor1	Faktor2	Faktor3	Faktor4	Faktor5	Faktor6
Einkommenshöhe selbst bestimmen	0,83					
Wirtschaftliche Unabhängigkeit	0,77					
Leistungsgerechtes Einkommen	0,81					
Streben nach höherem Einkommen	0,74					
Steuerliche Vorteile		0,82				
Gutes Ansehen in der Öffentlichkeit		0,71				
Geldanlage-Vermögensbildung		0,62				
Macht und Einfluß gewinnen		0,52				
Positive Beispiele von Selbständigkeit		0,39				
Entscheidungs- und Handlungsfreiheit			0,85			
Durchsetzung eigener Ideen			0,81			
Mit Ehepartner/Familie zusammenzuarbeiten				0,77		
Kontakt zu Menschen haben				0,77		
Leistungsfähigkeit unter Beweis stellen			0,50	0,62		
Familientradition					0,83	
Arbeitsmarkt- und konjunkturpolitische Gründe					-0,59	-0,50
Führen von Menschen					0,49	
Ärger in der abhängigen Beschäftigung						0,79

1) Rotationsmethode: Varimax-Rotation.
2) Kaiser-Meyer-Olkin-Maßzahl: kmo=0,68; Bartletts Sphärizitätstest: Bartlett-p =0,00; Varianzerklärungsanteil 67,2%.
3) Faktorladungen über 0,4 sind verzeichnet.

Die sechs errechneten Motivfaktoren bilden die Grundlage für die Regressionsanalyse, in der die Faktorwerte der sechs Faktoren als Regressoren in die
nachfolgenden Berechnungen eingehen. Das Ergebnis zeigt, daß die Faktorwerte
der Motive ungefähr 25% der Varianz der abhängigen Variablen erklären, in diesem Fall des Erfolgsfaktors. Dabei haben die Motive, die im Sinne einer 'Selbstverwirklichung' zu sehen sind, den größten Erklärungsanteil (beta = -0,32) am Erfolg, der sich in einem positiven Zusammenhang[1] (b = -0,32) ausdrückt. An
zweiter Stelle der Bedeutung (beta = 0,294) stehen 'monetäre Motive', die, wie
schon T-Tests, Varianz- und Ranganalysen gezeigt haben, eine negative Beziehung zum Erfolg (b = 0,294) aufweisen. Eine ähnlich hohe Bedeutung für den
Erfolg hat die 'innere Verpflichtung' (beta = -0,255), die in positiver Beziehung
dazu steht (b = -0,254).

Tab. 42: Bedeutung der Gründungsmotivation für den Erfolg (operationalisiert über den
Erfolgsfaktor zu t3)

Regressionsanalyse[2]	B	SE(B)[3]	Beta	T	p(T)[4]
Prädiktoren					
Selbstverwirklichung	-,320	,115	-,320	-2,77	0,01
Monetäre Motive	,294	,115	,294	2,55	0,01
Innere Verpflichtung	-,254	,115	-,255	-2,21	0,03

Multiple R_2 [5] 0,50	Analysis of Variance	dF	Sum of Squares
Multiple R_2^2 0,25			
adjusted R^2 0,21	Regression	3	14,99
Stand. Error 0,89	Residuals	56	44,01
	F = 6,36 p(F) ≤ 0,01		

- Abhängige Variable: Erfolgsfaktor zu t3

Betrachtet man die Ergebnisse zum Betriebsergebnis 1991, welches, wie schon
bei dem T-Test und der Ranganalyse binär codiert[6] in die Regressionsanalyse
eingeht, zeigt sich auch hier, daß das 'monetäre Gründungsmotiv' rund 12% der

---

[1] Die "falschen Vorzeichen" ergeben sich aufgrund der gewählten Skalierung der Gründungsmotive: 1 für ' sehr bedeutend ' ... 4 für 'unbedeutend '.
[2] multiple Regressionsanalyse, schrittweise
[3] Prüfung der Regressionskoeffizenten (SE B).
[4] Test der Regressionskoeffizenten.
[5] globales Gütemaß, Bestimmtheitsmaß: Anteil der erklärten Streuung an der Gesamtstreu-
ung; Erklärungskraft der Regressionsgleichung.
[6] 0 - negatives oder ausgeglichenes Ergebnis; 1 - leichte bis auskömmliche Gewinne.

Varianz erklärt und in einem negativen Zusammenhang steht. Es scheint, wer auf das monetäre Ziel fixiert ist, erweist sich auf diesem Gebiet als weniger erfolgreich (siehe Tab. 22 im Anhang). Das Ergebnis zur Mitarbeiterveränderung zeigt, daß der Faktor `Innere Verpflichtung` rund 10,9% der Varianz bei Mitarbeiterveränderung (Tab. 23 im Anhang) erklärt, womit die Ergebnisse des T-Test's bezogen auf dieses Erfolgsmaß bestätigt werden.[1]

Weiter wurde, um die Abhängigkeit des Betriebsergebnisses in 1991 von den einzelnen Gründungsmotiven zu t1 simultan bei mehr als zwei Gruppen zu untersuchen, eine schrittweise Diskriminanzanalyse[2] gerechnet. Dabei wurden die drei apriori definierten Gruppen miteinander verglichen. Gruppe 1 umfaßte die Gründer, die ein negatives oder ausgeglichenes Betriebsergebnis aufweisen können (n = 19)[3], Gruppe 2 hatte leichte Gewinne (n = 25), Gruppe 3 auskömmliche Gewinne (n = 16) in 1991. Es wird durch die Gründungsmotive als Diskriminanzvariablen ein Klassifizierungsergebnis von 71,67% erreicht. Es zeigt sich (siehe Tab. 43), daß den Motiven

- Streben nach höherem Einkommen,
- steuerliche Vorteile,
- wirtschaftliche Unabhängigkeit,
- Einkommenshöhe selbst bestimmen,
- Erreichen eines leistungsgerechten Einkommens,
- mehr Kontakt zu Menschen haben,
- gutes Ansehen in der Öffentlichkeit,
- Arbeitsmarkt- und konjunkturpolitische Gründe,
- Ärger in der abhängigen Beschäftigung und
- mit Ehepartner/Familie zusammenarbeiten

eine diskriminatorische Bedeutung für die Unterscheidung der drei Gruppen zugeordnet wird[4]. Dabei erfolgt (siehe Ergebnisse der paarweisen F-Test's) eine

---

[1] Eine Regressionsanalyse über die Motivfaktoren auf die binär codierte Einkommensveränderung zu t3 bleibt ohne signifikante Ergebnisse.
[2] als alternative Methode der Berechnung, weil für die oben durchgeführte Regressionsanalyse eine Binär-Codierung der ordinalskalierten Erfolgsmaße erfolgen mußte, so daß einzelne Gruppen zusammengefaßt werden mußten.
[3] Zwischen diesen ursprünglich zwei Gruppen konnte keine signifikante Klassifizierungsfunktion errechnet werden.
[4] Betrachtet man die Gruppenmittelwerte, bestätigen sich hinsichtlich der Richtung der Beziehungen die Ergebnisse der T-Tests für diese Variablen.

hoch signifikante Trennung der Gründer mit negativem oder ausgeglichenem Betriebsergebnis von den beiden anderen Gruppen. Die erzielte Trennung zwischen den Gründern mit leichten und auskömmlichen Gewinnen erweist sich als nicht so stringent, da die Mittelwerte der einzelnen Variablen eine hohe Ähnlichkeit aufweisen (siehe Mittelwerte und Ergebnisse der Klassifizierung).

Höchste Trennfähigkeit mit mittleren Diskriminanzkoeffizenten[1] (siehe $\bar{b}_j$ in der Tab. 43) von 0,63 weisen dabei die Motive "Erreichen eines leistungsgerechten Einkommens" und "Höhe des Einkommens selbst bestimmen" auf. Für die Existenzgründer, die zu t3 ein negatives bzw. ausgeglichenes Ergebnis aufweisen konnten, sind damit monetäre Gründungsmotive wesentlich bedeutender gewesen. Auch das extrinsische Motiv, durch die Selbständigkeit ein gutes "Ansehen in der Öffentlichkeit" zu erreichen, hat für sie eine höhere Priorität.

Vergleicht man die Gründer der drei verschiedenen Ausprägungen der Einkommensveränderung zu t3 (gesunken, gleich, gestiegen) ebenfalls in einer Diskriminanzanalyse (siehe Tab. 24 im Anhang) miteinander, wird durch die Gründungsmotive ein Klassifizierungsergebnis von 65% erreicht, wobei sich die Trennfähigkeit der oben genannten[2] Motive zu einem großen Teil bestätigt. Dabei fallen die linear zur Einkommensverbesserung sinkenden Mittelwerte über die Bedeutung der Motive "positive Beispiele von Selbständigkeit", "wirtschaftliche Unabhängigkeit", "steuerliche Vorteile", "Ärger in der abhängigen Beschäftigung" und "Möglichkeit, mit Ehepartner oder Familie zusammenzuarbeiten" auf, wobei sich die beiden letzten Aspekte auch im univariaten F-Test als signifikant erweisen. Wiederum zeigt sich auch die Ähnlichkeit der Motivationslage zwischen den Existenzgründern, die sich anhand des Einkommens gemessen (mit gleichem oder gestiegenen Einkommen) als erfolgreicher erweisen, was so auch eine Rechtfertigung für die Zusammenfassung dieser beiden Gruppen in der Regressionsanalyse darstellt.

---

[1] mittlerer Diskriminanzkoeffizent: diskriminatorische Bedeutung einer Merkmalsvariablen bezüglich aller Diskriminanzfunktionen; berechnet nach Backhaus et al. (1987) S. 201; aufgrund der hohen Korrelation der Gründungsmotive untereinander kann das Bedeutungsgewicht hier nur eingeschränkt interpretiert werden.

[2] Auch hier sind die Bedeutungsgewichte aufgrund der hohen Korrelationen der Motive untereinander nur eingeschränkt interpretierbar.

Tab. 43: Diskriminanzanalyse zum Betriebsergebnis 1991 über die Gründungsmotive

Diskriminanzanalyse [1]		Gruppen (a) n=19	(b) n=25	(c) n=16	Betriebsergebnis 1991 Multivariates Wilks' Lambda	Sig.	$b_{j(1)}^{*}$	$b_{j(2)}^{*}$	$\bar{b_j}$
Streben nach höherem Einkommen	t1	1,79	2,40	2,44	0,84	0,01	0,56	0,24	0,43
Steuerliche Vorteile	t1	2,79	3,40	3,30	0,78	0,02	0,50	-0,52	0,51
Mehr Kontakt zu Menschen haben	t1	2,53	2,04	2,25	0,72	0,01	-0,59	-0,01	0,36
Wirtschaftliche Unabhängigkeit	t1	1,42	1,76	2,06	0,67	0,01	0,10	0,70	0,34
Einkommenshöhe selbst bestimmen	t1	1,84	2,48	2,13	0,60	0,00	0,48	-0,85	0,63
Erreichen eines leistungs- gerechten Einkommens	t1	1,68	1,88	2,06	0,55	0,00	-0,75	0,44	0,63
Arbeitsmarkt- und kon- junkturpolitische Gründe	t1	1,82	2,36	2,63	0,52	0,00	0,44	0,24	0,36
Ärger in der abhängigen Beschäftigung	t1	2,63	3,20	3,06	0,49	0,00	0,45	-0,10	0,31
Gutes Ansehen in der Öffentlichkeit	t1	2,42	2,72	2,94	0,46	0,00	-0,07	0,49	0,24
Mit Ehepartner oder Familie zusammenzuarbeiten	t1	2,42	2,40	3,00	0,44	0,00	0,15	0,41	0,25

Gruppen- zentroide:	Fcn. 1	-1,1	0,7	0,1	Klassifikations- ergebnis: 71,67 % [2]
	Fcn. 2	-0,3	-0,4	1,0	

Fcn. [3]	Eigen- wert	proz. Eigenwert	kanonische Korrelation	Wilks' Lambda	Chi^2	dF	Sig.
1	0,61	60,36	0,62	0,44	42,82	20	0,0022
2	0,40	39,64	0,54	0,71	17,74	9	0,0383

- Skalierung: 1=sehr bedeutend 2=bedeutend
  3=weniger bedeutend 4=unbedeutend
- (a): negatives, ausgeglichenes Betriebsergebnis (n=19)
- (b): leichte Gewinne als Betriebsergebnis 1991 (n=25)
- (c): auskömmliche Gewinne (n=16)

[1] Ergebnisse der paarweisen F-Test's: F(10,48): Gruppe a, b: F=2,93; p(F)=0,0061; Gruppe a, c: F=2,29; p(F)=0,0271; Gruppe b, c: F=2,03; p(F)=0,0511
Ergebnisse der univariaten F-Test's:(F(2,57): Die Motive "Streben nach höherem Einkommen" (p(F)=0,01), "Steuerliche Vorteile" (p(F)=0,03), "Wirtschaftliche Unabhängigkeit" (p(F)=0,03) und "Einkommenshöhe selbst bestimmen" (p(F)=0,07) erweisen sich als signifikant.

[2] Der Box' M-Test, der auf Ungleichheit der Gruppenstreuung prüft, erweist sich als signifikant (Box'M=131; p=0,02), daher erfolgte die Klassifizierung der Fälle aufgrund der individuellen Kovarianzmatrizen.

Klassifizierung: geschätzt

tatsächlich	Gruppe a	Gruppe b	Gruppe c
Gruppe a	68,4%	21,1%	10,5%
Gruppe b	16,0%	64,0%	20,0%
Gruppe c	6,3%	6,3%	87,5%.

[3] Charakterisierung der Diskriminanzfunktionen: Eigenwert: relative Wichtigkeit; kanonische Korrelation: Gütemaß; Wilks' Lambda: inverses Gütemaß; chi^2: Maß zur Überprüfung der Signifikanz der erzielten Trennung.

Für die Mitarbeiterveränderungen (siehe Tab. 25 im Anhang) kann statt der angestrebten drei Gruppen nur eine signifikante Trennung in zwei Gruppen erfolgen[1], wobei den Punkten "Familientradition" und "Menschenführung" die stärkste diskriminatorische Bedeutung zugewiesen wurde. Sie stehen, wie auch schon der T-Test gezeigt hat, in positiver Beziehung zum Erfolg. Das Klassifizierungsergebnis erweist sich mit 68,33% als unbefriedigend, so daß diese Ergebnisse keine neuen Erkenntnisse über die der Regressionsanalyse auf diesem Gebiet hinaus zeigen.

8.4.1.4 Zusammenfassende Beurteilung der Bedeutung von Gründungsmotiven

Faßt man die Ergebnisse zusammen, die sich bezüglich der Gründungsmotive in den neuen Bundesländern und deren Bedeutung und Einfluß auf die verschiedenen Erfolgsindikatoren einer Existenzgründung ergeben, zeigen sich einige interessante Resultate, die den Hypothesen und Überlegungen in diesem Bereich, die von einem positiven Zusammenhang zwischen Gründungserfolg und intrinsischer Motivation ausgehen, weitgehend entsprechen.

Es bestätigt sich die Erwartung, daß als einer der Hauptgründe der Selbständigkeit vor allem Aspekte aus dem Bereich des Arbeitsmarktes genannt werden. Dieser Grund, der sich auch in den sozialpsychologischen Einstellungen der Gründer widerspiegelt (siehe Tab. 37), zeigt jedoch keine Auswirkungen auf den künftigen Gründungserfolg. Im Vergleich mit Untersuchungen aus dem Westen wird so auch situationsbedingt "arbeitsmarkt- und konjunkturbedingten" Gründungsmotiven eine weitaus höhere Bedeutung zugeordnet, während das Ziel, auf diese Weise "Macht und Einfluß" zu erringen, als deutlich unbedeutender angesehen wird. Trotz der historisch und wirtschaftlich bedingten Unterschiede ähneln sich die Motivationsstrukturen des Existenzgründers aus West und Ost doch sehr, indem beide Elemente der Selbstverwirklichung und Gestaltungsfreiheit als wesentliche Ursache ihrer Selbständigkeit betrachten.

Stellt ein Existenzgründer vor allem monetäre Aspekte in der Vordergrund seiner Überlegungen, wird er eher weniger erfolgreich sein. Das zeigen auch bereits andere Untersuchungen, die ebenfalls dem Beweggrund, Geld zu verdienen, eine

---

[1] Entsprechend der errechneten Unterschiede zwischen den drei Gruppen, werden gesunkene und gleiche Mitarbeiterzahlen zusammengefaßt und mit der steigenden Mitarbeiterzahl verglichen.

negative Beziehung zum Überleben des Unternehmens nachweisen, während sich die Selbstverwirklichung als positives Motiv erweist[1]. Aber auch arbeitsmarkt- oder konjunkturbedingte Gründungen erweisen sich ebenfalls als schlechter Motivator. Die Probleme, die durch diese Überzeugung ausgelöst werden, stehen wahrscheinlich unbewußt in der Tätigkeit des Gründers mehr im Vordergrund und belasten, statt die Möglichkeiten und Chancen hervorzuheben, die sich aufgrund dieser neuen Situation ergeben. Eine weitere extrinsische Motivation, der Aspekt, aufgrund der Selbständigkeit an Macht und Einfluß zu gewinnen, erweist sich ebenfalls als weniger erfolgversprechendes Motiv.

Tab. 44: Zusammenfassung der Ergebnisse zu Gründungsmotiven[2]

Beziehung zwischen und Gründungsmotiven	Erfolgsfaktor zu t3 [3]	Betriebsergebnis in 1991
Wirtschaftliche Unabhängigkeit	-	-
Höheres Einkommen	-	-
Einkommen selbst bestimmen	-	-
Leistungsgerechtes Einkommen	-	?
Geldanlage und Vermögensbildung	-	-
Steuerliche Vorteile	-	-
Macht und Einfluß	-	-
Menschenführung	+	?
Familientradition	+	?
Arbeitsmarkt und Konjunktur	-	-
Ärger in abhängiger Beschäftigung	?	-

? keine signifikanten Beziehungen
+ positive Beziehung
- negative Beziehung

Es ist also der Mensch erfolgreicher, der, unabhängig von vergangenen Schwierigkeiten und dem Motiv des Geldverdienens, sein Unternehmen aufbaut, sich nach vorne orientiert und gestalterisch im Sinne der Aufgabe, die er sich selber gestellt hat, tätig ist. Insgesamt zeigt sich das Bild eines Gründers, der sich aus einer Art innerer Verpflichtung berufen fühlt, seine Chance nutzen will und sich nicht aus reinen monetären Gründen zu einer Existenzgründung entschließt.

---

[1] Sexton, Van Auken (1982).
[2] bezogen auf die Ergebnisse der T-Tests.
[3] Mediansplit über den Faktorwert zu t3.

Es ist der Gründer eher erfolgreich, für den intrinsische Motive, wie das Fortsetzen der "Familientradition" oder das Ziel, "Menschen zu führen", eine hohe Bedeutung haben. Effekte für den Bereich der "Selbstverwirklichung" als wesentliches Motiv der Existenzgründung lassen sich nicht nachweisen, diese scheinen für alle Gründer unabhängig von ihrem späteren Erfolg gleich hoch zu sein. Erfolg auch im monetären Bereich stellen sich dann scheinbar ohne große Beachtung dieses Aspekts von selber ein. Das entspricht im Bereich der Selbstverwirklichung nicht so ganz den Ergebnissen[1] einer anderen Untersuchung mit Gründern im High-Tech-Bereich, die festgestellt hat, daß insbesondere der Faktor, die Arbeit zu tun, die ihnen selber gefällt und sich nicht mit langwierigen Ablehnungen und der Rechtfertigung ihrer Ideen abgeben zu müssen, sich als wesentlich für ein stärkeres Wachstum erweist[2].

Hingegen räumen weniger erfolgreiche Gründer eher monetären und arbeitsmarktbedingten Gründen eine hohe Bedeutung ein und zeigen damit eine eher problemorientierte, extrinsisch motivierte Seite. Dabei liegt die "extrinsisch motivierte Person ... vor allem Wert darauf, für die erbrachte Leistung von anderen belohnt zu werden (mit Geld, Anerkennung, Beförderung etc.), und darum ist sie darauf angewiesen, daß die Leistungen von relevanten anderen gesehen werden, und daß diese dann auch die erhofften Belohnungen vermitteln."[3]

Da die Ergebnisse (Tab. 44) sich sowohl auf den individuellen Erfolgsfaktor und die Einkommensveränderung wie auch das Betriebsergebnis in 1991 beziehen, wird eine mögliche Vermutung, daß viele Zusammenhänge lediglich eine Frage des Antizipationsniveaus sind, widerlegt. Auch die ökonomischen Daten liefern dieselben Ergebnisse wie der Erfolgsfaktor. Auch in multivariaten Analysen ließen sich die Bedeutung der Gründungsmotivation für die spätere Erfolgsentwicklung eindeutig belegen.

Die Hypothese 1, daß also die Einstellung zu bestimmten Gründungsmotiven durchaus einen Einfluß auf den Erfolg haben kann, betrachten wir als in wesentlichen Teilen bestätigt. Es zeigt sich daß tendenziell eher intrinsisch motivierte Gründer erfolgreicher sind als Gründer, die Bestätigung und Belohnung von außen brauchen.

---

[1] zu den Problemen der Vergleichbarkeit der Forschungsergebnisse, siehe auch Kapitel 3.4.
[2] bei Feeser, Watson Dugan (1989).
[3] Wunderer, Grunwald (1980) S. 202.

8.4.2 Bedeutung der sozialpsychologischen Einstellungen für den Erfolg einer Gründung

Im folgenden ist es Ziel, zu untersuchen, ob es bestimmte Unterschiede in der sozialpsychologischen Struktur gibt, die einen erfolgreichen von einem weniger erfolgreichen Gründer unterscheiden. Dabei werden die zu allen drei Erhebungszeitpunkten gemessenen Kognitionen, Motivationen, affektiv-emotionalen und sozialen Aspekte in ihrer Beziehung zu den verschiedenen zu t3 erhobenen individuellen Erfolgsmaßen und Daten der Firmenentwicklung betrachtet.

8.4.2.1 Beziehung der sozialpsychologischen Einstellungen untereinander

Wie der Generierungsprozeß zu den Hypothesen bereits erwarten ließ, zeigen die sozialpsychologischen Einstellungen untereinander teilweise hoch signifikante Zusammenhänge. Zu t1 (Tab. 45) steht die internale Kontrollüberzeugung in einem positiven Zusammenhang zum Ausmaß des positiven Denkens (r = 0,49), der Leistungsmotivation (r = 0,39) und der sozialen Kompetenz (r = 0,37), aber in negativer Beziehung zum Risikoempfinden (r = -0,30). Weiter korreliert positives Denken mit dem Herausforderungsdenken (r = 0,35), der sozialen Kompetenz (r = 0,62), der sozialen Unterstützung (r = 0,50) und der Leistungsmotivation (r = 0,54) positiv. Das Herausforderungsdenken steht zusätzlich in positiver Beziehung zur sozialen Unterstützung (r = 0,33) und der Leistungsmotivation (r = 0,43). Weiterhin zeigt sich eine mittlere negative Korrelation zwischen dem Risikoempfinden und der Leistungsmotivation (r = -0,33) und der sozialen Unterstützung (r = -0,34). Eine hohe positive Beziehung weist die soziale Unterstützung mit der sozialen Kompetenz (r = 0,61) auf, niedriger fallen die Werte im Bereich der Leistungsmotivation (r = 0,37) aus. Außer den bereits genannten Effekten ist der Zusammenhang zwischen Leistungsmotivation und sozialer Kompetenz mit r = 0,44 signifikant positiv.

Ähnliche Ergebnisse zeigen sich zu den Meßzeitpunkten t2 und t3 (siehe Anhang: Tab. 26 und 27), so daß man zusammenfassend feststellen kann, daß lediglich das mitarbeiterorientierte Führungsverhalten fast keine Zusammenhänge zu den restlichen sozialpsychologischen Einstellungen aufweist.

Tab. 45: Korrelationen der sozialpsychologischen Einstellungen zu t1 untereinander

	Internale Kontrolle	Positives Denken	Herausforde- rungsdenken	Risiko- empfinden	Soziale Unterstützung	Leistungs- motivation	Führungs- verhalten	Soziale Kompetenz
Internale Kontrolle	1.00	.49** (56) P= .000	.20 (60) P= .064	-.30* (60) P= .010	.20 (60) P= .061	.39* (59) P= .001	.20 (42) P= .100	.37* (60) P= .002
Positives Denken		1.00	.35* (56) P= .004	-.26 (56) P= .028	.50* (56) P= .000	.54** (55) P= .000	.29 (41) P= .032	.62** (56) P= .000
Herausforde- rungsdenken			1.00	-.16 (60) P= .116	.33* (60) P= .006	.43** (59) P= .000	.29 (42) P= .030	.29 (60) P= .010
Risikoempfinden				1.00	-.34 (60) P= .004	-.33* (59) P= .005	-.08 (42) P= .302	-.16 (60) P= .114
Soziale Unter- stützung					1.00	.37* (59) P= .002	.31 (42) P= .022	.61** (60) P= .000
Leistungsmoti- vation						1.00	.20 (42) P= .098	.44** (59) P= .000
Führungs- verhalten							1.00	.23 (42) P= .072
Soziale Kompetenz								1.00

(Korrelationskoeffizent / (Anzahl der Fälle) / einseitige Signifikanz: * - p ≤ 0,01 ** - p ≤ 0,001)

Signifikante positive Beziehungen zu sechs von den anderen sieben Konzepten
(außer mitarbeiterorientiertem Führungsverhalten) haben hingegen positives Denken, soziale Unterstützung und Leistungsmotivation[1], während das
Risikoempfinden durchgängig negativ mit den meisten Konzepten korreliert.
Damit bestätigen sich die aus dem hardiness-Konzept[2] heraus entwickelten
Überlegungen zu den Beziehungen dieser sozialpsychologischen Variablen
untereinander fast vollständig. Nun gilt es, deren Effekte auf den Erfolg nachzuweisen.

8.4.2.2 Einzelbetrachtung der Mittelwertunterschiede

Für den Vergleich zwischen erfolgreichen und weniger erfolgreichen Gründern
hinsichtlich der sozialpsychologischen Unterschiede[3] wurde wiederum ein Mediansplit über den Erfolgsfaktor, der zum Zeitpunkt t3 erhoben wurde[4], durchgeführt und anschließend Mittelwertvergleiche über die verschiedenen sozialpsychologischen Konzepte gerechnet. Weiter wurde mit dem Faktorwert des Erfolges zu t3 als abhängige Variable und den sozialpsychologischen Einstellungen
als unabhängige Variable eine Varianzanalyse durchgeführt, um Zusammenhänge
aufzudecken.

Die Tab. 46 zeigt zunächst die signifikanten Mittelwertunterschiede zwischen erfolgreichen und weniger erfolgreichen Existenzgründern, operationalisiert über
den Erfolgsfaktor zu t3, die sich im Bereich der sozialpsychologischen Ausprägungen über alle drei Erhebungszeitpunkte ergeben. Erfolgreiche Existenzgründer[5] wiesen bereits zum Gründungszeitpunkt bestimmte Überzeugungen
und Einstellungen auf, die den aufgestellten Hypothesen (siehe Kapitel 6.2) entsprechen. Sie zeigen zu t1

- eine höhere internale Kontrollüberzeugung (p(t) = 0,07) und
- ein höheres positives Denken (p(t) = 0,02).

---

[1] hier sind es sogar sieben.
[2] siehe Kapitel 6.1.
[3] Es erfolgen hier zunächst Einzelbetrachtungen aller sozialpsychologischen Einstellungen,
da durch eine Faktorenanalyse über diese Konzepte, die sich aufgrund der hohen Korrelationen
untereinander anbieten würde, die Zahl der untersuchten Fälle auf 41 dezimiert würde, da das
Konzept "Führungsverhalten" nur bei Existenzgründern, die Mitarbeiter tatsächlich beschäftigten, erhoben wurde.
[4] siehe Kapitel 8.2.1.1.
[5] Wert des Erfolgsfaktors größer als Median, n = 29.

Damit zeigen sie zwei der drei[1] durch das hardiness-Konzept beschriebene Einstellungen.

Ähnlich unterschieden sich die beiden Gruppen der Existenzgründer auch zum Zeitpunkt t2: Erfolgreiche Existenzgründer haben

- eine höhere internale Kontrolle ($p(t) = 0,00$) und
- ein höheres positives Denken ($p(t) = 0,00$),
- betrachten die Gründung eher als Herausforderung ($p(t) = 0,10$) und
- weisen eine deutlich niedrigere Risikoeinschätzung ($p(t) = 0,03$) auf.

Tab. 46: Unterschiede erfolgreicher und weniger erfolgreicher Gründer hinsichtlich der sozialpsychologischen Einstellungen

T-Test (a),(b)			Mittelwerte		t	df	p(t)
sozialpsychologisch			Gruppe1	Gruppe2			
internale Kontrolle	c	t1	0,48	0,79	-1,86	54,3	0,07
		t2	0,29	0,87	-4,06	56	0,00
		t3	0,03	0,67	-4,01	58	0,00
Positives Denken		t1	0,53	0,90	-2,49	54	0,02
	c	t2	0,28	1,02	-4,77	50,9	0,00
	c	t3	0,21	0,84	-4,41	48,4	0,00
Herausforderungsdenken		t1	1,26	1,31		n.s.	
	c	t2	1,10	1,48	-1,67	51,4	0,10
	c	t3	0,87	1,28	-1,88	52,1	0,07
Soziale Kompetenz		t1	0,91	1,10	-1,03	n.s.	
		t2	0,93	1,09	-0,92	n.s.	
		t3	0,61	1,01	-2,06	58	0,04
Soziale Unterstützung		t1	1,04	1,27	-1,26	n.s.	
		t2	1,11	1,24		n.s.	
-keine Konfliktzunahme		t3	-0,97	0,66	-2,52	58	0,01
Risikoempfinden		t1	-0,44	-0,79		n.s.	
	c	t2	-0,34	-0,86	2,23	51,4	0,03
	c	t3	-0,24	-0,64	1,70	54,1	0,09
Leistungsmotivation		t1	0,99	1,20		n.s.	
		t2	0,94	1,12		n.s.	
	c	t3	0,68	1,08	-2,59	49,9	0,01

- (a) Gruppe1: Weniger erfolgreiche Existenzgründer (n=31)
  Gruppe2: Erfolgreiche Existenzgründer (n=29)
- (b) Skalierung: -2: niedrige Ausprägung
  +2: hohe Ausprägung
- (c) Separate Variance Estimate
- n.s.: nicht signifikante Beziehung

---

[1] es fehlt das Herausforderungsdenken.

Zum Zeitpunkt t3 zeigen die erfolgreichen Existenzgründer, daß

- ihre internale Kontrollüberzeugung (p(t) = 0,00) höher und
- ihr positives Denken (p(t) = 0,01) größer ist,
- außerdem betrachten sie die Situation eher als Herausforderung (p(t) = 0,07).

Damit findet sich wiederum eine Bestätigung des hardiness-Konzepts[1]. Außerdem besitzen sie

- weiterhin, wie schon zu t2, ein niedrigeres Risikoempfinden (p(t) = 0,09),
- eine höhere soziale Kompetenz (p(t) = 0,04),
- eine höhere Leistungsmotivation (p(t) = 0,01) und
- erfahren aus ihrer persönlichen Umgebung eine höhere soziale Unterstützung, weil persönliche Konflikte in ihrer Umgebung weniger zunehmen als bei weniger erfolgreichen Gründern (p(t) = 0,01).

Die ebenfalls berechnete Varianzanalyse mit dem Erfolgsfaktor zu t3 als abhängige Variable weist ähnliche Ergebnisse zu allen drei Erhebungszeitpunkten auf[2]. Auch die zweifaktorielle Varianzanalyse (Tab. 33 und 34 im Anhang) mit Meßwiederholung[3] zeigt diese oben beschriebenen Zusammenhänge als Haupteffekte, Wechselwirkungseffekte mit der Zeit treten nicht auf.

Prüft man diese eben beschriebenen Resultate bezüglich eines ökonomischen Maßes, in diesem Fall durch das Betriebsergebnis im Jahr 1991, bestätigen sich das Geschriebene in wesentlichen Teilen. Denn die Analysen der Unterschiede zwischen den Mittelwerten (Tab. 47) für t1 zeigen, daß erfolgreichere Existenzgründer[4]:

- ein höheres positives Denken (p(t) = 0,01),
- ein höheres Ausmaß der Leistungsmotivation (p(t) = 0,08) und
- eine höhere soziale Kompetenz (p(t) = 0,02) aufweisen.

---

[1] siehe auch Kapitel 6.1.
[2] siehe Tabelle 28 - 30 im Anhang.
[3] abhängige Variablen: Summe über die intervallskalierten Erfolgsmaße zu t2 und t3.
[4] erfolgreich: leichte bis auskömmliche Gewinne in 1991.

Für t2 gilt, daß die erfolgreicheren Gründer auch zu diesem Zeitpunkt ein

- höheres positives Denken (p(t) = 0,03) und eine
- höhere soziale Kompetenz (p(t) = 0,01) zeigen.

Zu t3, also zum Zeitpunkt der Erfolgsmessung, weisen erfolgreichere Gründer

- eine höhere internale Kontrollüberzeugung (p(t) = 0,021) und
- eine höhere positive Identifikation (p(t) = 0,022),

was sicherlich wiederum auch als eine Folge der seit der Gründung erzielten Ergebnisse zu interpretieren ist.

Tab. 47: Unterschiede der sozialpsychologischen Einstellungen bezogen auf das Betriebsergebnis 1991

T-Test (a),(b)		Mittelwerte		t	df	p(t)
sozialpsychologisch		Gruppe1	Gruppe2			
Internale Kontrolle	t1	0,49	0,70			n.s.
	t2	0,44	0,63			n.s.
	t3	0,04	0,49	-2,37	58	0,02
Positives Denken	c t1	0,68	0,83	-2,84	54	0,01
	t2	0,18	0,81	-2,63	19,8	0,02
	t3	0,30	0,66	-2,47	22,4	0,02
Leistungsmotivation	c t1	0,86	1,20	-1,80	26,1	0,84
	t2	0,90	1,08			n.s.
	t3	0,67	0,97			n.s.
Soziale Kompetenz	t1	0,72	1,14	-2,11	58	0,04
	t2	0,69	1,16	-2,55	57	0,01
	t3	0,66	0,97	-1,54		n.s.

- (a) Gruppe1: negatives /ausgeglichenes Ergebnis (19 Fälle)
  Gruppe2: leichte oder auskömmliche Gewinne (41 Fälle)

- (b) Skalierung: -2: niedrige Ausprägung
  +2: hohe Ausprägung

- (c) Separate Variance Estimate

- n.s.: nicht signifikante Beziehung

Eine weitere Trennung der Stichprobe in erfolgreiche und weniger erfolgreiche Existenzgründer konnte, wie bereits in Kapitel 8.4.1 beschrieben, über die Entwicklung des individuellen Einkommens der Gründer erfolgen. Die Analyse (Tab. 31 im Anhang) zeigt, daß die Gruppe der Existenzgründer mit gestiegenem Einkommen wesentlich weniger mitarbeiterorientiert führt (p(t) = 0,04).

Zu t2 zeigen sich weitere Unterschiede, denn bei Gründern, die ihr Einkommen zu t3 als gestiegen einstufen werden, ist vorher

- die internale Kontrollüberzeugung (p(t) = 0,06) und
- das Ausmaß des positiven Denkens höher (p(t) = 0,04),
- sie betrachten die Gründung eher als Herausforderung (p(t) = 0,04),
- haben weniger soziale Unterstützung (p(t) = 0,07) und zeigen
- ein weniger mitarbeiterorientiertes Führungsverhalten (p(t) = 0,02).

Zu t3 bleiben die höhere internale Kontrollüberzeugung (p(t) = 0,051), das höhere positive Denken (p(t) = 0,088) und auch der bisher gezeigte niedrigere mitarbeiterorientierte Führungsstil (p(t) = 0,005) erhalten. Die Gründer haben bewiesen, ihr Einkommen zu t3 zeigt es ihnen deutlich, daß sie in der Lage sind, Leistung zu erbringen, um aus eigener Kraft eine Firma aufzubauen. Daher ist es nun folgerichtig, daß sie eine höhere internale Kontrollüberzeugung aufweisen.

Weiterhin ist ein Vergleich der Gründer mit gestiegener Anzahl von Mitarbeitern (n = 32) mit der Gruppe der Personen, die eine gleiche oder gesunkene Zahl (n = 28) aufwiesen, hinsichtlich ihrer sozialpsychologischen Ausprägungen zum Gründungszeitpunkt und zu den beiden anderen Zeitpunkten der Befragung erfolgt. Wie bereits vermutet, und sich auch bereits bei den Gründungsmotiven bestätigt hat, zeichnet sich hier ein etwas anderes Bild. Das Ergebnis zeigt, daß lediglich die Risikoeinschätzung einen signifikanten Unterschied aufweist. Existenzgründer, die eine gestiegene Mitarbeiterzahl in ihrem Unternehmen haben, zeigten eine deutlich niedrigere Angst bzw. beurteilen das Risiko eines möglichen Scheiterns deutlich geringer (p(t) = 0,101). Deshalb erfolgte vermutlich ein Ausbau der Firmen, da Verantwortung und Angst vor dem Scheitern eine wesentlich untergeordnete Rolle in ihren Einstellungen einnehmen. Daher wird mehr Engagement und Mut zum Risiko gezeigt. Zu t2 ergibt sich ein signifikanter Unterschied hinsichtlich der positiven Identifikation (p(t) = 0,080), zu t3 zeigt sich, daß Existenzgründer, die steigende Mitarbeiterzahlen aufweisen, eine deutlich höhere internale Kontrollüberzeugung (p(t) = 0,025) besitzen (siehe Anhang: Tab. 32).

8.4.2.3   Einbeziehung des Zeitaspektes bei der Erfolgsbetrachtung

Um entsprechend der Zielsetzung der Untersuchung eine Betrachtung der Unterschiede über die Zeit durchzuführen, wurde mit der Prozedur "Manova" aus SPSS eine 2 x 3 Varianzanalyse mit Meßwiederholungen über alle drei Erhebungszeitpunkte durchgeführt. Aus rechentechnischen Gründen[1] wurde in diesem Fall der Erfolgsfaktor als unabhängige Variable in die Analyse eingebracht.

Der Ansatz, der so im folgenden untersucht wurde, sollte die Frage beantworten, wie sich erfolgreiche von weniger erfolgreichen Gründern[2] über den gesamten Beobachtungszeitraum unterscheiden. Dazu erfolgte eine Zweiteilung der Stichprobe über einen Mediansplit des Faktorwertes des Erfolges zu t3. Im einzelnen wurden dazu die Haupteffekte aus der Erfolgsvariable zu t3 und der Zeit betrachtet, sowie Wechselwirkungseffekte zwischen der Höhe des Erfolges und der Zeit ausgewertet.

Es zeigt sich[3], daß die Höhe des Erfolges mehrere signifikante Effekte auf den gemeinsamen Mittelwert[4] über alle drei Meßzeitpunkte der Meßwiederholungen aufweist, oder inhaltlich besser ausgedrückt, daß sich zwischen den beiden Gruppen der Gründer einige, über alle drei Erhebungen zeitstabile, Unterschiede ergeben. Für die erfolgreicheren Personen läßt sich durchgängig eine

- höhere internalen Kontrollüberzeugung ($F = 16,11$; $p(F) = 0,00$),
- ein höheres positives Denken ($F = 14,98$; $p(F) = 0,00$),
- eine höhere Leistungsmotivation ($F = 4,97$; $p(F) = 0,03$) und
- ein niedrigeres Risikoempfinden ($F = 5,83$; $p(F) = 0,02$)

auf einem statistisch signifikanten Niveau feststellen. Schwach signifikant wird der Unterschied auch bezüglich des Items "keine persönliche Konfliktzunahme" mit $F = 3,85$ und $p(F) = 0,06$, wobei sich weniger erfolgreiche Gründer offensichtlich mit zusätzlichen Problemen und Konflikten im privaten Bereich auseinanderzusetzen haben. Die Unterschiede bezüglich der Leistungsmotivation und des Risikoempfinden werden dabei erst zum Zeitpunkt t2 und t3 ganz deutlich[5].

---

[1] da sich Meßwiederholungen auf die abhängige Variable beziehen sollen.
[2] operationalisiert über den Erfolgsfaktor zum Zeitpunkt t3
[3] siehe Tabelle 48 unter Effekte "UV".
[4] Brosius (1989) S. 230 ff.
[5] siehe in diesem Zusammenhang auch die Ergebnisse des T-Test's in Tab. 46.

Tab. 48: Ergebnis der Varianzanalyse über alle drei Meßzeitpunkte

Zweifaktorielle Varianzanalyse mit Meßwiederholung		Erfolgsfaktor zu t3 [1]			Effekte			
		niedrig	hoch	$\overline{x}_t$		dF	F	p(F)
Internale Kontrolle	t1	(n=30) 0,46	(n=28) 0,79	0,62	UV	1	16,11	0,00
	t2	0,29	0,87	0,57				
	t3	0,03	0,66	0,33	Zeit	2	6,51	0,00
					UV*Zeit	2	1,93	0,15
Positives Denken	t1	(n=30) 0,56	(n=22) 0,88	0,70	UV	1	14,98	0,00
	t2	0,32	0,99	0,60				
	t3	0,21	0,83	0,47	Zeit	2	4,25	0,02
					UV*Zeit	2	3,66	0,03
Keine persönliche Konfliktzunahme [2]	t1	(n=31) 0,97	(n=29) 1,10	1,03	UV	1	3,85	0,06
	t2	0,55	1,00	0,77				
	t3	-0,10	0,67	0,27	Zeit	2	13,21	0,00
					UV*Zeit	2	2,13	0,12
Mithilfe der Familie	t1	(n=31) 1,55	(n=29) 1,69	1,62	UV	1	0,28	0,60
	t2	1,68	1,48	1,58				
	t3	1,16	1,48	1,32	Zeit	2	3,12	0,05
					UV*Zeit	2	2,06	0,13
Soziale Kompetenz	t1	(n=30) 0,93	(n=29) 1,10	1,01	UV	1	2,60	0,11
	t2	0,93	1,10	1,01				
	t3	0,59	1,01	0,80	Zeit	2	3,75	0,03
					UV*Zeit	2	1,23	0,30
Leistungsmotivation	t1	(n=30) 0,99	(n=29) 1,19	1,09	UV	1	4,97	0,03
	t2	0,94	1,12	1,03				
	t3	0,66	1,08	0,86	Zeit	2	4,17	0,02
					UV*Zeit	2	1,28	0,28
Risikoempfinden	t1	(n=30) -0,39	(n=29) -0,79	-0,59	UV	1	5,83	0,02
	t2	-0,34	-0,86	-0,60				
	t3	-0,18	-0,63	-0,40	Zeit	2	1,86	0,16
					UV*Zeit	2	0,12	0,89

- (a) abhängige Variable: Sozialpsychologische Einstellungen
    von t1 bis t3
  Skalierung: -2 - niedrige Ausprägung
               +2 - hohe Ausprägung

[1] Mediansplitting über die genannte Variable.
[2] Die soziale Untersützung wurde in diesem Fall zu allen drei Zeitpunkten aufgrund der mangelnden Reliabilität zu t3 über die einzelnen Items (keine Konfliktzunahme, Mithilfe der Familie) verglichen. Die verwendeten Skalierungen der Items lauten: -2 stimmt gar nicht; +2 stimmt völlig.

Diese Ergebnisse bestätigen deutlich die genannte Hypothese, daß sich erfolgreiche von weniger erfolgreichen Existenzgründern auch in ihren sozialpsychologischen Einstellungen schon zu einem sehr frühen Zeitpunkt, hier kurz nach der Gründung, unterscheiden und so die Persönlichkeit des Gründers auf den Entwicklungsprozeß einen entscheidenden Einfluß hat.

Eine weitere wesentliche Überlegung im Sinne der Zeitbetrachtung ist, wie bereits in der Zielsetzung dieser Untersuchung beschrieben, dem Punkt der Veränderung der sozialpsychologischen Variablen über die Zeit hinweg gewidmet. Inwiefern beeinflussen die Verwirklichung der Gründung und die täglichen Erfahrungen als Selbständiger die Kognitionen, Motivation, sozialen und affektiv-emotionalen Aspekte eines Gründers. Als zusätzlicher Einflußfaktor in diesem Prozeß ist sicherlich auch die sich insbesondere in den neuen Bundesländern ständig wandelnde Umwelt nicht zu übersehen, eine Perspektive, die zwar in der Erhebung nicht im einzelnen erhoben wurde, aber doch in den Erklärungsansätzen der Ergebnisse seine entsprechende Gewichtung findet.

Es ergeben sich auch über die Zeit signifikante Veränderungen (siehe Tab. 48 unter Effekt "Zeit") im Bereich der internalen Kontrolle, des positiven Denken, der sozialen Kompetenz und Unterstützung, sowie der Leistungsmotivation, die an dieser Stelle dargestellt und diskutiert werden sollen.

Es zeigt sich, daß bei den Kognitionen des Existenzgründers wesentliche Veränderungen im Bereich der Einschätzung der internalen Kontrollüberzeugung und des positiven Denkens eintreten. Beide kognitive Einstellungen nehmen bei den Existenzgründern über alle drei Zeitpunkte signifikant ab (internale Kontrolle: $F = 6,51$; $p(F) = 0,00$ / positives Denken: $F = 4,25$; $p(F) = 0,02$).

Unseres Erachtens ist der Verlust der internalen Kontrollüberzeugung durch mehrere Faktoren begründet. Unter ihnen stellt sicherlich die Veränderung des Gesellschaftssystems, die sich in der Umgebung des Gründers vollzieht und auf die er keinen Einfluß hat, einen wesentlichen Aspekt dar. Vieles wird um- und neugestaltet und anderes reformiert, ohne daß die Möglichkeit der Mitwirkung oder der Mitgestaltung gegeben wird. Zusätzlich fehlt für viele Maßnahmen das Verständnis bzw. die Kenntnisse, deren Notwendigkeit zu verstehen. Dadurch kommt es bei vielen Menschen, so auch den Gründern, zu einem Kontrollverlust, der um so härter ausfällt, da sie gerade erfahren und gelernt hatten, daß sie Veränderungen herbeiführen können. Erschwerend kommen die wirtschaftlichen Verhältnisse hinzu. Gerade Mecklenburg-Vorpommern mit seiner hohen Arbeitslosigkeit und den Strukturkrisen im Schiffbau und in der Landwirtschaft verunsichert die Menschen zusätzlich und zerstört das anfänglich starke positive Denken.

Zwischenzeitlich löst sich, das zeigt auch die Abnahme des Ausmaßes des positiven Denkens, der anfänglich euphorische Optimismus vieler auf und eine Ernüchterung hält Einzug, die bewußt macht, daß sich allein durch die Einführung von Demokratie und Marktwirtschaft Probleme nicht lösen lassen. Doch die hohe Anzahl der Probleme und ständige neue Schreckensnachrichten machen mut- und vor allem hilflos.

Der Existenzgründer selber bekommt wie alle anderen Menschen jetzt auch den wesentlichen Nachteil dieser neu errungenen Freiheit, die ihm wesentliche Kontrolle über das eigene Leben zusagt, zu spüren, da dieses eben auch bedeutet, die daraus resultierenden Konsequenzen zu tragen. Negative Entwicklungen, z.B. bezüglich der Umsatzentwicklung, sind also oft die Folge eigener Fehlentscheidungen. Um sein Selbstwertgefühl vor diesen Erkenntnissen zu schützen, kann es zu selbstwertdienlichen Attributionen[1] kommen, die dazu führen, daß Ursachen dieser negativen Fehlentwicklungen anderen Umständen von außerhalb nur nicht sich selber zugeschrieben werden. Auch das kann zur Folge haben, daß der Existenzgründer die Entwicklungen seines Gründungsvorhabens mehr durch externe Ursachen gesteuert beschreibt und so internale Kontrollüberzeugung verliert. Wenn er dann einen Mißerfolg verkraften muß, ist dieser wenigstens in seiner Vorstellung durch andere verursacht worden. Daher liegt die Vermutung nahe, daß vor allem weniger erfolgreiche Gründer einen deutlichen Verlust an Kontrolle zeigen. Diese Hypothese läßt sich durch die Entwicklung der Mittelwerte bestätigen (siehe auch Tab. 49), da zwar bei beiden Gruppen ein Verlust zu beobachten ist, dieser jedoch bei den weniger erfolgreichen wesentlich stärker scheint. Dieser Effekt erweist sich jedoch nicht als signifikant (siehe Wechselwirkungseffekt: $p(F) = 0,15$) Offensichtlich wird das Ausmaß der internalen Kontrollüberzeugung auch durch Aspekte des Selbstwertschutzes beeinflußt.

---

[1] siehe dazu Stahlberg, Osnabrügge, Frey (1985) S. 94ff.

Weiterhin ergeben sich unter dem sozialen Aspekt negative Veränderungen im
Bereich der sozialen Unterstützung und der sozialen Kompetenz. Bezogen auf die
Unterstützung durch die Umgebung des Gründers lassen sich zwei negative Entwicklungen ausmachen. Konflikte im persönlichen Bereich nehmen jetzt eher zu
($F = 13,21$, $p(F) = 0,00$) und auch die Bereitschaft von Familie oder Lebenspart-
ner, aktiv an dem Unternehmen mitzuarbeiten, scheint zu schwinden ($F = 3,12$;
$p(F) = 0,05$).

Familie, Partner und Freunde scheinen im zunehmenden Maße weniger bereit,
dem Existenzgründer zur Seite zu stehen und auf die besondere Situation Rück-
sicht zu nehmen. Eine Abnahmen beider Mittelwerte in den Bereichen ist vor allem vom Zeitpunkt t2 zu t3 zu beobachten. Ob dieses der Realität entspricht
oder aber nur seine Empfindung darstellt, mit allen Problemen eher allein gelassen zu werden[1], ist aus den Daten nicht erkennbar. Eine Begründung dieser Entwicklung liegt unseres Erachtens sicherlich darin, daß die Umgebung jetzt
erkannt hat, welche zusätzliche und schwere Arbeit das Selbständigsein bedeutet, und daß es nicht nur zusätzliche Freiheiten und Geld mit sich bringt. Die anfängliche Euphorie sinkt, Unterstützung bleibt aus. Dem Existenzgründer fehlt
einfach zusätzlich die Zeit zur Pflege der sozialen Kontakte nicht nur im Bereich
der Familie, auch Bekannten- und Freundeskreis leiden darunter. Soziale Unterstützung kann aufgrund der hohen Arbeitsbelastung gar nicht mehr im bisherigen Umfang vermittelt werden. Gerade in der Zeit, in der sich durch den Wandel
das gesamte Arbeitsleben aber auch die Freizeitgestaltung ändert, sind aber häufige Kontakte notwendig, um Beziehungen zu erhalten. Dafür fehlt dem Gründer
die Zeit, Freunde und Bekannte ziehen sich immer mehr mit eigenen Problemen
belastet zurück.

Zusätzlich spüren viele sicherlich, so auch die Aussagen einiger mündlich inter-
viewter Personen, eine gewisse Abneigung durch die Umgebung, da sie um die
Selbständigkeit und erste Erfolge von Bekannten, Verwandten und ehemaligen
Kollegen beneidet werden.

Ebenso sinkt das Gefühl der Gründer über ausreichend Kompetenz im Umgang
mit anderen, seien es nun die Kunden, Behörden oder auch Lieferanten zu verfügen ($F = 3,75$, $p(F) = 0,03$). Auch hier stellt sich die Frage, ob es sich um eine

---

[1] siehe auch Ergebnisse der Studie von Boyd, Gumpert (1983).

Korrektur der allzu optimistischen Einschätzungen anhand der Realität handelt oder aber, sich auch hier eine allgemeine Unzufriedenheit mit der wirtschaftlichen Lage und den Entwicklungsmöglichkeiten rundherum ausdrückt.

Weiter beobachten wir, daß die Leistungsmotivation über alle drei Zeitpunkte, vor allem von t2 nach t3, signifikant abnimmt. Auf die von den Existenzgründern geleistete Arbeitszeit bleibt diese Entwicklung, wie bereits oben dargestellt, allerdings ohne Auswirkungen. Ein Ursache der Abnahme der Leistungsmotivation ($F = 4{,}17$; $p(F) = 0{,}02$) ist sicherlich in mehreren Aspekten zu sehen. Einmal liegt sie sicherlich darin begründet, daß die Faszination des Neuen verschwunden ist. Der Gründer wird sich bewußt, was er leisten kann, wo er realistisch seine Maßstäbe setzt. Weiterhin kann ein Zusammenhang zur Abnahme der internalen Kontrollüberzeugung vermutet werden, der dazu führt, daß man die Grenzen des Einflusses seiner eigenen Leistung erkennt und sich deshalb weniger motiviert zeigt.

Die Risikoeinstellung hat keine signifikanten Veränderungen über die Zeit aufzuweisen, sind also durch die Verwirklichung der Gründung, durch Erfahrungen im Umgang mit den Mitarbeitern, sowie den ständigen negativen Nachrichten bezogen auf die Wirtschaftslage nicht beeinflußt worden.

Ein Wechselwirkungseffekt zwischen Zeit und Höhe des Erfolges ergeben sich lediglich für das Ausmaß des positiven Denkens. Hier zeigen die erfolgreicheren Gründer eine über die Zeit relativ stabile Auffassung ($x_1 = 0{,}88$, $x_2 = 0{,}99$, $x_3 = 0{,}83$), während bei den weniger erfolgreichen Personen das positive Denken, von Anfang an signifikant niedriger, weiter abnimmt ($x_1 = 0{,}56$; $x_2 = 0{,}32$; $x_3 = 0{,}21$).

Der Vollständigkeit halber sollte erwähnt werden, daß die sozialpsychologischen Einstellungen Herausforderungsdenken und das mitarbeiterorientierte Führungsverhalten überhaupt keine signifikanten Effekte zeigen. Unterschiede, die sich in dem Mittelwertvergleich über die einzelnen Zeitpunkte als signifikant erwiesen haben[1], sind über die Zeit offensichtlich nicht stabil.

---

[1] siehe Kapitel 8.4.2.2.

8.4.2.4 Multivariate Betrachtung des Einflusses der sozialpsychologische Einstellungen[1]

Zur Bestimmung der Zusammenhänge zwischen den sozialpsychologischen Variablen (Kognitionen, Motivation, soziale und affektiv-emotionale Dimensionen) zum Zeitpunkt t1 bis t3 und der abhängigen Variablen wurde je nach Skalenniveau und Anzahl der zu vergleichenden Gruppen sowohl Regressions- als auch Diskriminanzanalysen[2] gerechnet. Ziel war es, die Bedeutung dieser unabhängigen Variablen mit Hilfe einer Linearkombination nachzuweisen[3].

Tab. 49: Bedeutung der sozialpsychologischen Konzepte zu t1 für den Erfolgsfaktor zu t3

Regressionsanalyse		B	SE(B)	Beta	T	p(T)
Prädiktoren						
Positives Denken	t1	,114	,026	,693	5,54	0,00
Führungsverhalten	t1	-,089	,034	-,332	-2,66	0,01

Multiple R	0,68	Analysis of Variance	dF	Sum of Squares
Multiple R²	0,46			
adjusted R²	0,43	Regression	2	21,08
Stand. Error	0,81	Residuals	38	25,13

F = 14,21   p(F) ≤ 0,01

- abhängige Variable: Erfolgsfaktor zu t3

Skalierung: -1 - weniger erfolgreich
           +1 - erfolgreich

Zunächst soll dieses bezogen auf den Faktorwert des Erfolges[4] zum Zeitpunkt t3 geschehen, da dieser die einzige intervallskalierte Erfolgsmessung darstellt. Tab. 49 zeigt das Ergebnis der schrittweisen Regressionsanalyse[5]. Die sozialpsychologischen Einstellungen zu t1, bestehend aus der positiven Identifikation und dem Führungsstil, können dabei rund 46% der Varianz des Erfolgsfaktors erklären. Die höchste Bedeutung (beta = 0,693) hat dabei das positive Denken, das

---

[1] Die folgenden Berechnungen beziehen sich jedoch nur auf 41 Fälle, da Führungsverhalten als Prädiktor nur bei den Existenzgründern erhoben wurde, die bereits über Mitarbeiter verfügten.
[2] Methode: jeweils schrittweise.
[3] für die abhängige Variable Mitarbeiterveränderung zu t3 liegen weder signifikante Ergebnisse aus Regressionsanalysen noch aus Diskriminanzanalysen vor.
[4] siehe Kapitel 8.2.
[5] aufgrund der Korrelationen der Einstellungen untereinander könnte es zu Verzerrungen der Ergebnisse kommen.

in positiver Beziehung zum Erfolg (b=0,114) steht. Das mitarbeiterorientierte Führungsverhalten (beta=-0,332) zeigt entgegen der Hypothese einen negativen (b=-0,089) Zusammenhang zum Erfolg.

Zum Zeitpunkt t2 (Tab. 50) steigt der Anteil der erklärten Varianz des Erfolges, denn positives Denken (beta=0,713) und Risikoempfinden (beta=-0,248) haben einen Erklärungsanteil von 66% der Varianz des Erfolgsfaktors. Dabei bestätigt sich der Einfluß des positiven Denkens (b=0,109) auf das Gründungsvorhaben, wie erwartet, zeigt das Risikoempfinden (b=-0,095) einen negativen Zusammenhang. Dieses bedeutet, je angstfreier der Existenzgründer agiert, desto erfolgreicher erweist er sich.

Tab. 50: Bedeutung der sozialpsychologischen Konzepte zu t2 für den Erfolgsfaktor zu t3

Regressionsanalyse		B	SE(B)	Beta	T	p(T)
Prädiktoren						
Positives Denken	t2	,109	,015	,713	7,45	0,00
Risikoempfinden	t2	-,095	,037	-,248	-2,90	0,01

Multiple R	0,81	Analysis of Variance	dF	Sum of Squares
Multiple R²	0,66			
adjusted R²	0,64	Regression	2	28,43
Stand. Error	0,61	Residuals	40	14,94

F = 38,05   p(F) ≤ 0,01

- abhängige Variable: Erfolgsfaktor t3

Tab. 51: Bedeutung der sozialpsychologischen Konzepte zu t3 für den Erfolgsfaktor zu t3

Regressionsanalyse		B	SE(B)	Beta	T	p(T)
Prädiktoren						
Positives Denken	t3	,090	,018	,588	5,01	0,00
internale Kontrolle	t3	,077	,030	,298	2,53	0,02

Multiple R	0,79	Analysis of Variance	dF	Sum of Squares
Multiple R²	0,62			
adjusted R²	0,59	Regression	2	16,04
Stand. Error	0,51	Residuals	38	9,96

F = 30,59   p(F) ≤ 0,01

- abhängige Variable: Erfolgsfaktor t3

Die sozialpsychologischen Einstellungen zu t3, in diesem Fall das positive Denken (beta = 0,588) und die internale Kontrolle (beta = 0,298), die beide im erwarteten positiven Zusammenhang zum Erfolg stehen, können rund 62% der Varianz des Faktorwertes (siehe Tab. 51) des Erfolges zum selben Zeitpunkt erklären. Damit hat das Ausmaß des positiven Denkens stabil über alle drei Befragungszeitpunkte die größte Bedeutung für die Varianz des Erfolgsfaktors.

Die niedrigere Anzahl (im Verhältnis zu den Beobachtungen und Ergebnissen aus T-Test und Variananalysen) der einbezogenen Items läßt sich u.E. damit erklären, daß es sich bei der Regressionanalyse um ein simultanes Verfahren handelt, das aufgrund der Korrelationen (siehe Kapitel 8.4.2.1) der Einstellungen untereinander so nicht alle als Prädiktoren miteinbezieht. Auf eine Faktorenbildung über die sozialpsychologischen Einstellungen, wie sie beispielsweise bei den Gründungsmotiven unter 8.4.1.3 durchgeführt worden ist, wurde wegen der zeitlichen Instabilität der Ergebnisse zu den Faktorladungen verzichtet. Die Unterschiede der Werte der Regressionsanalyse zu den Meßzeitpunkten t1, t2, und t3 zeigen deutlich, daß die Einstellungen sich nicht als zeitstabil erweisen[1], denn sie verändern sich, wie ja auch bereits beschrieben, mit den Erfahrungen, möglichen Erfolgen oder Mißerfolgen oder aber auch einfach mit dem Wandel in der Umgebung des Gründers.

Wird das Betriebsergebnis 1991 binär codiert[2] und als abhängige Variable in die Regressionsanalyse eingebracht, zeigt sich (siehe Tab. 35 im Anhang), daß die sozialpsychologischen Einstellungen, die zu t1 erhoben wurden, immerhin rund 22% der Varianz des Betriebsergebnisses in 1991 erklären; dabei ist das positive Denken, das in einem positiven Zusammenhang (b = 0,041) zu diesem Erfolgsmaß steht, der erklärende Prädiktor. Ähnliche Ergebnisse ergeben sich zu t2 (siehe Tab. 36 im Anhang).

Gleichartige Effekte zeigt auch die Einkommensveränderung (siehe Tab. 37 - 39 im Anhang), die zu t1 13%, zu t2 36% und zu t3 noch 27% der Varianz erklären können. Dabei zeigen sich zum mitarbeiterorientierten Führungsverhalten die bereits weiter oben aufgeführten negativen Zusammenhänge, dieses gilt auch für

---

[1] siehe auch Ergebnisse in Kapitel 8.4.2.3.
[2] binäre Kodierung: negatives und ausgeglichenes Ergebnis, sowie leichte und auskömmliche Gewinne zusammengefaßt.

die soziale Unterstützung, zum Herausforderungsdenken hingegen besteht ein positiver Zusammenhang.

Außer diesen Resultaten liegen die Ergebnisse von Diskriminanzanalysen[1] zu allen drei Zeitpunkten vor. Die sozialpsychologischen Einstellungen zeigen dabei sehr gute diskriminatorische Eigenschaften zur Unterscheidung der drei Gruppen von Existenzgründern mit den möglichen Einkommensveränderungen. Zu t1 kann durch diese Variablen ein Klassifizierungsergebnis von fast 66% erreicht werden, zu t2 und zu t3 liegt es bei ungefähr 73%. Es zeigt sich (Tab. 52) zu t1 hypothesenkonform ein positiver Zusammenhang zwischen Erfolg[2] und positivem Denken, sowie dem Ausmaß internaler Kontrollüberzeugung. Das mitarbeiterorientierte Führungsverhalten und das Risikoempfinden stehen in deutlich negativer Beziehung zur individuellen Einkommensveränderung. Dabei können die Existenzgründer mit gesunkenem Einkommen klar vor allem durch die Aspekte des positiven Denkens und der internalen Kontrollüberzeugung von den anderen beiden Gruppen unterschieden werden (siehe Ergebnisse der paarweisen F-Test's, sowie Werte der Gruppenzentroide). Beide Einstellungen sind signifikant niedriger ausgeprägt. Die Trennung der anderen beiden Gruppen ist nicht ganz so klar und wird nicht signifikant (Gruppe b,c: $F = 1,68$; $p(F) = 0,18$). Das zeigt sich auch daran, daß rund ein Drittel der Fälle der jeweiligen anderen Gruppe zugeordnet werden (siehe Klassifikation). Die Gründer mit gleichem und die mit gestiegenem Einkommen zeigen relativ ähnliche Ausprägungen, so daß sich die binäre Kodierung in Regressionsanalyse und T-Test als richtig erweist.

Auch zu t2 (Anhang: Tab. 43) trennen das Herausforderungsdenken (positive Beziehung) und das Führungsverhalten (negative lineare Beziehung) die drei Gruppen, wobei sich im Verhältnis zu den verschiedenen Ausprägungen der Einkommensveränderung zu t3 eine klare Beziehung zeigt. Die Leistungsmotivation ist bei den Gründern mit gleichem Einkommen am höchsten ausgeprägt, niedriger und ungefähr gleich hoch motiviert zeigen sich die Personen, die ein gestiegenes oder aber ein gesunkenes Einkommen aufzuweisen haben. Die niedrigste soziale Unterstützung haben entgegen der Hypothese Gründer erhalten, die später auf ein gestiegenes Einkommen blicken können. Hingegen ist das Herausforderungsdenken bei den Gründern mit gesunkenem Einkommen hypothesenkonform am niedrigsten.

---

[1] Methode: schrittweise Berechnung.
[2] hier gemessen an der individuellen Einkommensveränderung zu t3.

Zu t3 (Tab. 44 im Anhang) zeigen sich für die Items positives Denken, Führungs-verhalten, internale Kontrolle, Risikoempfinden und Herausforderungsdenken, ähnliche wie die bereits zu den anderen Zeitpunkten beschriebenen Effekte.

Tab. 52: Diskriminanzanalyse zur Einkommensveränderung über die sozialpsychologi-schen Konzepte zu t1 [1]

Diskriminanzanalyse [2]	Einkommensveränderung t3					$b_{j(1)}^{*}$	$b_{j(2)}^{*}$	$\overline{b}_j$
	(a) n=10	(b) n=9	(c) n=22	Wilks' Lambda	Sig.			
Positives Denken t1	0,28	1,04	0,66	0,79	0,01	0,62	0,01	0,48
Führungsverhalten t1	1,22	1,11	0,70	0,64	0,02	0,69	0,52	0,65
internale Kontrolle t1	0,14	0,89	0,70	0,56	0,02	0,06	0,68	0,21
Risikoempfinden t1	-0,40	-0,44	-0,83	0,52	0,00	-0,78	0,57	0,73

| Gruppen- zentroide | Fcn.1 Fcn.2 | -1,31 0,07 | 0,57 0,72 | 0,36 -0,33 | Klassifikations- ergebnis: 65,85 % [3] | | | |

Fcn.	Eigen- wert	proz. Eigenwert	kanonische Korrelation	Wilks' Lambda	Chisqc	dF	Sig.
1	0,61	76,55	0,61	0,52	23,69	8	0,0026
2	0,19	23,45	0,40	0,84	6,27	3	0,0992

- Skalierung: -2: niedrige Ausprägung
              +2: hohe Ausprägung
- (a): gesunkenes Einkommen zu t3 (n=13)
- (b): gleiches Einkommen zu t3   (n=17)
- (c): gestiegenes Einkommen zu t3 (n=30)

Benutzt man das Betriebsergebnis als Erfolgsmaßstab kann für alle drei Erhe-bungszeitpunkte lediglich für zwei Gruppen eine signifikante Trennung erzielt werden (Tab. 40 - 42 im Anhang). Dabei werden durch die sozialpsychologi-schen Einstellungen zu den verschiedenen Zeitpunkten als Diskriminanzvariablen Klassifizierungsergebnisse von rund 80% erreicht.

---

[1] Der im folgenden angegebene mittlerer Diskriminanzkoeffizent kann aufgrund der Korrela-tionen der Einstellungen untereinander nur eingeschränkt interpretiert werden.

[2] Ergebnisse der paarweisen F-Test's: $F(4,35)$:
Gruppe a, b: F = 4,34; p(F) = 0,001; Gruppe a, c: f = 4,75; p(F) = 0,00; Gruppe b, c: F = 1,68; p(F) = 0,18.
Ergebnisse der univariaten F-Test's $F(2,38)$: "Positives Denken" (p(F) = 0,03), "Führungsver-halten" (p(F) = 0,07) und "Internale Kontrolle" (p(F) = 0,03) erweisen sich als signifikant.

[3] Der Test auf ungleiche Gruppenstreuung erweist sich als schwach signifikant: Box'M = 36; p = 0,09.
Klassifikation:

tatsächlich	vorhergesagt		
	Gruppe a	Gruppe b	Gruppe c
Gruppe a	70,0%	10,0%	20,0%
Gruppe b	11,1%	66,7%	22,2%
Gruppe c	9,1%	27,3%	63,3%.

Zur Trennung der drei unterschiedlichen Gruppen bezogen auf die Mitarbeiterveränderung ergeben sich keine signikanten Diskriminanzfunktionen, so daß sich, wie schon die Ergebnisse der T-Test's und der Regressionsanalyse vermuten ließen, kein deutlicher Einfluß der sozialpsychologischen Einstellungen auf dieses Erfolgsmaß nachweisen läßt.

8.4.2.5 Zusammenfassende Beurteilung der Bedeutung von sozialpsychologischen Einstellungen

Anhand der vorliegenden Ergebnisse konnte gezeigt werden, daß ein Zusammenhang zwischen dem Erfolg einer Existenzgründung und den sozialpsychologischen Einstellungen und Erwartungen des Gründers besteht. Wesentliche Ergebnisse stellen dabei die Werte der Regressionanalysen sowie der 2 x 3 Variananalyse dar.

Die internale Kontrolle, als Maß der Überzeugung, durch eigene Anstrengungen den Erfolg einer Existenzgründung gestalten zu können, ist bezogen auf den Erfolgsfaktor bei den später erfolgreicheren Gründer bereits zu t1 deutlich höher ausgeprägt. Oft tritt sie aber auch erst als Folge des Erfolges auf (so bei der Einkommensveränderung und Betriebsergebnis 1991, vgl. Tab. 53). Das liegt natürlich unter Umständen auch darin begründet, daß die Gründer als Ursache dieser Erfolgsentwicklung sicherlich vor allem die eigene Leistung an, sie attribuieren diese Leistung sozusagen verstärkt intern. Denn Erfolg macht Freude, diese Form der Selbstbestätigung erzeugt Energie, sich weiter und mehr zu engagieren. Erfolg spornt also an, die Tätigkeiten auszuweiten. Damit bestätigen sich auch für diese Stichprobe die Generalisierbarkeit der Ergebnisse Brockhaus[1], der von einem engen Zusammenhang zwischen dem Ausmaß internaler Kontrolle und Erfolg ausging. Doch durch das teilweise anfängliche Fehlen dieses Aspektes zeigen sich auch die Richtigkeit der Überlegungen zur mentalen Situation in den neuen Ländern[2], die zunächst von einer fehlenden Kontrollerfahrung als Folge der Erlebnisse der Bevölkerung ausging.

---

[1] Brockhaus (1980b).
[2] siehe Kapitel 4

Tab. 53 : Zusammenfassung der Ergebnisse zu sozialpsychologischen Einstellungen

Beziehung zwischen		Faktorwert Erfolg[1]		Betriebs- ergebnis[2]	Einkommens- veränderung
internale Kontrolle	t1	+		?	?
	t2	+	(+)	?	+
	t3	+		+	+
Positives Denken	t1	+		+	?
	t2	+	(+)	+	+
	t3	+		+	+
Herausforderungsdenken	t1	?		?	?
	t2	+	(?)	?	+
	t3	+		?	?
Risikoempfinden	t1	?		?	?
	t2	-	(-)	?	?
	t3	-		?	?
Soziale Kompetenz	t1	?		+	?
	t2	?	(?)	+	?
	t3	?		?	?
Leistungsmotivation	t1	?		+	?
	t2	+	(+)	?	?
	t3	?		?	?
Soziale Unterstützung	t1	?		?	?
	t2	?	(+)	?	-
	t3	+		?	?
Mitarbeiterorientier- tes Führungsverhalten	t1	?		-	-
	t2	?		?	-
	t3	?		?	-

- (a) ? keine signifikanten Beziehungen
  + positive Beziehung
  - negative Beziehung

- (b) t1- erster Meßzeitpunkt
  t2- zweiter Meßzeitpunkt
  t3- dritter Meßzeitpunkt

- (c) Symbol in Klammern: Ergebnis der 2 x 3 Varianzanalyse 8

Die positiven Effekte des positiven Denkens im Bezug auf das Gründungsunternehmen und seine Entwicklung ist sowohl im Bereich des Erfolgsfaktors, als
auch bei Betriebsergebnis 1991 wesentlich. Je höher die Überzeugung, dieser
Aufgabe und den Schwierigkeiten gewachsen zu sein und sie erfolgreich bewältigen zu können, ist, desto wahrscheinlicher wird auch der Erfolg. Dieses zieht
sich durch alle Erfolgsmaßstäbe und auch in den multivariaten Analysen wird die

---

[1] Ergebnis des T-Test für Vergleich zwischen erfolgreichen und weniger erfolgreichen Gründern; in Klammern der 2 x 3 Varirananalyse.
[2] Ergebnis des T-Test.

herausragende Bedeutung dieser Einstellung deutlich belegt. Damit bestätigen sich die Ergebnisse einer ähnlichen Arbeit[1], die diesen Zusammenhang in einer Querschnittsuntersuchung nachweisen konnte. Aber auch Erkenntnisse aus anderen Problembereichen, wie der Unfall-, der Gesundheits- und der Pädagogischen Psychologie haben die Vorteile des positiven Denkens zur Bewältigung einer ungünstigen und schwierigen Situation bereits hervorgehoben.

Für das Konzept des Herausforderungsdenken, als dritten Aspekt des hardiness-Konzepts, ließ sich (Ausnahme: Ergebnis der Varianzanalyse mit dem Erfolgsfaktor zu t3 als Abhängige) keine durchgängige und über die Zeit stabile Bestätigung der These finden, daß diese Überzeugung in einer deutlichen Beziehung zum Erfolg steht. Keine Effekte lassen sich zum Zeitpunkt t1 nachweisen, lediglich zu t2 finden sich einige signifikante positive Beziehungen. Daraus ließ sich leider nicht schließen, ob eine die vermuteten Wirkungen auf den Erfolg nicht vorhanden sind oder sie einfach nicht deutlich genug werden. Letztere Erklärung liegt unter Umständen nahe, da zwar durchgängig Mittelwertunterschiede in der erwarteten Richtung erkannt werden können, die jedoch nicht signifikant werden. Dieses kann vielleicht damit begründet werden, daß die Erhebung des Herausforderungsdenkens lediglich über ein Item erfolgte, was eine zu geringe Variationsbreite ermöglichte. Im multivariaten Design kann auch die hohe Korrelation zu den anderen sozialpsychologischen Variablen als Ursache dafür angesehen werden, daß ein Effekt auf den Erfolg nicht nachweisbar ist.

Die Leistungsmotivation zeigt abhängig vom Erfolgsmaß leicht differierende Ergebnisse. Sie erweist sich vor allem im Hinblick auf das Betriebsergebnis 1991 und den Erfolgsfaktor als wichtig und zeigt einen positiven linearen Zusammenhang, der sich auch in der Variananalyse mit Meßwiederholung über alle drei Zeitpunkte belegen läßt. Beziehungen zur Einkommens- oder Mitarbeiterveränderung ergeben sich nicht. Die positive Beziehung zwischen Erfolg und Leistungsmotivation ist bisher in der Forschung vor allem in Querschnittsuntersuchungen nachgewiesen worden, hier gelingt es auch im Längsschnitt, so daß die These, daß höher leistungsmotivierte Menschen als Existenzgründer eher erfolgreich sind, als bestätigt gelten kann.

Als weiteren Maßstab zur Erfassung der Leistungsmotivation kann außerdem die

---

[1] Barth (1988).

Arbeitszeit des Existenzgründers angesehen werden. Diese lag zum Zeitpunkt t1 bei rund 1/3 der Befragten niedriger als 54 Stunden, ein weiteres 1/3 arbeitete über 66 Stunden pro Woche. Der Median lag bei 60 Stunden pro Woche. Zu den Zeitpunkten t2 und t3 wiesen die Zahlen keine wesentlichen Veränderungen auf, der Median bleibt stabil. Zusammenhänge zwischen Arbeitseinsatz und Erfolgsindikatoren konnten jedoch in dieser Untersuchung nicht nachgewiesen werden[1], so daß die Wirkung von Leistungsmotivation, in Form eines verstärkten Arbeitseinsatzes, auf den Frühgründungserfolg sich so nicht bestätigen läßt. Betrachtet man die Ergebnisse der Diskriminanzanalyse[2] zu t3, zeigt sich, daß die sehr erfolgreiche und die weniger erfolgreichen Existenzgründer zu diesem Zeitpunkt eine ähnlich niedrige Leistungsmotivation aufweisen, eigentlich der Theorie McClellands folgend, daß weder zu leichte noch zu schwere Aufgaben eine hohe Leistungsmotivation erfordern, sondern dieses vor allem die mittelschweren Probleme sind.

Zur Wirkung der sozialen Unterstützung, die insgesamt über den gesamten Beobachtungszeitraum signifikant sinkt, auf den Erfolg zeigen sich eher positive Ergebnisse, wenn man den Erfolgsfaktor als Maßstab verwendet. Jedoch werden zur individuellen Einkommensentwicklung auch negative Zusammenhänge sichtbar. Ein eindeutiger Einfluß ist so nicht zu klären. Unter Umständen liegt dieses darin begründet, daß sich die Gesellschaft in den fünf neuen Bundesländern im Umbruch befindet. Viele Freundes- und Familienbande zerbrechen, durch Existenzgründung und Veränderung der Umwelt herrscht in den Familien sehr viel Unruhe, so daß eine effektive soziale Unterstützung gar nicht geleistet werden kann. Auch der Gründer, der die Sorgen um sich herum kennt, fordert sie wahrscheinlich überhaupt nicht bzw. nimmt Hilfsangebote unter Umständen nicht wahr, sondern fühlt sich insgesamt eher als Einzelkämpfer. Eine weitere Erklärung möglicher negativer Effekte auf das Einkommen liegt unter Umständen darin, daß hohe soziale Kontakte auch dazu führen, daß zu viele Bekannte und Familienangehörige in dem eigenen Unternehmen beschäftigt werden, um diese vor der Arbeitslosigkeit zu bewahren.[3]

---

[1] im Gegensatz zu Polke (1992) S. 150, der einen Zusammenhang zwischen Arbeitszeit der Unternehmer und Kapazitätsauslastung zeigen kann.
[2] siehe Kapitel 8.4.2.4.
[3] Kreß (1993) S. 43: "Andere beschäftigen zu viele Bekannte. Darin sieht der Berliner Jungunternehmer Peer-Olaf Saupe einen Grund für seinen Konkurs: 'Weil sich die Kumpelebene aufs Geschäft überträgt, ist es schwierig, den nötigen Druck auszuüben.'".

Die soziale Kompetenz, die sich im Umgang mit Kunden, Lieferanten und Behörden zeigt, hat offensichtlich wenig Einfluß auf die Entwicklung des Erfolges. Zu t1 und t2 schätzen die Existenzgründer, die später auf leichte bis auskömmliche Gewinne in ihrem Betriebsergebnis von 1991 zurücksehen können, sie als höher ein. Hingegen zeigen sich, bezogen auf den individuellen Erfolgsfaktor und die Einkommensveränderung, keine wesentlichen Effekte, so daß keine eindeutige Bestätigung eines Zusammenhangs erfolgen kann.

Das Risikoempfinden bzw. die Angst[1] zu versagen, zeigt einen deutlich negativen Zusammenhang zum Erfolgsfaktor. Menschen, die weniger Risiko und Gefahren in ihrer Aufgabe, ein Unternehmen neu aufzubauen, sehen, erweisen sich durchschnittlich als erfolgreicher als diejenigen, die höhere Werte im Angstbereich zeigen[2]. Weiter spielt diese Variable auch bezogen auf die Mitarbeiterveränderung eine wesentliche Rolle, denn angstfreiere Menschen scheinen eher die Mitarbeiterzahlen anzuheben, gehen also ein höheres Risiko ein. Vergleicht man diesen Effekt mit den Angaben der Personen, die ihre Gründungsabsicht nicht verwirklicht oder bald wieder eingestellt haben, zeigt sich, daß auch hier in einem erheblichen Maß von Angst vor der Konkurrenz, der Unsicherheit oder den Marktteilnehmern aus dem Westen die Rede ist. So scheint Angst und eine hohe Risikowahrnehmung wohl eher zu einer Lähmung und Verlangsamung von Aktivitäten zu führen, den Gründer am freien engagierten Handeln zu hindern. Ähnliche Ergebnisse finden sich bei einer Befragung von Studenten, die eine Selbständigkeit anstreben[3].

Kein klares Ergebnis, welches die Hypothese, daß ein stark mitarbeiterorientiertes Führungsverhalten höhere Erfolge beim Gründungsunternehmen nach sich zieht, belegen könnte, stellt sich für den Bereich der Führung im Bezug auf die Einkommensveränderung dar. Entgegen der Hypothesen zeigt der Aspekt des mitarbeiterorientierten Führungsverhaltens hier zur Veränderung des Einkommens eine sehr klare negative Beziehung. Diese Einstellung erweist sich bei den weniger erfolgreichen Gründern deutlich als höher ausgeprägt. Betrachtet man die Ergebnisse der Regressionsanalyse für den individuellen Erfolgsfaktor, so

---

[1] Items zum Risikoempfinden enhielten die nach Brockhaus (1980a) wesentlichen Aspekte der Konsequenzen des Scheiterns, als auch der Wahrscheinlichkeit, zu scheitern.
[2] Zahlen belegen Überlegungen von Stäudel (1987), der von einem Zusammenhang zwischen niedriger Einschätzung der eigenen Problemlösefähigkeiten und dem Auftreten von Unsicherheit und Angst ausgeht.
[3] siehe Sexton, Bowman (1983).-

wird die Bedeutung dieser Variable für den Erfolg tendenziell noch unterstrichen, denn der negative Befund ist auch hier zumindest für den Frühgründungserfolg eindeutig. Andere Effekte zeigen sich jedoch nicht.

Dieses auf den ersten Blick sicherlich überraschende Ergebnis, daß sich ein mitarbeiterorientierter Führungsstil nicht positiv auf den Erfolg auswirkt, kann unseres Erachtes durch folgende Überlegungen verständlich gemacht werden. Der Existenzgründer und seine Mitarbeiter arbeiten zur Zeit in einer Umwelt, die sich komplett im Wandel befindet. Täglich kommen auf sie so neue Herausforderungen zu, denen sie sich stellen müssen. Das bedeutet eine hohe Unsicherheit. Anders als in einer einigermaßen stabilen Umwelt verlangt diese Situation nach klaren Anforderungen und Vorstellungen, um so wenigstens in einem Bereich Sicherheit zu erzeugen, damit Leistungen erbracht werden können. Konzepte der Mitgestaltung und Transparenz von Entscheidungen[1] erweisen sich nur dann als sinnvoll, wenn aufgrund der Kenntnisse ein Nachvollziehen möglich ist, bzw. eine folgerichtige Darstellung der Vorgänge überhaupt erfolgt. Dieses erweist sich hier aufgrund der sich ständig wandelnde Umwelt, fehlender Informationen und Bewertungen als sehr schwer. Ein objektive und vollständige Darstellung der Entscheidungsgrundlagen ist, das gilt auch für den Gründer selber, kaum nachvollziehbar. Der Existenzgründer, der seine eigenen Daten wahrscheinlich auch lieber geschützt sieht, wird sich wohl vor allem in Krisensituationen eher durch einen machiavellistischen Führungsstil auszeichnen, zumal andere Erkenntnisse der Vorteile eines mitarbeiterorientierten Führungsstils sich erst langsam durchsetzen. So sind die Empfehlungen zur Führung, die vorgestellt wurden, vielleicht eher mit Erfolg auf größere und bereits strukturierte Firmen anzuwenden. Eine weitere Begründung liegt sicherlich auch in der Erziehung, denn weder Gründer noch Mitarbeiter haben im sozialistischen Erziehungswesen Formen von Mitgestaltung und Mitentscheidung gelernt und positive Auswirkungen einer solchen Zusammenarbeit kennengelernt, so daß Tradition und Erfahrung dagegen sprechen.

8.4.2.6 Exkurs: Modell zur besseren Adaptation an Problemen und Stressoren

Die Ergebnisse, die sich hinsichtlich des Zusammenhanges von Erfolg und sozialpsychologischen Einstellungen im Bereich der Existenzgründungen zeigen, lassen

---

[1] nach Polke (1992) S. 132: "Die Mehrheit der Unternehmer trifft wichtige Entscheidungen allein (34%) oder in Abstimmung im engsten Kreis (37%)."

sich sehr gut in ähnliche Beobachtungen und Überlegungen aus den Bereich der Psychologie des Problemlösen[1] einbinden. Diese Erkenntnisse geben uns hier Hinweise, welche Variablen vermutlich entscheidend zur Lösung und Verarbeitung von Problemsituationen sind. Zwar gibt es weder eine etablierte Theorie noch ein valides Modell des optimalen Problemlösens, wohl aber Faktoren, die wahrscheinlich eher zu Fehlschlägen oder Mißerfolgen bzw. eher zum Erfolg bei der Problemlösung führen. Dazu werden im folgenden kurz einige Forschungsergebnisse aus sehr heterogenen Gebieten vorgestellt, bevor die aus dieser Arbeit folgenden Ergebnisse[2] in ein Modell zur besseren Adaptation an Stressoren und Problemen integriert wird[3].

Unter Mastery-Kognitionen (siehe auch Abb. 14), sozusagen als eine Art Energiezufuhr zur Bewältigung einer Problemsituation, werden aufgrund der Ergebnisse im folgenden ein Konstrukt verstanden, das das Vorhandensein von ausgeprägter internaler Kontrollüberzeugung in Bezug auf die Gegenwart und Zukunft, Selbstbewußtsein, positivem Denken, Herausforderungsdenken und sozialer Unterstützung umschließt.

[1] z.B. Dörner (1987).
[2] Barth, Frey (1993).
[3] Modellkonstruktion erfolgt in Anlehnung an Frey (1989).

Abb. 14: Modell zur Adaption von Stressoren

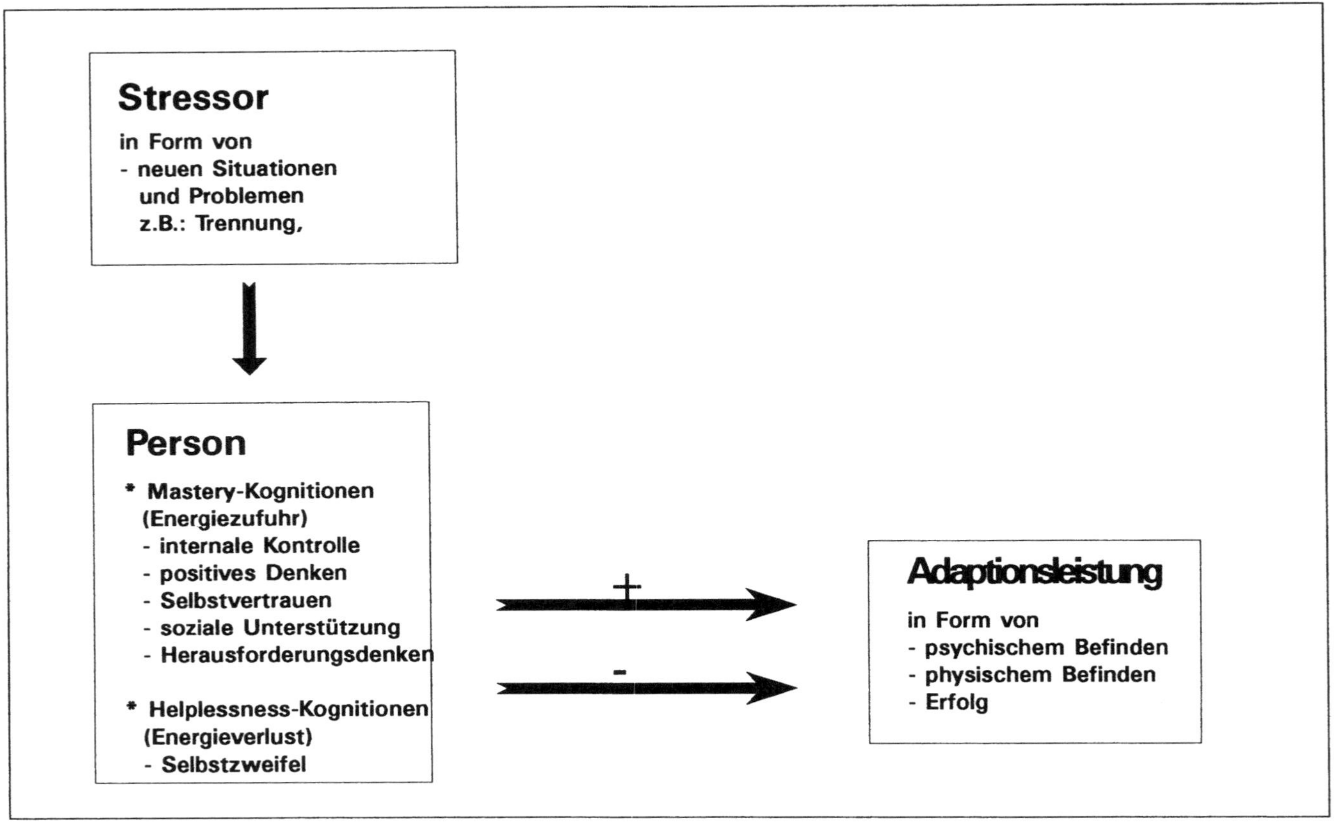

Stressor

in Form von
- neuen Situationen
  und Problemen
  z.B.: Trennung,

Person

* Mastery-Kognitionen
  (Energiezufuhr)
  - internale Kontrolle
  - positives Denken
  - Selbstvertrauen
  - soziale Unterstützung
  - Herausforderungsdenken

* Helplessness-Kognitionen
  (Energieverlust)
  - Selbstzweifel

+

–

Adaptionsleistung

in Form von
- psychischem Befinden
- physischem Befinden
- Erfolg

Je mehr bei Personen diese Mastery-Kognitionen vorhanden sind, desto weniger resignativ und mehr erfolgreich stehen sie auftauchenden Problemen gegenüber. Hingegen bewirken Hilflosigkeits-Kognitionen das Gegenteil. Sie führen dazu, daß die Adaptationsleistung einem Stressor gegenüber schlechter wird. Typische Kennzeichnen dieser energiezerstörenden Kognitionen sind, daß sich der Betroffenden für den Stressor selbst verantwortlich und über dessen Ursache grübelt; er glaubt, relativ wenig Einfluß auf die Überwindung des Stressors und dessen Folgeerscheinungen zu haben und besitzt hohe Selbstzweifel. Der Stressor wird nicht als Herausforderung, sondern als lähmende Bedrohung angesehen, über die erfolgreiche Bewältigung ist man zukunftspessimistisch und hat außerdem das Gefühl, wenig soziale Unterstützung zu erfahren[1].

1. In Untersuchungen mit Kindern[2], die alle den gleichen Intelligenzquotienten aufwiesen, konnte gezeigt werden, daß der Erfolg bei der Bewältigung neuer Aufgaben und Probleme, davon abhängig ist, ob Kinder über sogenannte Mastery-Kognitionen oder aber über Hilflosigkeitskognitionen verfügten.

2. Bereits zitiert[3] wurden Ergebnisse aus der Gesundheitspsychologie, die gezeigt haben, daß Menschen mit ihrer Krankheit oder Unfällen, als eine extreme Form der Problembewältigung, besser umgehen konnten (schnellere Gesundung, kürzere Verweildauer, weniger Komplikationen, stabileres Immun-System usw.), wenn sie die Überzeugung besaßen, daß die Genesung in ihrer eigenen Hand lag, sie außerdem die Situation als eine Herausforderung betrachteten, optimistisch waren, sich nicht die Frage nach dem "Warum" stellten, weniger über die Vergangenheit nachgrübelten und sich sozial-emotioSnal integriert fühlten[4].

3. Aus der Gerontologie stammen internationale Forschungserkenntnisse[5], die nachgewiesen haben, daß bei alten Menschen die Lebenserwartung und Lebensqualität steigt, wenn Kontrolle über die eigene Lebenssituation wahrgenommen wird, sowie eine positiv Erwartungshaltung für die Zukunft besteht.

---

[1] Bliemeister, Frey, Aschenbach, Köller (1992) S. 185 - 186.
[2] Diener, Dweck (1978 und 1980).
[3] siehe Kapitel 6.
[4] z.B.: Frey, D.; Rogner, O.; Havemann, D. (1989) / Bliemeister, J.; Frey, D.; Aschenbach, G.; Köller, O. (1992).
[5] siehe dazu Beispiele der Forschung bei Osnabrügge, Stahlberg, Frey (1985) S. 159 - 161.

4. Resultate der Organisationspsychologie zeigen, daß innere Kündigung und Demotivation u.a. abhängig ist von dem Mangel an Autonomie, Verantwortungsübertragung, Information und Entwicklungsmöglichkeiten.

5. In der Streßforschung[1] erwiesen sich aversive Stimulation und Stressoren als für dem Menschen besser tolerierbar, wenn die Fähigkeit der Beeinflussung gegeben war. Der objektive Stressor erschien eher unwichtig, entscheidener war, inwieweit man glaubte, ihn beeinflussen zu können (z.B.: Lärm[2]).

Diese Kurzbeschreibung zeigt, daß es insgesamt viele Ergebnisse auf sehr heterogenen Gebieten gibt, die das Vorhandensein sogenannter Mastery-Kognitionen als wesentlich für die erfolgreiche Bewältigung einer Situation ansehen.

Der Zusammenhang dieser Überlegungen und Ergebnisse zu dieser Untersuchung auf dem Gebiet der Existenzgründungsforschung liegt darin, daß sich die Frage anbietet, ob ähnliche Mechanismen, wie die beschriebenen Mastery- und Hilflosigkeits-Kognitionen, auch auf erfolgreiche Existengründungen anzuwenden sind, unabhängig davon, daß auch andere nicht psychologische Faktoren sicherlich eine wichtige Rolle spielen. Denn unabhängig davon, wie einzigartig die Existenzgründer und ihre Probleme sind, so funktionieren doch alle Menschen gleich.

Eine Existenz zu gründen, bedeutet, eine hohe Ungewißheit für die Gegenwart und die Zukunft, die Konfrontation mit neuen Problemen und das Aufbringen einer hohen Frustrationstoleranz gegenüber Mißerfolgen. Menschen unterscheiden sich bekanntlich darin, wie sie objektiv identische Sachlagen einschätzen. So kann die Existenzgründung als Herausforderung betrachtet oder als unabdingbares Muß (kein anderer Ausweg vor z.B. Arbeitslosigkeit) angesehen werden.

Entscheidend sind also nicht nur objektive Größen, sondern auch die kognitive und affektive Landkarte einer Person, denn davon sind oft unterschiedliche Einschätzungen derselben Probleme abhängig. Diese neuartigen Probleme sind mit Erfolg eher dann zu lösen, wenn an Kontrollierbarkeit geglaubt wird und mit einem gewissen Optimismus an das zu lösende Problem herangegangen wird. Eine positive Grundeinstellung erhöht außerdem das Aktivitätsniveau. Die vorliegende

---

[1] Udris, Frese (1988).
[2] Osnabrügge, Stahlberg, Frey (1985) S. 139 - 153.

Arbeit bestätigt die Existenz einiger dieser Faktoren, in ihrem Verhältnis zur erfolgreichen Bewältigung der Gründungssituation. So haben das Ausmaß der internalen Kontrollüberzeugung, des positiven Denkens, des Herausforderungsdenkens und des Risikoempfindens einen klaren positiven Zusammenhang zu der Entstehung von Erfolg.

8.5 Zusammenfassung der Ergebnisse

Die Ergebnisse der vorangegangenen Kapitel zeigen, daß signifikante Zusammenhänge zwischen den Kognitionen, Motivationen, sozialen und affektiv-emotionalen Prägungen des Existenzgründers zum Zeitpunkt t1, also zum Start seines
Gründungsunternehmens, und dem Erfolg, den er damit zum Zeitpunkt t3, also
ungefähr ein Jahr später erzielt, bestehen. Dieses trifft ebenso auf die
Gründungsmotive und weitere Persönlichkeitsausprägungen, die in einem
standandardisierten Persönlichkeitstest erhoben wurden, zu.

Leider sind die Resultate nicht durchgängig so klar wie vermutet. Dieses liegt sicherlich zu einem Teil darin begründet, daß zur Messung des frühen Erfolges einer Existenzgründung in Erhebung und Auswertungen verschiedene Methoden
und Ansätze der Messung berücksichtigt wurden[1]. Dieses führt zu Inkonsistenzen zwischen den Ergebnissen bei den gewählten Erfolgsmaßen, nämlich bezogen auf den Erfolgsfaktor, das Betriebsergebnis in 1991, die Mitarbeiterveränderung und die Einkommensveränderung nach einem Jahr.

In dieser Untersuchung, die sich vor allem mit dem Einfluß der Persönlichkeit des
Gründers auseinandersetzt, liegt der Schwerpunkt des Erfolgsbegriffes und damit
die Interpretation der Ergebnisse auf einer mehr individuellen Perspektive. Aus
der Sicht des Gründers sind daher der individuelle Erfolgsfaktor, der Aspekte der
Zufriedenheit mit der Entwicklung des Gründungsunternehmens, mit Arbeit und
Leben mißt, und die individuelle Einkommensveränderung im Verhältnis zur früheren unselbständigen Tätigkeit als Maßstab vorzuziehen, wobei letzterer nicht
ganz leicht zu bewerten ist. Damit sind einige Zielgrößen der handelnden Person
abgedeckt. Auch das Betriebsergebnis in 1991 kann vor allem für den Fortbe-
stand des Unternehmens eine wichtige Maßgröße darstellen, wenn auch unter
Umständen ein leicht verzerrender Effekt hineinspielt, da der Startpunkt der
Gründungen teilweise erst in 1991 erfolgten. Von eher volkswirtschaftlicher Bedeutung und daher in diesem Zusammenhang weniger wichtig ist hingegen die
Entwicklung der Mitarbeiterzahlen, zumal der Einfluß der Gründungsform[2] auf
diese Variable deutlich nachgewiesen werden konnte.

---

[1] zu Problemen der Erfolgsbestimmung siehe Kapitel 5.2.
[2] originäre oder derivative Gründung, siehe 8.1.1.

Ein weiteres Argument, das die nicht immer homogenen Ergebnisse erklärt, ist sicherlich in der Verwendung von unterschiedlichen Skalenniveaus zur Messung des Erfolges zu sehen. Zu einem Teil erfolgt dieses auf Intervallskalen, in anderen Fällen wird die Abhängige ordinal skaliert gemessen. Diese beiden Meßmethoden ziehen unterschiedliche statistische Verfahren nach sich, mit denen die Hypothesen getestet wurden. So wurden teilweise für den Erfolgsfaktor Auswertungen mit ein- und zweifaktoriellen Varianzanalysen durchgeführt, während T-Test's, die eine Zusammenfassung der ordinalskalierten Maße in zwei Gruppen voraussetzen, für dieselben Fragestellungen bei den anderen Erfolgsmaßen gerechnet wurden. Weiter stehen sich die Ergebnisse von Diskriminanz- und Regressionsanalysen gegenüber. Trotz aller Abweichungen in den Werten zeigt sich jedoch, daß es keine gegenläufigen Ergebnisse gibt, sondern vor allem die Höhe des Signifikanzniveaus oft unterschiedlich ausgeprägt ist.

Betrachtet man alle Ergebnisse des Kapitels 8 lassen sich zusammenfassend, unabhängig von den eben aufgezeigten Einschränkungen, folgende Aussagen (Tab. 62) festhalten:

1. Die verschiedenen Aspekte der Gründungsausgangssituation der Firma zeigen, soweit sie in ihrer Beziehung zum Erfolg betrachtet werden konnte, kaum Unterschiede, die in diesem Stadium des Frühgründungserfolges auf einen entscheidenden Einfluß hindeuten.

2. Hingegen läßt sich überraschend deutlich ein Einfluß der Bildung und der Branchenkenntnis, also eine positive Wirkung des Humankapitals des Gründers, auf den Erfolg des ersten Jahres nachweisen.

3. Die Hypothese 11, die sich mit der Folge von Beratung und Planung im Gründungsprozeß auseinandersetzt, bestätigt sich im Bereich der Planung. Planung, hier im besonderen auch die Investitionsplanung, sind im signifikant positiven Zusammenhang zum Erfolg zu sehen. Der Einfluß der Beratung bleibt hingegen ungeklärt.

4. Es bestätigt sich die Hypothese 1, die einen positiven Effekt einer vorwiegend intrinsischen Gründungsmotivation auf den Erfolg vorhersagte. Gründer, die vor allem Selbstverwirklichungs- und Gestaltungsinteressen in den Mittelpunkt ihrer Überlegungen stellen, sind erfolgreicher als ihre Kollegen,

die monetäre und andere extrinsische Motive als wesentlich angesehen haben.

5. Auch die Akzeptanz und Überzeugung eigener Kontrollmöglichkeiten für die Gestaltung der unternehmerischen Aufgabe und Erringung von Erfolg erweist sich als relevant für die Gründung, womit sich die Hypothese 2 verifizieren läßt.

Tab. 54: Zusammenfassung der Ergebnisse zu den Hypothesen

Positive Beziehung zwischen Erfolg und ...	Ergebnis
1. Intrinsische Gründungsmotivation	bestätigt
2. internale Kontrolle	bestätigt
3. Positives Denken	bestätigt
4. Herausforderungsdenken	keine Bestätigung
5. Leistungsmotivation	bestätigt
6. Soziale Unterstützung	ungeklärt
7. Soziale Kompetenz	keine Bestätigung
8. Mitarbeiterorientierter Führungsstil	eher widerlegt
9. Risikoempfinden	bestätigt
10. Beratung und Planung	bestätigt

6. Das positive Denken, bezogen auf sich, die Umwelt und die Aufgabe, die sich einem darstellt, sowie eine hohe Bereitschaft, sich zu engagieren, stellt einen weiteren wesentlichen Bestandteil des Frühgründungserfolges dar; eine Beziehung, die in der Hypothese 3 nach Erkenntnissen aus Untersuchungen zum hardiness-Konzept erwartet worden war[1].

7. Die Leistungsmotivation eines Gründers (Hypothese 5) weist ebenfalls eine durchgängig positive Beziehung zum Erfolg auf.

---

[1] siehe auch Ergebnis der Regressionsanalyse in 8.4.2.2.

8. Die Wirkung der sozialen Unterstützung bleibt ungeklärt, da sie sich positiv auf die Erfolgseinschätzung des Gründers, jedoch bezüglich der anderen Maße in einigen Punkte auch negativ auswirkt.

9. Es zeigt sich, wie in Hypothese 9 vermutet, daß das Angstempfinden oder auch die Risikowahrnehmung, mit diesem Vorhaben zu scheitern, bei erfolgreicheren Gründern schon zum Gründungszeitpunkt wesentlich niedriger ist.

10. Die in Hypothese 8 geäußerte Verbindung von Erfolg und einem mitarbeiterorientierten Führungsstil kann als tendenziell widerlegt angesehen werden. Zur individuellen Einkommensveränderung zeigt sich ein klarer negativer Effekt.

11. Hingegen konnten für die Konzepte des Herausforderungsdenkens und der sozialen Kompetenz nur wenige vereinzelte Zusammenhänge gefunden werden, so daß die Hypothesen in diesem Bereich nicht als bestätigt angesehen werden können.

9   Ausblick

Die wesentliche Bedeutung von Existenzgründungen für den Wettbewerb, das wirtschaftliche Wachstum, die Innovationskraft und die Schaffung von Arbeitsplätzen ist unumstritten. Aus aktuellem Anlaß rücken Existenzgründungen, nachdem sie Ende der siebziger Jahre aufgrund eines massiven Rückganges an Selbständigen bereits im Mittelpunkt gestanden haben, jetzt vermehrt in das öffentliche Blickfeld. Dieses Mal ist es die Entwicklung der Wirtschaft im Osten Europas, die mit der Einführung der Marktwirtschaft den Unternehmern mit der Gestaltung der Übergangsprozesse eine weitere interessante Rolle zuweist. Denn als ein wesentliches Kriterium der Unterschiede zwischen Markt- und Planwirtschaft stellt sich die Existenz von Unternehmen und Unternehmern heraus, die in der Planwirtschaft eher eine Randerscheinung darstellen. Jetzt jedoch sind viele Überlegungen und Maßnahmen des Übergangsprozesses von den Erwartungen getragen, daß die Transformation durch neue Unternehmer mitgestaltet wird[1].

Das "Experiment Deutschland"[2] als die Einführung und Umsetzung der Marktwirtschaft in den neuen Bundesländern, kann dabei unter Umständen als Vorbild für den gesamten Umbruchprozeß betrachtet werden. Damit erscheinen Ergebnisse wahrscheinlich auf andere Staaten wie Polen, Ungarn oder Rußland übertragbar. Jedoch sind gewisse Einschränkungen dieser Übertragbarkeit unter anderem dadurch gegeben, daß die neuen Länder aus dem alten Bundesgebiet ganz andere Hilfen durch Institutionen und Staat erfahren[3], als dieses bei den anderen osteuropäischen Staaten der Fall ist. Vergleichbar erscheint hingegen die Erfahrung und Prägung durch das System der Planwirtschaft, die Erziehung und Überzeugung der kommunistischen Ideologie und die Existenz einer Um- und Aufbruchsituation, für deren Bewältigung den Menschen keine Handlungsstrategien vorliegen. Dieses unterscheidet trotz unterschiedlicher Tradition, Vielfalt der Mentalität und historischer Erfahrungen nicht.

Es zeigt sich, sieht man sich die Ergebnisse der hier vorliegenden Untersuchung an, die letztendlich das Anliegen hat, zu betrachten, welche Einstellungen und Persönlichkeitseigenschaften sich in einer derartigen Situation als erfolgswirksam erweisen, daß in solchen Umweltkonstellationen, die von Umbruch und Auf-

---

[1] Brockhoff (1992) S. 93.
[2] Brockhoff (1992) S. 93.
[3] Muzyka (1992) S. 35.

bruch gekennzeichnet sind, vor allem Menschen erfolgreich sind, die mutig ohne zuviel Angst, optimistisch, ohne lange zu zögern, an die Kraft der eigenen Leistung glauben und tätig werden. Dieses geschieht engagiert und überzeugt, man ist bereit zu Leistungen, die über das Mittelmaß hinausragen.

So machen die Analysen im Einzelnen deutlich, daß die Persönlichkeit des Gründers dann auch offensichtlich in einem deutlichen Zusammenhang zum Früherfolg[1] einer Existenzgründung steht[2]. Das heißt, es gibt bereits in der Startphase erfolgreicher und weniger erfolgreicher Gründer gewisse Unterschiede, die vor allem in den Einstellungen, Merkmalen und Motiven vorhanden sind. Daraus kann man schließen, es existieren bestimmte Voraussetzungen innerhalb der Person, die eine erfolgreiche Gründung wahrscheinlicher machen. Der erklärte Varianzanteil am Erfolg[3] durch diese Aspekte schwankt zwar, ein Einfluß ist jedoch nicht in Abrede zu stellen.

Daher erscheint es vernünftig, für potentielle Gründer eines Tages, ähnlich wie heute für Nachwuchsführungskräfte, psychologische Eignungstest und Assessmentcenter durchzuführen, um sich der Höhe der Ausprägung der als wesentlich für den Erfolg erkannten Eigenschaften deutlich zu werden. Diese könnte sowohl unter dem Aspekt der Interessensicherung des Investors von Fremdkapital in diese Gründungsvorhaben geschehen, als auch zur eigenen Risikoreduktion des Gründers, der mit dem Entschluß, sich selbständig zu machen, ebenso zahlreiche nicht nur finanzielle Risiken eingeht. Dazu könnten Gründer sich selber oder andere sie anhand notwendiger Kriterien bewerten. Diese Tests können unter anderem dafür sorgen, daß sie sich der Risiken und des hohen Einsatzes bewußt werden, die notwendig sind, um erfolgreich den Schritt in die Selbständigkeit zu wagen. Der potentielle Gründer muß sich der Tatsache stellen, daß er sich zukünftig alleine seine Ziele setzen, sich motivieren und diese auch selber kontrollieren muß. Hohe Motivation und eine gute Kondition, sowie eine ausgeprägte Kontaktfreude[4] sind weitere unabdingbare Eigenschaften zur erfolgreichen Gründung. Wesentlich erscheint auch das Erkennen der eigenen Möglichkeiten und Grenzen, sowie der Anforderungen, denen man sich stellen muß[5].

---

[1] nach Goebel (1990) S. 200: sind es unterschiedliche unternehmerische kreative Leistungen, die die Gründung, den Aufbau und die Erhaltung eines Unternehmens verlangen.
[2] nicht Kausalität.
[3] für den individuellen Erfolgsfaktor liegt er zwischen 25 und 46%.
[4] siehe "Selbsttest" in Klandt (1990a) S. 37 - 41.
[5] Klandt (1990a) S. 30.

- 212 -

Weiter sollte sich der Gründer bewußt sein, daß er außer seiner Persönlichkeit mit dem von ihm erworbenen Humankapital, beispielsweise durch die Schulbildung, seine Berufserfahrung und seine Branchenkenntnisse, einen weiteren wesentlichen Bestandteil seines möglichen Erfolges miteinbringt. Auch eine ausreichende Vorbereitung und eine durchdachte Planung können dazu beitragen, das erhebliche Risiko einer Gründung zu senken.

Zur Erkennung der Bedeutung von Gründern und Senkung des Risikos für den Einzelnen kann die Umwelt eine Menge beitragen und Hilfestellungen geben, die im einzelnen erläutert werden sollen:

1. Ausbildung der Existenzgründer:

Die Ausbildung eines Gründers läuft heute in vielen Fällen mehr oder weniger im Verborgenen, durch Kompaktkurse der IHK in Sachen Existenzgründung, oder auch überhaupt nicht, da man irgendwie annimmt und voraussetzt, daß sich mit ausreichend fachlicher Kenntnisse eine Selbständigkeit schon irgendwie bewältigen läßt. Die Insolvenzstatistiken widerlegen diese Überlegung eindeutig.

Die Schulung und damit Hinführung zur Selbständigkeit ist nicht nur aufgrund mangelnder Kenntnisse auf vielen Gebieten nötig, weiter bietet sie die Möglichkeit, Selbständigkeit als berufliche Alternative darzustellen, da bei vielen potentiellen Gründern einfach ein Vorbild fehlt. Dieses liegt einmal in der ständig sinkenden Zahl von Selbständigen begründet, sicher aber auch in dem negativen Bild von Selbständigen in der Öffentlichkeit, sowie einer Tendenz zur sinkenden Arbeitsmotivation und steigenden Freizeitorientierung. Dieses führt dazu, daß Existenzgründungen vielfach unattraktiv erscheinen.

Es kann so rechtzeitig in das Bewußtsein gerufen werden, wie sich auch nicht typische Berufsgruppen[1], wie beispielsweise Informatiker oder Ingenieure, selbständig machen können. Dieses ist wichtig, da vielfach marktreife Ideen in den Köpfen vieler schlummern, aber die Vorstellung, eine eigene Firma aufzubauen, und dafür, einen gut bezahlten und sicheren Arbeitsplatz aufzugeben, oft gar nicht vorhanden ist.

---

[1] im Gegensatz zu beispielsweise Apothekern, Architekten und Handwerkern.

Es ist vor allem auch Aufgabe der Universitäten, für alle Studenten fächerüber-
greifend umfassende Kurse für Existenzgründungen anzubieten, damit die Kreativen und Personen mit ausreichend Gründungspotential nicht aufgrund des fehlenden Handwerkszeugs davon abgehalten werden. Obwohl die hohe Bedeutung
der Existenzgründer anerkannt ist, reagiert die akademische Ausbildung in der
Bundesrepublik Deutschland bisher kaum[1]. Dieses wäre aber um so wichtiger,
als sich die unternehmerische Aufgabe von der traditionellen Betriebswirtschaftslehre, die als Leitbild alte bereits bestehende Unternehmen hat, stark unterscheidet. Methoden und Instrumente der Unternehmensführung sind nicht unbedingt
übertragbar, weil bei Existenzgründungen durch eine zunehmende Komplexität
und Dynamik die Aufgabe für den einzelnen hier anspruchsvoller[2] ist. Die Unter-
nehmerrolle stellt sich in derartigen neuen Unternehmen ganz anders dar als in
großen bereits bestehenden Unternehmungen, da z.B. der Innovationsdruck oft
als höher gilt, die Fristigkeit des Denkens länger ist, die Flexibilität insgesamt höher, die Gestaltungsfreiheit größer und eine bessere Überschaubarkeit herrscht.[3]

In den USA werden zur Zeit dagegen rund 300 Kurse zum Thema "Existenzgründung" angeboten und rund 30 Lehrstühle arbeiten auf diesem Gebiet. Nach Aussagen der Professoren liegt ein Grund darin, daß man beobachtet hat, daß sich
viele Studenten im Anschluß an ihrer Ausbildung selbständig machen. Weiter
spielte ein pädagogischer Aspekt eine wichtige Rolle. Es erweist sich im allgemeinen als leichter, das komplexe Zusammenwirken verschiedener Bereiche innerhalb eines Unternehmens über ein neugegründetes, noch kleines Unternehmen verständlich zu machen.[4]

Ein weiteres Argument für eine Etablierung der Gründerausbildung besteht darin,
daß zur Sicherung eines Bestandes an kleinen Firmen, deren Bedeutung auch in
der Bundesrepublik unbestritten ist, die Existenzgründung als mögliche Berufsal-
ternative in das Gedankengebäude der Studenten aufgenommen werden soll.
Ziel sollte es sein, daß die Selbständigkeit auch in anderen Bereichen als so natürlich empfunden wird[5], wie in Handwerksberufen, wo ganz selbstverständlich

---

[1] Klandt (1991b).
[2] Klandt (1991b) S. 492f.
[3] siehe dazu Klandt (1991b) S. 485.
[4] amerikanische Professoren in einer Umfrage von Klandt, zitiert nach (Klandt 1991b).
[5] so stellt Goebel (1990) S. 194 fest: "Die zahlreichen, zu einer Gründung notwendigen
Aufforderungen und Ermutigungen zeigen, daß viele Gründer ihre Chancen und Möglichkeiten,
sich selbständig zu machen, zuerst nicht erkennen."

die besonders guten und motivierten Berufsabsolventen sich weiterqualifizieren (fachlich und betriebswirtschaftlich) können und so in eine Selbständigkeit streben. Dieses könnte auch ein gewisses Umdenken dahingehend unterstützen, daß es nach dem Abschluß eines Studienganges nicht nur besonders reizvoll ist, in einem großen Unternehmen einen Job zu finden, sondern daß auch im Mittelstand durchaus eigenverantwortliche und interessante Aufgaben liegen können.

2. Vermittlung notwendiger Eigenschaften

Eine Fortbildung der Personen, die eine Selbständigkeit anstreben, sollte auch die Vermittlung der wesentlichen erfolgsrelevanten Einstellungen und Verhaltensweisen umfassen und sich nicht nur an rechtlichen und betriebswirtschaftlichen Details orientieren.

So könnten u.a. Fallbeispiele aber auch Unternehmensspielen[1] dem potentiellen Gründer zeigen, welche Fähigkeiten benötigt werden, um in den verschiedenen Situationen, der sich ein Unternehmer stellen muß, richtig zu agieren. Es zielt darauf, bewußt zu machen, auf welche Schwierigkeiten und Herausforderungen er in seiner Selbständigkeit treffen wird, damit er feststellen kann, wo seine Fähigkeiten und Schwächen liegen.

Der Gründer muß sich seiner Stärken bewußt werden, um so durch eine selbstbewußte Persönlichkeit und eine hohe Kontrollüberzeugung erste Voraussetzungen zur erfolgreichen Bewältigung der Gründungssituation zu schaffen. Es gilt sein Selbstvertrauen u.a ganz konkret zu stärken, indem seine kognitiven Problemlösungsfähigkeiten direkt trainiert werden. Denn nach Überlegungen aus der Forschung über komplexe Probleme, kann man davon ausgehen: "Personen mit hoher aktueller Kompetenz erleben dagegen Problemsituationen als kontrollierbar, antizipieren die Bewältigbarkeit einer solchen Situation und zeigen eine geringe emotionale Belastung sowie problemadäquates Verhalten. Dementsprechend sollten sie bessere Leistungen beim Bearbeiten komplexer Probleme aufweisen."[2] Der Aufbau dieser aktuellen Kompetenz kann sowohl durch konkretes Wissen bezüglich bestimmter Aspekte der Existenzgründung erfolgen (so z.B.: über Kurse in Buchführung, Mitarbeitermotivation, Rechnungswesen oder

---

[1] siehe beispielsweise Experimente mit "EVa" bei Szyperski, Klandt (1988) S. 66 - 69.
[2] Köller, Dauenheimer (1991) S. 35.

Steuerlehre)[1], als auch in der Vermittlung von Heuristiken zur Lösung unbekannter Aufgaben und Probleme liegen[2], welches zu einem mehr produktiven Denken führen soll.

Wichtig für den potentiellen Gründer ist weiterhin der Kontakt mit Gleichgesinnten, die ebenfalls den Wunsch nach Selbständigkeit in sich tragen, sowie der Vergleich mit Vorbildern, also Menschen, die sich bereits mehr oder weniger erfolgreich selbständig gemacht haben. Nur so kann er das Besondere der Situation kennenlernen und gleichzeitig sehen, wie andere mit ähnlichen Problemen und Aufgaben, die sich ihm entgegenstellen, bereits erfolgreich fertig geworden sind.

3. Verlust an Kreativität

Ein weiterer Aspekt, der immer mit Existenzgründungen im Zusammenhang steht, ist die Umsetzung von Kreativität. Die Innovationskraft gilt in kleinen Unternehmen deshalb oft als höher, da in großen und bürokratischen Unternehmen Ideen oft untergehen, nicht gefördert oder sogar unterdrückt werden. Dieses führt oft dazu, daß insgesamt weniger Leistungsbereitschaft gezeigt wird, über die eigene festgelegte Arbeit hinaus nachzudenken und tätig zu werden. Da scheint es im Sinne einer höheren Innovationsfähigkeit und eines beschleunigten Strukturwandels für die Volkswirtschaft als wichtig, das Bewußtsein der Möglichkeiten, die eine Selbständigkeit bietet, positiv zu wecken.

4. Bild in der Öffentlichkeit

Weiter ergibt sich die Notwendigkeit der Verbesserung des Bildes über Menschen, die sich selbständig machen, im öffentlichen Ansehen. Es gilt bewußt zu machen, welche Leistungen diese Existenzgründer mit ihren Firmen für die Volkswirtschaft erbringen. Ansichten sind oft geprägt von Neid und Komplexen, die auch dazu führen, daß viele sich der Möglichkeit einer Selbständigkeit gar nicht erst bewußt werden. Diese Eindrücke müssen korrigiert werden und der Öffentlichkeit muß klar werden, daß die Notwendigkeit der Firmengründer in dem Erhalt einer starken und wettbewerbsorientierten Wirtschaft begründet

---

[1] dieses betrifft nach Dörner (1987) S. 116ff. vor allem den Aspekt der epistemischen Kompetenz.
[2] nach Dörner (1987): Aufbau der heuristischen Kompetenz.

liegt. Der Leistungsgedanke über den Durchschnitt hinaus muß gefördert werden. Diesen Anspruch können Schule, Ausbildungswesen, aber auch Politik und Medien erfüllen, indem sie auf die besonderen Leistungen dieser Menschen als Vorbildcharakter aufmerksam machen.

5. Aufgaben des Staates:

Dem Staat fällt vor allem die Aufgabe zu, bessere Möglichkeiten zur Beobachtung des Geschehens im Mittelstand zu schaffen. Die Forderung, eine umfangreiche und bundeseinheitliche statistische Erfassung des Gründungsgeschehens[1] zu entwickeln, um besser und früher Entwicklungen, Schwierigkeiten und Trends beobachten zu können, ist alt und immer noch nicht erfüllt. Das Versagen in diesem Bereich wird deutlich anhand der viel zu hohen veröffentlichten Zahlen der angeblichen Gründungen in den fünf neuen Bundesländern. Richtige Daten hätten vielleicht rechtzeitig Schwierigkeiten erkennen lassen und ein Eingreifen in den Bereichen, in denen die potentiellen Gründer schwerwiegende Probleme (z.B.: Anmieten von Gewerbefläche, Stellen von Sicherheiten) hatten, die in großen Teilen zur Einstellung oder Nicht-Realisierung der Gründungsabsicht geführt haben, möglich gemacht.

6. Wissenschaft und Forschung[2]

Als Forderungen an die Wissenschaft und Forschung im Bereich der Existenzgründungen ergeben sich unseres Erachtens folgende Schwerpunkte:

- Interdisziplinarität der betroffenen Bereiche
- Integration der verschiedenen Forschungsansätze
- Repräsentativität der gewählten Stichproben
- Großzahligkeit der Untersuchungen
- Längsschnittuntersuchungen über längere Zeiträume
- Verbesserung der Erhebungsinstrumentarien
- Festlegung eines Maßstabes zur Messung des Gründungserfolges

Die Forschung im Existenzgründungsbereich ist vor allem auch in Deutschland eine junge Disziplin, die sich noch zahlreichen Anforderungen zu stellen hat.

---

[1] Klandt (1991b) S. 480.
[2] siehe auch Churchill (1992).

Nachdem man sich zu Beginn vor allem auf das Phänomen der Gründung focussiert hat, ist in den letzten Jahren vermehrt zu beobachten, daß die Erklärung von Erfolg oder Mißerfolg einer Existenzgründung zunehmend Interesse findet. Ziel der Forschung muß es daher unter anderem sein, die Erhebungsinstrumentarien, die sich meist sowohl im Bereich der Betriebswirtschaft als auch der Psychologie ansiedeln, zu verbessern, um durch Standardisierung auch eine Vergleichbarkeit der Untersuchungen möglich zu machen. Dazu erscheint auch eine interdisziplinäre Zusammenarbeit von Forschern der verschiedenen Forschungsrichtungen, die in diesem Bereich einbezogen werden könnten, von entscheidender Bedeutung. Nur durch ein Zusammenführen der Ansätze der unterschiedlichen Forschungsrichtungen können neue Erkenntnisse gewonnen werden, die dafür sorgen, daß die Analysen und Erhebungen, die häufig durch den Blickwinkel des Forschers einer bestimmten Disziplin und Einstellung einseitig beeinflußt sind, umfassender und allgemeingültiger werden. Dabei muß beachtet werden, daß es sich bei den Mikro- und Makro-Modellen, letztere versuchen die Gründungszahlen und Liquidationsdaten durch Variablen außerhalb des Gründers und der Unternehmung zu erklären, um scheinbar gegenläufige Entwicklungen handelt, die es zu integrieren gilt, um alle Aspekte umfassend zu berücksichtigen. Ein Einbezug der Variablen der Umgebung in die Erhebung könnte unter Umständen die Vielfalt der unterschiedlichen Ergebnisse verringern. Unter diesen Voraussetzungen muß die Entwicklung eines Bezugsrahmens zur Vorhersage von Erfolg erfolgen und anhand umfangreicher Populationen getestet werden. Dabei muß auf die Repräsentativität geachtet werden, die Stichproben sollten nicht so homogen sein, wie es einige Arbeiten bisher gezeigt haben, um eine Generalisierbarkeit der Ergebnisse möglich zu machen.

Ein wichtiges auch in dieser Arbeit deutlich gewordenes Defizit der Gründungsforschung, wenn auch nicht nur dort, liegt darin, die Erfolgsmessung für Gründungen zu verbessern. Gerade die unterschiedlichen Maße, die eine mehr oder weniger große Berechtigung aufweisen, führen dazu, daß eine Vergleichbarkeit nur schwer oder nicht möglich ist. Dabei spielt der Zeitpunkt genauso eine wichtige Rolle, wie der Maßstab, der eine Bewertung möglich machen soll.

Die Forderung nach mehr Längsschnittuntersuchungen in diesem Bereich ist schon lange bekannt und wird auch vermehrt erfüllt. Wir sind uns bei dieser Arbeit durchaus bewußt, daß ein Jahr als Beobachtungszeitraum sehr kurz ist, daher erscheinen vor allem auch längere Zeiträume für die Beobachtung einer Existenzgründung wichtig. Um die Ausfallquoten aufzufangen, ist vor allem auch die Großzahligkeit der Untersuchung eine wichtige Voraussetzung, wobei allerdings sinkende Rücklaufquoten erhebliche Verzerrungswirkungen haben könnten. Die Forschung muß sich daher auch gedanklich damit auseinandersetzen, auf welche Art und Weise bei den Versuchspersonen, die Bereitschaft sich zu beteiligen, erhalten werden kann.

TABELLEN- UND ABBILDUNGENANHANG

Abb. 1:   Entwicklung der Umsätze und Umsatzerwartungen

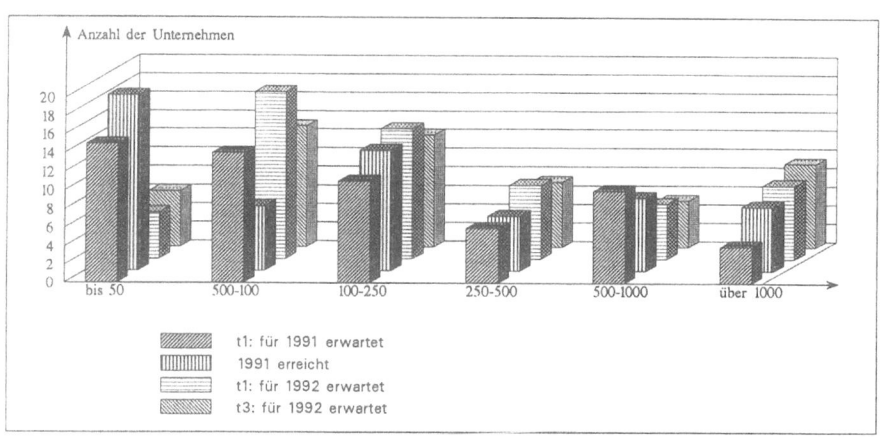

Abb. 2:   Entwicklung der Mitarbeiterzahlen

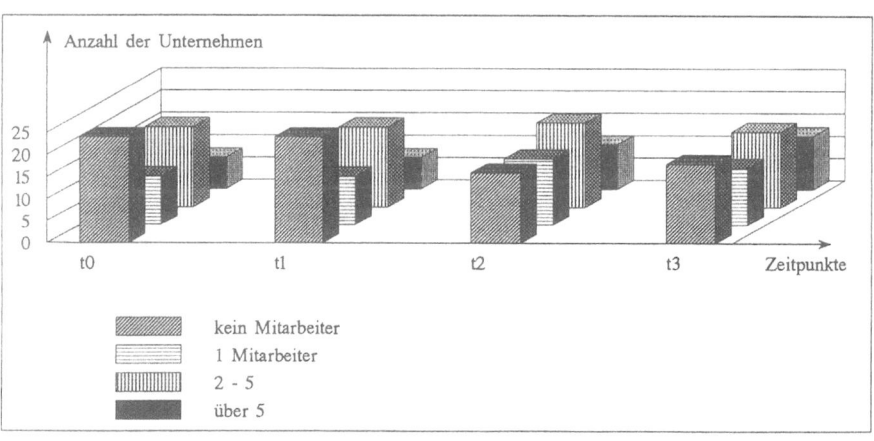

Abb. 3: Vergleich der tatsächlichen Mitarbeiterzahlen mit den zu t1 erwarteten

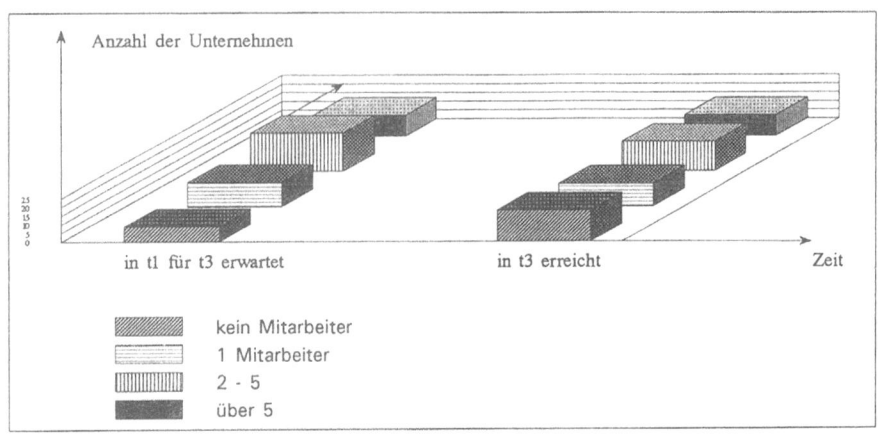

Abb. 4: Veränderung der Erwartungen zu den Mitarbeiterzahlen

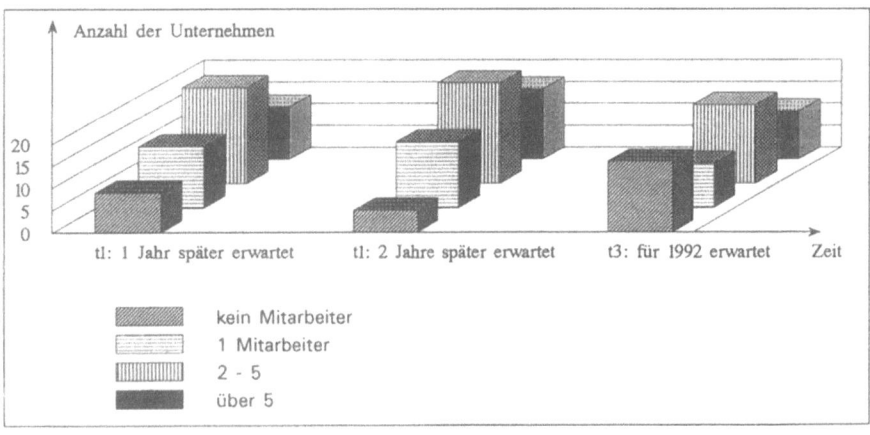

- 221 -

Tab. 1: Reliabilitätsanalyse über die intervallskalierten Erfolgsmaße zu t2

Variablen zum Zeitpunkt t2	alpha-Wert
1. Erfolgszufriedenheit	
2. Gewinnzufriedenheit	
3. Zufriedenheit mit Vorbereitung	
4. Arbeitszufriedenheit	
5. Lebenszufriedenheit	
6. Zufriedenheit mit Entscheidung	0,8658

Tab. 2: Reliabilitätsanalyse über die intervallskalierten Erfolgsmaße zu t3

Variablen zum Zeitpunkt t3	alpha-Wert
1. Erfolgszufriedenheit	
2. Gewinnzufriedenheit	
3. Zufriedenheit mit Vorbereitung	
4. Arbeitszufriedenheit	
5. Lebenszufriedenheit	
6. Zufriedenheit mit Entscheidung	0,9090

Tab. 3: Mittelwerte, Standdardabweichung, Extrema der intervallskalierten Erfolgsma-ße zu t2 und t3

Variable		Mittel-wert	Standard-abweichung	Minimum	Maximum	n
Erfolgsfaktor	t2	0.00	1.00	-2.59	1.61	60
Erfolgsfaktor	t3	0.00	1.00	-2.65	1.59	60
Erfolgssumme	t2	0.00	4.64	-12.00	7.43	60
Erfolgssumme	t3	0.00	4.97	-13.35	7.98	60

Abb. 5:   Häufigkeitsverteilung des Erfolgsfaktors zu t2

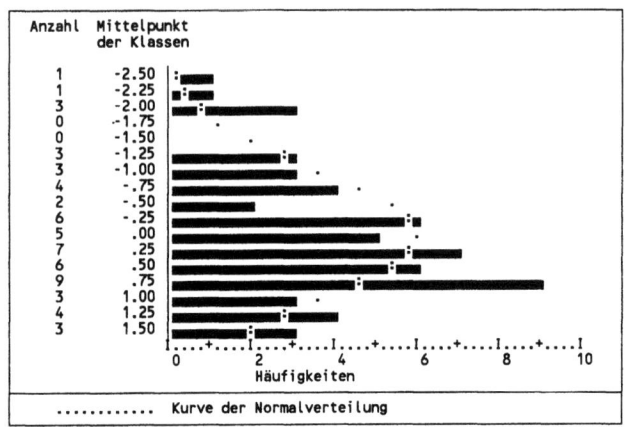

Abb. 6:   Häufigkeitsverteilung des Erfolgsfaktors zu t3

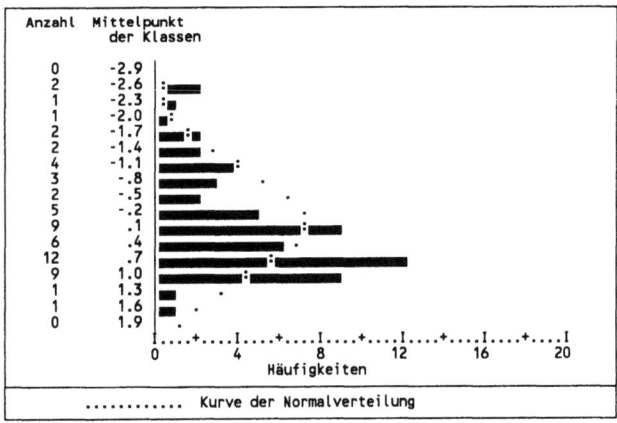

Abb. 7: Häufigkeitsverteilung der Erfolgssumme zu t2

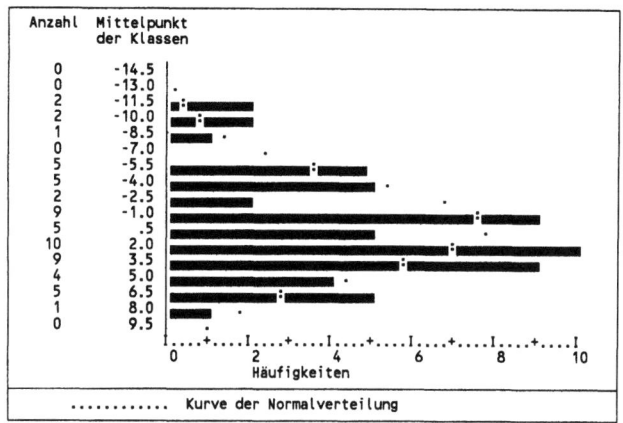

.... Kurve der Normalverteilung

Abb. 8: Häufigkeitsverteilung der Erfolgssumme zu t3

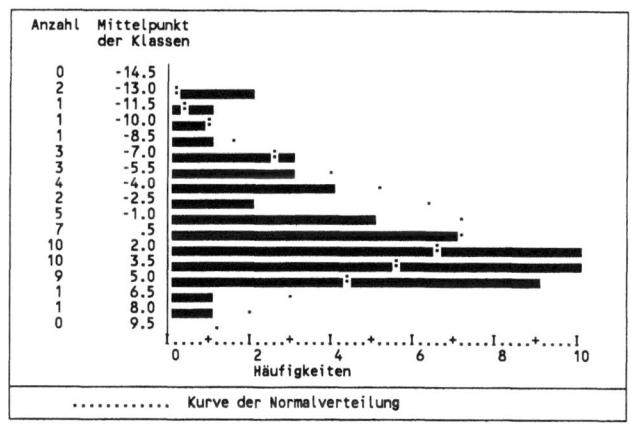

.... Kurve der Normalverteilung

Tab. 4: Beziehung Einkommensveränderung - Mitarbeiterveränderung zu t2

Korrelations- analyse	Einkommens- veränderung zu t2
Mitarbeiter- veränderung zu t2	$r_S=0,30$ · T=2,35 p=0,022

Abb. 9:   Verteilung der Höhe des Startkapitals

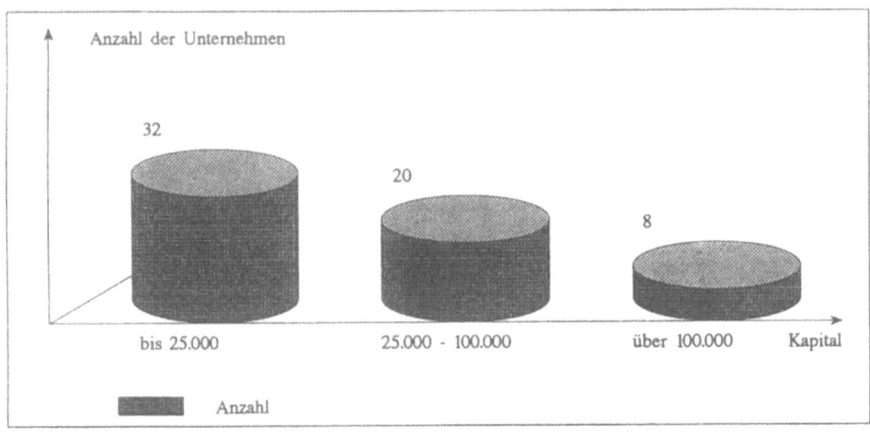

Tab. 5:   Inanspruchnahme öffentlicher Mittel

Form der öffentlichen Fördermittel	Anzahl der Nennungen [2]	Prozente [1]
ERP	23	76,7%
Eigenkapitalhilfe	16	53,3%
Kredite (Bundesland)	4	13,3%
Investitionszulage	9	30,0%
Investitionszuschüsse	3	10,0%
sonstige	1	3,3%

---

[1] bezogen auf die Gründer, die öffentliche Fördermittel erhalten.
[2] Mehrfachnennungen möglich.

Tab. 6: Schulausbildung der Existenzgründer

höchster Schulabschluß	Anzahl der Nennungen	Prozente
8. Klasse	10	16,9%
10. Klasse	15	25,4%
Fachhochschulreife	1	1,7%
Hochschulreife	5	8,5%
Fachschulabschluß	19	32,2%
Hochschulabschluß	9	15,3%

Tab. 7: Berufsausbildung der Existenzgründer

Berufliche Ausbildung	Anzahl der Nennungen	Prozente
keine Lehre	8	13,8%
kaufmännische Lehre	15	25,9%
handwerkliche Lehre	35	69,3%

Tab. 8: Anteil der Partnerschaftsgründungen

Gründung erfolgte	Anzahl der Nennungen	Prozente
allein	43	71,7%
mit Ehe- oder Lebenspartner	11	18,3%
mit Verwandten	2	3,3%
mit jemand anderem	3	5,0%
fehlende Angabe	1	1,7%

- 226 -

Tab. 9: Unterschiede älterer und jüngerer Gründer hinsichtlich der Persönlichkeitsmerkmale zu t1

T-Test (a),(b)		Mittelwerte		t	df	p(t)[1]
		Gruppe1	Gruppe2			
Selbstzweifel	t1	4,55	3,60	2,37	58	0,02
Disziplin	t1	5,78	6,68	-1,95	58	0,06
Innere Spannung	t1	5,25	4,08	2,45	58	0,02

- (a) Gruppe1: bis 43 Jahre alt (n=30)
  Gruppe2: über 43 Jahre alt (n=30)
- (b) Skalierung: 1 - niedrige Ausprägung
  9 - hohe Ausprägung
- (c) Separate Variance Estimate

Tab. 10: Quelle der Informationen über die soziale Marktwirtschaft

Quellen	Häufigkeit der Nennungen [2]
Berichte vertrauenswürdiger Personen	30
Westkontakte	22
westliche Medien	21
Tageszeitung, Zeitschriften	21
Bücher	11
Schulwissen	10
eigene Erfahrungen	8
DDR-Medien	4
SED	2
Studium	-

[1] Im folgenden bei allen T-Test's angegeben: two-tail-probability; Nach Prüfung auf Varianzhomogenität, wird der T-Test auf Basis gepoolter Varianzen verwendet. Ausnahmefälle sind gekennzeichnet.
[2] Mehrfachnennungen möglich.

Tab. 11: Antworten zu Beratungshilfen

Beratung durch	Anzahl der Nennungen[1]
Steuerberater, Wirtschaftsprüfer	36
Unternehmensberater	12
Bekannte	4
Geschäftspartner	3
Kammer	3
Anwalt	0

Abb. 10: Erstellung einer Finanz- und Investitionsplanung

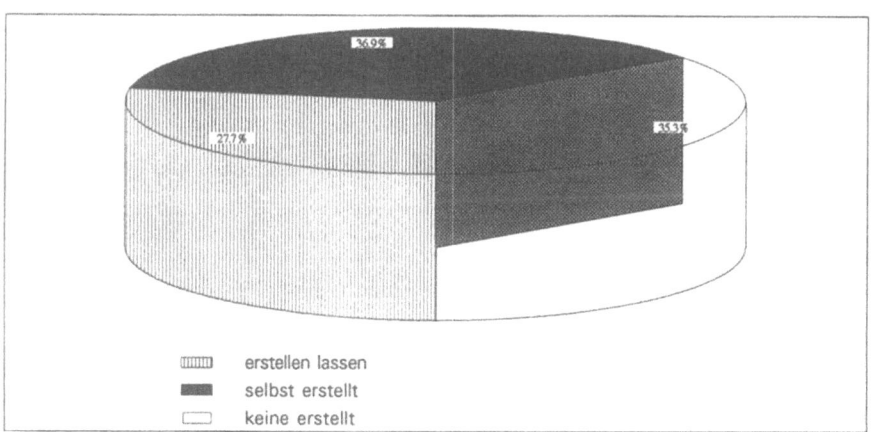

erstellen lassen
selbst erstellt
keine erstellt

[1] Mehrfachnennungen möglich.

Tab. 12: Unterschiede der Gründer mit und ohne Finanz- und Investionsplanung hinsichtlich der Gründungsmotive

T-Test (a),(b)	Mittelwerte		t	df	p(t)[1]
	Gruppe1	Gruppe2			
Entscheidungs- und ᶜ t1 Handlungsfreiheit	1,91	1,57	1,70	35,83	0,09
Geldanlage-Vermögens- t1 bildung	2,61	3,02	-1,94	58	0,05
Gutes Ansehen in der t1 Öffentlichkeit	2,43	2,84	-1,73	58	0,09
Steuerliche Vorteile t1	2,83	3,27	-2,23	58	0,03
- (a) Gruppe1: keine Finanz- und Investitionsplanung (n=23) Gruppe2: mit Finanz- und Investitionsplanung (n=37)					
- (b) Skalierung: 1=sehr bedeutend 2=bedeutend 3=weniger bedeutend 4=unbedeutend					
- (c) Separate Variance Estimate					

Tab. 13: Unterschiede der Gründer mit und ohne Finanz- und Investionsplanung hinsichtlich der sozialpsychologischen Variablen

T-Test (a),(b)	Mittelwerte		t	df	p(t)
	Gruppe1	Gruppe2			
Herausforderungsdenken t1	0,96	1,49	-2,53	58	0,01
t2	1,00	1,46	-1,92	58	0,06
t3	0,74	1,27	-2,42	58	0,02
- (a) Gruppe1: keine Finanz- und Investitionsplanung (n=23) Gruppe2: mit Finanz- und Investitionsplanung (n=37)					
- (b) Skalierung: niedriger Wert: niedrige Ausprägung hoher Wert: hohe Ausprägung					

---

[1] Im folgenden bei allen T-Test's angegeben: two-tail-probability; Nach Prüfung auf Varianzhomogenität, wird der T-Test auf Basis gepoolter Varianzen verwendet. Ausnahmefälle sind gekennzeichnet.

- 229 -

Tab. 14: Unterschiede der Gründer mit und ohne Markt- und Standortanalyse bezüglich der weiteren Planung und Beratung

T-Test (a),(b)	Mittelwerte		t	df	p(t)
Bedeutung von	Gruppe1	Gruppe2			
Marktchancen einschätzen t1	0,00	1,17	-3,57	57	0,00
Beratung vor Gründung t1	-1,06	0,26	-3,49	57	0,00
Beratung jetzt t1	0,29	0,81	-1,20	n.s.	
Investitionsplanung t1	1,06	1,46	-1,64	56	0,11
Ausreichend Vorbereitung t1	0,76	1,29	-1,72	57	0,09
Beratung jetzt t2	-0,12	0,36	-1,24	n.s.	
Investitionsplanung t2	0,82	1,37	-1,53	n.s.	
Beratung jetzt t3	-0,18	0,38	-1,39	n.s.	
Investitionsplanung t3	0,71	1,31	-2,19	57	0,03

- (a) Gruppe1: keine Markt- und Standortanalyse (n=17)
  Gruppe2: mit Markt- und Standortanalyse (n=42)
- (b) Skalierung: kleiner Wert: niedrige Ausprägung
  großer Wert: hohe Ausprägung
- (c) Separate Variance Estimate

Tab. 15: Ergebnisse der Varianzanalyse über die Gründungsmotive

Varianzanalyse (a),(b)	Mittelwerte		F	dF	p(F)
Gründungsmotive	Gruppe1	Gruppe2			
Streben nach höherem t1 Einkommen	-0,53[1) n=10[1)	0,11 n=50	3,62	59	0,06
Geldanlage-Vermögens- t1 bildung	-0,45 n=18	0,19 n=42	5,49	59	0,02
Steuerliche Vorteile t1	-0,76 n=11	0,17 n=49	8,76	59	0,01
Einkommenshöhe selbst t1 bestimmen	-0,43 n=15	0,14 n=45	3,85	59	0,05
Arbeitsmarkt- und kon- t1 junkturpolitische Gründe	-0,41 n=24	0,27 n=36	7,43	59	0,01
Ärger in der abhängi- t1 gen Beschäftigung	-0,43 n=19	0,19 n=41	5,42	59	0,02
Menschenführung t1	0,41 n=21	-0,22 n=39	5,91	59	0,02
Familientradition t1	0,34 n=23	-0,21 n=37	4,44	59	0,04
Mit Ehepartner oder t1 Familie zusammenarbeiten	-0,31 n=29	0,29 n=31	5,69	59	0,02

- (a) abhängige Variable: Erfolgsfaktor t3

    Skalierung: -1 - weniger erfolgreich
           +1 - erfolgreich

- (b) Gruppe 1: hohe Bedeutung des genannten Motivs
    Gruppe 2: niedrige Bedeutung des genannten Motivs[2)

[1) Gruppenbesetzung.
[2) Gruppenzuordnung durch Mediansplit.

Tab. 16: Unterschiede der Gründungsmotive hinsichtlich der Einkommensveränderung zu t3

T-Test (a),(b)	Mittelwerte		t	df	p(t)
1)	Gruppe1	Gruppe2			
Ärger in der abhängi- gen Beschäftigung ᶜ t1	2,70	3,27	-2,09	52,66	0,04
Steuerliche Vorteile t1	2,93	3,27	-1,69	58	0,09
Mit Ehepartner oder t1 Familie zusammenarbeiten	2,10	3,03	-3,56	58	0,00

- (a) Gruppe1: Gesunkenes oder gleiches Einkommen (n=39)
  Gruppe2: Gestiegenes Einkommen (n=30)

- (b) Skalierung: 1=sehr bedeutend   2=bedeutend
      3=weniger bedeutend 4=unbedeutend

- (c) Separate Variance Estimate

Tab. 17: Unterschiede der Gründungsmotive hinsichtlich der Mitarbeiterveränderung zu t3

T-Test (a),(b)	Mittelwerte		t	df	p(t)
	Gruppe1	Gruppe2			
Menschenführung t1	3,14	2,63	2,38	58	0,02
Familientradition ᶜ t1	3,61	2,97	2,51	52,24	0,02

- (a) Gruppe1: Gesunkene oder gleiche Mitarbeiterzahl (n=28)
  Gruppe2: Gestiegene Mitarbeiterzahl (n=32)

- (b) Skalierung: 1=sehr bedeutend   2=bedeutend
      3=weniger bedeutend 4=unbedeutend

- (c) Separate Variance Estimate

---

[1] Im folgenden bei allen T-Test's angegeben: two-tail-probability; Nach Prüfung auf Varianzhomogenität, wird der T-Test auf Basis gepoolter Varianzen verwendet. Ausnahmefälle sind gekennzeichnet.

Tab. 18: Rangunterschiede[1] der Gründungsmotive zwischen erfolgreichen und weniger erfolgreichen Existenzgründern

Gründungsmotiv	erfolgreiche Existenz- gründer [2]		weniger er- folgreiche Existenzgründer
Durchsetzung eigener Ideen	1		2
Leistungsfähigkeit zeigen	2		5
Entscheidungs-Handlungsfreiheit	3		3
Wirtschaftliche Unabhängigkeit	4	*	1
Leistungsgerechtes Einkommen	5		3
Mehr Kontakt zu Menschen	6	*	11
Einkommen selbst bestimmen	7		7
Höheres Einkommen	8	*	5
Arbeitsmarkt/Konjunktur	9	*	7
Mit Ehepartner/Familie	10		9
Führen von Menschen	11		15
Gutes Ansehen	12		9
Geldanlage, Vermögen erringen	13	*	11
Beispiele von Selbständigkeit	14		16
Ärger in abh. Beschäftigung	15		13
Familientradition	16		18
Steuerliche Vorteile	17	*	14
Macht und Einfluß	18		17
signifikante Rangunterschiede *			

[1] U-Test von Mann-Whitney, zur Methode: Brosius (1988) S. 300.
[2] Trennung nach Betriebsergebnis 1991: erfolgreich: leichte bis auskömmliche Gewinne; weniger erfolgreich: negatives bis ausgeglichenes Ergebnis.

- 233 -

Tab. 19: Mittelwerte, Standardabweichungen und Korrelationen der Gründungsmotive mit Erfolg

Motiv	erfolgreiche Existenzgründer Mittelwert s_j		Weniger erfolg- reiche Gründer Mittelwert s_j		Korrelation[1] r_{sp}
Durchsetzung eigener Ideen	1,54	0,716	1,68	0,749	0,02
Leistungsfähigkeit zeigen	1,64	0,728	1,79	0,855	-0,06
Entscheidungs-,Handlungsfreiheit	1,71	0,716	1,68	0,749	0,02
Wirtschaftliche Unabhängigkeit	1,88	0,748	1,42	0,507	0,29*
Leistungsgerechtes Einkommen	1,95	0,865	1,68	0,478	0,12
Mehr Kontakt zu Menschen	2,12	1,005	2,53	1,073	0,27*
Einkommen selbst bestimmen	2,34	0,911	1,84	0,834	0,39*
Höheres Einkommen	2,42	0,670	1,79	0,713	0,24
Arbeitsmarkt/Konjunktur	2,46	1,227	1,84	1,167	-0,17
Mit Ehepartner/Familie	2.63	1,113	2,42	1,121	0,09
Führen von Menschen	2.78	0,936	3,05	0,705	0,21
Gutes Ansehen	2.81	0,901	2,42	0,838	0,25*
Geldanlage, Vermögen erringen	3,02	0,724	2,53	0,905	-0,14
Beispiele von Selbständigkeit	3,07	1,034	3,21	0,976	0,20
Ärger in abh. Beschäftigung	3,15	0,963	2,63	1,257	-0,06
Familientradition	3,19	1,077	3,42	1,017	0,24
Steuerliche Vorteile	3,24	0,663	2,79	0,918	-0,10
Macht und Einfluß	3,66	0,530	3,26	0,933	0,20

signifikante Korrelationen *

[1] zum Erfolgmaß: Betriebsergebnis 1991.

- 234 -

Tab. 20: Wirkung der Gründungsmotive auf die Erfolgsentwicklung von t2 nach t3

Zweifaktorielle Varianzanalyse mit Meßwiederholung		Erfolg		Effekte	dF	F	p(F)
		t2	t3				
Durchsetzung eigener Ideen [1]	niedrig n = 26	0,00	-0,88	UV	1	0,41	0,52
	hoch n = 34	0,00	0,67	Zeit	1	0,09	0,76
				UV*Zeit	1	5,15	0,03
Geldanlage Vermögen	niedrig n = 42	0,83	0,96	UV	1	5,68	0,02
	hoch n = 18	-1,94	-2,24	Zeit	1	0,05	0,83
				UV*Zeit	1	0,30	0,59
Arbeitsmarkt und konjunk. Gründe	niedrig n = 36	1,01	1,37	UV	1	6,52	0,13
	hoch n = 24	-1,16	-2,05	Zeit	1	0,06	0,80
				UV*Zeit	1	1,56	0,22
Ärger in abhängiger Beschäftig.	niedrig n = 41	1,34	0,97	UV	1	9,21	0,00
	hoch n = 19	-2,89	-2,08	Zeit	1	0,35	0,56
				UV*Zeit	1	2,59	0,11
steuerliche Vorteile	niedrig n = 49	0,60	0,85	UV	1	7,37	0,01
	hoch n = 11	-2,69	-3,80	Zeit	1	0,93	0,34
				UV*Zeit	1	2,32	0,13
Menschen- führung	niedrig n = 39	-1,09	-1,10	UV	1	6,85	0,01
	hoch n = 21	2,02	2,04	Zeit	1	0,00	0,99
				UV*Zeit	1	0,00	0,98
Einkommens- höhe selbst bestimmen	niedrig n = 45	0,29	0,71	UV	1	2,15	0,15
	hoch n = 15	-0,88	-2,12	Zeit	1	1,12	0,29
				UV*Zeit	1	4,49	0,04
Familien- tradition	niedrig n = 37	-0,80	-1,04	UV	1	4,02	0,05
	hoch n = 23	1,28	1,68	Zeit	1	0,04	0,83
				UV*Zeit	1	0,81	0,37
mit Familie oder Partner zusammen- arbeiten	niedrig n = 31	1,22	1,41	UV	1	5,57	0,02
	hoch n = 29	-1,30	-1,50	Zeit	1	0,00	0,99
				UV*Zeit	1	0,31	0,58

- (a) abhängige Variable: Summe Erfolgsvariablen
    Skalierung: -1 - weniger erfolgreich
             +1 - erfolgreich

[1] Trennung durch Mediansplitting des jeweiligen Gründungsmotivs.

Tab. 21: Zusammenhänge der Gründungsmotive

Korrelation	1	2	3	4	5	6
1 Entscheidungs-/ Handlungsfreiheit	.0000	.5351**	.0066	-.0032	-.0985	.1101
2 Eigene Ideen durchsetzen	.5351**	1.0000	.0273	-.2346	-.2864	-.0819
3 Wirtschaftliche Unabhängigkeit	.0066	.0273	1.0000	.3707*	.1724	.4923**
4 Höheres Einkommen	-.0032	-.2346	.3707*	1.0000	.5575**	.6482**
5 Geldanlage Vermögen	-.0985	-.2864	.1724	.5575**	1.0000	.4863**
6 Leistungsgerechtes Einkommen	.1101	-.0819	.4923**	.6482**	.4863**	1.0000
7 Arbeitsmarkt Konjunktur	-.1947	-.2516	.0632	.1402	.1207	.1274
8 Ansehen	.0870	-.0149	.0785	.1573	.3149*	.1103
9 Ärger in abhängiger Beschäftigung	-.0501	-.0101	.1928	.1319	.2097	.1806
10 Steuerliche Vorteile	-.0668	-.1971	.1726	.3763*	.6680**	.3924**
11 Macht und Einfluß	-.2487	-.2284	.2227	.3627*	.3655*	.3229*
12 Menschenführung	.3668*	.2055	-.0584	-.1122	-.1211	.0236
13 Einkommenshöhe selbst bestimmen	.1111	-.0545	.6271**	.4689**	.4229**	.6156**
14 Familientradition	.1070	.0505	.0513	-.1623	-.1950	-.2059
15 Zusammenarbeit mit Familie	-.0805	-.1463	.3025*	.0338	.0100	.0701
16 Leistungsfähigkeit zeigen	.3565*	.3133*	.1309	-.0929	-.1199	.0748
17 Mehr Kontakte zu Menschen	-.0341	-.0761	.0692	-.0942	.2015	.1489
18 Positive Beispiel	.2587	.1956	-.0977	.0337	-.0220	.0858

Korrelation	7	8	9	10	11	12
1	-.1947	.0870	-.0501	-.0668	-.2487	.3668*
2	-.2516	-.0149	-.0101	-.1971	-.2284	.2055
3	.0632	.0785	.1928	.1726	.2227	-.0584
4	.1402	.1573	.1319	.3763*	.3627*	-.1122
5	.1207	.3149*	.2097	.6680**	.3655*	-.1211
6	.1274	.1103	.1806	.3924**	.3229*	.0236
7	1.0000	.1396	-.0856	.1313	.1269	-.1554
8	.1396	1.0000	.2052	.4880**	.1935	.0319
9	-.0856	.2052	1.0000	.2044	.2582	-.1281
10	.1313	.4880**	.2044	1.0000	.4937**	.0702
11	.1269	.1935	.2582	.4937**	1.0000	-.0203
12	-.1554	.0319	-.1281	.0702	-.0203	1.0000
13	.0161	.0726	.1408	.4058**	.3489*	-.0753
14	-.2639	-.0528	-.1445	-.0954	-.0352	.2601
15	-.0751	.0473	.1068	.0118	.0625	.0093
16	-.2189	.0570	-.0266	-.0343	-.0759	.3449*
17	.0929	.1238	.1552	.2219	.2338	.0000
18	-.0254	.2109	-.0758	.1798	.0783	.1910

Korrelation	13	14	15	16	17	18
1	.1111	.1070	-.0805	.3565*	-.0341	.2587
2	-.0545	.0505	-.1463	.3133*	-.0761	.1956
3	.6271**	.0513	.3025*	.1309	.0692	-.0977
4	.4689**	-.1623	.0338	-.0929	-.0942	.0337
5	.4229**	-.1950	.0100	-.1199	.2015	-.0220
6	.6156**	-.2059	.0701	.0748	.1489	.0858
7	.0161	-.2639	-.0751	-.2189	.0929	-.0254
8	.0726	-.0528	.0473	.0570	.1238	.2109
9	.1408	-.1445	.1068	-.0266	.1552	-.0758
10	.4058**	-.0954	.0118	-.0343	.2219	.1798
11	.3489*	-.0352	.0625	-.0759	.2338	.0783
12	-.0753	.2601	.0093	.3449*	.0000	.1910
13	1.0000	-.0517	.1636	.0559	.1482	.0500
14	-.0517	1.0000	.1147	.1636	.0000	.2088
15	.1636	.1147	1.0000	.3628*	.3612*	.1214
16	.0559	.1636	.3628*	1.0000	.3527*	.2432
17	.1482	.0000	.3612*	.3527*	1.0000	.2148
18	.0500	.2088	.1214	.2432	.2148	1.0000

Tab. 22: Bedeutung der Gründungsmotive für das Betriebsergebnis 1991

Regressionsanalyse		B	SE(B)	Beta	T	p(T)
Prädiktoren						
Monetäre Motive	t1	,156	,058	,333	2,69	0,01

Multiple R	0,33	Analysis of Variance	dF	Sum of Squares	
Multiple R^2	0,12				
adjusted R^2	0,09	Regression	1	1,44	
Stand. Error	0,45	Residuals	58	11,54	
		F = 7,23 p(F) ≤ 0,01			
- Abhängige Variable: Betriebsergebnis 1991[1]					

Tab. 23: Bedeutung der Gründungsmotive für die Mitarbeiterveränderung zu t3

Regressionsanalyse		B	SE(B)	Beta	T	p(T)
Prädiktoren						
Innere Verpflichtung	t1	-,167	,062	-,332	-2,67	0,01

Multiple R	0,33	Analysis of Variance	dF	Sum of Squares	
Multiple R^2	0,11				
adjusted R^2	0,09	Regression	1	1,64	
Stand. Error	0,48	Residuals	58	13,29	
		F = 7,17 p(F) ≤ 0,01			
- Abhängige Variable: Mitarbeiterveränderung zu t3[2]					

---

[1] binäre Kodierung: negatives und ausgeglichenes Betriebsergebnis, sowie leichte bis auskömmliche Gewinne zusammengefaßt.

[2] binäre Kodierung: gesunkene und gleiche Mitarbeiterzahl zu einer Gruppe zusammengefaßt.

Tab. 24: Diskriminanzanalyse zur Einkommensveränderung (t3) über die Gründungsmotive

Diskriminanzanalyse 1)	Einkommensveränderung t3							
	Gruppen			Multivariates Wilks'		$b_{j(1)}^{*}$	$b_{j(2)}^{*}$	$\bar{b}j$
	(a) n=13	(b) n=17	(c) n=30	Lambda	Sig.			
Mit Ehepartner oder Familie zusammenzuarbeiten t1	1,74	2,36	3,03	0,79	0,00	0,92	0,42	0,80
Entscheidungs- und Handlungsfreiheit t1	2,23	1,48	1,60	0,66	0,00	-0,26	0,80	0,40
Ärger in der abhängigen Beschäftigung t1	2,23	3,06	3,27	0,57	0,00	0,48	-0,24	0,42
Eigene Leistungsfähigkeit unter Beweis stellen t1	1,85	1,76	1,60	0,51	0,51	-0,42	-0,68	0,49
Steuerliche Vorteile t1	2,85	3,00	3,27	0,49	0,49	0,37	0,49	0,40
Einkommenshöhe selbst bestimmen t1	1,92	2,35	2,20	0,46	0,46	-0,09	-1,08	0,35
Wirtschaftliche Unabhängigkeit t1	1,54	1,65	1,87	0,43	0,43	-0,03	0,76	0,22
Positive Beispiele von Selbständigkeit t1	2,00	2,24	2,37	0,41	0,41	-0,32	0,30	0,31
Gruppen- zentroide Fcn. 1	-1,6	0,1	0,8	Klassifikations- ergebnis: 65,00 % 2)				
Fcn. 2	0,4	-0,9	0,3					

Fcn.	Eigenwert	proz. Eigenwert	kanonische Korrelation	Wilks' Lambda	Chi^2	dF	Sig.
1	0,88	74,02	0,68	0,41	48,20	16	0,0000
2	0,31	25,98	0,49	0,76	14,41	7	0,0444

- Skalierung: 1=sehr bedeutend 2=bedeutend
  3=weniger bedeutend 4=unbedeutend

- (a): gesunkenes Einkommen zu t3 (n=13)
- (b): gleiches Einkommen zu t3 (n=17)
- (c): gestiegenes Einkommen zu t3 (n=30)

1) Ergebnisse der paarweisen F-Test's: F(8,50):
   Gruppe a, b: F = 3,12; p(F) = 0,0062; Gruppe a, c: F = 5,49; p(F) = 0,0001;
   Gruppe b, c: F = 2,48; p(F) = 0,0238.
   Ergebnisse der univariaten F-Test's: F(2,57): Die Variablen "Mit Ehepartner oder Familie zusammenzuarbeiten" (p(F) = 0,00), "Entscheidungs- und Handlungsfreiheit" (p(F) = 0,01) sowie "Ärger in der abhängigen Beschäftigung" (p(F) = 0,01) erweisen sich als signifikant.
2) Der Box' M-Test, der auf Ungleichheit der Gruppenstreuung prüft, erweist sich als nicht signifikant (Box'M = 10,28; p = 0,49).
   Klassifizierung: Der Gruppe (a) werden 78,6%, der Gruppe (b) 59,4% der Fälle richtig zugeordnet.

Tab. 25: Diskriminanzanalyse zur Mitarbeiterveränderung (t3) über die Gründungsmotive

Diskriminanzanalyse 1)		Mitarbeiterveränderung t3				
		(a) n=28	(b) n=32	Wilks' Lambda	Sig.	b_j^*
Familientradition	t1	3,61	2,97	0,91	0,02	0,65
Menschenführung	t1	3,14	2,63	0,86	0,02	0,56
Mit Ehepartner oder Familie zusammenzuarbeiten	t1	2,39	2,72	0,82	0,01	-0,47
Macht und Einfluß gewinnen	t1	3,61	3,47	0,81	0,02	0,32
Gruppen- zentroide	Fcn. 1	-0,51	-0,45			

Fcn.	Eigen- wert	kanonische Korrelation	Wilks' Lambda	Chisqc	dF	Sig.
1	0,24	0,44	0,81	11,93	4	0,0179

Klassifikationsergebnis: 68,33 % 2)
- Skalierung: 1=sehr bedeutend   2=bedeutend
            3=weniger bedeutend 4=unbedeutend

- (a): gesunkene / gleiche Mitarbeiterzahl zu t3 (n=28)
- (b): gestiegene Mitarbeiterzahl   (n=32)

1) Ergebnisse des paarweisen F-Test: F (4,55):
Gruppe a,b: F = 3,27; p(F) = 0,02.
Ergebnisse der univariaten F-Test's: F(1,58): Die Motive "Familientradition" (p(F) = 0,02) und "Führen von Menschen" (p(F) = 0,02) erweisen sich als signifikant.
2) Der Box' M-Test, der auf Ungleichheit der Gruppenstreuung prüft, erweist sich als nicht signifikant (Box'M = 10,28; p = 0,49).
Klassifizierung: Der Gruppe (a) werden 78,6%, der Gruppe (b) 59,4% der Fälle richtig zugeordnet.

Tab. 26: Korrelationen der sozialpsychologischen Einstellungen zu t2

	Internale Kontrolle	Positives Denken	Herausforde-rungsdenken	Risiko-empfinden	Soziale Unterstützung	Leistungs-motivation	Führungs-verhalten	Soziale Kompetenz
Internale Kontrolle	1.00	.48** (56) P= .000	.22 (58) P= .047	-.32* (57) P= .008	-.02 (58) P= .443	.25 (58) P= .028	.06 (44) P= .341	.09 (57) P= .261
Positives Denken		1.00	.50** (58) P= .000	-.33* (57) P= .006	.09 (58) P= .259	.42** (58) P= .000	.13 (45) P= .192	.35* (57) P= .004
Herausforde-rungsdenken			1.00	-.16 (59) P= .119	-.01 (60) P= .468	.31* (60) P= .008	.20 (46) P= .093	.13 (59) P= .166
Risikoempfinden				1.00	-.26 (59) P= .022	-.09 (59) P= .258	-.11 (46) P= .239	.02 (58) P= .445
Soziale Unter-stützung					1.00	.06 (60) P= .325	.20 (46) P= .090	.15 (59) P= .133
Leistungs-motivation						1.00	.47** (46) P= .001	-.40** (59) P= .001
Führungs-verhalten							1.00	.08 (46) P= .303
Soziale Kompetenz								1.00

(Korrelationskoeffizent / (Anzahl der Fälle) / einseitige Signifikanz: * - p ≤ 0,01 ** - p ≤ 0,001)

Tab. 27: Korrelationen der sozialpsychologischen Einstellungen zu t3

	Internale Kontrolle	Positives Denken	Herausforde-rungsdenken	Risiko-empfinden	Konflikt-zunahme	Hilfe durch Familie	Leistungs-motivation	Führungs-verhalten	Soziale Kompetenz
Internale Kontrolle	1.00	.63** (57) P=.000	.30* (60) P=.009	-.24 (60) P=.035	.21 (60) P=.056	.14 (60) P=.145	.45** (60) P=.000	-.05 (42) P=.374	.26 (60) P=.024
Positives Denken		1.00	.36* (57) P=.003	-.14 (57) P=.152	.19 (57) P=.078	.21 (57) P=.056	.59** (57) P=.000	.23 (41) P=.072	.48** (57) P=.000
Herausfor-derungs-denken			1.00	-.04 (60) P=.397	-.05 (60) P=.352	.25 (60) P=.029	.56** (60) P=.000	.48** (42) P=.001	.50** (60) P=.000
Risikoem-pfinden				1.00	-.39* (60) P=.001	.10 (60) P=.214	-.09 (60) P=.253	.15 (42) P=.165	-.01 (60) P=.468
Konflikt-zunahme					1.00	.10 (60) P=.233	.08 (60) P=.267	.06 (42) P=.354	-.08 (60) P=.271
Hilfe durch Familie						1.00	.31* (60) P=.009	.56** (42) P=.000	.29 (60) P=.013
Leistungs-motiva-tion							1.00	.40* (42) P=.005	.57** (60) P=.000
Führungs-verhalten								1.00	.36* (42) P=.009
Soziale Kompetenz									1.00

(Korrelationskoeffizent / (Anzahl der Fälle) / einseitige Signifikanz: * - p ≤ 0,01 ** - p ≤ 0,001)

Tab. 28: Ergebnis der Varianzanalyse über die sozialpsychologischen Einstellungen zu t1

Varianzanalyse (a)		Mittelwerte		F	dF	p(F)
		Gruppe1	Gruppe2			
Internale Kontrolle	t1	-0,24[1)] n=36	0,36 n=24	5,61	59	0,02
Positives Denken	t1	-0,42 n=32	0,43 n=24	11,22	55	0,00
Soziale Unterstützung	t1	-0,25 n=30	0,25 n=30	4,07	59	0,05
Risikoeinschätzung	t1	0,27 n=34	-0,35 n=26	6,10	59	0,02

- (a) abhängige Variable: Erfolgsfaktor zu t3[2)]

    Skalierung: -2,6 - weniger erfolgreich
             +1,6 - sehr erfolgreich

- (b) Gruppe1: hohe Ausprägung der genannten Einstellung [3)]
    Gruppe2: niedrige Ausprägung der genannten Einstellung

Tab. 29: Ergebnis der Varianzanalyse über die sozialpsychologischen Einstellungen zu t2

Varianzanalyse (a)		Mittelwerte		F	dF	p(F)
		Gruppe1	Gruppe2			
Internale Kontrolle	t2	-0,27 n=34	0,37 n=24	6,11	57	0,02
Positives Denken	t2	-0,52 n=29	0,46 n=29	14,33	57	0,00
Risikoeinschätzung	t2	0,26 n=37	-0,43 n=22	7,28	58	0,01

- (a) abhängige Variable: Erfolgsfaktor zu t3

    Skalierung: -2,6 - weniger erfolgreich
             +1,6 - sehr erfolgreich

- (b) Gruppe1: hohe Ausprägung der genannten Einstellung [3)]
    Gruppe2: niedrige Ausprägung der genannten Einstellung

[1)] Zellenbesetzung.
[2)] zur Verteilung dieses Wertes siehe Abbildung 6 im Anhang.
[3)] Gruppenzuordnung durch Mediansplit.
[4)] Gruppenzuordnung durch Mediansplit.

Tab. 30: Ergebnis der Varianzanalyse über die sozialpsychologischen Einstellungen zu t3

Varianzanalyse (a)		Mittelwerte		F	dF	p(F)
		Gruppe1	Gruppe2			
Internale Kontrolle	t3	-1,52 n=39	2,83 n=24	12,48	59	0,00
Positives Denken	t3	-0,46 n=30	0,53 n=27	19,73	56	0,00 .
Soziale Kompetenz	t3	-0,18 n=39	0,33 n=21	3,73	59	0,01

- (a) abhängige Variable: Erfolgsfaktor zu t3

    Skalierung: -2,6 - weniger erfolgreich
            +1,6 - sehr erfolgreich

- (b) Gruppe 1: hohe Ausprägung der genannten Einstellung [1]
    Gruppe 2: niedrige Ausprägung der genannten Einstellung

[1] Gruppenzuordnung durch Mediansplit.

Tab. 31: Unterschiede der sozialpsychologischen Einstellungen bezogen auf die Einkommensveränderung zu t3

T-Test (a),(b)		Mittelwerte		t	df	p(t)[1]
		Gruppe1	Gruppe2			
Internale Kontrolle c c	t1	0,98	0,69	n.s.		
	t2	0,41	0,72	-1,96	49,83	0,06
	t3	0,17	0,51	-2,00	51,96	0,05
Positives Denken c c	t1	0,68	0,71	-0,15	n.s.	
	t2	o,44	0,83	-2,17	51,35	0,04
	t3	0,37	0,65	-1,74	55	0,09
Herausforderungsdenken c	t1	1,23	1,33	-0,47	n.s.	
	t2	1,03	1,53	-2,16	42,94	0,04
	t3	0,97	1,17	-0,90	n.s.	
Soziale Unterstützung	t1	0,57	0,49	n.s.		
	t2	0,55	0,40	1,85	58	0,07
Einzel-Items[2]	t3	nicht signifikant				
Führungsverhalten c	t1	1,17	0,74	2,17	40	0,04
	t2	1,02	0,60	2,47	44	0,02
	t3	1,20	0,69	2,98	40	0,01

- (a) Gruppe1: Gesunkenes oder gleiches Einkommen (n=30)
  Gruppe2: Gestiegenes Einkommen (n=30)

- (b) Skalierung: -2: niedrige Ausprägung
  +2: hohe Ausprägung

- (c) Separate Variance Estimate

[1] Im folgenden bei allen T-Test's angegeben: two-tail-probability; Nach Prüfung auf Varianzhomogenität, wird der T-Test auf Basis gepoolter Varianzen verwendet. Ausnahmefälle sind gekennzeichnet.
[2] Test für soziale Unterstützung zu t3 erfolgt über Einzel-Items, da Reliabilität nicht ausreichend, siehe Kapitel 8.2.

Tab. 32: Unterschiede der sozialpsychologischen Konzepte hinsichtlich der Mitarbeiterveränderung zu t3

T-Test (a),(b)		Mittelwerte		t	df	p(t)
		Gruppe1	Gruppe2			
Internale Kontrolle	t1	0,56	0,69	-0,75	n.s.	
	t2	0,45	0,68	-1,43	n.s.	
	t3	0,13	0,53	-2,31	58	0,03
Positives Denken	t1	0,60	0,77	-1,07	n.s.	
	t2	0,45	0,78	-1,78	56	0,08
	t3	0,41	0,59	-1,15	n.s.	
Risikoeinschätzung	t1	-0,40	-0,79	1,67	58	0,10
	t2	-0,51	-0,68	0,70	n.s.	
	t3	-0,37	-0,48	0,46	n.s.	

- (a) Gruppe1: Gesunkene / gleiche Mitarbeiterzahl (n=28)
      Gruppe2: Gestiegene Mitarbeiterzahl   (n=32)

- (b) Skalierung: -2: niedrige Ausprägung
                  +2: hohe Ausprägung

Tab. 33: Wirkung der sozialpsychologischen Konzepte zu t1 auf die Erfolgsentwicklung von t2 nach t3

Zweifaktorielle Varianzanalyse mit Meßwiederholung		Erfolg		Effekte	dF	F	p(F)
		t2	t3				
Internale Kontrolle	niedrig n = 36	-1,03	-1,19	UV	1	5,60	0,02
	hoch n = 24	1,54	1,79	Zeit	1	0,01	0,91
				UV*Zeit	1	0,34	0,56
Positives Denken	niedrig n = 32	-2,14	-2,07	UV	1	18,86	0,00
	hoch n = 24	2,18	2,15	Zeit	1	0,14	0,96
				UV*Zeit	1	0,34	0,89
Soziale Unterstützung	niedrig n = 31	-1,56	-1,10	UV	1	5,69	0,02
	hoch n = 29	1,66	1,17	Zeit	1	0,00	1,96
				UV*Zeit	1	1,88	0,18
Risikobeurteilung	niedrig n = 34	1,37	1,33	UV	1	7,45	0,01
	hoch n = 26	-1,79	-1,751	Zeit	1	0,00	0,99
				UV*Zeit	1	0,01	0,91

- (a) abhängige Variable: Summe Erfolgsvariablen[1]

    Skalierung: -13 - weniger erfolgreich
              +8 - sehr erfolgreich

[1] zur Verteilung der Werte der Erfolgssumme zu t2 und t3, siehe Abbildungen 7 und 8 im Anhang.

Tab. 34: Wirkung der sozialpsychologischen Konzepte zu t2 auf die Erfolgsentwicklung
von t2 nach t3

Zweifaktorielle Varianzanalyse mit Meßwiederholung		Erfolg		Effekte	dF	F	p(F)
		t2	t3				
Internale Kontrolle	niedrig n = 34	-1,13	-1,34	UV	1	6,25	0,02
	hoch n = 24	1,71	1,80	Zeit	1	0,03	0,87
				UV*Zeit	1	0,18	0,68
Positives Denken	niedrig n = 29	-3,02	-2,64	UV	1	17,59	0,00
	hoch n = 29	2,74	2,31	Zeit	1	0,01	0,94
				UV*Zeit	1	0,44	0,27
Herausforde- rungs- denken	niedrig n = 30	-1,29	-1,00	UV	1	3,90	0,05
	hoch n = 30	1,29	1,00	Zeit	1	0,00	1,00
				UV*Zeit	1	2,68	0,40
Risikobe- urteilung	niedrig n = 37	1,161	1,335	UV	1	8,05	0,01
	hoch n = 22	-2,040	-2,181	Zeit	1	0,00	0,96
				UV*Zeit	1	0,19	0,67

- (a) abhängige Variable: Summe Erfolgsvariablen[1]

Skalierung: -13 - weniger erfolgreich
+8 - sehr erfolgreich

[1] zur Verteilung der Werte der Erfolgssumme zu t2 und t3, siehe Abbildungen 7 und 8 im Anhang.

- 248 -

Tab. 35: Bedeutung der sozialpsychologischen Einstellungen (t1) für das Betriebsergebnis 1991

Regressionsanalyse		B	SE(B)	Beta	T	p(T)
Prädiktoren						
Positives Denken	t1	,041	,013	,464	3,28	0,00

Multiple R$_2$	0,46	Analysis of Variance	dF	Sum of Squares
Multiple R^2	0,22			
adjusted R^2	0,19	Regression	1	1,83
Stand. Error	0,41	Residuals	39	6,66

F = 10,73   p(F) ≤ 0,01

- abhängige Variable: Betriebsergebnis 1991[1]

Tab. 36: Bedeutung der sozialpsychologischen Einstellungen (t2)[2] für das Betriebsergebnis 1991

Regressionsanalyse		B	SE(B)	Beta	T	p(T)
Prädiktoren						
soziale Kompetenz	t2	,060	,022	,398	2,78	0,01

Multiple R$_2$	0,39	Analysis of Variance	dF	Sum of Squares
Multiple R^2	0,16			
adjusted R^2	0,14	Regression	1	1,29
Stand. Error	0,41	Residuals	41	6,88

F = 7,72   p(F) ≤ 0,01

- abhängige Variable: Betriebsergebnis 1991

[1] binär codiert: Kodierung: negatives und ausgeglichenes Ergebnis, sowie leichte und auskömmliche Gewinne zusammengefaßt.
[2] zu t3 keine signifikanten Ergebnisse.

Tab. 37: Bedeutung der sozialpsychologischen Einstellungen (t1) für die Einkommensveränderung zu t3

Regressionsanalyse		B	SE(B)	Beta	T	p(T)
Prädiktoren						
Führungsverhalten	t1	-,045	,019	-,358	-2,39	0,02

Multiple R	0,36	Analysis of Variance	dF	Sum of Squares
Multiple R²	0,13			
adjusted R²	0,11	Regression	1	1,31
Stand. Error	0,48	Residuals	39	8,89

F = 5,73   p(F) ≤ 0,05

- abhängige Variable: Einkommensveränderung t3[1]

Tab. 38: Bedeutung der sozialpsychologischen Einstellungen (t2) für die Einkommensveränderung zu t3

Regressionsanalyse		B	SE(B)	Beta	T	p(T)
Prädiktoren						
Soziale Unterstützung	t2	-,087	,039	-,292	-2,22	0,03
Führungsverhalten	t2	-,054	,018	-,396	-2,97	0,01
Herausforderungsdenken	t2	,172	,066	,342	2,59	0,01

Multiple R	0,60	Analysis of Variance	dF	Sum of Squares
Multiple R²	0,36			
adjusted R²	0,32	Regression	3	3,89
Stand. Error	0,42	Residuals	39	6,79

F = 7,45   p(F) ≤ 0,01

- abhängige Variable: Einkommensveränderung t3

[1] binäre Kodierung durch Zusammenfassung der Gruppen mit gesunkenem und gleichen Einkommen im Vergleich zu den Gründern mit gestiegenen Einkommen.

Tab. 39: Bedeutung der sozialpsychologischen Einstellungen (t3) für die Einkommensveränderung zu t3

Regressionsanalyse	B	SE(B)	Beta	T	p(T)
Prädiktoren					
Führungsverhalten t3	-,068	,019	-,489	-3,47	0,00
Herausforderungsdenken t3	,228	,101	,318	2,25	0,03

Multiple R	0,52	Analysis of Variance	dF	Sum of Squares
Multiple R^2	0,27			
adjusted R^2	0,24	Regression	2	2,78
Stand. Error	0,44	Residuals	38	7,32

$$F = 7,21 \quad p(F) \leq 0,01$$

- abhängige Variable: Einkommensveränderung t3

Tab. 40: Diskriminanzanalyse zum Betriebsergebnis 1991 über die sozialpsychologischen Konzepte zu t1

Diskriminanzanalyse 1)		Betriebsergebnis 1991			
		Gruppen		Multivariates	b_j^*
		(a) n=12	(b) n=29	Wilks Lambda Sig.	
Positives Denken	t1	0,24	0,82	0,78 0,00	-0,89
Führungsverhalten	t1	1,03	0,87	0,72 0,00	0,48
Risikoempfinden	t1	-0,28	-0,79	0,70 0,00	0,47
Soziale Unterstützung	t1	1,02	1,21	0,67 0,00	0,69
Soziale Kompetenz	t1	0,60	1,17	0,68 0,00	-0,54
Gruppenzentroide		1,15	-0,48		

Fcn.	Eigenwert	kanonische Korrelation	Wilks' Lambda	Chisqc	dF	Sig.
1	0,58	0,61	0,63	16,67	5	0,005

Klassifikationsergebnis: 80,49 %[2]

- Skalierung: -2: niedrige Ausprägung
             +2: hohe Ausprägung

- (a): negatives / ausgeglichenes Betriebsergebnis
- (b): leichte oder auskömmliche Gewinne in 1991

---

[1] Ergebnis des paarweisen F-Test: $F(5,35) = 4,05$; $p(F) = 0,005$.
Ergebnisse der univariaten F-Test's: $F(1,39)$: Die Aspekte "Positives Denken" ($p(F) = 0,00$), "Risikoempfinden" ($p(F) = 0,09$) und "Soziale Kompetenz" ($p(F) = 0,04$) erweisen sich als signifikant.

[2] Der Test auf ungleiche Gruppenstreuung wird nicht signifikant: Box'M = 15,9; $p = 0,60$.
Klassifizierung: Der Gruppe (a) werden 83,3%, der Gruppe (b) 79,3% der Fälle richtig zugeordnet.

Tab. 41: Diskriminanzanalyse zum Betriebsergebnis 1991 über die sozialpsychologischen Konzepte zu t2

Diskriminanzanalyse 1)		Betriebsergebnis 1991				
		Gruppen		Multivariates		
		(a) n=11	(b) n=32	Wilks' Lambda	Sig.	b_j^*
Soziale Kompetenz t2		0,50	1,16	0,84	0,01	0,80
Soziale Unterstützung t2		1,32	1,02	0,79	0,01	-0,57
Positives Denken t2		0,34	0,83	0,75	0,01	0,45
Gruppenzentroide		-0,96	0,33			

Fcn.	Eigen- wert	kanonische Korrelation	Wilks' Lambda	Chisqc	dF	Sig.
1	0,33	0,50	0,750	11,39	3	0,0098

Klassifikationsergebnis: 78,95 %[2]

- Skalierung: -2: niedrige Ausprägung
               +2: hohe Ausprägung

- (a): negatives / ausgeglichenes Betriebsergebnis
- (b): leichte oder auskömmliche Gewinne in 1991

---

[1] paarweiser F-Test: $F(3,39) = 4,34$; $p = 0,0098$.
univariate F-Test's: $F(1,41)$: Mit Ausnahme der "Sozialen Unterstützung" trennen die Merkmalsvariablen signifikant, mit $p(F) = 0,01$ für internale Kontrolle und $p(F) = 0,03$ für positives Denken.
[2] Da der Test auf unterschiedliche Gruppenstreuungen (Box'M) mit Box'M = 18, $p = 0,02$ signifikant wird, erfolgte die Klassifzierung der Fälle über die individuellen Kovarianzenmatrizen.
Klassifizierung: Der Gruppe (a) werden 64,7%, der Gruppe (b) 85% der Fälle richtig zugeordnet.

Tab. 42: Diskriminanzanalyse zum Betriebsergebnis 1991 über die sozialpsychologischen Konzepte zu t3

Diskriminanzanalyse 1)		Betriebsergebnis 1991					
		Gruppen (a) n=12	(b) n=29	Multivariates Wilks' Lambda Sig.		b_j*	
Keine Konfliktzunahme	t3	0,75	-0,03	0,91	0,06	0,87	
Positives Denken	t3	0,39	0,75	0,78	0,01	-0,72	
Führungsverhalten	t3	1,14	0,82	0,68	0,00	0,59	
Internale Kontrolle	t3	0,33	0,61	0,66	0,00	-0,37	
Gruppenzentroide		1,08	-0,45				

Fcn.	Eigenwert	kanonische Korrelation	Wilks' Lambda	Chisqc	dF	Sig.
1	0,51	0,5801	0,66	15,18	4	0,0043

Klassifikationsergebnis: 80,49%[2]

- Skalierung: -2: niedrige Ausprägung
  +2: hohe Ausprägung

- (a): negatives / ausgeglichenes Betriebsergebnis
- (b): leichte oder auskömmliche Gewinne in 1991

---

[1] paarweiser F-Test: F(4,36)=4,57; p=0,0044.
univariate F-Test's: F(1,39): Die Aspekte "Keine Konfliktzunahme" (p(F)=0,06) und "Positives Denken" (p(F)=0,07) erweisen sich als signifikant.

[2] Da der Test auf unterschiedliche Gruppenstreuungen (Box'M) mit Box'M=25, p=0,02 signifikant wird, erfolgte die Klassifzierung der Fälle über die individuellen Kovarianzenmatrizen.
Klassifizierung: Der Gruppe (a) werden 66,7%, der Gruppe (b) 86,2% der Fälle richtig zugeordnet.

Tab. 43: Diskriminanzanalyse zur Einkommensveränderung über die sozialpsychologischen Konzepte zu t2

Diskriminanzanalyse 1)		Einkommensveränderung t3						
		Gruppen (a) n=8	(b) n=12	(c) n=23	Multivariates Wilks' Lambda Sig.		$b^*_{j(1)}$	$b^*_{j(2)}$	$\bar{b}j$
Positives Denken	t2	-0,19	1,02	0,87	0,64	0,00	-0,91	0,47	0,79
Führungsverhalten	t2	1,17	0,99	0,60	0,48	0,00	0,67	-0,04	0,51
Soziale Unterstützung	t2	1,25	1,59	0,79	0,40	0,00	0,37	0,55	0,42
Leistungsmotivation	t2	0,93	1,35	0,92	0,37	0,00	0,18	0,59	0,29
Herausforderungsdenken	t2	0,63	1,17	1,52	0,35	0,00	-0,21	-0,48	0,28

Gruppen-zentroide	Fcn.1 Fcn.2	1,96 0,09 -0,73 -0,44 0,96 -0,35	Klassifikations-ergebnis: 73,33 $\chi^{2)}$

Fcn.	Eigen-wert	proz. Eigenwert	kanonische Korrelation	Wilks' Lambda	Chisqc	dF	Sig.
1	1,08	73,92	0,72	0,35	40,12	10	0,0000
2	0,38	26,08	0,53	0,72	12,28	4	0,0154

- Skalierung: -2: niedrige Ausprägung
              +2: hohe Ausprägung

- (a): gesunkenes Einkommen zu t3 (n=8)
- (b): gleiches Einkommen zu t3   (n=12)
- (c): gestiegenes Einkommen zu t3 (n=23)

1) paarweiser F-Test: F(5,36):
Gruppe a, b: F = 4,69; p(F) = 0,0021; Gruppe a, c: F = 7,76; p(F) = 0,0000;
Gruppe b, c: F = 3,38; p(F) = 0,0133.
univariate F-Test's: F(2,40): Alle genannten Merkmale außer "Leistungsmotivation" erweisen sich als signifikant mit "Positives Denken" p(F) = 0,00, "Führungsverhalten" p(F) = 0,04; "Soziale Unterstützung" p(F) = 0,02, "Herausforderungsdenken" p(F) = 0,08.
2) Box'M-Test: Box'M = 43, p = 0,34.
Klassifizierung:

tatsächlich	geschätzt Gruppe a	Gruppe b	Gruppe c
Gruppe a	87,5%	12,5%	0,0%
Gruppe b	7,7%	76,9%	15,4%
Gruppe c	8,3%	25,0%	66,7%.

- 255 -

Tab. 44: Diskriminanzanalyse zur Einkommensveränderung über die sozialpsychologischen Konzepte zu t3

Diskriminanzanalyse 1)		Einkommensveränderung t3						
		Gruppen (a) n=5	(b) n=13	(c) n=23	Multivariates Wilks' Lambda Sig .	b* Fćn1	b* Fćn2	Ƃj
Positives Denken	t3	-0,04	0,85	0,69	0,78 0,01	0,89	-0,18	0,67
Führungsverhalten	t3	1,47	1,09	0,69	0,52 0,00	-0,49	1,12	0,69
Herausforderungsdenken	t3	1,20	1,00	1,09	0,47 0,00	-0,54	-0,87	0,64
Internale Kontrolle	t3	0,16	0,80	0,53	0,42 0,00	0,52	0,65	0,56
Risikoempfinden	t3	-0,60	-0,13	-0,58	0,36 0,00	0,47	0,48	0,47

Gruppen- zentroide	Fcn.1 Fcn.2	-2,46 0,63 0,18 0,37 0,83 -0,55	Klassifikations-2) ergebnis: 73,17%

Fcn.	Eigen- wert	proz. Eigenwert	kanonische Korrelation	Wilks' Lambda	Chisqc	dF	Sig.
1	0,95	68,31	0,70	0,36	37,16	10	0,0001
2	0,44	31,69	0,56	0,69	13,14	4	0,0106

- Skalierung: -2: niedrige Ausprägung
            +2: hohe Ausprägung

- (a): gesunkenes Einkommen zu t3 (n=13)
- (b): gleiches Einkommen zu t3   (n=17)
- (c): gestiegenes Einkommen zu t3 (n=30)

---

1) paarweiser F-Test: F(4,35): Gruppe a, b: F = 6,29; p(F) = 0,0003; Gruppe a, c: F = 5,73; p(F) = 0,0006; Gruppe b, c: F = 3,16; p(F) = 0,0190.
univariate F-Test's: F(2,38): Lediglich die Variablen "Herausforderungsdenken" und "Risikoempfinden" erweisen sich nicht als signifikant.
2) Da der Test auf unterschiedliche Gruppenstreuungen (Box'M) mit Box'M = 42, p = 0,00 signifikant wird, erfolgte die Klassifzierung der Fälle über die individuellen Kovarianzenmatrizen.

Klassifizierung: geschätzt
              tatsächlich   Gruppe a Gruppe b Gruppe c
              Gruppe a   100,0%   0,0%   0,0%
              Gruppe b   7,7%   69,2%   23,1%
              Gruppe c   8,7%   21,7%   69,2%.

ANSCHREIBEN UND FRAGEBÖGEN DER ERHEBUNGEN

Industrie- und Handelskammer Rostock

I H K

Sehr geehrte Damen und Herren,

Frau Stephanie Barth führt im Rahmen einer Promotionsarbeit
umfangreiche Untersuchungen in neu gegründeten Firmen durch.
Insbesondere geht es ihr um die Beantwortung der im Fragespiegel
aufgeworfenen Fragen. Die Befragungen dienen u.a. der Bestands-
aufnahme in bezug auf die Existenzgründungsmotive, einer möglichen
Konjunktureinschätzung sowie der Aufzählung von Entwicklungs-
tendenzen einzelner Existenzgründer.

Der IHK liegt der Fragespiegel vor, der, vorausgesetzt er wird
exakt ausgefüllt, aussagekräftig ist und wesentlich dazu beiträgt,
fundierte Angaben über die verschiedensten Motive, Probleme und
Investitionsvorhaben bei Existenzgründungen zu vermitteln.

Von seiten der IHK Rostock wird die Arbeit der Frau Barth
unterstützt. Aus diesem Grunde bittet die IHK um Ihre Hilfe bei
der Beantwortung des Fragebogens.

Mit freundlichen Grüßen

Industrie- und Handelskammer Rostock
Hauptgeschäftsführer

Levert

Ernst-Barlach-Str. 7 . 2500 Rostock . Telefon 3 75 01
Dresdner Bank . BLZ 13080000 . Konto-Nr. 207447300

Industrie- und Handelskammer zu Schwerin

IHK zu Schwerin • Postfach • 2750 Schwerin

Schloßstraße 6 - 8
Postfach
2750 Schwerin

Tel.: 7 89 22 / 23

Ihr Zeichen	Ihre Nachricht	Ident-Nr.	Unser Zeichen	Unsere Nachricht	Datum
					19. 02. 1991

Sehr geehrte Damen und Herren,

heute wenden wir uns mit einer nicht alltäglichen Bitte
an Sie.
Mit gleicher Post erreicht Sie eine Befragung von Frl. Barth.

Hintergrund dieses Projektes ist das wissenschaftliche Auf-
arbeiten der Motivationen und Voraussetzungen, die zum
erfolgreichen Gründen von neuen Unternehmen des Mittelstandes führen. Über diese Problematik der Existenzgründung
schreibt Frau Barth eine Dissertation an der Christian-
Albrecht-Universität in Kiel.

Da wir als Industrie- und Handelskammer auch Nutznießer
der Ergebnisse dieser Arbeit sein werden, welche wir in
unserer Tätigkeit im Kammerbereich verwenden wollen,
unterstützen wir diese Untersuchung. Wir versprechen uns
von den Ergebnissen dieses Projektes zusätzliche Hinweise
auf ein Instrumentarium zur weiteren Etablierung von
kleinen und mittelständischen Unternehmen speziell auf
die Belange Mecklenburg-Vorpommerns zugeschnitten.

Motiviert durch diese Beweggründe bitten wir Sie um
Ihre Mitarbeit.
Herzlichen Dank für Ihre Unterstützung dieses Projektes.

Mit freundlichen Grüßen

H. Meyer
amt. Hauptgeschäftsführer

Anlage

Postscheckamt Berlin-Ost
BLZ 120 171 99   Kto.Nr. 71 99-52-34 560

Deutsche Kreditbank AG
BLZ 140 214 61   Kto Nr. 14 61-33-98

Telefax: 8 33 90

**INSTITUT FÜR
BETRIEBSWIRTSCHAFTLICHE INNOVATIONSFORSCHUNG
DER CHRISTIAN-ALBRECHTS-UNIVERSITÄT ZU KIEL**

Direktor: Professor Dr. Jürgen Hauschildt

Olshausenstraße 40
D - 2300 K I E L 1
Tel (04 31) 8 80-39 99 / 15 29
Fax· (04 31) 8 80-33 49

Kiel, den 16.02.91

wir möchten Sie als jemanden ansprechen, der sich in den letzten Monaten selbständig gemacht hat.

Unsere Volkswirtschaft, insbesondere die fünf neuen Bundesländer, benötigen dringend eine Vielzahl von Existenzgründern. Denn neue Unternehmen sichern langfristig den Wettbewerb und damit eine bedarfsgerechte Versorgung, verwirklichen neue Ideen und schaffen nicht zuletzt neue Arbeitsplätze.

Sicher haben Sie schon einmal darüber nachgedacht, wovon der Erfolg Ihrer Exi–stenzgründung abhängt. Die Entwicklung wird dabei von vielen Faktoren beeinflußt; aber der wichtigste Faktor sind Sie selbst: Ihre Berufserfahrung, Ihr Einsatz, Ihre Einstellung und vieles mehr, das in Ihrer Person begründet ist.

Die Untersuchung, um deren Unterstützung wir Sie hiermit bitten, hat das Ziel, Informationen über wichtige Einflüsse, die vor allem in der Person des Existenzgründers liegen, zu gewinnen. Damit sollen Anhaltspunkte für eine effektivere Betreuung der Existenzgründer gefunden werden.

Wir bitten Sie daher um Ihre Mitarbeit ! Bei dem beiliegenden Fragebogen handelt es sich um den ersten Teil einer Studie, in deren Verlauf wir Sie zu zwei späteren Zeitpunkten noch einmal befragen möchten. Ihre Adresse ist per Zufall aus den Existenzgründungen seit Oktober'90 in den Kammerbezirken Rostock und Schwerin ausgewählt worden. Um möglichst repräsentative Ergebnisse zu erhalten, bitten wir Sie um Teilnahme an dieser Untersuchung. Lassen Sie sich durch den Umfang des Bogens nicht irritieren! Die Fragen sind schnell, meist durch einfaches Ankreuzen, beantwortet.

Da die Befragung anonym ist, wir aber andererseits alle drei Fragebögen innerhalb dieser Untersuchung zusammenfügen müssen, bitten wir Sie, an der vorgesehenen Stelle eine bestimmte Kennziffer einzutragen.

Wir möchten Sie bitten, den ausgefüllten Fragebogen bis zum 3. März 1991 an uns zu–rückzusenden. Benutzen Sie hierfür den beigelegten Freiumschlag!

Mit freundlichen Grüßen

Stephanie Barth

(Stephanie Barth)

P.S.: Sollten Sie an einzelnen Ergebnissen der Untersuchung interessiert sein, so legen Sie Ihre Adresse bei; wir werden Sie gerne persönlich informieren.

FRAGEN ZUR EXISTENZGRÜNDUNG

1. Wann haben Sie sich selbständig gemacht ?

Monat: _____   Jahr: 19_____

2. In welcher Form erfolgte die Existenzgründung ?

O durch Neugründung, als   O   Alleininhaber
                                O   Mitinhaber, Kontakt durch   O Kooperationsbörse IHK
                                                                       O Eigeninitiative

O durch Übernahme eines bestehenden Unternehmen (z.b. durch Kauf, Pacht, Erbschaft)

O durch aktive Beteiligung an einem bestehenden Unternehmen

3. Welcher Branche ist Ihr Unternehmen zuzuordnen ?

O produzierendes Gewerbe   O Handwerk
O Groß- und Einzelhandel   O Hotel- und Gaststättengewerbe
O Verkehrsgewerbe   O sonst. Dienstleistungen
O freie Berufe

4. Welche Rechtsform hat Ihre Firma ?

O Einzelfirma
O Personengesellschaft (GbR, OHG, KG, GmbH & Co KG)
O Kapitalgesellschaft (GmbH, AG)

5. Mit wievielen Mitarbeitern haben Sie begonnen ?

_____ Mitarbeiter, davon _____ Vollzeit _____ Teilzeit

6. Wie hoch ist die Mitarbeiterzahl jetzt ?

_____ Mitarbeiter, davon _____ Vollzeit _____ Teilzeit

7. Wie hoch war Ihr Startkapital (Eigen-und Fremdkapital zusammen) ?

O unter 25 000 DM
O 25 000 - 100 000 DM
O über 100.000 DM

8. Woher stammt Ihr Fremdkapital ?   (Mehrfachnennungen möglich)

O Darlehen von Privat/Verwandten/Freunden
O Bankkredite
O Öffentliche Finanzierungshilfen

9. Wie ist die Zusammensetzung Ihres Startkapitals ?

_____ % Eigenkapital   _____ % Fremdkapital

10. Wenn Sie öffentliche Finanzierungshilfen erhalten haben, welche? (Mehrfachnennungen möglich)

O ERP-Existenzgründungsdarlehen aus Bundesmitteln
O Eigenkapitalhilfe aus Bundesmitteln
O Kredite aus Mitteln eines Bundeslandes
O Investitionszulage
O Investitionszuschüsse (Mittel der Gemeinschaftsaufgabe)
O sonstige:_____

11. Warum haben Sie sich selbständig gemacht ? (Bitte der wichtigste Grund)

_____

12. Wieviele Tage hat es gedauert, bis Sie Ihren Entschluß, sich selbständig zu machen, in die Tat umgesetzt hatten ?

_____ Tage

13. Wie hoch ist Ihre augenblickliche wöchentliche Arbeitszeit ?

_____ Stunden

14. Haben Sie vor der Gründung die Markt- und Standortfrage untersuchen lassen?

O ja,   O von Außenstehenden
        O ich selber
O nein

15. Haben Sie vor der Gründung einen Finanz- und Investitionsplan aufgestellt ?

O ja,   O von Außenstehenden
        O ich selber
O nein

Wenn ja, welchen Zeitraum umfaßte er ?   _____ Monate

16. Waren Sie am Tag, als die Mauer fiel (9.11.89)

O Bürger der DDR
O Bürger der BRD
O _____ ?

17. Sie haben sich entschlossen, selbständig tätig zu werden. Wodurch sind Ihre Vorstellungen über die soziale Marktwirtschaft vor allem geprägt worden ? (Mehrfachnennungen möglich)

O Tageszeitungen, Zeitschriften   O westliche Medien
O Bücher   O Medien der DDR
O Berichte von vertrauenswürdigen Personen   O Westkontakte
O Darstellung des Kapitalismus durch die SED   O Schulwissen
O _____   O _____

18. Welches waren Ihre Motive für die Gründung einer selbständigen unternehmerischen Existenz ? (Bitte bei allen Motiven die Bedeutung ankreuzen !)

	unbedeutend	weniger bedeutend	bedeutend	sehr bedeutend
1. Erreichen von Entscheidungs- und Handlungsfreiheit	O---------O---------O---------O			
2. Durchsetzung eigener Ideen	O---------O---------O---------O			
3. Streben nach wirtschaftlicher Unabhängigkeit	O---------O---------O---------O			
4. Streben nach höherem Einkommen	O---------O---------O---------O			
5. Geldanlage/Vermögensbildung	O---------O---------O---------O			
6. Erreichen eines leistungsgerechten Einkommens	O---------O---------O---------O			
7. Arbeitsmarkt- und konjunkturbedingte Gründe	O---------O---------O---------O			

- 262 -

	unbedeutend	weniger bedeutend	bedeutend	sehr bedeutend

8. Gutes Ansehen in der Öffentlichkeit O-----------O-----------O-----------O

9. Ärger in der abhängigen Beschäftigung O-----------O-----------O-----------O

10. Steuerliche Vorteile O-----------O-----------O-----------O

11. Macht und Einfluß gewinnen O-----------O-----------O-----------O

12. Führen von Menschen O-----------O-----------O-----------O

13. Die Höhe seines Einkommens selbst zu bestimmen O-----------O-----------O-----------O

14. Familientradition O-----------O-----------O-----------O

15. Möglichkeit, mit Ehepartner/Familie zusammenzuarbeiten O-----------O-----------O-----------O

16. Eigene Leistungsfähigkeit unter Beweis zu stellen O-----------O-----------O-----------O

17. Mehr Kontakte zu Menschen zu haben O-----------O-----------O-----------O

18. Positive Beispiele von Selbständigkeit bei
Verwandten/Bekannten O-----------O-----------O-----------O

ERWARTUNGEN UND EINSCHÄTZUNGEN

1. Mit wievielen Mitarbeitern rechnen Sie in

einem Jahr: _____ Mitarbeiter, davon _____ Vollzeit _____ Teilzeit

zwei Jahren: _____ Mitarbeiter, davon _____ Vollzeit _____ Teilzeit

2. Welchen Umsatz erwarten Sie in

diesem Jahr (1991) ?
- O unter 50 000
- O 50 000 - 100 000
- O 100 000 - 250 000 DM
- O 250 000 - 500 000 DM
- O 500 000 - 1 Mio. DM
- O über 1 Mio. DM

dem nächsten Jahr (1992) ?
- O unter 50 000
- O 50 000 - 100 000
- O 100 000 - 250 000 DM
- O 250 000 - 500 000 DM
- O 500 000 - 1 Mio. DM
- O über 1 Mio. DM

3. **Wenn Sie Ihre und die Entwicklung Ihrer Firma betrachten, wie würden Sie dann folgende Aussagen einschätzen ?** (Bitte ankreuzen)

	stimmt gar nicht	stimmt wenig	stimmt teils teils	stimmt ziemlich	stimmt völlig
1) Die Entwicklung der Firma hängt überwiegend von mir selbst ab.	O	O	O	O	O
2) Die Entwicklung der Firma ist zufalls- oder schicksalsabhängig.	O	O	O	O	O
3) Die Konjunktur beeinflußt die Entwicklung meiner Firma sehr.	O	O	O	O	O
4) Das politische Umfeld beeinflußt die Entwicklung meiner Firma sehr.	O	O	O	O	O
5) Erfolg zu haben, ist eine Frage harter Arbeit und hat wenig oder gar nichts mit Glück zu tun.	O	O	O	O	O
6) Die Entwicklung der Firma ist bisher sehr positiv verlaufen.	O	O	O	O	O
7) Die Aussichten für meine Firma sind ausgesprochen gut.	O	O	O	O	O
8) Ich bin mit der Finanzierung (Anteil des Eigenkapitals) sehr zufrieden.	O	O	O	O	O
9) Meine Kontakte zu Lieferanten und Kunden sind ausgesprochen gut.	O	O	O	O	O
10) Meine Erwartungen hinsichtlich der Existenzgründung haben sich bisher voll erfüllt.	O	O	O	O	O
11) Ich bin mit der Werbung für meine Firma sowohl qualitätsmäßig als auch vom Umfang her zufrieden.	O	O	O	O	O
12) Ich habe die richtigen Mitarbeiter ausgewählt..	O	O	O	O	O
13) Meine Kenntnisse reichen zur Führung meines Unternehmens voll aus.	O	O	O	O	O
14) Ich bin sehr zuversichtlich, daß ich selbst immer Erfolg haben werde.	O	O	O	O	O
15) Ich bin mir immer sicher, die jeweils richtige Entscheidung für meine Firma zu treffen.	O	O	O	O	O
16) Ich fasse meine Existenzgründung als Herausforderung auf.	O	O	O	O	O
17) Mein Freundes- und Bekanntenkreis war von meiner Existenzgründung begeistert.	O	O	O	O	O
18) Meine Familie/Lebenspartner hat mich bei meiner Existenzgründung sehr unterstützt.	O	O	O	O	O

	stimmt gar nicht	stimmt wenig	stimmt teils teils	stimmt ziemlich	stimmt völlig

19) Mein ehemaliger Kollegenkreis findet die Idee, mich selbständig zu machen, gut.
O---------O---------O---------O---------O

20) In meinem persönlichen Umfeld haben Konflikte seit der Existenzgründung sehr zugenommen.
O---------O---------O---------O---------O

21) Bei Engpässen kann ich mich auf die persönliche Mithilfe meiner Familie/Lebenspartner verlassen.
O---------O---------O---------O---------O

22) Ich befürchte, im Falle des Scheiterns der Existenzgründung als Versager zu gelten.
O---------O---------O---------O---------O

23) Wenn ich mit meiner Existenzgründung scheitere, habe ich Angst, keinen neuen Arbeitsplatz zu finden.
O---------O---------O---------O---------O

24) Die Verantwortung, die ich mit der Existenzgründung übernommen habe, bedrückt mich sehr.
O---------O---------O---------O---------O

25) Eine genaue Einschätzung der Marktchancen meines Unternehmens war für meinen Gründungsentschluß sehr wichtig.
O---------O---------O---------O---------O

26) Ich habe mich vor meiner Existenzgründung durch eine ganze Reihe von Institutionen beraten lassen.
O---------O---------O---------O---------O

27) Ich lasse mich jetzt durch außerbetriebliche Akteure (wie IHK, Handwerkskammer, Unternehmensberater, Steuerberater) beraten.
O---------O---------O---------O---------O

28) In meiner Firma werden die Investitionen sehr genau geplant.
O---------O---------O---------O---------O

29) Meine Vorbereitungen für die Selbständigmachung waren vollkommen unzureichend.
O---------O---------O---------O---------O

30) Ich bin in der Lage, den Betrieb schnell den Veränderungen des Marktes anzupassen.
O---------O---------O---------O---------O

31) Ich habe sehr viele Ideen für Neuerungen in meinem Betrieb.
O---------O---------O---------O---------O

32) Die Weiterentwicklung der Organisation meines Betriebes überfordert mich.
O---------O---------O---------O---------O

33) Ich sorge dafür, daß meine Arbeit sorgfältig geplant und organisiert ist.
O---------O---------O---------O---------O

34) Ich mache es mir zu Pflicht, mich nicht durch unvorhergesehene Ereignisse von der Arbeit abhalten zu lassen.
O---------O---------O---------O---------O

35) Ich knüpfe sehr leicht geschäftliche Kontakte.
O---------O---------O---------O---------O

36) Ich habe keine Probleme, meine Mitarbeiter zu motivieren.
O---------O---------O---------O---------O

	stimmt gar nicht	stimmt wenig	stimmt tells tells	stimmt ziemlich	stimmt völlig

37) Meine Kontakte zu den Behörden sind gut. O---------O---------O---------O---------O

38) Ich bin sehr gerne unter vielen Menschen. O---------O---------O---------O---------O

39) Es fällt mir sehr leicht, ein Gespräch mit Fremden zu beginnen. O---------O---------O---------O---------O

40) Ich versuche, soviel Verantwortung wie nur möglich auf meine Mitarbeiter zu übertragen. O---------O---------O---------O---------O

41) In meinem Unternehmen besteht für jeden Mitarbeiter ein Höchstmaß an Transparenz. O---------O---------O---------O---------O

42) Ich bringe meinen Mitarbeitern die höchste Wertschätzung entgegen. O---------O---------O---------O---------O

43) Die Mitarbeiter können in meiner Firma mitgestalten. O---------O---------O---------O---------O

4. Auf dieser und der folgenden Seite finden sie eine Liste von Persönlichkeitseigenschaften.

Beschreiben Sie sich bitte selbst anhand dieser Liste, indem Sie in jeder Zeile auf der Skala ankreuzen, in welchem Ausmaß entweder die linke oder die rechte Eigenschaft auf Sie zutrifft. Auch wenn Sie mitunter sagen möchten, daß je nach Umständen beide Eigenschaften zutreffen oder daß Sie eigentlich keine Gegensätze darstellen, sollten Sie nur einen Wert ankreuzen und damit angeben, welche der beiden Eigenschaften eher zutrifft und in welchem Ausmaß sie zutrifft. Übersehen Sie bitte kein Eigenschaftspaar !

Da alle Angaben anonym sind, können Sie unbesorgt niederschreiben, was Sie wirklich von sich denken. Es ist niemand da, auf den Sie einen guten Eindruck machen müßten. Nur wenn Sie ganz ehrlich antworten, sind die Ergebnisse wissenschaftlich verwertbar. Wir bitten Sie daher, am Ende des Fragebogens anzugeben, wie sehr wir uns auf Ihre Angaben verlassen können. (Bitte nur ein Kreuz pro Zeile !)

sachbezogen	4	3	2	1	0	1	2	3	4	kontaktfreudig
langsam im Denken	4	3	2	1	0	1	2	3	4	schnell im Denken
leicht zu beunruhigen	4	3	2	1	0	1	2	3	4	seelisch stabil
anpassungsbereit	4	3	2	1	0	1	2	3	4	eigenwillig
ruhig	4	3	2	1	0	1	2	3	4	lebhaft
sorglos	4	3	2	1	0	1	2	3	4	gewissenhaft
schüchtern	4	3	2	1	0	1	2	3	4	draufgängerisch
dickfellig	4	3	2	1	0	1	2	3	4	feinfühlig
gutgläubig	4	3	2	1	0	1	2	3	4	mißtrauisch
realistisch	4	3	2	1	0	1	2	3	4	träumerisch

gerade heraus	4	3	2	1	0	1	2	3	4	diplomatisch
mit mir zufrieden	4	3	2	1	0	1	2	3	4	an mir zweifelnd
am Gewohnten festhalten	4	3	2	1	0	1	2	3	4	für Veränderungen aufgeschlossen
anlehnungsbedürftig	4	3	2	1	0	1	2	3	4	eigenständig
unbeherrscht	4	3	2	1	0	1	2	3	4	diszipliniert
ausgeglichen	4	3	2	1	0	1	2	3	4	reizbar
angespannt	4	3	2	1	0	1	2	3	4	gelassen
experimentierfreudig	4	3	2	1	0	1	2	3	4	an Bewährtem orientiert
geübt im Nachdenken	4	3	2	1	0	1	2	3	4	ungeübt im Nachdenken
zartbesaitet	4	3	2	1	0	1	2	3	4	derb
ängstlich-besorgt	4	3	2	1	0	1	2	3	4	unbeschwert
phantasievoll	4	3	2	1	0	1	2	3	4	nüchtern
auf Selbstbehauptung bedacht	4	3	2	1	0	1	2	3	4	zur Unterordnung bereit
warmherzig	4	3	2	1	0	1	2	3	4	kühl
prinzipientreu	4	3	2	1	0	1	2	3	4	leichtlebig
kritisch	4	3	2	1	0	1	2	3	4	nachsichtig
gerne unabhängig	4	3	2	1	0	1	2	3	4	gerne mit anderen
kultiviert	4	3	2	1	0	1	2	3	4	natürlich
selbstbeherrscht	4	3	2	1	0	1	2	3	4	wechselhaft
selbstsicher	4	3	2	1	0	1	2	3	4	scheu
seelisch widerstandsfähig	4	3	2	1	0	1	2	3	4	seelisch wenig belastbar
erlebnishungrig	4	3	2	1	0	1	2	3	4	stillebedürftig
Sie können sich auf meine Angaben verlassen	4	3	2	1	0	1	2	3	4	Sie können sich auf meine Angaben nicht verlassen

Tragen Sie jetzt bitte auf der nächsten Seite Ihre Kennziffer ein !

Wie bereits im Anschreiben erwähnt wurde, ist es sehr wichtig, daß die 3 Fragebögen, die Sie während dieser Erhebung zu verschiedenen Zeitpunkten ausfüllen, wieder zusammengefügt werden können, um so die Entwicklung der Existenzgründer zu beobachten. Da die Untersuchung aber streng anonym durchgeführt wird, wir also nicht wissen, wer welchen Fragebogen ausfüllt, haben wir eine Kennziffer entwickelt, nach der auch auf den beiden folgenden Fragebögen, die sie im Laufe der Zeit noch bekommen, gefragt werden wird. Über diese Kennziffer können wir die 3 Fragebögen anschließend wieder zusammenfügen.

Wichtig ! Hier bitte <u>Kennziffer</u> eintragen:

Erster und zweiter Buchstabe des Vornamens der Mutter: _____ _____

Erster und zweiter Buchstabe des Vornamens des Vaters: _____ _____

Ihr Geburtsjahr (z.B. für "1960" nur "60" schreiben): _____ _____

Anzahl der Geschwister (außer Ihnen selber): _____ _____

Anzahl der eigenen Kinder: _____ _____

Gruppe (S für IHK-Schwerin, R für IHK-Rostock): _____

Vielen Dank für Ihre Mithilfe !

INSTITUT FÜR
BETRIEBSWIRTSCHAFTLICHE INNOVATIONSFORSCHUNG
DER CHRISTIAN-ALBRECHTS-UNIVERSITÄT ZU KIEL
Direktor: Professor Dr. Jürgen Hauschildt

Olshausenstraße 40
D - 2300 K I E L 1
Tel.: (04 31) 8 80-39 99 / 15 29
Fax: (04 31) 8 80-33 49

Bearbeiter: Frau Dipl.-Kff. Barth   Tel.: (0431) 880 - 1465

D R U C K S A C H E

Kiel, den 20. März 1992

Unsere Befragung zur Existenzgründung

wir dürfen uns schon jetzt für die frühzeitig zurückgesandten Fragebögen bei Ihnen bedanken.

Soweit es Ihnen bisher noch nicht möglich war, uns den ausgefüllten Fragebogen zugehen zu lassen, möchten wir Sie bitten, dieses noch bis **Anfang April** zu tun, damit wir den letzten Teil unserer Untersuchung zu diesem Zeitpunkt abschließen können.

Mit freundlichen Grüßen, den besten Wünschen für Ihre Zukunft und vielen Dank für Ihre Mitarbeit

Stephanie Barth
(Stephanie Barth)

P.S.:
Sollten Sie zwischenzeitlich Ihre Existenzgründung wieder eingestellt oder sie bisher noch nicht durchgeführt haben, bitten wir Sie, nur die erste Frage, sowie die Kenziffer auf dem Fragebogen auszufüllen, damit wir einen besseren Überblick über das Datenmaterial gewinnen können.

INSTITUT FÜR
BETRIEBSWIRTSCHAFTLICHE INNOVATIONSFORSCHUNG
DER CHRISTIAN-ALBRECHTS-UNIVERSITÄT ZU KIEL

Direktor: Professor Dr Jurgen Hauschildt

Olshausenstraße 40
D-2300 KIEL 1
Tel.: (04 31) 8 80-39 99/15 29
Fax: (04 31) 8 80-33 49

Bearbeiter: Frau Dipl.-Kff. Barth

Tel.: (0431) 880 - 1465

2. Erhebung der Untersuchung zur Existenzgründung

Kiel, den 15.10.1991

Sehr geehrte Damen und Herren,

heute, ein halbes Jahr nach der letzten Erhebung, wenden wir uns erneut an Sie, mit der Bitte den zweiten Fragebogen auszufüllen.

Die erste Erhebung im Frühjahr dieses Jahres hatte eine Rücklaufquote von fast 40%, das heißt rund 100 Existenzgründer in Mecklenburg-Vorpommern nehmen an dieser Längsschnittuntersuchung, die in Zusammenarbeit mit den Industrie- und Handelskammern in Rostock und Schwerin erstellt wird, und deren Ziel es ist, wesentliche Einflußfaktoren des Gründungserfolges zu bestimmen, teil. Für Ihr großes Interesse an den Ergebnissen dieser Studie, bedanken wir uns und werden Ihnen diese, soweit Sie darum gebeten haben, nach Auswertung der dritten Erhebung zuschicken. Damit die Ergebnisse repräsentativ bleiben, bitten wir Sie, auch diesen Fragebogen auszufüllen, dessen Fragen wiederum schnell, meist durch Ankreuzen, zu beantworten sind.

Da die Befragung anonym ist, wir aber andererseits alle 3 Fragebögen innerhalb der Untersuchung zusammenfügen müssen, tragen Sie bitte auf der letzten Seite wieder die Kennziffer ein.

Der ausgefüllte Fragebogen sollte bis zum **1. November 1991** an uns zurückgesandt werden. Benutzen Sie hierfür den Freiumschlag !
(Bitte nicht zukleben)

Mit freundlichen Grüßen und vielen Dank

Stephanie Barth
(Stephanie Barth)

P.S.:
Sollten Sie Ihre Existenzgründung nicht verwirklicht oder bereits wieder eingestellt haben, bitten wir um Mitteilung, damit wir Sie nicht weiter anschreiben. Zudem ist diese Untersuchung, ausgelöst durch die hohe Zahl der geplanten, aber oft nicht verwirklichten Gründungen, dahingehend erweitert worden, entscheidende Hindernisse einer Existenzgründung in Mecklenburg-Vorpommern zu analysieren, um Anregungen für eine bessere Betreuung geben zu können. Dazu haben wir einen Fragebogen entwickelt, den wir Ihnen in diesem Fall gerne zuschicken würden.

INSTITUT FÜR
BETRIEBSWIRTSCHAFTLICHE INNOVATIONSFORSCHUNG
DER CHRISTIAN-ALBRECHTS-UNIVERSITÄT ZU KIEL

Direktor: Professor Dr. Jürgen Hauschildt

Olshausenstraße 40
D-2300 KIEL 1
Tel.: (04 31) 8 80 - 39 99/15 29
Fax: (04 31) 8 80 - 33 49

1. Wie sehr sind Sie mit dem bisherigen <u>Erfolg</u> Ihrer Existenzgründung zufrieden?
(Zutreffendes anstreichen!)

nicht   wenig   mittelmäßig   ziemlich   sehr

2. Wie sehr sind Sie mit Ihren <u>Gewinnen</u>, die Sie durch Ihre Existenzgründung erzielen, zufrieden?

nicht   wenig   mittelmäßig   ziemlich   sehr

3. Sind Sie im Rückblick mit Ihren Vorbereitungen hinsichtlich der Existenzgründung zufrieden?

nicht   wenig   mittelmäßig   ziemlich   sehr

4. Wenn Sie nun an alles denken, was für Ihre Arbeit eine Rolle spielt
(z. B. die Tätigkeit, die Arbeitsbedingungen, die Arbeitszeit usw.),
wie zufrieden sind Sie dann <u>insgesamt</u> mit Ihrer Arbeit?

Streichen Sie bitte
das zutreffende Gesicht an.

☹   ☹   ☹   ☹   ☺   ☺   ☺

☐   ☐   ☐   ☐   ☐   ☐   ☐

1   2   3   4   5   6   7

5. Wenn Sie nun nicht nur die Arbeit betrachten, sondern Ihre gesamte derzeitige Situation
berücksichtigen (Wohnung, Preise, Gesundheit, Liebe, Politik, Nachbarn usw.),
wie zufrieden sind Sie dann <u>insgesamt</u> mit Ihrem Leben?

Streichen Sie bitte
das zutreffende Gesicht an.

☹   ☹   ☹   ☹   ☺   ☺   ☺

☐   ☐   ☐   ☐   ☐   ☐   ☐

1   2   3   4   5   6   7

6. Wie hoch ist die Mitarbeiterzahl jetzt?

_____ Mitarbeiter, davon _____ Teilzeit.

7. Wie hoch ist Ihre augenblickliche wöchentliche Arbeitszeit?

_____ Stunden

8. Wenn Sie noch einmal vor der Entscheidung ständen, ob Sie sich selbständig
machen sollten, würden Sie es dann wieder tun?

☐ ja, auf jeden Fall

☐ ja, vielleicht

☐ weiß nicht

☐ nein

☐ nein, auf keinen Fall

9. Mit welchem Problem haben Sie augenblicklich am meisten zu kämpfen?

_____

10. Wie hat sich Ihr Einkommen nach der Existenzgründung im Verhältnis zu Ihrer
früheren Berufstätigkeit geändert?

☐ gestiegen

☐ annähernd gleich

☐ gesunken

Jetzt folgen einige Frägen, die sich _alle_ auf den <u>Zeitpunkt Ihrer Existenzgründung</u> beziehen:

1. Wie alt waren Sie zu diesem Zeitpunkt?

_____ Jahre.

2. Geschlecht:

☐ weiblich   ☐ männlich

3. Familienstand:

☐ ledig   ☐ geschieden

☐ verheiratet   ☐ verwitwet

☐ mit Lebensgefährte/in

4. Schulabschluß:

☐ 8. Klasse   ☐ Fachschulabschluß

☐ 10. Klasse   ☐ Hochschulabschluß

☐ Hochschulreife

☐ andere: _____

5. a. Hatten Sie eine abgeschlossene Lehre?

☐ nein, keine Lehre

☐ ja, eine kaufmännische Lehre

☐ ja, eine handwerkliche Lehre

5. b. Über welche genaue abgeschlossene berufliche Ausbildung verfügten Sie?

_____

6. In welcher beruflichen Position befanden Sie sich vor der Existenzgründung?

☐ im festen Arbeitsverhältnis,   ☐ ohne leitende Position

                                  ☐ mit leitender Position

☐ arbeitslos

☐ sonstige, bitte genaue Angaben:

_____

7. Verfügten Sie vor der Existenzgründung bereits über Erfahrungen in der Branche, in der Sie sich selbständig gemacht haben?

☐ ja, bereits über _____ Monate

☐ nein

8. Haben Sie sich alleine oder mit einem Partner selbständig gemacht?

☐ alleine   ☐ mit Verwandten

☐ mit Ehepartner/Lebenspartner   ☐ mit jemand anderem

9. Welche Form der Beratung haben Sie in Anspruch genommen?

☐ Steuerberater, Wirtschaftsprüfer   ☐ Anwalt

☐ Kammern   ☐ Unternehmensberater

☐ _____   ☐ _____

Wenn Sie die Entwicklung Ihrer Firma betrachten,
wie würden Sie dann folgende Aussagen einschätzen? (Bitte ankreuzen)

	stimmt gar nicht	stimmt wenig	stimmt teils/teils	stimmt ziemlich	stimmt völlig
1) Die Entwicklung der Firma hängt überwiegend von mir selbst ab.	☐	☐	☐	☐	☐
2) Die Entwicklung der Firma ist zufalls- oder schicksalsabhängig.	☐	☐	☐	☐	☐
3) Die Konjunktur beeinflußt die Entwicklung meiner Firma sehr.	☐	☐	☐	☐	☐
4) Das politische Umfeld beeinflußt die Entwicklung meiner Firma sehr.	☐	☐	☐	☐	☐

INSTITUT FÜR
BETRIEBSWIRTSCHAFTLICHE INNOVATIONSFORSCHUNG
DER CHRISTIAN-ALBRECHTS-UNIVERSITÄT ZU KIEL

Direktor: Professor Dr. Jürgen Hauschildt

Olshausenstraße 40
D-2300 KIEL 1
Tel.: (04 31) 8 80-39 99/15 29
Fax: (04 31) 8 80-33 49

	stimmt gar nicht	stimmt wenig	stimmt teils/teils	stimmt ziemlich	stimmt völlig
5) Erfolg zu haben, ist eine Frage harter Arbeit und hat wenig oder nichts mit Glück zu tun.	☐	☐	☐	☐	☐
6) Die Entwicklung der Firma ist bisher sehr positiv verlaufen.	☐	☐	☐	☐	☐
7) Die Aussichten für meine Firma sind ausgesprochen gut.	☐	☐	☐	☐	☐
8) Ich bin mit der Finanzierung (Anteil des Eigenkapitals) sehr zufrieden.	☐	☐	☐	☐	☐
9) Meine Kontakte zu Lieferanten und Kunden sind ausgesprochen gut.	☐	☐	☐	☐	☐
10) Meine Erwartungen hinsichtlich der Existenzgründung haben sich bisher voll erfüllt.	☐	☐	☐	☐	☐
11) Ich bin mit der Werbung für meine Firma sowohl qualitätsmäßig als auch vom Umfang her zufrieden.	☐	☐	☐	☐	☐
12) Ich habe die richtigen Mitarbeiter ausgewählt.	☐	☐	☐	☐	☐
13) Meine Kenntnisse reichen zur Führung meines Unternehmens voll aus.	☐	☐	☐	☐	☐
14) Ich bin sehr zuversichtlich, daß ich selbst immer Erfolg haben werde.	☐	☐	☐	☐	☐
15) Ich bin mir immer sicher, die jeweils richtige Entscheidung für meine Firma zu treffen.	☐	☐	☐	☐	☐
16) Ich fasse meine Existenzgründung als Herausforderung auf.	☐	☐	☐	☐	☐
17) in meinem persönlichen Umfeld haben die Konflikte seit der Existenzgründung stark zugenommen.	☐	☐	☐	☐	☐
18) Bei Engpässen kann ich mich auf die persönliche Mithilfe meiner Familie/ Lebenspartner verlassen.	☐	☐	☐	☐	☐
19) Ich befürchte, im Falle des Scheiterns der Existenzgründung als Versager zu gelten.	☐	☐	☐	☐	☐
20) Wenn ich mit meiner Existenzgründung scheitere, habe ich Angst, keinen neuen Arbeitsplatz zu finden.	☐	☐	☐	☐	☐
21) Die Verantwortung, die ich mit der Existenzgründung übernommen habe, bedrückt mich sehr.	☐	☐	☐	☐	☐

INSTITUT FÜR
BETRIEBSWIRTSCHAFTLICHE INNOVATIONSFORSCHUNG
DER CHRISTIAN-ALBRECHTS-UNIVERSITÄT ZU KIEL

Direktor: Professor Dr. Jürgen Hauschildt

Olshausenstraße 40
D-2300 KIEL 1
Tel.: (04 31) 8 80 - 39 99/15 29
Fax: (04 31) 8 80 - 33 49

	stimmt gar nicht	stimmt wenig	stimmt teils/teils	stimmt ziemlich	stimmt völlig
22) Ich lasse mich jetzt durch außerbetriebliche Akteure (wie IHK, Handwerkskammer, Unternehmensberater, Steuerberater) beraten.	☐	☐	☐	☐	☐
23) In meiner Firma werden die Investitionen sehr genau geplant.	☐	☐	☐	☐	☐
24) Ich bin in der Lage, den Betrieb schnell den Veränderungen des Marktes anzupassen.	☐	☐	☐	☐	☐
25) Ich habe sehr viele Ideen für Neuerungen in meinem Betrieb.	☐	☐	☐	☐	☐
26) Die Weiterentwicklung der Organisation meines Betriebes überfordert mich.	☐	☐	☐	☐	☐
27) Ich sorge dafür, daß meine Arbeit sorgfältig geplant und organisiert ist.	☐	☐	☐	☐	☐
28) Ich mache es mir zur Pflicht, mich nicht durch unvorhergesehene Ereignisse von der Arbeit abhalten zu lassen.	☐	☐	☐	☐	☐
29) Ich knüpfe sehr leicht geschäftliche Kontakte.	☐	☐	☐	☐	☐
30) Ich habe keine Probleme, meine Mitarbeiter zu motivieren.	☐	☐	☐	☐	☐
31) Meine Kontakte zu den Behörden sind gut.	☐	☐	☐	☐	☐
32) Ich bin sehr gerne unter vielen Menschen.	☐	☐	☐	☐	☐
33) Es fällt mir sehr leicht, ein Gespräch mit Fremden zu beginnen.	☐	☐	☐	☐	☐
34) Ich versuche, soviel Verantwortung wie nur möglich auf meine Mitarbeiter zu übertragen.	☐	☐	☐	☐	☐
35) In meinem Unternehmen besteht für jeden Mitarbeiter ein Höchstmaß an Transparenz.	☐	☐	☐	☐	☐
36) Ich bringe meinen Mitarbeitern die höchste Wertschätzung entgegen.	☐	☐	☐	☐	☐
37) Die Mitarbeiter können in meiner Firma mitgestalten.	☐	☐	☐	☐	☐

Wie bereits im Anschreiben und in der letzten Untersuchung erwähnt wurde, ist es sehr wichtig, daß die 3 Fragebögen, die Sie während dieser Erhebung zu verschiedenen Zeitpunkten ausfüllen, wieder zusammengefügt werden können, um so die Entwicklung der Existenzgründer zu beobachten. Da die Untersuchung aber streng anonym durchgeführt wird, wir also nicht wissen, wer welchen Fragebogen ausfüllt, haben wir eine Kennziffer entwickelt, nach der in allen Fragebögen gefragt wird. Über diese Kennziffer können wir die 3 Fragebögen anschließend wieder zusammenfügen.

Wichtig! Hier bitte Ihre Kennziffer eintragen:

Erster und zweiter Buchstabe des Vornamens der Mutter:

Erster und zweiter Buchstabe des Vornamens des Vaters:

Ihr Geburtsjahr (z. B. für »1960« nur »60« schreiben):

Anzahl der Geschwister (außer Ihnen selber):
(im Frühjahr 1991)

Anzahl der eigenen Kinder:
(im Frühjahr 1991)

Gruppe (S für IHK Schwerin, R für IHK Rostock):

Vielen Dank für Ihre Mithilfe!

INSTITUT FÜR
BETRIEBSWIRTSCHAFTLICHE INNOVATIONSFORSCHUNG
DER CHRISTIAN-ALBRECHTS-UNIVERSITÄT ZU KIEL
Direktor: Professor Dr. Jürgen Hauschildt

Olshausenstraße 40
D - 2300 KIEL 1
Tel.: (0431) 880-3999/1529
Fax: (0431) 880-3349

Bearbeiter: Frau Dipl.-Kff. Barth   Tel.: (0431) 880 - 1465

Kiel, den 1. März 1992

3. Erhebung der Untersuchung zur Existenzgründung

Sie waren so freundlich, vor einigen Monaten an den ersten beiden
Befragungen unserer wissenschaftlichen Untersuchung, deren Ziel die
Bestimmung wesentlicher Einflußfaktoren einer Existenzgründung ist,
teilzunehmen. Mit dem gelben Fragebogen möchten wir die Studie
abschließen.

Damit die Ergebnisse weiterhin repräsentativ und aussagekräftig bleiben,
bitten wir Sie, auch diesen Fragebogen auszufüllen, dessen Fragen wiederum
schnell zu beantworten sind. Teilweise mögen Ihnen die Fragen bekannt
erscheinen; dies liegt in der Methodik der Längsschnittanalyse begründet.

Nach Eingang und Auswertung der letzten Fragebögen werden wir Ihnen
dann die versprochenen Untersuchungsergebnisse zuschicken.

Wir möchten Sie bitten, den ausgefüllten Fragebogen bis zum **20. März** 1992
an uns zurückzusenden. Benutzen Sie hierfür den Freiumschlag.

Mit freundlichen Grüßen und vielen Dank

Stephanie Barth
(Stephanie Barth)

P.S.:
Teilnehmer, die Ihre Existenzgründung nicht verwirklicht oder bereits wieder
eingestellt haben, bitten wir die erste Frage des Fragebogens sowie die
Kennziffer auf der letzten Seite auszufüllen, damit wir einen genaueren
Überblick über das Datenmaterial gewinnen.

**INSTITUT FÜR
BETRIEBSWIRTSCHAFTLICHE INNOVATIONSFORSCHUNG
DER CHRISTIAN-ALBRECHTS-UNIVERSITÄT ZU KIEL**

Direktor: Professor Dr. Jürgen Hauschildt

Olshausenstraße 40
D-2300 KIEL 1
Tel.: (04 31) 8 80 -39 99/15 29
Fax: (04 31) 8 80 -33 49

Haben Sie inzwischen den Geschäftsbereich wieder eingestellt?
◻ ja, ich habe inzwischen wieder aufgehört (Bitte Kennziffer auf Seite 6 ausfüllen).
◻ nein, ich bin noch aktiv (Bitte Fragen 1-13 und Kennziffer ausfüllen).
◻ entfällt, bisher noch nicht eröffnet.

**1. Wieviele Mitarbeiter
haben Sie jetzt?**　　　　　　　　　　　　　　**erwarten Sie Ende 1992?**

_____Mitarbeiter,　　　　　　　　　　　_____Mitarbeiter,

davon _____Teilzeit.　　　　　　　　　davon _____Teilzeit

**2. Welchen Umsatz
haben Sie 1991 erzielt?**　　　　　　　　　　　**erwarten Sie für 1992?**

◻　　　　unter 50.000,- DM　　　　　　　　　◻

◻　　　　unter 50.000,-bis 100.000,- DM　　　◻

◻　　　　unter 100.000,-bis 250.000,- DM　　◻

◻　　　　unter 250.000,-bis 500.000,- DM　　◻

◻　　　　unter 500.000,-bis 1.000.000,- DM　◻

◻　　　　über 1.000.000,- DM　　　　　　　　◻

3. Wie hoch ist Ihre augenblickliche wöchentliche Arbeitszeit?

_____Stunden

4. Wie fiel Ihr Betriebsergebnis in 1991 aus?

◻ Anlaufverluste

◻ ausgeglichenes Ergebnis

◻ geringer Gewinn

◻ auskömmlicher Gewinn

5. Wie hat sich Ihr momentanes Einkommen im Verhältnis zu Ihrer früheren Berufstätigkeit geändert?

☐ gestiegen

☐ annähernd gleich

☐ gesunken

6. Wie sehr sind Sie mit dem bisherigen <u>Erfolg</u> Ihrer Existenzgündung zufrieden?
(zutreffendes bitte ankreuzen!)
☐ nicht   ☐ wenig   ☐ mittelmäßig   ☐ ziemlich   ☐ sehr

7. Wie sehr sind Sie mit Ihren <u>Gewinnen</u>, die Sie durch Ihre Existenzgründung erzielen, zufrieden?
(zutreffendes bitte ankreuzen!)
☐ nicht   ☐ wenig   ☐ mittelmäßig   ☐ ziemlich   ☐ sehr

8. Sind Sie im Rückblick mit Ihren <u>Vorbereitungen</u> hinsichtlich der Existenzgrün dung zufrieden?
(zutreffendes bitte ankreuzen!)
☐ nicht   ☐ wenig   ☐ mittelmäßig   ☐ ziemlich   ☐ sehr

9. Wenn Sie noch einmal vor der Entscheidung stünden, ob Sie sich selbständig machen sollten, würden Sie es dann wieder tun?

☐ ja, auf jeden Fall

☐ ja, vielleicht

☐ weiß nicht

☐ nein

☐ nein, auf keinen Fall

10. Wenn Sie nun an alles denken, was für Ihre Arbeit eine Rolle spielt(z.B. die Tätigkeit, die Arbeitsbedingungen, die Arbeitszeit usw.), wie zufrieden sind Sie dann <u>insgesamt mit Ihrer Arbeit</u>?

Streichen Sie bitte das zutreffende Gesicht an.   1 2 3 4 5 6 7

11. Wenn Sie nun nicht nur die Arbeit betrachten, sondern Ihre gesamte derzeitige Situation berücksichtigen (Wohnung, Preise, Gesundheit, Liebe, Politik, Nachbarn usw.), wie zufrieden sind Sie dann <u>insgesamt mit Ihrem Leben</u>?

Streichen Sie bitte das zutreffende Gesicht an.   1 2 3 4 5 6 7

12. **Wenn Sie die Entwicklung Ihrer Firma betrachten, wie würden Sie dann folgende Aussagen einschätzen? (Bitte ankreuzen)**

	stimmt gar nicht	stimmt wenig	stimmt teils/teils	stimmt ziemlich	stimmt völlig
1) Die Entwicklung der Firma hängt überwiegend von mir selbst ab.	❏	❏	❏	❏	❏
2) Die Entwicklung der Firma ist zufalls- oder schicksalsabhängig.	❏	❏	❏	❏	❏
3) Die Konjunktur beeinflußt die Entwicklung meiner Firma sehr.	❏	❏	❏	❏	❏
4) Das politische Umfeld beeinflußt die Entwicklung meiner Firma sehr.	❏	❏	❏	❏	❏
5) Erfolg zu haben, ist eine Frage harter Arbeit und hat wenig oder nichts mit Glück zu tun.	❏	❏	❏	❏	❏
6) Die Entwicklung der Firma ist bisher sehr positiv verlaufen.	❏	❏	❏	❏	❏
7) Die Aussichten für meine Firma sind ausgesprochen gut.	❏	❏	❏	❏	❏
8) Ich oin mit der Finanzierung (Anteil des Eigenkapitals) sehr zufrieden.	❏	❏	❏	❏	❏
9) Meine Kontakte zu Lieferanten und Kunden sind ausgesprochen gut.	❏	❏	❏	❏	❏
10) Meine Erwartungen hinsichtlich der Existenzgründung haben sich bisher voll erfüllt.	❏	❏	❏	❏	❏
11) Ich bin mit der Werbung für meine Firma sowohl qualitätsmäßig als auch vom Umfang her zufrieden.	❏	❏	❏	❏	❏
12) Meine Kenntnisse reichen zur Führung meines Unternehmens voll aus.	❏	❏	❏	❏	❏
13) Ich bin sehr zuversichtlich, daß ich selbst immer Erfolg haben werde.	❏	❏	❏	❏	❏
14) Ich bin mir immer sicher, die jeweils richtige Entscheidung für meine Firma zu treffen.	❏	❏	❏	❏	❏

	stimmt gar nicht	stimmt wenig	stimmt teils/teils	stimmt ziemlich	stimmt völlig
15) Ich fasse meine Existenzgründung als Herausforderung auf.	◻	◻	◻	◻	◻
16) In meinem persönlichen Umfeld haben die Konflikte seit der Existenzgründung stark zugenommen.	◻	◻	◻	◻	◻
17) Bei Engpässen kann ich mich auf die persönliche Mithilfe meiner Familie / Lebenspartners verlassen.	◻	◻	◻	◻	◻
18) Ich befürchte, im Falle des Scheiterns der Existenzgründung als Versager zu gelten.	◻	◻	◻	◻	◻
19) Wenn ich mit meiner Existenzgründung scheitere, habe ich Angst, keinen neuen Arbeitsplatz zu finden.	◻	◻	◻	◻	◻
20) Die Verantwortung, die ich mit der Existenzgründung übernommen habe, bedrückt mich sehr.	◻	◻	◻	◻	◻
21) Ich lasse mich jetzt auch durch außerbetriebliche Akteure (wie IHK, Handwerkskammer, Unternehmensberater, Steuerberater) beraten.	◻	◻	◻	◻	◻
22) In meiner Firma werden die Investitionen sehr genau geplant.	◻	◻	◻	◻	◻
23) Ich bin in der Lage, den Betrieb schnell den Veränderungen des Marktes anzupassen.	◻	◻	◻	◻	◻
24) Ich habe sehr viele Ideen für Neuerungen in meinem Betrieb.	◻	◻	◻	◻	◻
25) Die Weiterentwicklung der Organisation meines Betriebes überfordert mich.	◻	◻	◻	◻	◻
26) Ich sorge dafür, daß meine Arbeit sorgfältig geplant und organisiert ist.	◻	◻	◻	◻	◻
27) Ich mache es mir zur Pflicht, mich nicht durch unvorhergesehene Ereignisse von der Arbeit abhalten zu lassen.	◻	◻	◻	◻	◻
28) Ich knüpfe sehr leicht geschäftliche Kontak*e.	◻	◻	◻	◻	◻
29) Meine Kontakte zu den Behörden sind gut.	◻	◻	◻	◻	◻

- 281 -

	stimmt gar nicht	stimmt wenig	stimmt teils/teils	stimmt ziemlich	stimmt völlig
30) Ich bin sehr gerne unter vielen Menschen.	❑	❑	❑	❑	❑
31) Es fällt mir sehr leicht, ein Gespräch mit Fremden zu beginnen.	❑	❑	❑	❑	❑

13. **Falls Sie in Ihrem Betrieb Mitarbeiter beschäftigen, möchten wir Sie bitten, die nachfolgenden Aussagen einzuschätzen. (Bitte ankreuzen)**

	stimmt gar nicht	stimmt wenig	stimmt teils/teils	stimmt ziemlich	stimmt völlig
1) Ich versuche, soviel Verantwortung wie nur möglich auf meine Mitarbeiter zu übertragen.	❑	❑	❑	❑	❑
2) In meinem Unternehmen besteht für jeden Mitarbeiter ein Höchstmaß an Transparenz.	❑	❑	❑	❑	❑
3) Ich bringe meinen Mitarbeitern die höchste Wertschätzung entgegen.	❑	❑	❑	❑	❑
4) Die Mitarbeiter können in meiner Firma mitgestalten.	❑	❑	❑	❑	❑
5) Ich habe die richtigen Mitarbeiter ausgewählt.	❑	❑	❑	❑	❑
6) Ich habe keine Probleme, meine Mitarbeiter zu motivieren.	❑	❑	❑	❑	❑

Tragen Sie zum Schluß bitte auf der nächsten Seite die Kennziffer ein !

Es ist für die Aussagefähigkeit der Ergebnisse sehr wichtig, daß die 3 Fragebögen, die Sie während dieser Erhebung zu verschiedenen Zeitpunkten ausgefüllt haben, wieder zusammengeführt werden können, um so die Entwicklung der Existenzgründung zu beobachten. Da die Untersuchung aber streng anonym durchgeführt wird, wir also nicht wissen, wer welchen Fragebogen ausfüllt, bitten wir wiederum die folgende Kennziffer auszufüllen, die es uns ermöglicht, die 3 Fragebögen anschließend zusammenzufügen.

Wichtig! Hier bitte Ihre Kennziffer eintragen:

Erster und zweiter Buchstabe des Vornamens der Mutter: _____

Erster und zweiter Buchstabe des Vornamens des Vaters: _____

Ihr Geburtsjahr (z.B. für '1960' nur '60' schreiben): _____

Anzahl der Geschwister (außer Ihnen selber): _____
(im Frühjahr 1991)

Anzahl der eigenen Kinder: _____
(im Frühjahr 1991)

Gruppe (S für IHK Schwerin, R für IHK Rostock, _____
P für andere IHK-Bezirke)

Vielen Dank für Ihre Mithilfe!

Literaturverzeichnis

a) Bücher und Aufsätze

Acs, Z.; Audretsch, D.B. (1987):
Innovation, Market Structure, and Firm Size, in: Review of Economics and Statistics, No. 4, Vol. 69, S. 567 - 574.

Acs, Z.J.; Audretsch, D.B. (1990):
Small Firms and Entrepreneurship: A Comparison between West and East Countries, Wissenschaftszentrum Berlin für Sozialforschung (Hrsg.), Forschungsschwerpunkt Marktprozeß und Unternehmensentwicklung, discussion papers FS IV 90 -13.

Acs, Z.J.; Audretsch, D.B. (1992a):
Innovation durch kleine Unternehmen, hrsg. vom Wissenschaftszentrum Berlin für Sozialforschung, Berlin.

Acs, Z.J.; Audretsch, D.B. (1992b):
The Social and Economic Impact of Entrepreneurship, in: Sexton, D.L.; Kasarda, J.D. (edited by): The State of the art of Entrepreneurship, Boston, S. 45 - 67.

Albach, H. (1979):
Zur Wiederentdeckung des Unternehmers in der wirtschaftspolitischen Diskussion, in: Zeitschrift für die gesamte Staatswissenschaft, Bd. 135, Heft 4, S. 533 - 552.

Albach, H. (1984):
Betriebswirtschaftliche Probleme der Unternehmensgründung, Institut für Mittelstandsforschung (Hrsg.), ifm-Materialien Nr. 14, Bonn.

Albach, H. (1987):
Geburt und Tod von Unternehmen, Institut für Mittelstandsforschung (Hrsg.), ifm-Materialien Nr. 55, Berlin.

Albach, H.; Bock, K.; Warnke, T. (1984):
Wachstumskrisen in Unternehmen, in : Zeitschrift für betriebswirtschaftliche Forschung, 36. Jg., Nr. 10, S. 779 - 793.

Albach, H.; Bock, K.; Warnke, T. (1985):
Kritische Wachstumsschwellen in der Unternehmensentwicklung, Schriften zur Mittelstandsforschung, NF, Nr. 7, Stuttgart.

Albach, H.; Dahremöller, A. (1986):
Der Beitrag des Mittelstandes bei der Lösung von Beschäftigungsproblemen in der Bundesrepublik Deutschland, Institut für Mittelstandsforschung (Hrsg.), ifm-Materialien Nr. 40, Bonn 1986.

Albach, H.; Hunsdiek, D. (1987):
Die Bedeutung von Unternehmensgründungen für die Anpassung der Wirtschaft an veränderte Rahmenbedingungen, in: Zeitschrift für Betriebswirtschaft, 57. Jg., Nr. 5/6, S. 562 - 579.

Albach, H.; May-Strobl, E. (1986):
Erfolgsfaktoren neugegründeter Unternehmen, in: Die Bank, 2/86, S. 84 - 86.

- 284 -

Aldrich, H.; Auster, E.R. (1986):
Even dwarfs started small: liabilities of age and size and their strategic implications, in: Research in Organizational Behavior, Vol. 8, S. 165 - 198.

Aldrich, H.; Rosen, B.; Woodward, W. (1987):
The Impact of Social Network on Business Foundings and Profit: A Longitudinal Study, in: Churchill et. al. (Editors): Frontiers of Entrepreneurship: Proceedings on the 1987 Conference on Entrepreneurship at Babson College, Wellesley, S. 154 - 168.

Aldrich, H.; Zimmer, C. (1986):
Entrepreneurship through Social Networks, in: H. Aldrich, Population Perspectives on Organizations, Uppsalas: Acta Universitatis Upsaliensis, S. 13 - 28.

Amelang, M; Bartussek, D. (1985):
Differentielle Psychologie und Persönlichkeitsforschung, Stuttgart u. a..

Assig, D.; Gather, C.; Hübner, S. (1985):
Voraussetzungen, Schwierigkeiten und Barrieren bei Existenzgründungen von Frauen, Untersuchungsbericht für den Senator für Wirtschaft und Arbeit, Berlin.

Atkinson, J.W. (1957):
Motivational Determinants of Risktaking Behavior, in: Psychological Review, Vol. 64, No. 6, S. 359 - 372.

Atkinson, J.W. (1975):
Einführung in die Motivationsforschung, Stuttgart.

Atkinson, J.W.; Hoselitz, B.F. (1957):
Entrepreneurship and Personality, in: Explorations in Entrepreneurial History, Volume 10, No. 1, S. 107 - 112.

Audretsch, David. B. (1991):
New-Firm Survival and the Technological Regime, in: The Review of Economics and Statistics, Vol. 73, No. 3, S. 441 - 450.

Audretsch, D.B.; Mahmood, T. (1991):
The hazard rate of new establishments: a first report, in: Economics Letters, Vol. 36, S. 409 - 412.

Backhaus, K. et al. (1987):
Multivariate Analysemethoden: Eine anwendungsorientierte Einführung, 4. Auflage, Berlin u.a. .

Barkham, R. (1990):
The influence of the personal characteristics of the entrepreneur on the size and growth of the new firm, Discussion Papers in Urban and Regional Economics, Series C, Vol II (1989/90), Reading.

Barth, S. (1988):
Psychologische und ökonomische Probleme von Existenzgründern, unveröffentlichte Diplomarbeit, Kiel.

Barth, S.; Frey, D. (1991):
Plädoyer für mehr Entscheidungstransparenz, in: Handelsblatt vom 5.8.91, S. 12.

Bartlett, A.F. (1988):
Profile of the Entrepreneur or Machiavellian Management, Southampton.

Bates, T. (1989):
Entrepreneur Human Capital Endowments and Minority Business Viability, in: The Journal of Human Resources, Vol. 20, No. 4, S. 540 - 554.

Bates, T. (1990):
Entrepreneur Human Capital Inputs and Small Business Longevity, in: The Review of Economics and Statistics, Vol. 72, No. 4, S. 551 - 559.

Bauer, F. (1984):
Datenanalyse mit SPSS, Berlin; Heidelberg; New York; Tokyo.

Baumol, W.J. (1968):
Entrepreneurship in Economic Theory, in: The American Economic Review, Vol. 58, No. 2, S. 64 - 71.

Becher, R.; Frey, D. (1989):
Streß und Herzinfarkt, in: Arbeits- und Organisationspsychologie: internationales Handbuch in Schlüsselbegriffen, hrsg. von S. Greif, München, S. 440 - 445.

Begley, T.P., Boyd, D.P. (1986):
Psychological Characteristics associated with Entrepreneurial Performance, in: Ronstadt, R. et al. (edited by), Frontiers of Entrepreneurship Research 1986, Proceedings of the Sixth Annual Babson College Entrepreneurship Research Conference, Wellesley, S. 146 - 165.

Begley, T.P., Boyd, D.P. (1987):
Psychological Characteristics associated with Performance in Entrepreneurial Firms and Smaller Businesses, in: Journal of Business Venturing, Vol. 2, S. 79 - 93.

Bellu, R.R. (1988):
Entrepreneurs and Managers: Are They Different?, in: Kirchhoff et. al. (Editors): Frontiers of Entrepreneurship: Proceedings on the 1988 Conference on Entrepreneurship at Babson College, Wellesley, S. 16 - 30.

Birch, D.L. (1979):
The Job Generation Process, Cambridge.

Birch, D.L. (1981):
Who creates job?, in: The Public Interest, No. 65, S. 3 - 14.

Blanchflower, D.G.; Oswald, A.J. (1990):
What makes a young entrepreneur ? in: NBER Working Paper Series, Working Paper No. 3252, Cambridge.

Bliemeister, J.; Frey, D.; Aschenbach, G.; Köller, O. (1992):
Zum Zusammenhang zwischen psychosozialen Merkmalen und dem Gesundheitszustand HIV-Infizierter - Eine interdisziplinäre Querschnittstudie, in: Zeitschrift für Klinische Psychologie, Sonderdruck, Band XXI, Heft 2, S. 182 - 196.

Blossfeld, H.P.; Hamerle, A.; Mayer, K.U. (1986):
Ereignisanalyse - Statistische Theorie und Anwendung in den Wirtschafts- und Sozialwissenschaften, Frankfurt, New York.

Boberg, A.L.; Kiecker, P. (1988):
Changing Patterns of Demand: Entrepreneurship Education for Entrepreneurs, in: Kirchhoff et. al. (Editors): Frontiers of Entrepreneurship: Proceedings on the 1988 Conference on Entrepreneurship at Babson College, Wellesley, S. 660 - 661.

Bocker, H.J. (1983):
Mißerfolg und Erfolg in Klein- und Mittelbetrieben: Eine vergleichende Studie in verschiedenen Ländern, in: Internationales Gewerbearchiv, 31. Jg., Nr. 3, S. 187 - 196.

Bögenhold, D. (1987):
Der Gründerboom. Realität und Mythos der neuen Selbständigkeit, Frankfurt/Main.

Bögenhold, D. (1989):
Die Berufspassage in das Unternehmertum, in: Zeitschrift für Soziologie, 18. Jg., Heft 4, S. 263 - 281.

Bögenhold, D.; Staber, U. (1990):
Selbständigkeit als Reflex auf Arbeitslosigkeit ?, in: Kölner Zeitschrift für Soziologie und Sozialpsychologie, 42. Jg., Heft 2, S. 265 - 279.

Böhmer, R. (1993):
Personalmanagement: Arbeit nach Vorschrift - Viele Vorurteile gegenüber ostdeutschen Arbeitnehmern stimmen nicht - bis auf eines: Sie entfalten weniger Eigeninitiative, in: Wirtschaftswoche, 41. Jg., Nr. 24, S. 46 - 48.

Bohlender, C.; Klandt, H. (1989):
Entrepreneurship im Europäischen Binnenmarkt: Gründungsforschung und -Ausbildung in Spanien, in: Entrepreneurship-Research Monographien Bd. 1, Köln.

Bortz, J.; unter Mitarbeit von Bongers, D. (1984):
Lehrbuch der emprischen Sozialforschung, Berlin, Heidelberg, New York.

Boyd, D.P.; Gumpert, D.E. (1983):
The Loneliness of the Start-up Entrepreneur, in: Hornaday, J.B. ; Timmons, J.F.; Vesper, K.H. (Editors): Frontiers of Entrepreneurship: Proceedings on the 1983 Conference on Entrepreneurship at Babson College, Wellesley, S. 478 - 487.

Boyd, D.P.; Gumpert, D.E. (1984):
The Effects of Stress on Early-stage Entrepreneurs, in: Hornaday, J.A.; Tardley, J.R.; Timmons, J.A.; Vesper, K.H. (Editors): Frontiers of Entrepreneurship Research: Proceedings of the 1984 Entrepreneurship Research Conference, S. 180 - 191.

Brandkamp, M. (1993):
Erfolgsaussichten von Unternehmensgründungen in den fünf neuen Bundesländern, in: Horst Albach (Schriftl.): Unternehmen in den neuen Bundesländern: Erfahrungen mit Transformationsprozessen, Zeitschrift für Betriebswirtschaft, Er-
gänzungsheft 1/93, Wiesbaden, S. 109 - 145.

Brandstätter, H. (1988a):
Sechzehn Persönlichkeits-Adjektivskalen (16 PA) als Forschungsinstrument an-
stelle des 16 PF, in: Zeitschrift für experimentelle und angewandte Psychologie,
Bd. 35, Heft 3, S. 370 - 391.

Brandstätter, H. (1992):
Becoming an entrepreneur - a question of personality structure?, Paper presen-
ted at the conference "Perspectives in Economic Psychology" in honour of Prof.
Karl-Erik Wärneryd, Stockholm School of Economics, December.

Braun, D. (1989):
Die öffentlichen Förderungen von Existenzgründungen in Baden-Württemberg: eine empirische Untersuchung zur Gründungssituation und zum Gründungsverhal-
ten von Existenzgründern unter Berücksichtigung der Effekte öffentlicher Finanzierungshilfen, Konstanz.

Brezinski, H. (1991):
Gründungs- und Wachstumsbedingungen für Privatunternehmen in postsozialen
Wirtschafts- und Gesellschaftssystemen, in: Transformation der Eigentumsord-
nung im östlichen Mitteleuropa, Schriftl.: Karl von Delhaes, Marburg, S. 115 -
126.

Brockhaus, R.H. Sr. (1980a):
Risk Taking Propensity of Entrepreneurs, in: Academy of Management Journal,
Vol. 23, No. 3, S. 509 - 520.

Brockhaus, R.H. (1980b):
Psychological and Environmental Factors which Distinguish the Successful from
the Unsuccessful Entrepreneur: A Longitudinal Study, in: Proceedings of the
Academy of Management, S. 368 - 372.

Brockhaus, R.H. Sr. (1982):
The Psychology of the Entrepreneur, in: Kent C.A.; Sexton D.L.; Vesper, K.H.
(Editors) Encyclopedia of Entrepreneurship, Englewood Cliffs, S. 39 - 56.

Brockhaus, R.H. Sr. (1992):
Entrepreneurship Education and Research in Europe, in: Sexton, D.L.; Kasarda,
J.D. (edited by): The State of the art of Entrepreneurship, Boston, S. 560 - 578.

Brockhoff, K. (1992):
Unternehmer im Übergang zur Marktwirtschaft: Vorüberlegungen zu einer Preis-
aufgabe, in: Wirtschaftswissenschaftliches Studium - Zeitschrift für Ausbildung
und Hochschulkontakte -, Heft 2, S. 93 - 97.

Brosius, G. (1988):
SPSS/PC + Basics and Graphics: Einführung und praktische Beispiele, Hamburg.

Brosius, G. (1989):
SPSS/PC + Advanced Statistics and Tables: Einführung und praktische Beispiele, Hamburg.

Brown, I.E.; Christy, R.L.; Banowetz, A.F. (1987):
Perception of Success in Business Start-Up and the Impact of Entrepreneurial Education, in: Churchill et. al. (Editors): Frontiers of Entrepreneurship: Proceedings on the 1987 Conference on Entrepreneurship at Babson College, Wellesley, S. 154 - 168.

Brüderl, J.; Jungbauer-Gans, M. (1991):
Überlebenschancen neugegründeter Betriebe, in: Die Betriebswirtschaft, 51. Jg., Heft 4, S. 499 - 509.

Brüderl, J.; Preisendörfer, P.; Baumann, A. (1991):
Determinanten der Überlebenschancen neugegründeter Kleinbetriebe, in: Mitteilungen aus der Arbeitsmarkt- und Berufsforschung, 24. Jg., S. 91 - 100.

Brüderl, J.; Schüssler, R. (1990):
Organizational Mortality: The Liabilities of Newness and Adolescence, in: Administrative Science Quarterly, Vol. 35, No. 3, S. 530 - 547.

Bruno, A.V. (1982):
The Environment for Entrepreneurship, in: Kent, C.A.; Sexton, D.L.; Vesper, K.H. (Editors): Encyclopedia of Entrepreneurship, Englewood Cliffs, S. 288 - 307.

Carland, J.W.; Carland, J.A.; Aby, C.D. (1989):
An Assessment of the Psychological Determinants of Planning in Small Businesses, in: International Small Business Journal, Vol. 7, No. 4, S. 23 - 33.

Carroll, G.R. (1984):
Organizational Ecology, in: Annual Review of Sociology, Vol. 10, S. 71 - 93.

Carroll, G.R. (1987):
Publish and Perish, Greenwich, CT: JAI Press.

Casson, M. (1982):
The Entrepreneur - An Economic Theory, Oxford u.a. .

Cauthorn, R.C. (1989):
Contributions to a Theory of Entrepreneurship, New York-London.

Churchill, N.C. (1992):
Research Issues in Entrepreneurship, in: Sexton, D.L.; Kasarda, J.D. (edited by): The State of the art of Entrepreneurship, Boston, S. 579 - 596.

Clemens, R.; Friede, C.; Dahremöller, A. (1985):
Existenzgründungen in der Bundesrepublik Deutschland; Grundlagen einer Existenzgründungsstatistik, Schriften zur Mittelstandsforschung, NF, Nr. 8, Stuttgart.

Cochran, A.B. (1981):
Small Business Mortality Rates: A Review of the Literature, in: Journal of Small Business Management, S. 50 - 59.

Collins, O.F.; Moore, D.G.; Unwalla, D.B. (1979):
The Enterprising Man, 8.Auflage, Michigan.

Cooper, A.C.; Dunkelberg, W.C.; Woo, C.Y. (1986a):
Optimists and Pessimists: 2994 Entrepreneurs and their Perceived Chances for Success, Krannert Graduate School of Management, Purdue University, Paper No. 907.

Cooper, A.C.; Dunkelberg, W.C.; Woo, C.Y. (1986b):
Optimists and Pessimists: 2994 Entrepreneurs and their Perceived Chances for Success, in: Ronstadt, R. et al. (edited by), Frontiers of Entrepreneurship Research 1986, Proceedings of the Sixth Annual Babson College Entrepreneurship Research Conference, Wellesley, S. 563 - 577.

Cooper, A.C.; Dunkelberg, W.C.; Woo, C.Y. (1988):
Survival and Failure: A Longitudinal Study, in: Kirchhoff et. al. (Editors): Frontiers of Entrepreneurship: Proceedings on the 1988 Conference on entrepreneurship at Babson College, Wellesley, S. S. 225 - 237.

Cooper, A.C.; Dunkelberg, W.C.; Woo, C.Y. (1989):
Entrepreneurship and the Initial Size of Firms, Krannert Graduate School of Management, Purdue University, Paper No. 953.

Cooper, A.C.; Dunkelberg, W.C.; Woo, C.Y.; Crosbie, A.C. (1989):
Survival and Failure: A Longitudinal Study, Krannert Graduate School of Management, Purdue University, Paper No. 961.

Cooper, A.C.; Gimeno Gascón, E.J. (1992):
Entrepreneurs, Processes of Founding, and New-Firm Performance, Entrepreneurship Education and Research in Europe, in: Sexton, D.L.; Kasarda, J.D. (edited by): The State of the art of Entrepreneurship, Boston, S. 301 - 340.

Cromie, S. (1991):
The problems experienced by small firms, in: Davies, L.G.; Gibb, A.A. (Editors): Recent Research in Entrepreneurship: The Third International EIASM Workshop, Aldershop u.a., S. 115 - 134.

Cronbach, L.J. (1951):
Coeffizent Alpha and the internal Structure of Tests, in: Psychometrika, Vol. 16, No. 3, S. 297 - 334.

Dahremöller, A. (1987):
Existenzgründungsstatistik - Nutzung amtlicher Datenquellen zur Erfassung des Gründungsgeschehens, Schriften zur Mittelstandsforschung, NF, Nr. 18, Stuttgart.

Denz, H. (1976):
Trennschärfebestimmung von Items und Likert-Skalierung, in: Holm, K. (Hrsg.): Die Befragung 4, München, S. 96 - 108.

Diambomba, A.R. (1972):
Eduacation, Environment, and Entrepreneurship: a Study of Factors contributing to entrepreneurial performance in a developing country, Stanford University.

Diener, C.J.; Dweck, C.S. (1978):
An analysis of learned helplessness: Continuous changes in performance, strategy, and achievement cognitions following failure, in: Journal of Personality and Social Psychology, Vol. 36, S. 451 - 462.

Diener, C.J.; Dweck, C.S. (1980):
An analysis of learned helplessness: II The processing of success, in: Journal of Personality and Social Psychology, Vol. 39, S. 940 - 952.

Dörner, D. (1984):
Denken, Problemlösen und Intelligenz, in: Psychologische Rundschau, 35. Jg, Nr. 1, S. 10 - 20.

Dörner, D. (1985):
Verhalten, Denken und Emotionen, in: Eckensberger, L.H.; Lantermann, E.-D. (Hrsg.): Emotion und Reflexivität, München, S. 157 - 181.

Dörner, D. (1987):
Problemlösen als Informationsverarbeitung, Stuttgart.

Douglass, M.E. (1976):
Relation Education to Entrepreneurial Success, in: Business Horizons, Vol. 19, No. 6, S. 40 - 44.

Durand, D.; Shea, D. (1974):
Entrepreneurial Activity as a function of achievement motivation and reinforcement control, in: The Journal of Psychology, Vol. 88, S. 57 - 63.

During, W.E. (1990):
Education for entrepreneurship, in: Donckels, R.; Miettinen, A. (Editors): New Findings and Perspectives in Entrepreneurship, Avebury, S. 134 - 141.

Duschesneau, D.A.; Gartner, W.B. (1990):
A Profile of New Venture Success and Failure in an Emerging Industry, in: Journal of Business Venturing, Vol. 5, No. 5, S. 297 - 312.

Elliott, J.E. (1983):
Schumpeter and the theory of capitalist economic development, in: Journal of Economic Behavior & Organization, Vol. 4, No. 4, S. 277 - 308.

Engels, W. (1992):
Der Kommentar: Kurswechsel, in: Wirtschaftswoche, 40. Jg., Nr. 12, S. 150.

Ettinger J.C. (1983):
Some Belgian Evidence on Entrepreneurial Personality, in: European Small Business Journal, Vol. 1, No. 2, S. 48 - 56.

Evans, D.S. (1989):
Some Empirical Aspects of Entrepreneurship, in: The American Review, Vol. 79, No. 3, S. 519 - 535.

Evans, D.S.; Jovanovic, B. (1987):
Entrepreneurial choice and liquidity constraints, Economic Research Reports, New York University.

Evans, D.S.; Leighton, L.S. (1989):
Some Empirical Aspects of Entrepreneurship, in: The American Economic Review, Vol. 79, No. 3, S. 519 - 535.

Feeser, H.R.; Watson Dugan, K. (1989):
Entrepreneurial Motivation: A Comparison of High and Low Growth High Tech Founders, in: Brockhaus, Sr. R.H. et al. (edited by), Frontiers of Entrepreneurship Research: Proceedings of the 1989 Entrepreneurship Conference, Wellesley, S. 13 - 27.

Fiedler, F.E. (1967):
A theory of leadership effectiveness. New York.

Fleishman, E.A.; Harris, E.F. (1962):
Patterns of leadership behavior related to employee grievance and turnover, in: Personnel Psychology, Vol. 15, S. 43-56.

Frank, H.; Mugler, J.; Roessl, D. (1991):
Growth determinants of new ventures - a comparision of Vienna and Chicago entrepreneurs, in: Davies, L.G.; Gibb, A.A. (Editors): Recent Research in Entrepreneurship: The Third International EIASM Workshop, Aldershop u.a., S. 230 - 257.

Franklin, S.G.; Goodwin, J.S. (1983):
Problems of Small Business and Sources of Assistance: A Survey, in: Journal of Small Business Management, Vol. 21, No. 2, S. 5 - 12.

Freeman, J.; Carroll, G.R.; Hannan, M.T. (1983):
The liability of newness: Age dependence in organizational death rates, in: American Sociological Review, No. 48, S. 692 - 710.

Frese, M. (1985):
Arbeit, in: Herrmann, T.; Lantermann (Hrsg.): Persönlichkeitspsychologie. Ein Handbuch in Schlüsselbegriffen, München - Weinheim, S. 139 - 146.

Frey, B.S. (1990):
Ökonomie ist Sozialwissenschaft: die Anwendung der Ökonomie auf neue Gebiete, München.

Frey. D. (1989):
Zur Adaption von Stressoren (Unveröffentlichter Arbeitsbericht des Institutes für Psychologie), Kiel.

Frey, D.; Barth, S. (1993):
Erfolg ist eine Geisteshaltung: Unterscheiden sich erfolgreiche von nicht erfolgreichen Existenzgründern ? (Veröffentlichung in Vorbereitung), Kiel.

Frey, D.; Brüning, B. (1988):
Die Betriebsstruktur der Zukunft: Führung mit Prinzipien, Kiel-New York.

Frey, D.; Gülker, G. (1988):
Psychologie und Volkswirtschaft: Möglichkeiten einer interdisziplinären Zusammenarbeit, in: Boettcher, E.; Herder-Dorneich, P; Schenk, K.-E. (Hrsg): Jahrbuch für Neue Politische Ökonomie, Bd. 7, S. 168 - 191.

- 292 -

Frey, D.; Rogner, O.; Havemann, D. (1989):
Psychological Factors influencing the Recuperation Process of Accident Patients, in: Lovibond, P.; Wilson, P. (editors): Clinical and Abnormal Psychology, S. 481 - 485.

Friedrich, W. (1991):
Schaffung von Arbeitsplätzen durch neue Selbständigkeit, in: Vogler-Ludwig, K. (Hrsg.): Perspektiven für den Arbeitsmarkt in den neuen Bundesländern, München.

Friedrich, W.; Puxi, M. (1990):
Führungskräfte und Gründungspotential in der ehemaligen DDR, Unterstützungs- und Beratungsbedarf für die wirtschaftliche Erneuerung, Studien zur Wirtschaftsforschung, Kerpen.

Gartner, W.B. (1990):
What we are talking about when we talk about Entrepreneurship?, in: Journal of Business Venturing, Vol. 1, No. 5, S. 15 - 28.

Gasse, Y. (1982):
Eloberations on the Psychology of the Entrepreneur, in: Kent C.A.; Sexton D.L.; Vesper, K.H. (Editors): Encyclopedia of Entrepreneurship, Englewood Cliffs, S. 57 - 71.

Gentry, W.D.; Kobasa, S.C. (1984):
Social and Psychological Resources mediating Stress - Ilness Relationsships in Humans, in: Gentry, W. D.: The Handbook of behaviorial medicine, New York, S. 87 - 116.

Gibb, A. (1990):
Entrepreneurship and intrapreneurship - exploring the differences, in: Donckels, R.; Miettinen, A. (Editors): New Findings and Perspectives in Entrepreneurship, Avebury, S. 33 - 67.

Gibb, A.; Ritchie J. (1982):
Understanding the Process of Starting Small Business, in: European Small Business Journal, Vol. 1, No. 1, S. 26 - 45.

Giersch, H. (1984):
The age of Schumpeter, in: The American Economic Review, Vol. 74, No. 2, S. 103 - 109.

Ginn, C.W.; Sexton, D.L. (1989):
Growth: A Vocational Choice and Psychological Preference, in: Brockhaus, Sr. R.H. et al. (edited by), Frontiers of Entrepreneurship Research: Proceedings of the 1989 Entrepreneurship Conference, Wellesley, S. 1 - 12.

Goebel, P. (1990):
Erfolgreiche Jungunternehmer: lieber kleiner Herr als großer Knecht; Welche Fähigkeiten brauchen Firmengründer?, München.

Grabitz, H.-J. (1987):
Kontrolle und Hilflosigkeit, in: Frey, D.; Greif, S. (Hrsg.): Sozialpsychologie - Ein Handbuch in Schlüsselbegriffen, 2. erweiterte Auflage, München - Weinheim, S. 227 - 230.

Greenfield, S.; Strickson, A. (1986):
Entrepreneurship and social change, Monographs in Enconomic Anthropology, No. 2, Lanham.

Greif, S. (1987):
Soziale Kompetenzen, in: Frey, D.; Greif, S. (Hrsg.): Sozialpsychologie - Ein Handbuch in Schlüsselbegriffen, 2. erweiterte Auflage, München - Weinheim, S. 312 - 320.

Habich, R.; Priller, E. (1992):
Soziale Lage und subjektives Wohlbefinden in der ehemaligen DDR, in: Abbruch und Aufbruch: Sozialwissenschaften im Transformationsprozeß, hrsg. von Thomas, M.; Berlin, S. 239 - 258.

Hamann, P.; Erichson, B. (1978):
Marktforschung, Stuttgart-New York.

Hamm, M. (1989):
Überlebenschancen von Neugründungen, in: Der Arbeitgeber, 41. Jg., Nr. 1, S. 26 - 27.

Hammann, W.; Strohmeyer, K. (1990):
Ostdeutsch und westdeutsch, mental verschieden?: Zu den Identitätsschicksalen eines zusammenwachsenden Volks, in: Stuttgarter Zeitung, 22.12.90, Sonntagsbeilage.

Harwood, E. (1982):
The Sociology of Entrepreneurship, in: Kent C.A.; Sexton D.L.; Vesper, K.H. (Editors): Encyclopedia of Entrepreneurship, Englewood Cliffs, S. 91 - 97.

Hauer, A.; Kleinhenz, T.; Schuttenbach, L. von (1992):
Mittelstand im Aufbau: Selbständige in den neuen Bundesländern, Existenzgründungen und Privatisierungen nach zwei Jahren Marktwirtschaft, Veröffentlichungen des Instituts für Mittelstandsforschung, Nr. 12, Mannheim.

Hauschildt, J. (1970):
Zur Artikulation von Unternehmenszielen, in: Zeitschrift für betriebswirtschaftliche Forschung, 22. Jg., Heft 8/9, S. 545 - 559.

Hauschildt, J. (1991):
Zur Messung des Innovationserfolgs, in: Zeitschrift für Betriebswirtschaft, 61. Jg., Heft 4, S. 451 - 476.

Hébert, R.F.; Link, A.N. (1989):
In Search of the Meaning of Entrepreneurship, in: Small Business Economics, Vol. 1, S. 39 - 49.

Heckhausen, H. (1963):
Hoffnung und Furcht in der Leistungsmotivation, Meisenheim/Glan.

Heckhausen, H. (1980):
Motivation und Handeln: Lehrbuch der Motivationspsychologie, Berlin; Heidelberg; New York.

Hedberg, N.; Miettinen, A. (1990):
In Search of Entrepreneurs-Business Environment Contingencies, Beitrag zu: RENT IV Research on Entrepreneurship 4th Workshop, Köln.

Herrmann, T. (1976):
Lehrbuch der empirischen Persönlichkeitsforschung, 3. neubearbeitete Aufl., Göttingen u. a..

Hoad W.M., Rosko P. (1964):
Management Factors Contributing to the Success and Failure of the New Small Manufacurers, in: Michigan Business Reports Number 44, Ann Arbor 1964.

Hodenius, B.; Michailow, M. (1991):
Der Gründerboom: Mythosproduktion oder neue Gründerzeit?, in: Internationales Gewerbearchiv, Nr. 3, S. 145 - 159.

Holm, K. (1975):
Die Frage, in: Holm, K. (Hrsg.): Die Befragung 1, München, S. 66 - 91.

Holt, D.H. (1992):
Entrepreneurship: new venture creation, Englewood Cliffs.

Hornaday J.A., Bunker, C.S. (1970):
The Nature of the Entrepreneur, in: Personell Psychology, Vol. 23, S. 47 - 54.

Hornaday J.A., Knutzen, P. (1986):
Some Psychological Characteristics of Successful Norwegian Entrepreneur, in: Ronstadt, R. et al. (edited by), Frontiers of Entrepreneurship Research 1986, Proceedings of the Sixth Annual Babson College Entrepreneurship Research Conference, Wellesley, S. 12 - 20.

Houmanidis, L.Th. (1990):
Marx and Keynes on Entrepreneurship, in: Rivista Internazionale di Scienze Economiche e Commerciali, Vol. 37, No. 2, S. 97 - 108.

Hoyos, C. Graf (1987):
Gefahrenkognition und Risikoverhalten, in: Graf Hoyos, Kroeber-Riel, von Rosenstiel, Strümpel (Hrsg.): Wirtschaftspsychologie in Grundbegriffen: Gesamtwirtschaft - Markt - Organisation - Arbeit, 2. Auflage, München - Weinheim, S. 533 ff.

Hradil, S. (1992):
"Lebensführung" im Umbruch: Zur Rekonstruktion eine soziologischen Kategorie, in: Abbruch und Aufbruch: Sozialwissenschaften im Transformationsprozeß, hrsg. von Thomas, M.; Berlin, S. 183 - 197.

Hunsdiek, D. (1985):
Beschäftigungspolitische Wirkungen von Unternehmensgründungen und -aufgaben, Institut für Mittelstandsforschung (Hrsg.), ifm-Materialien Nr. 28, Bonn.

Hunsdiek, D. (1987):
Unternehmensgründung als Folgeinnovation - Struktur, Hemmnisse und Erfolgsbedingungen der Gründung industrieller innovativer Unternehmen, Schriften zur Mittelstandsforschung, NF, Nr. 16, Stuttgart.

Hunsdiek, D.; May-Strobl, E. (1986):
Entwicklungslinien und Entwicklungsrisiken neugegründeter Unternehmen, Schriften zur Mittelstandsforschung, NF, Nr. 9, Stuttgart.

Jungbauer-Gans, M.; Preisendörfer, P. (1991):
Verbessern eine gründliche Vorbereitung und sorgfältige Planung die Erfolgschancen neugegründeter Betriebe?, in: Zeitschrift für betriebswirtschaftliche Forschung, Heft 11, S. 987 - 996.

Käppler, F. (1991):
Existenzgründungen zwischen Elbe und Oder: Kapital - Arbeit- Leistung, Düsseldorf.

Kailer, N. (1986):
Faktoren des Selbständigwerdens, in: Wirtschaftspolitische Blätter, 33. Jg., Heft 1, S. 114 - 123.

Kalok, G; Roloff, J. (1990):
Leistungsmotivation, Lohngerechtigkeit und marktwirtschaftliche Prinzipien in der Großindustrie der DDR, in: Wirtschaftswissenschaften, 38. Jg., Nr. 9, S. 1298 - 1307.

Kamp, M.E. u.a. (1978):
Probleme neugegründeter Unternehmen, Heft 40 der Beiträge zur Mittelstandsforschung, Göttingen.

Katona, G. (1975):
Psychological Economics, New York.

Katona, G. (1960):
Das Verhalten der Verbraucher und Unternehmer: Über die Beziehungen zwischen Nationalökonomie, Psychologie und Sozialpsychologie, Tübingen.

Kent, C.A. (1982):
Entrepreneurship in Economic Delvelopment, in: Kent C.A.; Sexton D.L.; Vesper, K.H. (edited by): Encyclopedia of Entrepreneurship, Englewood Cliffs, S. 237 - 252.

Kent, C.A. (1984):
The Rediscovery of the Entrepreneur, in: Kent, C.A. (edited by): The Environment for Entrepreneurship, Baylor University, S. 1 - 19.

Kets de Vries, M.F.R. (1977):
The Entrepreneurial Personality: A Person at the Crossroads, in: Journal of Management Studies, Vol. 14, No. 1, S. 34 - 57.

Kets de Vries, M.F.R. (1985):
The dark side of entrepreneur, in: Harvard Business Review, Vol. 63, No. 6, S. 160 - 167.

Kirchhoff, B.A.; Phillips, B.D. (1987):
Examining Entrepreneurship's Role in Economic Growth, in: Churchill et. al. (Editors): Frontiers of Entrepreneurship: Proceedings on the 1987 Conference on Entrepreneurship at Babson College, Wellesley, S. 154 - 168.

Kirchhoff, B.A.; Phillips, B.D. (1992):
Research Applications on the small business data base, in: Sexton, D.L.; Kasarda, J.D. (edited by): The State of the art of Entrepreneurship, Boston, S. 243 - 267.

Kirsch, W,. (1974):
Die verhaltenswissenschaftliche Fundierung der Betriebswirtschaftslehre, in: Wirtschaftswissenschaftliches Studium - Zeitschrift für Ausbildung und Hochschulkontakte -, 3. Jg., Nr. 10, S. 459 - 465.

Kirschbaum, G.; Klandt, H. (1979):
Diskussionen zur Existenzgründungspolitik, Protokoll einer DIHT-Veranstaltung zum Thema "Existenzgründung", Arbeitsbericht 28 der Universität zu Köln, Bonn.

Kirschbaum, G.; Klandt, H. (1990):
Unternehmerpersönlichkeit, in: Szyperski, N.; Roth, P. (Hrsg.): Entrepreneurship - Innovative Unternehmungsgründung als Aufgabe, Stuttgart, (Berichte aus der Arbeit der Schmalenbach-Gesellschaft- Deutsche Gesellschaft für Betriebswirtschaft e.V., Köln und Berlin), S. 77 - 96.

Klandt, H. (1979):
Die Person des Gründers als sozialpsychologische Komponente im Prozeß der Gründungsforschung, in: Kirschbaum, G.; Klandt, H. (Hrsg.): Diskussionen zur Existenzgründungspolitik, Protokoll einer DIHT-Veranstaltung zum Thema "Existenzgründung", Arbeitsbericht 28 der Universität zu Köln, Bonn, S. 28 - 32.

Klandt, H. (1984a):
Aktivität und Erfolg des Unternehmungsgründers, in: Reihe: Gründung, Innovation und Beratung, Bd. 1, hrsg. von Szyperski, N.; Bergisch Gladbach.

Klandt, H. (1984b):
Überlegungen und Vorschläge zur Abgrenzung und Strukturierung des Objektbereichs der Gründungsforschung, in: Nathusius, K.; Klandt, H.; Kirschbaum, G. (Hrsg.): Unternehmungsgründung: Konfrontation von Forschung und Praxis, Bergisch Gladbach.

Klandt, H. (1987):
Trends in Small Business Start-up in West Germany, in: Goffee, R., Scase, R. (Editors): Entrepreneurship in Europe - The Social Processes, London u.a., S. 26 - 38.

Klandt, H. (1990a):
Zur Person des Unternehmensgründers, in: Unternehmensgründung: Handbuch des Gründungsmanagement, hrsg. von Dieterle, W.K.M.; Winckler, E.M.; München, S. 29 - 43.

Klandt, H. (1990b):
Das Leistungsmotiv und verwandte Konzepte als wichtige Einflußfaktoren der unternehmerischen Aktivität, in: Szyperski, N; Roth, P. (Hrsg.): Entrepreneurship: innovative Unternehmensgründung als Aufgabe, Stuttgart, S. 88 - 96.

Klandt, H. (1991a):
The Computer Simulation of the Business Start-Up Phase as a Tool for Entrepreneurship Research, in: Davies, L.G.; Gibb, A.A. (Editors): Recent Research in Entrepreneurship: The Third International EIASM Workshop, Aldershop u.a., S. 324 - 334.

Klandt, H. (1991b):
Zur Existenzberechtigung einer speziellen Betriebswirtschaftslehre für die Gründungs- und Frühentwicklungsphase, in: Müller-Böling, D.; Seibt, D.; Winand, U. (Hrsg.): Innovations- und Technologiemanagement, Stuttgart, S. 479 - 494.

Klandt, H.; Münch, G. (1990):
Gründungsforschung im deutschsprachigen Raum - Ergebnisse einer empirischen Untersuchung, in: Szyperski, N; Roth, P. (Hrsg.): Entrepreneurship: innovative Unternehmensgründung als Aufgabe, Stuttgart, S. 171 - 186.

Knight, F.H. (1933)
Risk, Uncertainty and Profit, London.

Kobasa, S.C. (1979):
Stressful Life Events, Personality, and Health: An Inquiry Into Hardiness, in: Journal of Personality and Social Psychology, Vol. 37, No. 1, S. 1 - 11.

Kobasa, S.C. (1982):
Commitment and Coping in Stress Resistance Among Lawyers, in: Journal of Personality and Social Psychology, Vol. 82, No. 4, S. 707 - 717.

Kobasa, S.C.; Maddi, S.R.; Kahn, S. (1982):
Hardiness and Health: A Prospectiv Study, in: Journal of Personality and Social Psychology, Vol. 42, No. 1, S. 168 - 172.

Koch, T. (1992):
"Hier ändert sich nie was!": Kontinuitäten, Krisen und Brüche ostdeutscher Identität(en) zwischen "schöpferischer Zerstörung" und nationaler Re-Integration, in: Abbruch und Aufbruch: Sozialwissenschaften im Transformationsprozeß, hrsg. von Thomas, M.; Berlin, S. 319 - 334.

Köller, O.; Dauenheimer, D. (1991):
Unterschiede zwischen Einzelpersonen und Gruppen beim Bearbeiten komplexer Probleme, unveröffentlichte Diplomarbeit, Kiel.

Köllermeier, T. (1992):
Entrepreneurship in an Economy in Transition: Perspectives of the Situation in the Ex GDR, in: S. Birley, I.C. MacMillian: International Perspectives on Entrepreneurship Research, Proceedings of the First annual Global Conference on Entrepreneurship Research, Amsterdam, S. 35 - 57.

Körner, U. (1990):
Unternehmensgründungen in der Marktwirtschaft, in: Unternehmensgründung: Handbuch des Gründungsmanagement, hrsg. von Dieterle, W.K.M.; Winckler, E.M.; München, S. 13 - 21.

Kogan, N.; Wallach, M.A. (1964):
Risk-Taking: A Study in Cognitive and Personality, New York u.a..

Koller, R.H. II (1989):
On the Causes of Entrepreneurial Success, in: Brockhaus, Sr. R.H. et al. (edited by), Frontiers of Entrepreneurship Research: Proceedings of the 1989 Entrepreneurship Conference, Wellesley, S. 112 - 113.

Komives, J.L. (1972):
Characteristics of Entrepreneurs, in: The Business Quarterly, Summer, S. 76 - 79.

Kreß, R. (1993):
Existenzgründer: Zu viele Bekannte; Ost-Gründer haben ähnliche Probleme wie West-Unternehmer, aber auch ganz andere., in: Wirtschaftswoche, Nr. 10, S. 40 - 43.

Kruse, W. (1992):
Das verflixte dritte Jahr, in: Hamburger Abendblatt vom 20.01.92.

Kuipers, M. (1990):
Erfolgsfaktoren der Unternehmungsgründung: eine Untersuchung erfolgreicher und erfolgloser Unternehmungsgründer in der Schweiz, Bamberg.

Landrock, R. (1988):
Existenzgründer - Hoffnungsträger oder Kreditrisiko, in: Sparkasse, Nr. 3, S. 122 - 123.

Laub, U.D. (1989):
Zur Bewertung innovativer Unternehmensgründungen im institutionellen Zusammenhang: eine empirisch gestützte Analyse, München.

Laub, U.D. (1991):
Innovationsbewertung: Ein Bewertungskonzept für innovative Unternehmensgründungen - Ergebnisse einer empirischen Untersuchung, in: Laub, U.; Schneider, D. (Hrsg.): Innovation und Unternehmertum: Perspektiven, Erfahrungen, Ergebnisse, Wiesbaden, S. 23 - 49.

Leicht, R.; Stockmann, R. (1991):
Entwicklungsmuster kleinbetrieblicher Prosperität, Veröffentlichung des Institut für Mittelstandsforschung, Nr. 8, Mannheim.

LeRoy, S.F.; Singell, L.D. (1987):
Knight on Risk and Uncertainty, in: Journal of Political Economy, Vol. 95, No. 2, S. 394 - 406.

Liebernickel, W. (1991):
Unternehmensgründungen in den neuen Bundesländern (Daten und Entwicklungstrends), in: Schriftenreihe des Bundesverbandes mittelständische Wirtschaft, Heft 1/91, Berlin.

Liles, P.R. (1974):
New Business Ventures and the Entrepreneur, Homewood.

Lorrain, J.; Dussault, L. (1988):
Relation between Psychological Chracteristis, Administrative Behaviors and Success of Founder Entrepreneurs at the Start-Up Stage, in: Kirchhoff et. al. (Editors): Frontiers of Entrepreneurship: Proceedings on the 1988 Conference on Entrepreneurship at Babson College, Wellesley, S. 150 - 164.

Lütjen, R.; Frey, D. (1987):
Gesundheit und Krankheit/Gesundheitspsychologie, in: Frey, D.; Greif, S. (Hrsg.): Sozialpsychologie - Ein Handbuch in Schlüsselbegriffen, 2. erweiterte Auflage, München - Weinheim, S. 567 - 579.

Maaz, H.J. (1990):
Der Gefühlsstau: ein Psychogramm der DDR, Berlin.

Maier, G. (1991):
Günter Schmölders: Psychologe der Wirtschaft; Angst vor der Zukunft, in: Wirtschaftswoche, 39. Jg., Nr. 48, S. 80 - 85.

Maier, G. (1992):
Unternehmensgründungen: Studien über die Chancen von Newcomern, Kampf ums Überleben, in: Wirtschaftswoche, 40. Jg., Nr. 14, S. 85 - 87.

Marx, K. (1867):
Das Kapital. Kritik der politischen Ökonomie, Erster Band: Der Produktionsprocess des Kapitals, Hamburg.

May, E. (1981):
Erfolgreiche Existenzgründungen und öffentliche Förderungen, Eine vergleichende empirischer Analyse geförderter und nicht geförderter Gründungsunternehmen, in: Institut für Mittelstandsforschung (Hrsg.) Beiträge zur Mittelstandsforschung, Heft 81, Göttingen.

Mayer, K.B., Goldstein, S. (1961):
The First Two Years: Problems of Small Firm Growth and Survival, Washington.

May-Strobl, E.; Kokalj, L.; Schmidt, A. (1991):
Aktuelle und periodische Berichterstattung zur Entwicklung der mittelständischen Wirtschaft in den neuen Bundesländern, Institut für Mittelstandsforschung (Hrsg.): ifm-Materialien Nr. 87, Bonn.

May-Strobl, E.; Paulini, M. (1990):
Unternehmensgründungen in den fünf neuen Bundesländern, Institut für Mittelstandsforschung (Hrsg.): ifm-Materialien Nr. 77, Bonn.

May-Strobl, E.; Paulini, M. (1991):
Gründungsreport: laufende Berichterstattung über das Gründungsgeschehen in den neuen Bundesländern, Institut für Mittelstandsforschung (Hrsg.): ifm-Materialien Nr. 83, Bonn.

May-Strobl, E.; Paulini, M. (1991):
Gründungsreport: laufende Berichterstattung über das Gründungsgeschehen in den neuen Bundesländern - 1.Quartal 1991-, Institut für Mittelstandsforschung (Hrsg.): ifm-Materialien Nr. 85, Bonn.

McClelland, D.C. (1965):
Need Achievement and Entrepreneur: A Longitudinal Study, in: Journal of Personality and Social Psychology, Vol. 1, No. 4, S. 389 - 392.

McClelland, D.C. (1966):
Die Leistungsgesellschaft, Psychologische Voraussetzungen wirtschaftlicher Entwicklung, Wende, J.Y.; Fleischmann, G. (Hrsg.), Stuttgart etc.

McClelland, D.C.; Burnham, D.H. (1975):
Power is the great motivator in: Harvard Business Review, Vol. 54, No. 6, S.
100 - 111.

Meier-Preschany, M. (1991):
"Neue Bundesländer: Neue Unübersichtlichkeit - Nicht nach Lehrbuch -, in: Wirtschaftswoche, 39. Jg., Nr. 19, S. 25 - 29.

Meyerhöfer, W. (1982):
Hemmnisse und Hilfen für Existenz- und Unternehmensgründungen aus der Sicht
privater und gewerblicher Gründer, in: Ifo-Institut für Wirtschaftsforschung e.V.
(Hrsg.), Studien zu Handels- und Dienstleistungsfragen, Heft 21, München.

Miner, J.B. (1990):
Entrepreneurs, High Growth Entrepreneurs and Managers: Contrasting and Over-
lapping Motivational Patterns, in: Journal of Business Venturing, Vol. 5, S. 221 -
234.

Müller-Böling, D.; Graf, H. (1988):
Planungsinstrumente für die Gründung von Unternehmungen, in: Wirtschaftwis-
senschaftliches Studium, 17. Jahrgang, Heft 12, S. 615 - 619.

Müller-Böling, D.; Kirchhoff, S. (1991):
Expert Systems for Consulting in Business Start-Up Phase, in: Davies, L.G.;
Gibb, A.A. (Editors): Recent Research in Entrepreneurship: The Third Internatio-
nal EIASM Workshop, Aldershop u.a., S. 335 - 347.

Müller-Böling, D.; Klandt, H. (1990):
Bezugsrahmen für die Gründungsforschung mit einigen empirischen Ergebnissen,
in: Szyperski, N; Roth, P. (Hrsg.): Entrepreneurship: innovative Unternehmensgründung als Aufgabe, Stuttgart, S. 143 - 170.

Müller-Böling, D.; Klandt, H. (1993):
Unternehmensgründung, in: Hauschildt, J.; Grün, O. (Hrsg.), Ergebnisse empirischer betriebswirtschaftlicher Forschung, Stuttgart, S. 135 - 178.

Muzyka, D.F. (1992):
Critique: Entrepreneurship in an Economy in Transition: Perspectives of the Situation in the Ex GDR, in: S. Birley, I.C. MacMillian: International Perspectives
on Entrepreneurship Research, Proceedings of the First annual Global Conference on Entrepreneurship Research, Amsterdam. S. 32 - 36.

Nathusius, K. (1979):
Venture Management - Ein Instrument zur innovativen Unternehmensentwicklung, Berlin, S. 40 - 45.

Nauroth, D.H. (1990):
Umsteigen in die Marktwirtschaft - Antworten für Existenzgründer und Unternehmer in der DDR, Haar bei München.

Neuberger, O. (1976):
Der Arbeitszufriedenheitsbogen, ein Verfahren zur Messung von Arbeitszufriedenheit, in: Problem und Entscheidung, Heft 15, München, S. 1 - 129.

Osterkamp, U. (1987):
Kontrollbedürfnis, in: Frey, D.; Greif, S. (Hrsg.): Sozialpsychologie - Ein Handbuch in Schlüsselbegriffen, 2. erweiterte Auflage, München - Weinheim, S. 222 - 226.

Osnabrügge, G.; Stahlberg, D.; Frey, D. (1985):
Die Theorie der kognizierten Kontrolle; in: Frey, D.; Irle, M. (Hrsg.): Theorien der Sozialpsychologie, Band III: Motivations- und Informationsverarbeitungstheorien, Bern, S. 126 - 172.

Palmer, M. (1971):
Application of Psychology Testing to Entrepreneurial Potential, in: California Management Review, Vol. 13, No. 3, S. 32 - 38.

Paulin, W.L.; Coffey, R.E.; Spaulding, M.E. (1982):
Entrepreneurship research: methods and directions, in: Kent C.A.; Sexton D.L.; Vesper, K.H. (edited by), Encyclopedia of Entrepreneurship, Englewood Cliffs, S. 352 - 373.

Pawlik, K. (1973):
Zur Frage der psychologischen Interpretation von Persönlichkeitsfaktoren, Arbeiten aus dem Psychologischen Institut der Universität Hamburg, Nr. 22, Hamburg.

Peche, N. (1991):
Kulturelle Identität und Marktwirtschaft, in: Wirtschaftswoche, Beilage "Karriere", vom 15.2.91.

Perlitz, M.; Löbler, H. (1985):
Brauchen Unternehmen zum Innovieren Krisen?, in: Zeitschrift für Betriebswirtschaft, 55. Jg., Heft 5, S. 424ff.

Peters, T.; Waterman, R.H. (1984):
Auf der Suche nach Spitzenleistungen: Was man von den bestgeführten US-Unternehmern lernen kann, Landsberg/Lech.

Phillips, B.D., Kirchhoff, B.A. (1989):
Formation, Growth and Survival; Small Firms Dynamics in the U.S. Economy, in: Small Business Economics, Vol. 1, S. 65 - 74.

Picot, A.; Laub, U.; Schneider, D. (1989):
Innovative Unternehmungsgründungen: eine ökonomisch-empirische Analyse, Heidelberg u. a. .

Pischulti, P. (1989):
Existenzgründungsberatung als Bankdienstleistung, in: Grundlage und Praxis des Bank- und Börsenwesens, Bd. 20, Berlin.

Pistor, M. (1989):
Die Rolle der Umwelt bei der Entstehung und Entwicklung innovativer Unternehmungen im Bereich der Mikroelektronik: Ergebnisse einer vergleichenden Untersuchung ausgewählter Gründungen in der Schweiz und im Großraum München aus den Jahren 1977 - 1985, Dissertation der Hochschule St. Gallen Nr. 1106, Bamberg.

Plaschka, G. (1986):
Unternehmenserfolg - Eine vergleichende empirische Untersuchung von erfolgreichen und nicht erfolgreichen Unternehmensgründern, (Schriftenreihe der Abteilung für Gewerbe-, Klein- und Mittelbetriebe an der Wirtschaftsuniversität Wien: Bd. 7), Wien.

Polke, J. (1992):
Anforderungen an die Unternehmer mittelständischer Betriebe bei der Neustrukturierung der ostdeutschen Wirtschaft - Ergebnisse empirischer Untersuchungen -, Berlin.

Preisendörfer, P.; Schüssler, R.; Ziegler, R. (1989):
Bestandschancen neugegründeter Kleinbetriebe, in: Internationales Gewerbearchiv, 37. Jg., S. 237 - 248.

Preisendörfer, P.; Voss, P. (1990):
Organizational Mortality of Small Firms: The Effects of Entrepreneurial Age and Human Capital, in: Organization Studies, Vol. 11, No. 1, S. 107 - 129.

Reagan, R. (1985):
Why this is an entrepreneurial age, in: Journal of Business Venturing, Vol. 1, No. 1, S. 1 - 4.

Reber, G. (1975):
Wie rational verhält sich der Mensch im Betrieb? Plädoyer für eine verhaltenswissenschaftliche Betriebswirtschaftslehre, Wien-New York.

Reber, G. (1987):
Individuum, Individuum über alles... - Gibt es in der verhaltensorientierten Betriebswirtschaftslehre eine Objekt-Krise ähnlich wie in der Sozialpsychologie?, in: Die Betriebswirtschaft, 38. Jg., Heft 1, S. 83 - 102.

Reeb, H.-J. (1992):
Eingliederung ehemaligen NVA-Berufssoldaten in die Bundeswehr: Maßnahmen und Probleme, in: Essays - Berichte - Analysen, Nr. 25, S. 845 - 857.

Reekie, D. (1984):
Markets, Entrepreneurs and Liberty - An Austrian View of Capitalism, Brighton.

Reynolds, P.D. (1987):
New Firms: Societal Contribution versus Survival Potential, in: Journal of Business Venturing, No. 2, S. 231 - 246.

Reynolds, P.D. (1992):
Predicting New-Firm Births: Interactions of Organizational and Human Populations, in: Sexton, D.L.; Kasarda, J.D. (edited by): The State of the art of Entrepreneurship, Boston, S. 268 - 297.

Rogner, O.; Frey, D.; Havemann, D. (1987):
Der Genesungsverlauf von Unfallpatienten aus kognitionspsychologischer Sicht, in: Zeitschrift für Klinische Psychologie, Sonderdruck, Band XVI, Heft 1, S. 11 - 28.

Rosch Inglehart, M. (1988):
Kritische Lebensereignisse - eine sozialpsychologische Perspektive, Stuttgart.

Rost-Schaude, E. (1982):
Untersuchung zu einer deutschen Form des IEC-Fragebogen von Rotter, in: Mielke, R. (Hrsg.): Interne/externe Kontrollüberzeugung: Theoretische und empirische Arbeiten zum Locus of Control-Konstrukt, S. 156 - 177, S. 254.

Rueger, C. (1991):
Gottesmänner, Karrieristen und andere Deutsche: Eine Typologie zm Verständnis der Deutschen (Ost), in: Psychologie Heute, Dezember.

Rüttinger, B.; Rosenstiel, L. von; Molt, W. (1974):
Motivation des wirtschaftlichen Verhaltens, Stuttgart u.a. .

Sandberg, W.R. (1986):
New Venture Performance - The Role of Strategy and Industry Structure, Houston.

Say, J.B. (1814):
Abhandlungen über die National-Oekonomie oder einfache Darstellung der Art und Weise, wie die Reichthümer entstehen, verteilt und verzehrt werden, (übersetzt von Jakob, L. H.), 2. Band, Halle, Leipzig.

Schädlich, M. (1990):
Eine Lanze brechen für kleine und mittelständische Unternehmen, in: Wirtschaftswissenschaft, 38. Jg., Nr. 9, S. 1296 - 1297.

Schatz, K.W. (1984):
Die Bedeutung kleiner und mittlerer Unternehmen im Strukturwandel, Kieler Diskussionsbeiträge 103, Kiel.

Scheickhardt, U. (1987):
Typische Fehler beim Start in die berufliche Selbständigkeit, Bonn.

Schierenbeck, H. (1991):
Überlebenschanchen von Unternehmensgründungen in der Zeit von 1945 bis zur Gegenwart, in: Pohl, H.; Treue, W. (Hrsg.): Zeitschrift für Unternehmensgeschichte, Beiheft Nr. 63.

Schiller, R. (1986):
Existenzgründungen, Institut der deutschen Wirtschaft (Hrsg.): Beiträge zur Wirtschafts- und Sozialpolitik Nr. 140, Köln.

Schmölders, G. (1978):
Verhaltensforschung im Wirtschaftsleben, Hamburg.

Schneewind, K.A.; Schröder, G.; Cattell, R.B. (1983):
Der 16-Persönlichkeits-Faktoren-Test. 16 PF, Bern.

Schneider, E.; Frick-Becker, M. (1988):
Existenzsicherung für junge Unternehmen, Deutscher Wirtschaftsdienst, Köln.

Schönwälder, S. (1989):
Kritische Würdigung maßgeblicher Entwicklungsrichtungen in der Führungsforschung und empirischer Überprüfung eines neuen mitarbeiterorientierten Führungsansatzes als mögliche Grundlage für zeitgemäßes Führungsverhaltens, unveröffentlichte Diplomarbeit, Kiel.

Schrage, H. (1965):
The R&D Entrepreneur: Profile of Success, in: Harvard Business Review, Vol. 43, Nov./Dec., S. 56 - 69.

Schröder, H. (1990):
Staatliche Repression und psychische Folgen (DDR-Bürger in der Wende), in: Gruppendynamik, 21. Jg., Nr. 4, S. 341 - 356.

Schüßler, R. (1988):
Der homo oeconomicus als skeptische Fiktion, in: Kölner Zeitschrift für Soziologie und Sozialpsychologie, 40. Jg., S. 447 - 463.

Schüssler, R. (1988):
Die Neulingssterblichkeit von Organisationen: Eine Übersicht und Diskussion ereignisanalytischer Befunde, in: Angewandte Sozialforschung, 15. Jg., S. 95 - 104.

Schumpeter, J. (1987):
Theorie der wirtschaftlichen Entwicklung, 7. Auflage, Berlin.

Schwarz-Schilling, C. (1992):
Mittelstand: Motor der Wirtschaft, in: Der Volks- und Betriebswirt, Nr. 1,2, S. 18 - 19.

Seligman, M.E.P. (1979):
Gelernte Hilflosigkeit, München.

Sexton, D.L. (1982):
Research needs and issues in entrepreneurship, in: Kent C.A.; Sexton D.L.; Vesper, K.H. (edited by): Encyclopedia of Entrepreneurship, Englewood Cliffs, S. 383 - 389.

Sexton, D.L.; Van Auken, P. (1982):
Characteristis of Sucessful and Unsucessful Entrepreneurs, in: Texas Business Review, Vol. 56, No. 5, S. 236 - 240.

Sexton, D.L.; Bowman, N.B. (1983):
Comparative entrepreneurship characteristics of students: Preliminary results, in: Hornaday, J.B. ; Timmons, J.F.; Vesper, K.H. (edited by): Frontiers of Entrepreneurship: Proceedings on the 1983 Conference on Entrepreneurship at Babson College, Wellesley, S. 213 - 232.

Sexton, D.L.; Bowman, N.B. (1984):
Personality Inventory for potential Entrepreneurs: Evaluation of a modified JPI/PRF-E Test Instrument: in: Hornaday, J.A.; Tardley, J.R.; Timmons, J.A.; Vesper, K.H. (edited by): Frontiers of Entrepreneurship Research: Proceedings of the 1984 Entrepreneurship Research Conference, S. 513 - 528.

Sexton, D.L.; Bowman, N.B. (1985):
The Entrepreneur: A capable executive and more, in: Journal of Business Venturing, Vol. 1, S. 129 - 140.

Sexton, D.L.; Bowman, N.B. (1986):
Validation of a Personality Index: Comparative Psychological Characteristics Analysis of Female Entrepreneurs, Managers,Ve Entrepreneurship Students and Business Students, in: Ronstadt, R. et al. (edited by), Frontiers of Entrepreneurship Research 1986, Proceedings of the Sixth Annual Babson College Entrepreneurship Research Conference, Wellesley, S. 40 - 51.

Sexton, E.A.; Robinson, P.B. (1989):
The Economic and Demographic Determinants of Self-Employment, in: Brockhaus, Sr. R.H.et al. (edited by), Frontiers of Entrepreneurship Research: Proceedings of the 1989 Entrepreneurship Conference, Wellesley, S. 28 - 42.

Shapero, A. (1984):
The Entrepreneurial Event, in: Kent, C.A., (edited by): The Environment for Entrepreneurship, Baylor University, S. 21 - 40.

Shapero, A.; Sokol, L. (1982):
The Social Dimensions of Entrepreneurship, in: Kent C.A.; Sexton D.L.; Vesper, K.H. (edited by): Encyclopedia of Entrepreneurship, Englewood Cliffs, S. 72 - 90.

Sinn, G.; Sinn, H.-W. (1991):
Kaltstart: volkswirtschaftliche Aspekte der deutschen Vereinigung, Tübingen.

Smith, N.R.; Miner, J.B. (1983):
Motivational Considerations in the Success of Technologically Innovative Entrepreneurs, in: Hornaday, J.B. ; Timmons, J.F.; Vesper, K.H.(Editors): Frontiers of Entrepreneurship: Proceedings on the 1983 Conference on Entrepreneurship at Babson College, Wellesley, S. 488 - 495.

Stache, U. (1992):
Gründen in den neuen Bundesländern, Bonn.

Stäudel, T. (1986):
Der Kompetenzfragebogen, Memorandum Lehrstuhl für Psychologie II der Universität Bamberg, Bamberg.

Stäudel, T. (1987):
Problemlösen, Emotionen und Kompetenz, Regensburg.

Stahlberg, D.; Osnabrügge, G.; Frey, D. (1985):
Die Theorie des Selbstwertschutzes und der Selbstwerterhöhung, in: Frey, D., Irle, M. (Hrsg.), Theorien der Sozialpsychologie, Bd. III: Motivations- und Informationsverarbeitungstheorien, Bern, S. 126 - 172.

Starr, J.A.; Bygrave, W.D. (1992):
The Second Time Around: The Outcomes, Assets and Liabilities of prior Start-Up Experience, in: S. Birley, I.C. MacMillian (Editors): International Perspectives on Entrepreneurship Research, Proceedings of the First annual Global Conference on Entrepreneurship Research, Amsterdam, S. 340 - 355.

Stratemann, I. (1992):
Psychologische Aspekte des wirtschaftlichen Wiederaufbaus in den neuen Bundesländern, Stuttgart.

Stuart, R.W.; Abetti, P.A. (1990):
Impact of Entrepreneurial and Management Experience on early Performance, in: Journal of Business Venturing, Vol. 5, No. 3, S. 151 - 162.

Szyperski, N. (1979):
Existenzgründungspolitik in der Bundesrepublik Deutschland, Arbeitsbericht Nr. 27, Köln.

Szyperski, N. (1980):
Betriebwirtschaftliche Probleme der Unternehmungsgründung, in: Betriebwirtschaftliche Forschung und Praxis, 32. Jg., Nr. 4, S. 309 - 320.

Szyperski, N. (1983):
Planungshilfe Existenzgründung, Deutscher Industrie- und Handelstag (Hrsg.), Bonn.

Szyperski, N.; Klandt, H. (1979):
Die Haltung von Personalleitern etablierter Unternehmen gegenüber Selbständigkeit, Unternehmungsgründung und Gründern: eine empirische Untersuchung, Arbeitsbericht Nr. 25, Köln.

Szyperski, N.; Klandt, H. (1981):
The Empirical Research on Entrepreneurship in the Federal Republic of Germany, in: Vesper, K.H. (Hrsg.): Frontiers of Entrepreneurship Research 1981, Proceedings of the 1981 Conferences on Entrepreneurship at Babson College, Wellesley, S. 158 - 178.

Szyperski, N.; Klandt, H. (1988):
New Concepts in Entrepreneurial Testing, in: Kirchhoff et. al. (Editors): Frontiers of Entrepreneurship: Proceedings on the 1988 Conference on entrepreneurship at Babson College, Wellesley, S. 66 - 69.

Szyperski, N.; Nathusius, K.: (1977a)
Gründungsmotive und -vorbehalte - Ergebnisse einer empirischen Studie über potentielle und tatsächliche Unternehmungsgründer, in: Die Betriebswirtschaft, Heft 2, S. 299ff.

Szyperski, N.; Nathusius, K.: (1977b)
Probleme der Unternehmungsgründung: Eine betriebswirtschaftliche Analyse unternehmerischer Startbedingungen, Stuttgart.

Taylor, S. E.; Brown, J. D. (1988):
Illusion and Well-Being: A Social Psychological Perspective on Mental Health, in: Psychological Bulletin, Vol. 103, No. 2, S. 193 - 210.

Tedefalk, E.J.; Tedefalk, R.K. (1986):
Personality Profiles of small Business Persons and Entrepreneurs in North Dakota and Minnesota, Occasional Papers, North Dakota.

Thiele, A. (1986):
Existenzgründungen: Chancen und Risiken, in: Bundesarbeitsgemeinschaft Schule-Wirtschaft, Wirtschafts- und Gesellschaftspolitische Grundinformation, Köln.

Thomsen, H.; Siefkes, F. (1992):
Ostdeutschland im zweiten Jahr der Einheit - Bibliographie zur wirtschaftlichen und sozialen Entwicklung, Kieler Schnellbibliographie zu aktuellen Themen, Bd. 6, Kiel.

Tietzel, M. (1986):
Zum Problem der Erfolgsbestimmung und der Erfolgsmessung in der Wirtschaftspolitik, Diskussionsbeiträge Nr. 90, Fachbereich Wirtschaftswissenschaft Universität Duisburg Gesamthochschule, Duisburg.

Tietzel, M.; Weber, M.; Bode O.F. (1991):
Die Logik der sanften Revolution - Eine ökonomische Analyse, Tübingen.

Toulouse, J.-M.; Valèe, L. (1992):
Business Creations by Quebec's Engineers: Stability of Entry from 1970 - 1987, in: S. Birley, I.C. MacMillian (Editors): International Perspectives on Entrepreneurship Research, Proceedings of the First annual Global Conference on Entrepreneurship Research, Amsterdam, S. 368 - 389.

Tuchfeldt, E. (1989):
Das 20. Jahrhundert als Zeitalter der Experimente, in: Diskussionsbeiträge des volkswirtschaftlichen Instituts der Universität Bern, Nr. 89-7, Bern.

Turok, J. (1991):
Which small firms grow?, in: Davies, L.G.; Gibb, A.A. (Editors): Recent Research in Entrepreneurship: The Third International EIASM Workshop, Aldershop u.a., S. 29 - 44.

Udris, I.; Frese, M. (1988):
Belastung, Streß, Beanspruchung und ihre Folgen, in: Frey, Hoyos, Stahlberg (Hrsg.): Angewandte Psychologie - Ein Lehrbuch, München - Weinheim, S. 428 - 447.

Ulrich, H. (1978):
Unternehmungspolitik, Schriftenreihe Unternehmung und Unternehmungsführung, Bd. 6, herausgegeben vom Institut für Betriebswirtschaft an der Hochschule St. Gallen, Bern, Stuttgart.

Urbat, F. (1974):
Der Wechsel in die unternehmerische Selbständigkeit, Institut für Mittelstandsforschung (Hrsg.): Schriften zur Mittelstandsforschung, Bd. 63, Göttingen.

Vesper, K.H. (1990):
New Venture Strategies, Revised Edition, Englewood Cliffs.

Wärneryd, K.E. (1986):
The Psychology of Innovative Entrepreneurship, European Institute for Advanced Studies on Management, Working Paper No. 86 - 4.

Wahse, J. (1991):
Arbeitsmarkt Ostdeutschland - Anpassungsszenario 2000, in: Vogler-Ludwig, K. (Hrsg.): Perspektiven für den Arbeitsmarkt in den neuen Bundesländern, München.

Wainer, H.A.; Rubin, I.M. (1969):
Motivation of Research and Development Entrepreneurs, in: Journal of Applied Psychology, Vol. 53, No. 3, S. 178 - 184.

Watrin, C. (1990):
Der schwierige Weg von der sozialistischen Planwirtschaft zur marktwirtschaftlichen Ordnung, in: Theorie der Wirtschaftspolitik, Festschrift zum 75. Geburtstag von Hans Möller, hrsg. von Graf von der Schulenburg, J.-M.; Sinn, H.W.; Tübingen, S. 24 - 46.

Wehner, Durchholz (1980):
Verfahren zur Erfassung von Extraversion, neurotischer Tendenz und Leistungsmotivation von Wendeler, in: Persönlichkeits- und Einstellungstests, Stuttgart, S. 26 - 32.

Weitzel, G. (1986):
Beschäftigungswirkungen von Existenzgründungen, Institut für Wirtschaftsforschung (Hrsg.), ifo-Studien zu Handels- und Dienstleistungsfragen 28, München.

Wilk, L. (1975):
Die postalische Befragung, in: Holm, K. (Hrsg.): Die Befragung 1, München, S. 187 - 200.

Williams, A. (1979):
Analyse der Merkmale und Leistungen gewerblicher Unternehmer in Australien, in: Internationales Gewerbearchiv, 23. Jg., Heft 3, S. 129 - 142.

Williams, A. (1989):
The Role of Small Enterprises in Job Generation in Australia: A Longitudinal Study from 1973, in: Brockhaus, R.H. Sr. et al. (Editors): Frontiers of Entrepreneurship Research, S. 117 - 133.

Wöhe, G. (1990):
Einführung in die Allgemeine Betriebswirtschaftslehre, 17. überarb. Aufl., München.

Wunderer, R.; Grunwald, W. (1980):
Band I: Grundlagen der Führung, Berlin - New York.

Zahn, E. et al (1985):
Erfolgskontrolle der finanziellen Existenzgründungsförderung des Landes Baden-Württemberg, Projektbericht im Auftrag des Ministeriums für Wirtschaft, Mittelstand und Technologie des Landes Baden-Württemberg, Stuttgart.

b) Sonstiges

Creditreform (1991):
Unternehmensentwicklung - 1. Halbjahr 1991; Eine CREDITREFORM-Untersuchung über Unternehmenseintragungen, Unternehmenslöschungen, Insolvenzen in den alten und neuen Bundesländern, Neuss.

Creditreform (1992):
Presse Information: Mittelständische Unternehmen in den neuen Ländern: Die Lage klärt sich auf, 23.4.92, Neuss.

Deutsche Ausgleichsbank (1987):
Warum Existenzgründungen zuweilen keinen Bestand haben, in: 37. Jahresbericht, Bonn, S. 25 - 34.

Deutsche Ausgleichsbank (1988):
Exkurs: Warum Existenzgründungen zuweilen keinen Bestand haben - Ergebnisse einer Fragebogenaktion, in: 38. Jahresbericht, Bonn, S. 25 - 34.

Deutsche Ausgleichsbank (1989):
Exkurs: Bestandsfestigkeit und Entwicklungsmerkmale der mit Eigenkapitalhilfe geförderten Existenzgründungen - Ergebnisse einer Fragebogenaktion, in: 39. Jahresbericht, Bonn, S. 23 - 31.

Deutsche Ausgleichsbank (1991):
41. Jahresbericht, Bonn 1991.

Deutsche Ausgleichsbank (1992):
42. Jahresbericht, Bonn, S. 20 - 33.

Forsa-Umfrage (1991):
Was die Deutschen vom neuen Jahr erwarten, in: Wirtschaftswoche, Nr. 57.

Gemeinsames Statistisches Amt der Länder Brandenburg, Mecklenburg-Vorpommern, Sachsen, Sachsen-Anhalt, Thüringen (1991):
Gewerbeanzeigen und -abmeldungen 1990.

Industrie- und Handelskammer zu Koblenz (1983):
Gründungsförderung auf Irrwegen, Ergebnisse einer Analyse der Gewerbean- und -abmeldungen, Koblenz.

Institut der deutschen Wirtschaft (Hrsg.) (1991):
Informationsdienst des Institut der deutschen Wirtschaft, 17. Jg., Nr. 19, S. 4 - 5.

Kieler Diskussionsbeiträge Nr. 168 (1991):
Deutsches Institut für Wirtschaftsforschung, Berlin; Institut für Weltwirtschaft an der Universität Kiel (Hrsg.): Gesamtwirtschaftliche und unternehmerische Anpassungsprozesse in Ostdeutschland, Zweiter Bericht, Kieler Diskussionsbeiträge 168, Kiel.

Kieler Diskussionsbeiträge Nr. 176 (1991):
Deutsches Institut für Wirtschaftsforschung, Berlin; Institut für Weltwirtschaft an der Universität Kiel (Hrsg.): Gesamtwirtschaftliche und unternehmerische Anpassungsprozesse in Ostdeutschland, Dritter Bericht, Kieler Diskussionsbeiträge 176, Kiel.

Kieler Diskussionsbeiträge Nr. 178 (1991):
Deutsches Institut für Wirtschaftsforschung, Berlin; Institut für Weltwirtschaft an der Universität Kiel (Hrsg.): Gesamtwirtschaftliche und unternehmerische Anpassungsprozesse in Ostdeutschland, Vierter Bericht, Kieler Diskussionsbeiträge 178, Kiel.

Kieler Diskussionsbeiträge Nr. 183 (1992):
Deutsches Institut für Wirtschaftsforschung, Berlin; Institut für Weltwirtschaft an der Universität Kiel (Hrsg.): Gesamtwirtschaftliche und unternehmerische Anpassungsprozesse in Ostdeutschland, Fünfter Bericht, Kieler Diskussionsbeiträge 183, Kiel.

Kieler Diskussionsbeiträge Nr. 191/91 (1992):
Deutsches Institut für Wirtschaftsforschung, Berlin; Institut für Weltwirtschaft an der Universität Kiel (Hrsg.): Gesamtwirtschaftliche und unternehmerische Anpassungsprozesse in Ostdeutschland, Sechster Bericht, Kieler Diskussionsbeiträge 190/91, Kiel.

Kieler Diskussionsbeiträge Nr. 198/99 (1992):
Deutsches Institut für Wirtschaftsforschung, Berlin; Institut für Weltwirtschaft an der Universität Kiel (Hrsg.): Gesamtwirtschaftliche und unternehmerische Anpassungsprozesse in Ostdeutschland, Siebter Bericht, Kieler Diskussionsbeiträge 198/99, Kiel.

Lastenausgleichsbank (1984):
34. Jahresbericht, Geschäftsjahr 1983, Bonn.

Lastenausgleichsbank (1985):
Jahresbericht 1984, Bonn.

Sachverständigenrat zur Begutachtung der gesamtwirtschaftlichen Entwicklung (1990) :
Auf dem Wege zur wirtschaftlichen Einheit Deutschlands, Jahresgutachten 1990/91, Stuttgart.

Sachverständigenrat zur Begutachtung der gesamtwirtschaftlichen Entwicklung (1991) :
Die wirtschaftliche Integration in Deutschland, Perspektiven - Wege - Risiken, Jahresgutachten 1991/92, Stuttgart.

SINUS (1983):
Neue Selbständige in Nordrhein-Westfalen - durchgeführt im Auftrag des Ministers für Wirtschaft, Mittelstand und Verkehr des Landes Nordrhein-Westfalen, Sozialwissenschaftliches Institut Nowak und Sörgel GmbH (Hrsg.), München.

Spiegel (1991):
Das Profil der Deutschen - Was sie vereint, was sie trennt, Spiegel-Verlag (Hrsg.), Hamburg.

Statistisches Jahrbuch (1985 - 1991):
Statistisches Bundesamt (Hrsg.): Statistisches Jahrbuch für die Bundesrepublik
Deutschland, Stuttgart und Mainz.

Wirtschaftswoche
(1991) "Junge Karriere":
Pioniere im Osten, Sommersemester.

STICHWORTVERZEICHNIS

Gründungsproblematik	107,108
Gründungsstatistik	107
Hardiness-Konzept	70,73,85,179,180,208
Hilflosigkeits-Kognition	203,204
Homo Oeconomicus	21,22
Humankapital	34,142,212
IHK	94,96,98,107,132,212
Inkubatororganisation	28,48
Innovationskraft	4,10,11,28,210,215
Insolvenz	7
Internale Kontrolle	56,60,72,180,186,192,194,195
Intervallskalenniveau	115,127
Investitionsplanung	28,91,144,148,152,207
Kognizierten Kontrolle	53
Kontrollverlust	53,54,59,72,186
Korrelationskoeffizent	99,115
Kreativität	34,82,215
Kündigung	81,204
Lebensdauer	34,36
Lebensereignisse, kritische	79
Lebenszufriedenheit	55,64,67,93,94,112,115,119,120
Leistungsethik, kalvinistisch	74
Leistungsmotivation	25,26,27,30,42,53,71,75,76,86,88,92, 128,137,138,146,158,177,181,184, 197,208
Liability of newness	9
Liability of smallness	9,85
Likert-Skala	92,112
Locus of control	71

ABKÜRZUNGSVERZEICHNIS

Abb.	Abbildung
abh.	abhängiger
Adjusted R^2	korrigiertes Bestimmtheitsmaß
allg.	allgemeine
Aufl.	Auflage
B	Regressionskoeffizent
Bd.	Band
Beta	Beta-Koeffizent
bzw.	beziehungsweise
ca.	cirka
Chi^2	Chi^2-Wert
df	Freiheitsgrade
et al.	und andere
F	F-Wert
Fcn.	Funktion
hrsg.	herausgegeben von
Hrsg.	Herausgeber
IHK	Industrie- und Handelskammer
ifm	Institut für Mittelstandsforschung
Jg.	Jahrgang
kmo-Wert	Kaiser-Meyer-Olkin - Wert
mean	Mittelwert
Mio.	Millionen
Multiple R	multipler Korrelationskoeffizent
Multiple R^2	Bestimmtheitsmaß
n	Anzahl der Fälle
NBER	National Bureau of Economic Research
neg.	negativ
NF	Neue Folge
No.	Number
Nr.	Nummer
p	Wahrscheinlichkeit
PF	Persönlichkeitsfaktoren
pos.	positiv
p(T)	Signifikanzniveau des t-Wertes des Regressionskoeffizenten

p(T)	Signifikanzniveau des t-Wertes des Regressionskoeffizenten
p(t)	Signifikanzniveau des t-Test
proz.	prozentualer
R^2	Bestimmtheitsmaß
r_s	Korrelationskoeffizent nach Spearman
R & D	(research and development) Forschung und Entwicklung
S.	Seite
Schriftl.	Schriftleitung
SE(B)	Standardfehler des Regressionskoeffizenten
Sig.	Signifikanzniveau
Stand. Error	Standardfehler
s_j	Standardabweichung der Variablen j
T	T-Wert des Regressionskoeffizenten
t	T-Wert
t1 bis t3	Erhebungszeitpunkte der Untersuchungen
Tab.	Tabelle
theor.	theoretische
u.a.	unter anderem
u.E.	unseres Erachtens
USA	Vereinigte Staaten von Amerika
usw.	und so weiter
UV	unabhängige Variable
Vol.	Volume
z.B.	zum Beispiel

If you have any concerns about our products,
you can contact us on
ProductSafety@springernature.com

In case Publisher is established outside the EU,
the EU authorized representative is:
Springer Nature Customer Service Center GmbH
Europaplatz 3, 69115 Heidelberg, Germany

Printed by Libri Plureos GmbH
in Hamburg, Germany